税　法

瞿炎辰　徐　鸣　编著

华东理工大学出版社
EAST CHINA UNIVERSITY OF SCIENCE AND TECHNOLOGY PRESS
·上海·

图书在版编目(CIP)数据

税法／瞿炎辰，徐鸣编著．—上海：华东理工大学出版社，2012.8(2018.2 重印)

ISBN 978－7－5628－3354－3

Ⅰ.①税…　Ⅱ.①瞿…　②徐…　Ⅲ.①税法-中国-高等学校-教材　Ⅳ.①D922.22

中国版本图书馆 CIP 数据核字(2012)第 185034 号

税　法

编　　著／瞿炎辰　徐　鸣

责任编辑／李　骁

责任校对／陈孟昀

封面设计／裘幼华

出版发行／华东理工大学出版社有限公司

地　　址：上海市梅陇路 130 号，200237

电　　话：(021)64250306(营销部)

(021)64252716(编辑室)

传　　真：(021)64252707

网　　址：www.ecustpress.cn

印　　刷／江苏凤凰数码印务有限公司

开　　本／787 mm×1092 mm　1/16

印　　张／19

字　　数／473 千字

版　　次／2012 年 8 月第 1 版

印　　次／2018 年 2 月第 3 次

书　　号／ISBN 978－7－5628－3354－3

定　　价／39.80 元

联系我们：电子邮箱 zongbianban@ecustpress.cn

官方微博 e.weibo.com/ecustpress

前言

PREFACE

《税法》是针对高等院校经济类、管理类专业的本科生而编写的教材。本教材着重介绍并解释税法的基本概念、基本理论、基本原理与中国现行税收法律制度。教材分为两个部分。第1章到第5章为第一部分，介绍了税法的基本理论，主要包括税收的性质和职能、税法的构成要素、税收的经济效应、税收的征收管理等。第6章到第13章为第二部分，以我国现行的税收法律法规为依托，详细介绍了我国现行税收体系的主要内容以及税款的计算和缴纳等各项具体规定。其中，第6章到第8章为流转税类，第9章到第10章为所得税类，第11章到第13章为其他税种。本教材也适用于从事税务工作的读者参阅。

本教材力求反映国内外税法改革的新情况，吸纳税法研究的新成果，并加入作者在教学和科研中的收获；从内容上注重阐述税制基本理论和基本常识，注重分析各种税收法律政策精神，以及现行税制的难点和重点问题。

在写作与修订本书的过程中，我们参考了各兄弟院校同类教材中成熟的内容，因多种原因未能一一列示，在此一并表示衷心的感谢！也特别感谢华东理工大学出版社多年以来对我们的大力支持。由于编者水平有限，书中疏漏和错误在所难免，恳请同行专家和读者批评指正。

目录

CONTENTS

第一章 税收的基本原理

本章学习要点：

★ 税收的概念和性质

★ 税收的职能和原则

★ 税收的负担和转嫁

第一节 税收的概念

税收是一个人们十分熟悉的经济范畴，从它产生发展到如今，经历了不同的社会形态，有了几千年的历史。税收是当今世界各国最重要的财政收入形式，其占各国财政收入的绝大部分。在许多国家，这一比重在90%以上。在现代经济社会中，税收无论是对于企业还是公民来说都是一个十分重要的概念。

一、税收的概念

税收是国家为满足公共需要，凭借公共权力，按照法律规定的标准和程序，强制地、无偿地取得财政收入的一种基本形式。

1. 税收是国家取得财政收入的基本形式

国家的存在并履行其职能，都离不开一定的物质基础。为了满足国家一般的社会公共需要，税收、公债、国有企业利润上缴等多种形式都曾经被政府采用，以取得必要的物质资财。在这些财政收入形式中，产生最早、运用最普遍、筹集财政资金最有效的形式首推税收，税收始终是各国政府财政收入的最重要来源。

2. 政府征税凭借的是公共权力

在现代社会中，政府可以凭借两种权力来取得财政收入，即财产权力和公共权力。公共权力与财产权力最大的区别在于，前者是强制的，它的行使不必经过被执行者的同意，而财产权力的行使则是建立在自愿、有偿基础上的。税收分配可以超越所有制形式，向单位和个人征收实物和货币。

3. 政府征税的目的是为了实现其公共职能的需求

税收的作用在于应付政府开支的需要而筹集稳定的财政资金，税收也是为了全体纳税人的福利而征收，税收应该取之于民、用之于民。

另一方面，国家的职能是多方面的，而税收一般是用于满足属于公共职能范围的支出，不属于此范围的支出，就不应通过税收来满足，而应当通过其他方式来解决。如果国家把任何支出都通过税收来筹集，势必会加重纳税人负担，破坏经济关系。

4. 税收必须借助法律形式来进行

政府为行使职能和满足社会公共需要，凭借公共权力，强制地向经济单位和个人征税，以取得财政收入，但这种收入的取得必须在一定的法律规范之内进行，征税主体既不可多征，纳税主体也不可少纳，双方的权利义务关系通过税法来规范、约束和调整。税收只有通过法律形式，才能使统治阶级各个成员在利益上得到统一，并通过政府使每个纳税人接受。

二、税收的性质

税收作为国家最重要的财政收入形式，它具有强制性、无偿性、固定性的特点，称为税收的“三性”。“三性”是税收区别于其他财政收入的形式特征，不同时具备“三性”的财政收入就不成其为税收。

1. 税收的强制性

税收的强制性，指的是征税凭借政府的公共权力，通常颁布法令实施，任何单位和个人都不得违抗。税收的强制性来自政府公共权力的强制性。税收是一种以政府为主体的收入形式和分配活动。在税收分配活动中，政府是征税主体，单位和个人是纳税主体，两者并非处于一种完全平等的地位，而是一种权力与义务的关系，是一种强制性缴纳关系。

2. 税收的无偿性

税收的无偿性，指的是国家征税以后，税款即为国家所有，既不需要偿还，也不需要对纳税人付出任何代价。税收的无偿性是相对的，对具体的纳税人来说，纳税后并未获得任何报酬，从这个意义上说，税收是不具有偿还性或返还性的。从财政活动的整体来考察，税收的无偿性与财政支出的无偿性是并存的，实际上政府从社会取得的一切税款都会通过财政支出的安排，直接或间接地返还给社会，这里又反映出有偿性的一面，但这种返还决不是对每个纳税人所缴税款的等价补偿，而是从社会公共需要出发，集中统一支配使用的。

3. 税收的固定性

税收的固定性，也称规范性，指的是征税前就以法律的形式规定了征税对象以及统一的比例或数额，并只能按预定的标准征税。一般说来，纳税人只要取得了税法规定的收入，发生了应税的行为，拥有了应税财产，就必须按规定标准纳税，不得违反；同样，政府也只能按预定标准征税，不得随意更改。

税收的强制性必须以法律形式加以规范和约束。税收是一种典型的依法分配的财政收入形式，为了防止税收强制性的滥用，就需要国家制定科学、公正、规范的法律制度，把国家的征税权力与纳税人的纳税行为纳入法律的轨道。

三、其他财政收入形式

1. 国家信用

国家信用是国家以债务人的身份，通过发行公债筹集财政收入的一种形式。与税收相比，发行国债必须按约定的期限归还并支付利息，不具有无偿性。债权人自愿购买发行的国债，债权人与债务人双方平等互利，必要时通过协商达成一致，不像税收那样具有强制性和固定性。

2. 国有企业上缴利润

利润上缴是国家凭借生产资料所有权提取国有企业利润收益的一种分配形式。税收与利润上缴虽然都是国家参与企业纯收入分配的形式,但两者有明显的区别。税收分配是以国家公共权力为依托,以国家法律为后盾,适用于不同所有制经济成分,同时具有强制性和固定性;而利润上缴只适用于国有企业的利润分配,在实行现代企业制度的条件下,其强制性相对较弱,其有偿性和灵活性比较明显。

3. 政府性收费

政府性收费是政府机关为单位和居民个人提供某种特定服务,或是批准使用国家的某些权利等而收取的报酬或经济补偿,目前大体有以下几种:规费,指政府机关为公民提供特定服务,而向受益人收取的费用,如牌照工本费、手续费等;事业收费,指政府下属的事业单位为公民提供公益服务而收取的费用,如医药费、学杂费等;国有资源和财产的使用权转让收费,如林木采伐费、土地使用权出让费等。

政府性收费,属于国家财政收入的一种形式,但"费"与税两者也是有区别的:税是无偿的、固定的,一般由税务部门集中征收,国家统筹使用;而费的基本特征是有偿的,收费的标准可随提供服务的内容和数量变化,有一定的灵活性,而且一般由提供服务的政府机关实行定向收费,专款专用。

4. 罚没收入

罚没收入是对违章、违规行为实施的一种经济处罚,罚没收入比税收具有更明显的强制性和无偿性,是财政收入的一种特殊形式。与税收相比,罚没收入缺乏固定性,具有定向性、一次性的特征,对取得财政收入缺乏稳定、可靠的保证。

5. 财政发行

财政发行是国家利用货币发行权,以弥补财政赤字为目的而增加货币发行、筹集财政收入的一种形式。税收与财政发行具有明显的区别:(1)税收对现有社会产品在国家和纳税人之间的分配,不改变社会产品的价值总量;而财政发行必然会使被分配的名义价值量发生虚增。(2)税收和财政发行都会引起商品物价的变动,但税收对物价的影响是局部和结构性的;而财政发行对物价的影响则是全局的、普遍性的,由于增发的货币没有相应的社会产品作基础,容易出现盲目膨胀的趋势,其结果必然导致货币贬值、物价上涨和社会经济生活紊乱。

四、税收的职能

税收的职能是指税收这种分配本身所固有的功能,它是由税收本质所决定的,内在于税收分配过程中的功能。税收的职能可从两个方面加以考察:首先,税收作为政府提供的公共品,有满足社会公共需要的价值补偿所具有的功能;其次,税收作为政府履行职责的政策工具所具有的功能,税收的这种功能可概括为财政收入职能、调节经济职能、监督反映职能。

税收的职能是税收本质所固有的内在属性。税收的本质是国家为向社会提供公共品,对社会产品进行的强制、无偿和规范的分配。税收的这种本质属性,必然要体现在税收职能之中。税收职能与税收共生共存,不可分割。西方经济学一般认为,税收有四个职能:

(1) 筹集资金的职能。税收是国家财政收入的主要来源和满足财政支出的主要手段。

(2) 资源配置的职能。税收在筹集财政资金的过程中，客观上改变了经济资源原来的配置。在市场有效的前提下，税收应尽量减少对资源配置的干扰；在市场失效的情况下，就要有目的地运用税收这一职能，来改变原有的资源配置。

(3) 再分配的职能。税收可以改变国民收入或社会财富的分配情况，从而适当调整由市场机制造成的收入分配不平等情况。

(4) 经济稳定的职能。增加税收会减少私人消费支出；反之，减少税收会增加私人消费支出。通过改变私人的需求水平，税收可以稳定经济，发挥"内在稳定器"的自动调节功能。

第二节　税收原则

税收原则是一个国家制定税收政策、建立税收制度的指导思想，也是指导税收政策和税收征管等一系列税收活动的行为准则。税收原则产生于一定经济条件之下，随着经济的发展而不断发展变化，从早期税收原则的产生到现代税收原则的成熟，其间经历了不同时期和不同流派的发展过程。

一、西方税收原则

1. 亚当·斯密的税收原则

西方经济学界公认的首位明确、系统地阐述税收原则的是古典政治经济学派创始人亚当·斯密。亚当·斯密处于资本主义上升时期的自由竞争阶段，在《国民财富的性质和原因的研究》一书中，主张自由放任和自由竞争，认为政府应减少干预或不干预经济。从这种经济自由主义的立场出发，亚当·斯密在《国富论》中提出了税收"平等、确实、便利、最少征收费用"四个原则。

平等原则(principle of equality)，是指国民应依其所得收入多少向国家缴纳租税。亚当·斯密的平等原则认为，税收应保持"中性"，不能因征税改变财富分配的原有比例；同时认为应该量能纳税，合理负担。

确实原则(principle of certainty)，指国民所纳税目与条例应当确实，纳税的时间、地点、数额、手续等都应明确规定。

便利原则(principle of convenience)，指政府规定的纳税时间、地点、方法等都应尽量方便纳税人。

最少征收费用原则(principle of minimum cost)，也叫征收经济原则(principle of economy in collection)，是指在税收的征收过程中，税务部门所耗用的费用应减到最低的程度。

2. 瓦格纳的税收原则

德国社会政策学派代表人物阿道夫·瓦格纳提出，国家对经济活动具有积极的干预作用，在这种思想指导下，他提出了财政、经济、公正、行政四项税收原则。

财政原则，是指税收收入应充足而灵活地保证政府财政的需要，同时税收收入要有弹性，能随经济增长而自动增加。

经济原则，是指国家征税不能阻碍国民经济的发展，而应该有助于资本形成，促进国民经济的增长。

公正原则，是指税收应该体现普遍负担和平等负担的精神，税收应毫无遗漏地遍及社会上每一个人，同时又应按其能力的大小实行累进税率。

行政原则，是指税法的制定和实施都应当便于纳税人履行纳税义务。

与亚当·斯密的税收原则相比，阿道夫·瓦格纳的税收原则有了较大的完善，它要求税收收入既要充分又要灵活，同时首次提出了培植税源的思想。阿道夫·瓦格纳的税收原则为以后税收理论的发展奠定了基础，如为财政原则奠定了弹性税制的理论基础，公平原则为建立累进税率制度奠定了理论基础。

3. 马斯格雷夫的税收原则

凯恩斯主义认为，经济危机和失业的根本原因是有效需求不足，而解决之道是国家干预，因此强调的是税收的宏观效率原则。在凯恩斯主义和福利经济学说的影响下，理查·阿贝尔·马斯格雷夫提出了公平和效率两原则。

税收公平原则是指税收负担的公平分摊。税收公平的标准可以表现为受益、支付能力两项原则。受益原则，指纳税人缴纳的税收应当和享受政府活动产生的受益相一致，多受益者多纳税，少受益者少纳税。支付能力原则，指税收应按照支付能力体现横向和纵向公平。横向公平，指如果具有同等支付能力，则应当承担同等税负。纵向公平，指如果支付能力不同，则应按能力强弱承担不同的税负。

税收效率原则包含经济效率和行政效率两个方面。经济效率，是指税收应有利于资源配置达到最优，从而实现经济的有效运行；行政效率，是指应当尽量提高税收征收的效率，减少征收费用。

二、我国税收原则的发展

中国经历了漫长的封建社会，伴随着改朝换代，在不同阶段产生了各异的税收原则理论。例如，儒家的“薄敛”、法家的“重税”、墨家的“常征”，以及“征之以度、公平负担”等等不一而足。

新中国成立以后，我国的税收原则也随着政治经济的发展而有所变化。

国民经济恢复时期，为适应国家财政和恢复经济的需要，实行简化税制、合适负担的税收原则，极大程度上保障了生产的恢复和国家建设的需要。

社会主义改造时期，我国实行的税收原则是“积累资金”和“公私区别对待，繁简不同”，其目的是为了配合“三大改造”和国家重点建设，达到税收的合理负担。

1956 年到十一届三中全会以前，受到“左”的“非税论”的影响，我国于 1958 年和 1973 年进行了两次税制简化与合并，强调减少税种，简化税制，甚至提出“以利代税”。在这种税制原则的指导下，税制结构受到了破坏，税种的作用也被严重削弱了。

1978 年以后，我国税制建设得到全面加强，在市场经济的税收原则指导下，建立起一套与社会主义市场经济相适应的税制体系。

进入 20 世纪 90 年代后，党的十四届三中全会提出“统一税法、公平税负、简化税制、合理分权”的税收原则。随着市场经济的不断深入，党的十六届三中全会通过的《关于完善社会主义市场经济体制若干问题的决定》,做出“分步实施税收制度改革”的战略部署,确立了“简税制、宽税基、低税率、严征管”的税收原则。

三、税收原则的内容

在现代经济理论中,较为重要的税收原则有:效率原则、公平原则、稳定原则、法定原则。

1. 效率原则

效率是指成本与效益、投入与产出之间的比例关系。税收效率原则就是指税制建设和税收政策要符合税务活动的节俭和经济有效性的要求。税收效率原则包括经济效率和行政效率。

(1) 税收的经济效率。税收作为一种重要的再分配工具,具有改变资源配置的作用,使用得好,能促进资源配置合理化,刺激经济增长;使用得不好,则可能扭曲资源配置格局,阻碍经济发展。如果税收起到的是前一种作用,就是有效率的;如果起到后一种作用,就是无效率的。如果经济运转本身已经是高效率的,税收活动就以不干扰经济运转为有效率;如果经济运转是低效率甚至是无效率的,税收效率就体现在它对经济活动有效的干预上。

(2) 税收的行政效率。税收的行政效率也叫税收征收效率,它通过税收成本和税收收入的比较进行衡量,税收成本与入库税收收入的比率越小,税收的行政效率就越高;反之,则越低。税收成本,是指国家为征收税款而耗费的一切费用,包括管理费用或征收费用、纳税费用以及政治费用。在税收收入相同的情况下,税收成本越低,税收行政效率就越高。

影响税收行政效率的主要因素有:税务机关的设置及职能的划分,税收征管方法和税务规章的制定,税务机关的办事效率及征收的质量效率。因此,要提高税收行政效率,首先应优化税务机关的设置和职能划分,明晰各部门权责,做到“各司其职”,“各负其责”;其次,要完善税收征管方法和征管制度,随经济条件的发展变化适时调整;再次,必须加强对税务工作人员的职业培训,提高其工作效率,优化征收管理,达到节约征收费用,降低税收成本,从而提高税收行政效率的目的。

2. 公平原则

税收学界一直将公平原则作为设计税制的基本原则和基本目标,税收公平与否往往是检验税制和税收政策好坏的标准。公平是指税收对所有纳税人必须公平、平等。税收的公平原则一般包括普遍征税和平等征税两个方面。

(1) 普遍征税。是指征税遍及税收管辖权范围内所有法人和自然人,所有的有纳税能力的人只要发生了纳税义务,都必须毫无例外地依法纳税。

普遍征税原则要求在纳税义务方面没有特权阶层,对所有人一视同仁征税,排除各类区别对待措施,只以是否发生纳税义务作为判定是否缴税的标准。普遍征税的原则也非绝对,国家出于政治、经济、国际交往等方面的考虑,也会给予某些特殊的纳税人以减免税照顾,这只是对普遍征税原则的灵活运用。

(2) 平等征税。包括横向公平(horizontal equity)和纵向公平(vertical equity)两个方面。横向公平,是指具备相同的纳税能力的人应当负担相同的纳税额,也就是说如果税前两个人具有相同的福利水平,那么税后他们的福利水平也应该相同。

纵向公平,是指应当根据纳税人的能力,合理地承担税负,纳税能力强者多纳税,能力弱者少纳税或者不纳税。在衡量纵向公平中,纳税人纳税能力强弱是政府决策税负轻重的重要依据,但如何衡量不同人的纳税能力,是较为复杂的问题。一般来说,对纳税人能力的考察主要有两个标准:一是纳税人收益标准,收益高者相对税负可以重些,收益低者相对税负可以轻些;二是纳税人受益标准,即视纳税人享受公共设施以及公共服务的多寡而确定。

公平原则还体现在政府应该通过其税收制度为纳税人创造公平的竞争环境,即起点的公平,经济环境的平等是纳税人平等竞争及平等纳税的前提和条件。因此,国家应该通过税收制度的建立和税收政策的推行,排除客观因素对纳税人收入水平的影响,从而真正体现税收的公平原则。

3. 稳定原则

税收稳定原则是税收原则之一,指通过税收加强对宏观经济的干预,减少经济波动,实现经济稳定的原则。这一税收原则的理论依据是税收有负乘数作用,是一种平抑经济周期的自动稳定器,在对个人征收累进所得的前提下,经济繁荣时期会自动增加税收,从而抑制经济的过度扩张;经济萧条时期会自动减少税收,从而能阻止经济的进一步衰退。为了发挥税收的这种稳定作用,应当加强税收对宏观经济的干预。

税收是总供给的一个组成部分,同时,税收又直接或间接地影响总需求中的消费、投资等因素。因此,在宏观经济方面,税收应同财政支出、货币等其他政策手段协调配合,依据稳定准则调节经济,实现稳定经济的宏观政策目标。

4. 法定原则

税收法定原则是税法的基本原则,是民主和法治等现代宪法原则在税法上的体现,对保障人权、维护国家利益和社会公益具有举足轻重的作用。正因为如此,各国宪法一般对其加以肯定,且都是从征税主体的征税权和纳税主体的纳税义务这两方面予以规范,尤其强调征税权的行使必须限定在法律规定的范围内,确定征纳双方的权利、义务必须以法律规定为依据,任何主体行使权利和履行义务均不得超越法律的规定,从而使当代通行的税收法定原则具有了宪法原则的位阶。

税收法定原则的内容,一般由以下三项具体原则组成。

(1) 税收要素法定原则。税收要素法定原则要求纳税人、征税对象、计税依据、税率、税收优惠等税收要素只能由立法机关在法律中加以规定,即只能由狭义上的法律来规定税收的构成要件,并依此确定纳税主体纳税义务的有无及大小。在税收立法方面,立法机关根据宪法的授权而保留专属自己的立法权力,除非它愿意就一些具体而微的问题授权其他机关立法,任何主体均不得与其分享立法权力。行政机关不得在行政法规中对税收要素做出规定,至于部委规章、法院判决、习惯等更不得越雷池半步。

立法机关之所以严格保留税收要素的立法权,是因为税法同刑法一样,均关系到相关主体的自由和财产权利的限制或剥夺。税收法定原则同刑法上的罪刑法定主义的法理是一致的,凡涉及可能不利于国民或加重其负担的规定,均应严格由人民选举出来的立法机关制定,而不应由政府决定。

(2) 税收要素明确原则。依据税收法定原则的要求,税收要素、征税程序等不仅要由法律做出专门规定,而且还必须尽量明确,以避免出现漏洞和歧义,给权力的恣意滥用留下空间。所以,有关税收要素的法律规定不应是模糊的一般条款,否则便会形成过大的行政自由裁量权。当然,税收要素的绝对明确也是很难做到的。为了实现税法上的公平正义,在一定的条件下和范围内使用一些不确定的概念也是允许的,如"在必要时","基于正当的理由”等。但是,不确定概念的使用,应该做到根据法律的宗旨和具体的事实可以明确其意义。

(3) 征税合法性原则。在税收要素及与其密切相关的、涉及纳税人权利义务的程序法要素均在形式意义上的法律明确规定的前提下,征税机关必须严格依据法律的规定征收税款,无权变动法定税收要素和法定征收程序,这就是征税合法性原则。据此,没有法律依据,征税机关无权开征、停征、减免、退补税收。依法征税既是其职权,也是其职责,征税机关无权超越法律决定是否征税及何时征税,不允许征纳双方之间达成变更税收要素或征税程序的税收协议。只不过,为了保障公平正义,该原则的适用在如下几种特殊情况下应当受到限制:第一,对于纳税人有利的减免税的行政先例法成立时,应适用该先例法;第二,征税机关已通常广泛做出的有利于纳税人的解释,在相同情况下对每个特定的纳税人均应适用;第三,在税法上亦应承认诚实信用原则和禁止反悔的法理,以进行个别救济,因而在个别情况下,诚信原则应优先适用。

第三节　税收负担与转嫁

税收负担,简称“税负”,是纳税人因履行纳税义务而承受的一种经济负担。但是这种经济负担并非由纳税人全部负担,往往可以以各种形式转移出去。转移的过程被称为税收转嫁,转移的结果被称为税收归宿。

一、税收负担

1. 税收负担的概念

税收负担是指纳税人承担的税收负荷,亦即纳税人在一定时期应缴纳的税款,简称税负。税收负担是在一定时期内因国家征税而形成的人力、物力和财力的负担。税收负担的主体是负税人,如果指的是一个国家的负税人整体,税收负担就是指这个国家的总体税收负担;如果指的是一个国家的某一经济成分、某一行业、某一阶级阶层、某一企业或个人,那么,税收负担就是指这个国家的某一经济成分、行业、阶级阶层、企业或个人的税收负担。

税收负担从绝对额考察,它是指纳税人缴纳的税款额,即税收负担额;从相对额考察,它是指纳税人缴纳的税额占计税依据的比重,即税收负担率。税收负担具体体现国家的税收政策,是税收的核心和灵魂,直接关系到国家、企业和个人之间的利益分配关系,也是税收发挥经济杠杆作用的着力点。

税收负担的轻重,同国家财政收入的多少、经济调控的力度和政权的兴衰等都有密切关系,因此,它历来是税收理论研究和税收制度设计的一个重要问题。中外古今学者对税收负担都曾提出过各种不同的见解:有主张“敛从其薄”,即轻税负;有主张“取民有度”,即税负要符合能力原则;还有主张“世有事即役繁而赋重,世无事即役简而赋轻”,即税负轻重应视国家需要而定;更有探求“最佳税负”,即某种能够带来国家财政收入最大化的税负量度。

2. 衡量税收负担的指标

税收负担是高还是低，要通过对比来说明。社会或某一纳税人的负担，往往用国家征集的税额与社会或纳税人产出总量或总经济规模的对比关系来衡量。

(1) 衡量宏观税收负担的指标。宏观税收负担是一定时期内(通常是一年)，税收收入总额在整个国民经济体系中所占的比重。这实际上是从全社会的角度来考核税收负担，从而可以综合反映一个国家或地区的税收负担总体情况。

衡量全社会经济活动总量比较通行，并可进行国际比较的指标，一是国内生产总值GDP，二是国民收入NI。因而衡量宏观税收负担状况的指标主要有两个：国内生产总值税收负担率(GDP税负率)和国民收入税收负担率(NI税负率)。

国内生产总值税负率＝税收总额/国内生产总值

国民收入税负率＝税收总额/国民收入

在开放经济中，为避免双重征税，各国政府在征税时均优先行使地域税收管辖权。其税收基础即国内生产总值。而居民税收管辖权只适用于本国居民在外国投资或提供劳务所取得的所得，征税的多少一般取决于本国税率高于外国税率的幅度，在许多情况下为零。这使税收只与国内生产总值而非国民生产总值具有对应关系，以国内生产总值税负率衡量税收总水平相对而言更准确。国际经济组织对各国税收水平的衡量，主要使用国内生产总值税收负担率。

(2) 衡量微观税收负担状况的指标。微观税收负担，是指纳税人实纳税额占其可支配产品的比重。由于流转税存在税负转嫁问题，因此，衡量微观税负比衡量宏观税负更为复杂。

衡量企业和个人税负水平首先要考虑直接税的负担情况。直接税不转嫁，纳税人与负税人是一致的，纳税人实际缴纳的税款占其获得的收入的比重可以反映其直接税负担水平。直接税(主要是所得税和财产税)负担率，可用纯收入直接税负担率。

$$\text{纯收入直接税负担率}=\frac{\text{企业或个人一定时期实纳的所得税和财产税}}{\text{企业或个人一定时期获得的纯收入}}$$

纯收入直接税负担率说明，在企业或个人拥有的纯收入中，有多大份额以直接税形式贡献于国家。这一指标既可用于不同企业、不同个人税负轻重的对比；又可用于说明同一微观经济主体不同历史时期的税负变化；还可用于说明法定或名义税负水平与纳税人实纳税款的差距，这一差距反映国家给予纳税人的各种税收优惠以及非法的税收漏洞。

除直接税负率指标外，通常还会用总产值(或毛收入)税负率、增加值税负率、净产值税负率作为参考性指标：

总产值(毛收入)税负率＝企业(或个人)缴纳的各项税收/企业总产值(或个人毛收入)

增加值税负率＝企业缴纳的各项税收/企业增加值

净产值税负率＝企业缴纳的各项税收/企业净产值

全部税负率指标只能作为衡量微观税负的参考性指标，纳税人到底负担多少间接税要看间接税转嫁或被转嫁的程度，这是不容易量化确定的。总产值、增加值、净产值全部税收负担率只是名义负担率，而非实际负担率。通过这一差异的分析，可以看出税负在各行业、企业的分布状况，了解税负的公平程度以及税收政策的实施状态，为税制的进一步完善提供决策依据。

3. 税负水平的影响因素

税收负担的轻重，受到经济制度、经济发展水平、体制结构等各种因素的多重影响和共同制约，因此，不同国家、地区的税收负担往往差别很大。应根据具体国情具体分析税负水平及其形成原因，才能合理确定税收负担水平。影响税收负担水平的主要因素有以下几点。

(1) 社会经济发展水平。一个国家的社会经济发展总体水平，可以通过国民生产总值和人均国民生产总值这两个综合指标来反映。国家的国民生产总值越大，总体负担能力就越高。特别是人均国民生产总值，最能反映国民的税收负担能力。一般而言，在人均国民收入比较高的国家，社会经济的税负承受力较强。世界银行的调查资料表明，人均国民生产总值较高的国家，其税收负担率也较高；人均国民生产总值较低的国家，其税收负担率也较低。

(2) 国家的宏观经济政策。任何国家为了发展经济，必须综合运用各种经济、法律以及行政手段，来强化宏观调控体系。国家会根据不同的经济情况，而采取不同的税收负担政策。如在经济发展速度过快过热时，需要适当提高社会总体税负，以使国家集中较多的收入，减少企业和个人的收入存量，抑制需求的膨胀，使之与社会供给总量相适应。此外，还要根据经济情况的发展变化，在税收征收中实行某些必要的倾斜政策和区别对待办法，以利于优化经济结构和资源配置。

(3) 税收征收管理能力。一个国家的税收征收管理能力，有时也对税收负担的确定有较大的影响。一些国家的税收征收管理能力强，在制定税收负担政策时，就可以根据社会经济发展的需要来确定，而不必考虑能否将税收征上来；而在一些税收征管能力较差的国家，可选择的税种有限，勉强开征一些税种，也很难保证税收收入，想提高税收负担也较困难。

二、税负转嫁

税负转嫁(tax shifting)，是指税法上规定的纳税人将自已所缴纳的税款转移给他人负担的过程。税负归宿(tax incidence)是税收负担的最后归着点，即税收负担运动的最后归着环节，表明全部税收负担最后是由谁来承担的。

1. 税负转嫁的形式

根据税负转嫁的不同途径，税负转嫁的形式大致有五种。

(1) 前转是指税收负担向前转嫁，又称为顺转，即纳税人将其缴纳的税款，通过提高商品或生产要素价格的方法，向前转移给商品或生产要素的购买者。如果加价的额度小于税款，则完成了税负的部分转嫁；如果等于税款，则实现了充分转嫁；如果大于税款，纳税人除实现了税负转嫁，还获得了额外利润，称为超额转嫁。前转是最常见的税负转嫁形式。

(2) 后转是指税收负担向后转嫁，又称为逆转，即纳税人将其缴纳的税款，通过压低生产要素价格或降低工资等方法，向后转移给生产要素的供给者。后转往往是通过厂商和销售商进行谈判达成的，以解决税负无法前转的问题。

(3) 混转，又称为散转，即纳税人同时采用前转和后转的方式，把税收负担既提高销价转给消费者，又压低进价转给供应者，从而将税收负担分散转嫁。

(4) 消转,又称为税收转化,即纳税人对其所纳税款,既不向前转嫁,也不向后转嫁,而是通过改进生产工艺或者改善经营管理,自行消化。消转不同于其他税负转嫁形式,它没有把税负转嫁给他人,而是利用外部环境或是提高自身能力将其消化掉了。

(5) 税收资本化,又称为税收还原或资本还原,即纳税人在购买资本品时,将其未来应纳税款从购进价格中预先扣除,从而将税收负担向后转嫁给资本品的出售者。例如,政府对土地交易征税,纳税人便会将预期要缴纳的税款折入资本,这样,征收土地税时,地价就要下跌,地价下跌的金额为所有未来税款的现值。这样的资本化实际是税负后转的一种特殊形式。

2. 税负转嫁的条件

税收负担能否转嫁以及如何转嫁,取决于多种因素的影响。税负转嫁是通过价格升降来实现的,如果价格不能自由浮动,税负的转嫁就不可能实现。税负转嫁的程度还取决于税种的不同、课税的范围、供求弹性的大小等因素。

(1) 税种。商品课税比较容易转嫁,所得税一般难以转嫁。因为税负转嫁主要通过改变商品价格来实现,因此以商品为课税对象,与价格关系紧密的税种,例如增值税、消费税、关税等比较容易转嫁,而与价格关系不太密切的税种则难以转嫁,例如,个人所得税一般只导致个人消费税水平的降低而不导致税负转嫁。

(2) 课税范围。课税范围广的征税对象税负容易转嫁,课税范围窄的征税对象税负则难以转嫁。课税范围广,意味着课税能遍及同一性质或用途的大部分商品,消费者难以找到价格不变的代用品时,只好承受税负转嫁的损失。就课税商品而言,对生产资料课税,税负转嫁次数多,转嫁速度快;对生活资料课税,税负转嫁次数少,转嫁速度慢。就同类商品而言,对其全部课税税负易于转嫁;只就其中部分或其一种商品课税,税负不易转嫁。就消费品而言,对生活必需品课税,由于消费是必不可少的,故消费基础广,税负易于转嫁;对奢侈品课税,由于消费可有可无,故消费基础窄,税负不易转嫁。

(3) 供求弹性。在自由竞争的市场经济中,价格能否提高或压低,很大程度上取决于商品供求弹性的大小。这可以从商品的供给弹性和需求弹性两方面来分析。供给弹性大的商品,生产者可以灵活调整生产数量,使其商品销售出去,税负向前转嫁就越容易;反之,税负的前转就越困难。需求弹性较小的商品,其价格最终取决于卖方,也可以顺利地实现税负转嫁;反之,新增的税收负担前转的可能性越小,只能更多地向后转嫁,落在卖者身上。

如果把供给弹性和需求弹性综合起来考虑,则供给弹性大于需求弹性时,税负容易转嫁;供给弹性小于需求弹性时,税负转嫁困难;当供给弹性等于需求弹性时,税负通常由供需双方共同负担,部分实现税负转嫁。

3. 税负归宿

税负归宿(tax incidence),是指税负经过转嫁的最终归着点。由于经济交易往往经过多个环节,税负转嫁也完全有可能在这些环节多次发生,但无论税负转嫁的方式、过程和次数如何,它都必定要有一个不能再转移的最终负担者,也即税负归宿。税负归宿是一种理论抽象,如果分析具体经济主体之间的税负转嫁过程,它即负税人。

国家对纳税人课税,其税负的运动结果有三种情况:一是纳税人将所缴纳的税款,通过转嫁使税负最终落在负税人身上;二是税负无法转嫁,而由纳税人自己承担;三是转嫁一部分,纳税人自己承担一部分。不管出现何种情形,税负总是要由一定的人来承担,归着于一定的人身上的。

税负归宿有经济归宿与法律归宿之分。税负由税法上规定的纳税人负担，称为税的法律归宿；税负不由纳税人负担而由其他人负担，称为税的经济归宿。从法律上的归宿过渡到经济上的归宿，可能只要一次转嫁就能完成，也可能要经多次转嫁才能完成。特殊情况是，法律上的归宿即是经济上的归宿，在这种情况下，税负转嫁则没有发生。因此，税的法律归宿始终只有一个，而经济归宿则可能是一个、两个甚至更多。税负归宿亦有直接归宿和间接归宿之分，前者指税负无法转嫁，由纳税人自己负担的情形；后者指税负发生转嫁，由他人负担的情形。

阅读材料：税收取之于民、用之于民、造福于民

来源：国家税务总局网站

从各国政府的税收实践来看，税收具有"返还"的性质，即最终要通过国家财政预算分配、提供社会公共产品和服务等方式用之于纳税人。在我国社会主义制度下，国家、集体和个人之间的根本利益是一致的，税收的本质是"取之于民、用之于民、造福于民"。

按照国家税收法律规定，纳税人履行纳税义务，及时、足额地缴纳各项税款，这是纳税人享有国家提供公共产品和公共服务的前提与基础。国家通过税收筹集财政收入，并通过预算安排将其用于财政支出，进行交通、水利等基础设施和城市公共建设，支持农村和地区的协调发展，用于环境保护和生态建设，促进教育、科学、文化、卫生等社会事业发展，用于社会保障和社会福利，用于政府行政管理，进行国防建设，维护社会治安，保障国家安全，促进经济社会发展，以满足人民群众日益增长的物质文化等方面的需要。

近年来，国家越来越重视保障和改善民生，税收"取之于民、用之于民、造福于民"的本质得到充分体现。以 2010 年为例，全国财政收入达到 83 101.51 亿元；全国财政支出 89 874.16 亿元，比上年增加 13 574.23 亿元，增长 17.8%。2010 年，党中央、国务院更加关注公共服务建设，关注基层、关注民生、关注区域经济的协调发展，财政支出结构得到进一步优化，重点支持了教育、医疗卫生、社会保障和就业、住房保障等民生方面的支出，加大了对"三农"的投入力度。教育支出达到 12 550.02 亿元，比上年增加 2 112.48 亿元，增长 20.2%；医疗卫生支出 4 804.18 亿元，比上年增加 809.99 亿元，增长 20.3%；社会保障和就业支出 9 130.62 亿元，比上年增加 1 523.94 亿元，增长 20.0%；住房保障支出 2 376.88 亿元，比上年增加 573.48 亿元，增长 31.8%；"三农"支出 24 213.4 亿元，比上年增加 4 170.8 亿元，增长 20.8%（以上数据来自于《2010 年全国财政支出决算表》，财政部 2011 年 7 月 20 日发布）。

整个"十一五"期间，全国财政用于教育、医疗卫生、社会保障和就业、文化体育等方面的支出累计分别达到 44 500 亿元、14 900 亿元、33 300 亿元和 5 600 亿元，分别比"十五"时期增长 1.6 倍、2.6 倍、1.3 倍和 1.4 倍；中央财政用于"三农"的支出累计达到 29 624 亿元，年均增长 23.6%；此外，中央累计安排保障性安居工程专项补助资金高达 1 336 亿元。

财政支出向民生领域的不断倾斜收到显著成效。

在教育方面，全面实行了城乡免费义务教育。从 2006 年起，逐步将农村义务教育经费全面纳入公共财政保障范围，目前，全国所有农村义务教育阶段约 1.3 亿中小学生，都实现了免费教育。从 2008 年起，免除城市义务教育阶段学生的学杂费，目前全国共有 2 900 多万学生受益。同时，将普通高中家庭经济困难的学生纳入国家资助政策体系，高校国家助学金平均资助标准由每生每年 2 000 元提高到 3 000 元。

在医疗卫生方面，逐步建立了覆盖城乡居民的基本医疗保障体系。2010 年，国家基本药物制度覆盖到 60%以上的政府办基层医疗卫生机构。新型农村合作医疗和城镇居民基本医疗保险的年人均财政补助标准，由 2006 年的 40 元提高到 2010 年的 120 元。

在社会保障和就业方面，社会保障制度的覆盖面明显扩大，新型农村社会养老保险试点范围扩大到全国 23%左右的县。支持实施积极的就业政策，城镇新增就业稳中有升。

在保障性住房建设方面，支持廉租房、棚户区改造、农村危房改造、少数民族游牧民定居工程建设，切实解决城乡低收入家庭的住房困难。"十一五"期间，通过保障性安居工程建设，解决了 1 500 万户城镇低收入家庭住房困难的问题。

中国是一个有 13 亿多人口的发展中大国，社会经济发展不平衡的矛盾比较突出，当前和今后一个时期，按照党的十七大战略部署，在税收制度设计和税收工作中必须深入贯彻落实科学发展观，统筹城乡发展、统筹区域发展、统筹社会经济发展、统筹人与自然的和谐发展，正确处理经济和税收、需要与可能的关系，合理确定税收参与国民收入分配的比重，充分发挥税收筹集资金、调控经济、调节分配的职能作用，增强政府提供公共服务的能力，努力推进基本公共服务的均等化，全面建设小康社会，积极构建社会主义和谐社会。

思考题

1. 如何理解税收？
2. 税收的特征有哪些？
3. 财政收入形式有哪些？各有哪些特点？
4. 税收有哪些职能？
5. 税收的原则有哪些？
6. 税收的效率原则和公平原则是否能够兼顾？
7. 如何理解税收法定原则？
8. 如何衡量税收负担？
9. 税负转嫁有哪些形式？
10. 税负转嫁受哪些因素影响？

第二章 税收要素和税制结构

本章学习要点：

★ 税收要素

★ 税收分类

★ 税制结构

第一节 税收要素

税收分析和研究涉及的问题较多，但需要解决的最基本问题是：对什么征税？征多少税？向谁征税？这些基本问题涉及课税对象、纳税人和税率三个税收的基本要素。税收三要素不但回答了税收的基本问题，也是税收理论分析、政策制定、制度设计的基本工具，是税收的基本范畴。

一、课税对象

课税对象又称税收客体，它是指税法规定的征税的目的物，是征税的根据。课税对象是税收要素中最基本的要素，也是一种税区别于另一种税的主要标志。课税对象主要是解决对什么征税的问题。

与课税对象类似的概念很多，如税基、税源、计税依据、税目等，都是指征税的对象，但具体分析，各有差异。

1. 税基

税基又称课税基础，指建立某种税或一种税制的经济基础或依据。它不同于课税对象，如商品课税的课税对象是商品，但其税基则是厂家的销售收入或消费的货币支出；也不同于税源，税源总是以收入的形式存在的，但税基却可能是支出。

税基一般可以划分为两个大类：经济税基和非经济税基。

经济税基是指与个人或企业的经济行为有关的征税对象，如对商品、财产、收入以及市场交易等进行征税。对经济税基征税，势必会影响人们的经济活动和经济决策，改变人们在可以替代的经济行为之间的选择，即发生替代效应。例如，对利息收入课征较高的税，就会影响人们对储蓄的积极性，从而改变人们在现在消费与将来消费之间的选择；而对劳动收入课征较高的税，则会影响人们对劳动、发明和创造的积极性，从而改变人们在劳动与休闲之间的选择；对某些商品课征较高的税，则会引起人们减少对税重商品的消费，转而消费可以替代的税轻商品，从而影响税重商品的生产与销售。不难理解，对经济税基课税，一般会导致人们调整经济行为，以尽量减少纳税，所以，政府从这种税基取得的税收收入会随着税基规模的变动而变动。

非经济税基，是指与人们的经济行为无关的征税对象。最典型的是早期政府对其国民征收的人头税，即对所有的成年人每年征收一次总额税。这种税是以人的存在作为征收的对象(税基)，而不论纳税人的收入、消费和财产的多少以及进行什么样的经济活动。因而对非经济税基征税，不会引起人们经济行为的改变，不会影响人们的经济决策，人们也不可能通过调整经济行为而减少纳税，即不会发生替代效应。现在，类似古代人头税的一次性总额税政府只有在特殊情况下才对其国民征收。

2. 税源

税源，也称经济税源，指税收收入的经济来源，它主要是指国民经济各个部门当年创造的国民收入或往年累积的国民收入。经济税源作为税收收入的经济来源，其丰裕程度决定着税收收入量的规模，税收收入随着国民经济的发展和国民收入的增加不断地增长。

税源不同于课税对象。有的税种的课税对象和税源是一致的，如所得税，其课税对象和税源都是纳税人的所得；有的税种的课税对象与税源不同，如财产税的课税对象是纳税人的财产，但税源往往是纳税人的收入。

经济税源按不同标准，可以分为以下几类。

(1) 按税源的自然状态，可分为自然税源和再生税源。自然税源是指自然存在的税源。如对资源征税，资源本身就是一种客观存在，只要开发资源，就必须依法纳税。再生税源是指经过劳动创造后产生的税源。如对产品或商品征税。税源的大部分是再生税源。

(2) 按税源的变化程度，可分为静态税源和动态税源。静态税源是指在一定时期内变化不大，可稳定地为税收分配提供收入的税源。静态税源是保证税收收入完成的基础条件。动态税源是指在一定时期内变化较大，不能稳定地为税收分配提供收入的税源。对于动态税源，应加强对其管理，使之朝着有利于扩大税源的方向发展。

(3) 按税源可构成税收收入量占税收总收入中的比重，而税源可分为一般税源和重点税源。一般税源是指可供税收分配的收入较少，在全部税收收入中所占比例不大的税源。一般税源户是指一些年度创造税收收入的总量较小的中小型企业和个体工商业户。重点税源是指可供税收分配的收入规模较大，在全部税收收入中所占比例较大的税源。重点税源户是指一些年度创税规模较大的大型企业单位。

(4) 按税源的存在形态，可分为有形税源和无形税源。有形税源是指能看得见的税源。如产品销售收入、利润额、房产等。无形税源是指看不见的税源，如行为、专利、特许权、商誉等。

3. 计税依据

计税依据亦称课税依据、课税基数，是计算应纳税额的根据，即根据什么来计算纳税人应缴纳的税额。它是税制构成要素中的一项十分重要的内容。

计税依据是课税对象的数量表现。计税依据与课税对象反映的都是课税的客体，但两者要解决的问题不同。课税对象解决对什么征税的问题，计税依据则是在确定了课税对象之后，解决如何计量的问题。如企业所得税，课税对象是企业所得额，但并不是所有的所得额都要征税，国家可选择部分所得额来课税，这部分应纳税的所得额就是计税依据。

4. 税目

税目是课税对象的具体项目或课税对象的具体划分。一般来说，一个课税对象往往包括多个税目，如消费税、关税。当然，也有的课税对象十分简单，不再划分税目。税目的划分，可以使纳税人更透彻地了解税收制度，也可以使国家灵活地运用税收调节经济，如对各个税目规定不同的税率，就是调节经济的方式之一。

二、纳税义务人

纳税义务人简称纳税人，又称为纳税主体，它是指税法规定的负有纳税义务的单位和个人。纳税人主要解决向谁征税或者由谁纳税的问题。

国家无论课征什么税，要由一定的纳税义务人来承担，否则就不成其为税收，因此，纳税人是税收制度构成的基本要素之一。每种税收都有各自的纳税人，纳税人究竟是谁，一般随课税对象的确定而确定。如工薪所得税，其纳税人是有工薪收入的个人，房产税的纳税人是房产的所有者，屠宰税的纳税人是屠宰牲畜行为的人。同一种税，纳税人可以是企业、单位和个人，如增值税，企业生产销售的产品，纳税人是企业；个人销售的产品，纳税人就是个人。同一种税在不同历史时期，纳税人也可能发生变化，如我国的农业税，农业合作化前是个体农民，农业合作化后是农业生产合作社和后来的生产大队，它们是主要农村乡村基本核算单位及承包人。

纳税人可以是自然人，也可以是法人。所谓自然人，一般是指公民或居民个人；所谓法人，是指依法成立并能独立行使法定权利和承担法定义务的社会组织，主要是各类企业。

1. 自然人纳税人

自然人是指具有权利主体资格，能够以自己的名义独立享有财产权力、承担义务，并能在法院和仲裁机关起诉、应诉的个人。不论成年人或未成年人，本国人或外国人，均属自然人。自然人是纳税人的重要组成部分。

2. 法人纳税人

法人是指有独立的组织机构和有独立支配的财产的权利，能以自己的名义参加民事活动，享受权利和承担义务，依法成立的社会组织。在我国，一切享有独立预算的国家机关和事业单位，各种享有独立经费的社会团体，各种实行独立核算的企业等都是法人。法人有依照国家税法纳税的义务，都可以成为纳税人。其中，企业是最主要的纳税人。这里所说的企业，是指从事生产、流通或服务等活动并实行独立核算的经济组织，它可以是工厂、商店，也可以是具有同样性质的各种公司。纳税人必须依法向国家纳税，否则要受到法律的制裁，例如，加收滞纳金，处以罚款等。纳税人在履行纳税义务的同时，也有自己的权益，例如，依法享受减免税的权利，依法要求税务部门为自己的经济活动保密的权利，依法打税务官司的权利等。税务部门要自觉维护纳税人的权益。

与纳税人相关的一个概念是负税人。负税人是税款的实际负担者。负税人同纳税人有时一致，如个人所得税，纳税人也是税款的实际负担者；有时是不一致的，如对商品课征的税收，纳税人是生产或销售商品的企业，而负税人则是商品的最终消费者。负税人不是税制构成要素，由此国家在制定税收制度时，只规定税款由谁缴纳，不规定税款最终由谁负担；但是，税款由谁负担和由谁缴纳一样重要，必须考虑税款由谁负担的问题。

三、税率

税率是指国家征税的比率。税率是解决征多少税的问题。税率是国家税收制度的核心,它反映征税的深度,体现国家的税收政策。

1. 税率形式

一般来说,税率可划分为比例税率、累进税率、定额税率三类。

(1) 比例税率。比例税率是对同一课税对象,不论其数额大小,统一按一个比例征税。在比例税率下,同一课税对象的不同纳税人的负担相同,具有鼓励生产、计算简便的优点,也有利于税收征管,一般应用于商品课税。比例税率的缺点是有悖于量能纳税原则,且具有累退性。

(2) 累进税率。累进税率是指对同一课税对象随着数量的增加,征收比例也随之升高的税率,其具体形式是将课税对象按数额(或按比例)大小划分为若干等级,对不同等级规定由低到高的不同税率。累进税率可以有效调节纳税人的收入,正确处理税收负担的纵向公平问题,一般应用于所得课税。

累进税率的累进依据按课税对象的指标形式分为绝对额和相对率两种,即"额累"和"率累"。额累是以征税对象的绝对额为依据划分级数,分级累进征税,如所得税;率累是以征税对象的相对率为依据划分级数,分级累进征税,如土地增值税。

实行累进税率在累进方法上又可分为"全累"和"超累"。"全累"税率是指纳税人的全部课税对象都按照与之相对应的那一级税率计算应纳税额。"超累"税率是指把纳税人的全部课税对象按规定划分为若干等级,每一等级分别采用不同的税率,分别计算应纳税额。"全累"和"超累",都是按照量能纳税的原则设计的,但两者有不同的特点:首先,"全累"的累进程度高,"超累"的累进程度低,在税率级次和比例相同时,前者的税负重;其次,在级距的临界点处,"全累"会出现税额增长超过所得额增长的不合理情况,"超累"则不存在这种问题;再次,"全累"在计算上简便,而"超累"则计算较为复杂。

(3) 定额税率。定额税率又称固定税率,它是按课税对象的一定计量单位直接规定一个固定的税额,而不规定征收比例。定额税率在计算上更为便利,而且由于采用从量计征的办法,不受价格变动的影响。它的缺点是负担不尽合理,因而只适用于特殊的税种,如资源税等。

2. 税率分析方法

比例税率、累进税率、定额税率都是法律上的税率形式,即税法可能采用的税率。若从经济分析的角度考察税率,则税率还可以分为累进税率和累退税率、边际税率和平均税率、名义税率和实际税率等。

(1) 累进税率和累退税率。累退税率是累进税率的对称,指随着课税对象数额的增大,税率逐级降低的税率制度。这种税率,课税对象数量越大,税率越低;课税对象数量越小,税率越高。由于这种税率不符合税收合理负担、量能负担的原则,一般不被采用。但是,累退税率作为一种分析方法被广泛利用。因为一些使用比例税率或定额税率的税种,可能具有累退性。比如,把消费作为课税对象的消费税一般使用比例税率,但由于随着个人收入的增加,个人消费支出占个人收入的比例下降,消费税税收收入占个人收入的比例也下降。因此,比例消费税具有累退性。又如,社会保障税作为一种特殊形式的所得税,其税收收入专门用于社会福利、社会保障等支出。社会保障税采用比例税率，一般没有扣除额和免征额，同时规定有课税上限，也不考虑纳税家庭人口的多寡和其他特殊情况，因此具有强烈的累退性。

另外，在复杂税收规定的综合作用下，实质上的累退税率也是存在的。如我国在第二步利改税时，国家与国营大、中型企业的利润分配关系，采用所得税加调节税定比减征的办法，实质上就是一种累退税率。假定某企业基期利润 100 万元，按 55%的统一比例所得税率应纳所得税 55 万元，企业合理留利 10 万元，应核定该企业调节税税率为 35%，但调节税可给予定比减征 70%的照顾，也就是说以后年度的增量利润的调节税税率，可按 10.5%的调节率计征。这种利润分配制度，实际上是以 100 万元为划分级距的分界点，实行两级超额累退税率。

(2) 边际税率和平均税率。边际税率，就是征税对象数额的增量中税额所占的比率。平均税率，指全部应纳税额占全部课税对象总额的比率。边际税率和平均税率之间具有紧密的内在联系。在累进税率的情况下，平均税率随边际税率的提高而上升，但平均税率低于边际税率。在比例税率的情况下，平均税率就是边际税率。

第一种情况，可以超额累进的个人所得税为例。免征额以下的这部分所得额的边际税率为 0，所得额超过免征额 100 时，增量 100 元，税额 3 元，则边际税率为 3%，此时的平均税率由 0 上升到大于 0 而小于 3%，个人所得税超额累进税率表中的每一级税率实际上就是相应级距所得额的边际税率，而应纳税额和全部应税所得额的比则是平均税率。

第二种情况，可以比例税率的营业税为例。对于营业税来说，其边际税率就是每多增加 1 元钱的营业额中税收所占的比例，而此时的平均税率、边际税率都等于征税率。

从调节方式看，边际税率偏重于分析税率的心理影响。边际税率表现直接，而平均税率往往需要计算得出，因此，纳税人印象最深的是边际税率，而很少关心平均税率。平均税率偏重于分析税收负担率。在实际工作中，平均税率的适用情况主要有：用于衡量纳税人的负担情况，用于衡量或控制某一地区的税收负担情况，用于衡量和研究产业部门、行业或产品的税收负担情况。

(3) 名义税率和实际税率。名义税率是税法上规定的税率，也称法定税率。实际税率是名义税率的对称，是实征税额占征税对象数额的比率。

在实纳税额与应纳税额相等，征税对象的全部数额与应税的征税对象数额相等时，实际税率与名义税率相等；如果不相等，则实际税率与名义税率不等。在实际征税中，由于计税依据、税收减免、税率制度等原因，纳税人实纳税额和应纳税额往往不相一致，实际征税对象数量与税法规定的征税对象数量也会不一致，从而出现实际税率与名义税率不一致的情况。实际税率是衡量纳税人实际负担程度的主要标志，也是研究和制定税收政策的重要依据。

四、其他税收要素

除了上述税收三要素以外，税收制度还存在其他的一些要素，主要有：纳税环节、纳税期限、减税免税、违章处理四个方面。

1. 纳税环节

纳税环节是税法上规定的征税对象从生产到消费的流转过程中应当缴纳税款的环节。

纳税环节有广义和狭义之分。广义的纳税环节，是指全部征税对象在再生产活动中的分布情况。例如，在生产环节可以开征增值税、消费税等，在流通环节可以开征增值税、营业税等，在消费环节可以开征特种消费性质的税收等。广义的纳税环节实际上属于税种结构问题。狭义的纳税环节主要是指商品流转过程中，纳税人应当缴纳税款的环节，它主要解决向征税对象征几道税和在哪一个或哪几个流转点上征税的问题。如消费税规定在消费品生产、加工或进口的某一环节征一道税，增值税实行道道环节征税等。

2. 纳税期限

纳税期限是指纳税人在发生应税行为之后，向税务机关缴纳税款的时限。不同性质的税种以及不同情况的纳税人，其纳税期限也不相同。我国现行税制的纳税期限有三种形式：

(1) 按期纳税，即根据纳税义务发生的时间，通过确定纳税间隔期，实行按日纳税。

(2) 按次纳税，即根据应税行为的发生次数确定纳税期限。

(3) 按年计征，分期预缴，即按规定期限预缴税款，年度结束后汇算清缴，多退少补。

纳税期限的确定，要考虑到多种因素，既要考虑生产经营的特点、纳税人的规模大小、纳税人经济核算周期的长短，也要考虑到财政收入的均衡性。

3. 减税免税

减税免税是对某些纳税人和征税对象给予鼓励或照顾的一种特殊规定，是税法的原则性和必要的灵活性相结合的体现。

(1) 减免税的主要内容。减免税的主要内容有：直接减免税、规定起征点和免征额。

直接减税和免税，即对应纳税额少征一部分或全部免征。起征点，即征税对象达到征税数额开始征税的界限。征税对象数额达到或超过起征点的，就其全部数额征税；未达到起征点的，不征税。免征额，即征税对象总额中免予征税的数额，它按一定标准从征税对象总额中减除，免征额部分不征税，只对超过免征额的部分征税。

(2) 减免税的类型。减免税的类型主要有三种：有关税法、税收条例、实施细则、具体规定中明确规定的减免税；有关税法已明确可以减免，但需要按税收管理体制逐级报批的减免税；纳税人由于客观原因造成暂时性困难，不具备缴纳全部税款或部分税款的能力，需按税收管理体制逐级报批的减免税。

4. 违章处理

违章处理是对纳税人违反税收法规行为所采取的处罚措施，它保证税收法令的贯彻执行，体现税收的强制性。

税收违章行为包括：违反税务管理基本规定，如纳税人未按规定办理税务登记、纳税申报等；偷税，纳税人伪造、变造、隐匿、擅自销毁账簿和记账凭证，或者在账簿上多列支出或者不列、少列收入，或者经税务机关通知申报而拒不申报或者进行虚假纳税申报，不缴或者少缴应纳税款的，是偷税；逃税，纳税人逃避追缴欠税；骗税，纳税人骗取国家出口退税；抗税，纳税人以暴力、威胁方法拒不缴纳税款。

违章行为的处理，主要有以下几种措施：征收滞纳金，处以税务罚款，追究刑事责任。

第二节 税制结构

一、税收的分类

现代国家的税制普遍实行了复合税制，也就是一个国家的税收制度由多个税种组成。各税种既互相区别又密切相关，以一定的标准将各税种分别归类，是研究和建设税制的重要前提。

1. 以课税对象为标准

按照课税对象的性质，可以将各税种分为商品税、所得税、财产税、资源税和行为税五大类。商品课税，包括所有以商品为课税对象的税种，如增值税、营业税、消费税、关税等。对商品流转额征税，不受企业产品成本和利润水平变化的影响，能够保证国家财政收入的及时稳定。所得课税是指以纳税人的净所得(纯收益或纯收入)为课税对象的税种，一般包括个人所得税、企业所得税等。对所得课税，是国家调节企业收入和居民个人收入的重要手段。财产课税是以各类动产和不动产为课税对象的税种，如一般财产税、遗产税、赠与税等。财产税对于调节财富分配，限制不劳而获，促进财产有效使用有特定作用。资源税是以纳税人利用国有矿产等资源获得的级差收益为课税对象的税种，如资源税、城镇土地使用税等，资源税重在调节非主观努力形成的级差收益，为纳税人公平竞争创造条件，并能起到保护资源、提高资源利用效率的作用。特定目的行为税是对企业和个人的特定行为征收的一类税收，如印花税。对行为征税，可以调节纳税人的某些经济行为，实现社会资源的优化配置。

2. 以税收负担是否转嫁为标准

以税收负担是否转嫁为标准，可以把税收分为直接税和间接税。这种税收分类方法由来已久。早在18世纪，许多学者就把税源稳定、可以持久课征的税种称为直接税，而对偶然课征难以稳定的税种称为间接税。后来，又有人将对财产的课征和对所得的课征称为直接税。到了现代社会，直接税和间接税的划分方法随着税收理论的发展而进一步完善，并最终以税负能否转嫁为标准进行划分，即凡是税负能够转嫁的税种，归属于间接税，凡是税负不能转嫁的税种，归属于直接税。一般认为，所得税和财产税属于直接税，商品课税属于间接税。

3. 以税收管理和支配权限为标准

以税收管理权限为标准，可将税收划分为中央税、地方税和共享税。按税收管辖权，凡是由中央政府征收，其收入归中央政府支配的税种，为中央税，如消费税；凡由地方政府征收，其收入归地方政府支配的税种，为地方税，如房产税等；凡由中央政府征收，其收入由中央政府和地方政府之间按比例分成，或共享同一税源的，为共享税，如增值税。

4. 按照课税标准分类

按照课税标准分类，可以将税收划分为从量税和从价税。从量税以征税对象的数量(重量、面积、容积、体积)为依据，按单位固定税额计征。从量税的税额随课税对象数量的变化而变化，计算简便，但税负水平固定，不尽合理，只有少数税种采用这种计税方法，如我国的资源税、车船税等。从价税以征税对象的价格为依据，实行比例计征。从价税的税额多少取决于商品的价格和数量，比较而言，更适应市场经济的要求，因而大多数税种都采用这一计税方法。

5. 以税收与价格的关系为标准

以税收与价格的关系为标准，可将税收分为价内税和价外税。凡税金构成价格组成部分的，称为价内税，如消费税、营业税；凡税金作为价格之外附加的，称为价外税，如增值税。一般认为，价外税比价内税更容易转嫁。

6. 以税收收入形态为标准

以税收收入形态为标准，税收可以分为实物税和货币税。我国的农业税在取消之前仍保留一定比例的实物缴纳，这有利于国家直接获取粮食，但实物税存在运输困难、易损耗等缺点，而货币税以货币结算税额，计算方便，税款易于保存和转移。从实物税向货币税的转变，是商品经济发展的必然结果。

二、税制结构

税制结构，是指构成税制的各税种在社会再生产中的分布状况及相互之间的比重关系。

税制结构的研究范围主要包括主体税种的选择以及主体税与辅助税的配合等问题。一般而言，税制的类型根据一国开征税种的多少和类别，分为单一税制与复合税制。单一税制是指以一种课税对象为基础设置税种所形成的税制，它表现为单一的土地税、单一的财产税、单一的消费税、单一的所得税等较为单纯的税种构成形式；复合税制则是指由多种征税对象为基础设置税种所形成的税制，它是由主次搭配、层次分明的多个税种构成的税收体系。在实践中，单一税制由于其自身缺乏弹性，难以发挥税收筹集财政收入和调节经济的作用，还从未被哪个国家真正采用过。因此，只有在复合税制下才涉及税制结构问题，即税制体系内部税种之间的协调与配合，特别是税收体系中主体税种的选择及与其他税种的相互关系问题。由主体税种特征所决定的税制结构大体可归纳为以下三种类型。

1. 以商品和劳务税为主体的税制结构

以商品和劳务税为主体的税制结构就其内部主体税种特征而言，又称以间接税为主的税制结构，还可以进一步分为以下两种类型：

(1) 以一般商品和劳务税为主体，也就是对全部商品和劳务，在产制、批发、零售及劳务服务等各个环节实行普遍征税。一般商品税具有普遍征收、收入稳定、调节中性等特点。一般商品税在课税对象确定上，既可以对收入全额征税，也可以对增值额征税。前者称为周转税(产品税)，征收简便易行，但重复课税，不利于专业化协作；后者称为增值税，可避免重复征税，但对征管有较高要求。

(2) 以选择性商品和劳务税为主体，也就是对部分商品和劳务，在产制、批发、零售及劳务服务等环节选择性征税。选择性商品税具有特殊的调节作用。

2. 以所得税为主体的税制结构

以所得税为主体的税制结构就其内部主体税种特征而言，又称以直接税为主的税制结构，可进一步分为以下三种类型。

(1) 以个人所得税为主体。以个人所得税为主体的税种一般是在经济比较发达的国家,个人收入水平较高,收入差异较大,需运用个人所得税来稳定财税收入,促进个人收入的公平分配。

(2) 以企业所得税为主体。在经济比较发达,又实行公有制经济的国家,在由间接税制向直接税制转换的过程中,有可能选择以企业所得税而不是个人所得税为主体税。

(3) 以社会保障税为主体。在部分福利国家,政府为实现社会福利经济政策,税制结构已由个人所得税为主体转向社会保障税为主体。

3. 商品劳务税和所得税双主体的税制结构

双主体税制结构,是指在整个税制体系中,商品劳务税和所得税占有相近比重,在财政收入和调节经济方面共同起着主导作用。一般说来,在由商品劳务税为主体向所得税为主体的税制结构转换的过程中,或由所得税为主体,扩大到商品劳务税的过程中,均会形成双主体税制结构。从发展的角度看,这种税制结构是一种过渡性税制结构,最终会被其中一种主体税取代其双主体地位。

税制结构是一国税制体系建设的主体工程,合理地设置各类税种,从而形成一个相互协调、相互补充的税制体系,是有效发挥税收职能作用的前提,也是充分体现税收公平与效率原则的有力保证。然而,一国税制结构的形成与发展,受其客观的社会经济条件的制约,是不以人们的主观意志为转移的。在现实社会,多数国家的税制结构并非经过事前的完整设计或周密计划,它的形成与发展往往受到某个发展阶段社会经济体制、生产力发展状况、政府宏观管理水平等因素的影响与制约,同时也受政治上各派势力集团力量对比的左右,并在各种重大历史事件积累的基础上形成。

三、我国的税制结构

1. 我国税制结构的发展

新中国成立以来,为了适应不同时期社会政治经济条件的发展变化,我国的税收制度经历了多次重大改革,但在税制结构中,流转税居于主导地位的特点始终没有改变。中国税制结构的发展演变具体经历了三个阶段:

第一个阶段,建国初期到党的十一届三中全会以前。在这一阶段,我国税制实行以流转税为主体的"多种税、多次征"的税制模式,当时,流转税收入占整个税收收入的80%以上。在国有企业占绝对比重、利润上缴形式为主的计划经济背景下,这种税制结构虽然可以基本满足政府的财政需要,但是却排斥了税收发挥调节经济的作用。

第二阶段,党的十一届三中全会以后到1994年税制改革以前。我国经济体制改革使国有经济"一枝独秀"的局面逐步有所改变,为适应税源格局的变化,我国政府于1983年和1984年分两步进行了"利改税"的改革,首次对国有企业开征了所得税,并改革了原工商税制。"利改税"以后,我国所得税占工商税收收入的比重迅速上升。1985年,所得税比重达到34.3%,基本形成了一套以流转税为主体、所得税次之、其他税种相互配合的复合税制体系。

第三阶段,1994年税制改革后形成的现行税制结构。我国现行税制是在1994年工商税制改革的基础上形成的,此次改革侧重于税制结构的调整和优化,在普遍开征增值税的基础上,建立了以增值税为主体,消费税、营业税彼此配合的流转税体系;颁布并实施了统一的内资企业所得税和个人所得税的法律、法规。1994 年税制改革后,我国的税种由 32 种减少到 18 种,税制结构得到了简化,并趋于合理。

但是,1994 年的税制改革过于强化以流转税为主体的税制结构,在税种的设计上过于突出增值税的作用,使得该税所占比重过大,而对经济具有内在稳定功能的所得税则比重较低,尤其是个人所得税的比重过低。这使得税制结构缺乏弹性,在经济产生波动时,税收收入不仅难以满足政府的支出需要,而且限制了税收调节经济杠杆作用的发挥。

2. 我国现行的税制结构

我国目前的税制基本上是以间接税和直接税为双主体的税制结构。间接税(增值税、消费税、营业税)占全部税收收入的比例在 60%左右;直接税(企业所得税、个人所得税)占全部税收收入的 25%左右。其他辅助税种数量较多,但收入比重不大。

(1) 按课税对象的性质分类,我国现行税制可分为:

- 流转税类,包括增值税、消费税、营业税,主要在生产、流通或者服务业中发挥调节作用。
- 资源税类,包括资源税、城镇土地使用税,主要是对因开发和利用自然资源差异而形成的级差收入发挥调节作用。
- 所得税类,包括企业所得税、个人所得税,主要是在国民收入形成后,对生产经营者的利润和个人的纯收入发挥调节作用。
- 特定目的税类,包括固定资产投资方向调节税(暂缓征收)、城市维护建设税、土地增值税、车辆购置税、耕地占用税、烟叶税,主要是为了达到特定目的,对特定对象和特定行为发挥调节作用。
- 财产和行为税类,包括房产税、车船税、印花税、契税,主要是对某些财产和行为发挥调节作用。
- 关税类,主要对进出境的货物、物品征收。

关税由海关负责征收管理,其他税种由税务机关负责征收管理。耕地占用税和契税,长期由财政机关征收管理,现改由税务机关征收管理,但仍有部分地区继续由财政机关征收管理。

我国对税收征收管理适用的法律制度,是按照税收管理机关的不同而分别规定的,即由税务机关负责征收的税种的征收管理,按照全国人大常委会发布实施的《中华人民共和国税收征收管理法》执行;由海关机关负责征收的税种的征收管理,按照《中华人民共和国海关法》及《中华人民共和国进出口关税条例》等有关规定执行。税收实体法和税收征收管理的程序法的法律制度构成了我国现行的税法体系。

(2) 按税收管辖和支配权分类,我国现行税制可分为:

- 中央税。属于中央政府固定收入的有:消费税(含进口环节海关代征的部分)、车辆购置税、关税、海关代征的进口环节增值税等。
- 地方税。属于地方政府固定收入的有:城镇土地使用税、耕地占用税、土地增值税、房产税、车船税、契税、筵席税。
- 中央和地方共享税。属于中央政府与地方政府共享收入的有:增值税(不含进口环节由海关代征的部分)、营业税、企业所得税、个人所得税、资源税、城市维护建设税、印花税。

中央政府与地方政府共享收入的分成比例为:增值税(不含进口环节由海关代征的部

分)：中央政府分享75%，地方政府分享25%；营业税：铁道部、各银行总行、各保险总公司集中缴纳的部分归中央政府，其余部分归地方政府；企业所得税：铁道部、各银行总行及海洋石油企业缴纳的部分归中央政府，其余部分中央与地方政府按60%与40%的比例分享；个人所得税：除储蓄存款利息所得的个人所得税外，其余部分的分享比例与企业所得税相同；资源税：海洋石油企业缴纳的部分归中央政府，其余部分归地方政府；城市维护建设税：铁道部、各银行总行、各保险总公司集中缴纳的部分归中央政府，其余部分归地方政府；印花税：证券交易印花税收入的94%归中央政府，其余6%和其他印花税收入归地方政府。

阅读材料：2011年税收收入增长的结构性分析(缩写)

来源：财政部网站

一、2011年税收收入增长的总体情况

2011年，全国税收总收入完成89 720.31亿元，比上年增加16 509.52亿元，同比增长22.6%。2011年税收增长的主要特点：一是税收总收入平稳增长。2011年，全国税收总收入增长与上年增速基本持平。二是分季度来看，税收收入增速呈“前高后低，逐季回落”的走势。2011年，各个季度税收收入增速分别为32.4%、27.2%、22.6%和6.8%。三是与生产经营相关的主体税种较快增长。国内增值税、营业税同比分别增长15.0%和22.6%，与上年增速持平；企业所得税增长30.5%，比上年增速加快9.2个百分点。四是与汽车、房地产相关的税种增速明显回落。汽车消费税、车辆购置税同比分别增长10.2%和14.1%，比上年增速分别回落45.6和39.9个百分点。房地产营业税和契税同比分别增长14.9%和12.1%，比上年增速分别回落17.5和30个百分点。

二、主要税种收入情况

1. 国内增值税

2011年，国内增值税实现收入24 266.64亿元，同比增长15.0%。国内增值税收入占税收总收入的比重为27%。

分行业看，2011年，绝大多数行业的增值税实现较快增长，其中，原油、有色金属和煤炭行业的增值税，同比分别增长31.7%、25.6%和25.0%；电信设备和钢坯钢材行业增值税略有减收，同比分别下降5.1%和1.7%。

2. 国内消费税

2011年，国内消费税实现收入6 935.93亿元，同比增长14.2%，比上年增速回落13.3个百分点。国内消费税收入占税收总收入的比重为7.7%。

分产品看，摩托车消费税负增长，同比下降4.1%；汽车和成品油消费税增速明显回落，汽车消费税和成品油消费税分别增长10.2%和6.4%，分别比上年增速回落45.6和12.3个百分点；贵重首饰、卷烟和酒的消费税实现较快增长，同比分别增长47.4%、22.8%和22.3%。

3. 营业税

2011年，营业税实现收入13 678.61亿元，同比增长22.6%，比上年增速回落1.2个百分点。营业税收入占税收总收入的比重为15.2%。

分行业看，邮政业、租赁和商务服务业以及金融保险业的营业税收入快速增长，同比分别增长38%、31.2%和28.4%；建筑业、住宿餐饮业和交通运输业的营业税收入保持平稳增长，同比分别增长25.3%、22.2%和20.4%。

4. 企业所得税

2011 年，企业所得税实现收入 16 760.35 亿元，同比增长 30.5%，比上年增速加快 19.2 个百分点。企业所得税收入占税收总收入的比重为 18.7%。

分行业看，所有行业企业所得税收入均实现增收，工业企业所得税同比增长 38.5%，其中，建材和原油企业所得税快速增长，同比分别增长 85.3%和 77.5%。工业以外的其他行业中，租赁与商务服务业和商业企业所得税增长较快，同比分别增长 54.9%和 39.2%。

5. 个人所得税

2011 年，个人所得税实现收入 6 054.09 亿元，同比增长 25.2%。个人所得税收入占税收总收入的比重为 6.7%。

分项目看，财产转让所得税快速增长，同比增长 79.2%，其中，房屋转让所得税同比增长 31.6%；劳务报酬所得税、工资薪金所得税和个体工商户生产经营所得税实现较快增长，同比分别增长 28.0%、23.6%和 13.1%；储蓄利息所得税收入同比下降 56.4%。

6. 进口税收

2011 年，进口货物增值税、消费税实现收入 13 560.26 亿元，同比增长 29.3%，比上年增速回落 6.4 个百分点。关税实现收入 2 559.10 亿元，同比增长 26.2%，比上年增速回落 10.5 个百分点。进口税收收入占税收总收入的比重为 18%。

三、其他税种收入情况

1. 契税

2011 年，契税实现收入 2 763.61 亿元，同比增长 12.1%，比上年增速回落 30 个百分点。契税收入占税收总收入的比重为 3.1%。

2. 土地增值税

2011 年，土地增值税实现收入 2 062.51 亿元，同比增长 61.3%，比上年增速回落 16.3 个百分点。土地增值税收入占税收总收入的比重为 2.3%。

3. 房产税

2011 年，房产税实现收入 1 102.36 亿元，同比增长 23.3%。房产税收入占税收总收入的比重为 1.2%。

4. 城镇土地使用税

2011 年，城镇土地使用税实现收入 1 222.26 亿元，同比增长 21.7%。城镇土地使用税收入占税收总收入的比重为 1.4%。

5. 车辆购置税

2011 年，车辆购置税实现收入 2 044.45 亿元，同比增长 14.1%，比上年增速回落 39.9 个百分点。车辆购置税收入占税收总收入的比重为 2.3%。

6. 证券交易印花税

2011 年，证券交易印花税实现收入 438.45 亿元，同比下降 19.4%，比上年增速回落 26 个百分点。证券交易印花税收入占税收总收入的比重为 0.5%。

7. 资源税

2011 年，资源税实现收入 598.87 亿元，同比增长 43.4%，比上年增速加快 19.9 个百分点。资源税收入占税收总收入的比重为 0.7%。

思考题

1. 税收的要素有哪些？
2. 课税对象有哪些类似的概念？
3. 简述纳税人和负税人的区别。
4. 全额累进税率为什么很少被采用？
5. 边际税率与平均税率有什么不同？
6. 纳税期限有哪几种形式？
7. 税收有哪些主要分类？
8. 税制结构有哪些类型？
9. 以所得税为主体的税制结构有哪些类型？
10. 我国中央和地方政府的税收来源是如何划分的？

第三章　税收经济效应

本章学习要点：

★ 税收经济效应

★ 收入效应和替代效应

★ 税收超额负担

★ 税收对劳动供给的影响

★ 税收对储蓄和投资的影响

★ 税收对经济增长的影响

第一节　税收经济效应的基本原理

税收效应(tax effect)，是指纳税人因国家课税而在其经济选择或经济行为方面做出的反应。换言之，是指国家课税对消费者的选择以至生产者决策的影响，也就是税收对经济所起的调节作用。

一、税收经济效应的分类

税收效应在理论上常分为：中性效应与非中性效应、激励效应与阻碍效应、正效应与负效应、收入效应与替代效应等。在实际分析中，税收的效应还可进一步分为储蓄效应、投资效应、产出效应、社会效应、心理效应等。

1. 中性效应与非中性效应

中性效应是指政府课税不打乱市场经济运行，即不改变人们对商品的选择、不改变人们在支出与储蓄之间的抉择、不改变人们在努力工作还是休闲自在之间的抉择。能起中性效应的税称之为中性税。中性税只能是对每个人一次征收的总额税，如人头税。人头税不随经济活动的形式变化而变化，所以，它对经济活动不会产生什么影响。由于人头税课及所有的人，它可能会影响到纳税人家庭对人口多少的规划，所以，即使是人头税，也不可能是完全中性的。在现代社会，完全意义上的中性税是根本不存在的。

与中性效应相反，非中性效应是指政府课税影响了经济运行机制，改变了个人对消费品、劳动、储蓄和投资等的抉择，进而影响到资源配置、收入分配和公共抉择等。几乎所有的税收都会产生非中性效应，因而现代社会的税收均属非中性税收。

2. 激励效应与阻碍效应

税收激励效应是指政府课税(包括增税或减税)使得人们更热衷于某项活动,而阻碍效应则是指政府课税使得人们更不愿从事某项活动。但政府的课税究竟是产生激励效应还是产生阻碍效应,取决于纳税人对某项活动的需求弹性。弹性很少,则政府课税会激励人们努力工作,赚取更多的收入,以保证其所得不因课税而有所减少;如果纳税人对税后所得的需求弹性大,则政府课税会妨碍人们去努力工作,因为与其努力工作,赚取收入付税还不如少赚收入不付税。

3. 正效应与负效应

某税的开征必定使纳税人或经济活动做出某些反应。如果这些反应与政府课征该税时所希望达到的目的一致,税收的这种效应就谓之正效应;如果课税实际产生的经济效果与政府课税目的相违背,税收的这种效应则谓之负效应。例如,我国曾开征的烧油特别税,课征的主要目的是为了通过对工业锅炉和窑炉烧用的原油和重油征税,以达到限制和压缩烧油,实现以煤代油。如果有充分的数据说明,通过一年或若干年的课税之后,政府课征该税所取得的收入越来越少,则说明工业锅炉和窑炉烧用应税油品的现象在逐渐减少,该税发挥的效应是正效应。税收负效应一个最明显的例子是1747年英国课征的窗户税,征税的目的是想获取财政收入,但其结果是纳税人为了逃避该税,纷纷将窗户堵塞。显然,政府通过该税的课征不仅未能使财政收入逐渐增大,反而使纳税人将窗户封塞而减少了舒适。

政府课征某税究竟是在产生正效应还是在产生负效应,可用课征该税取得收入的环比增长率来测定。用公式表示如下:

$$收入环比增长率=(本期收入-上期收入)/上期收入\times100\%$$

如果政府课征该税的主要目的是为了筹集财政收入,上式中收入环比增长率为正时,则该税产生的效应是正效应;如果比率为零或为负,则说明该税没有产生正效应甚或产生了负效应。

如果政府课征该税的主要目的不是为了筹集财政收入,而是为了限制经济活动向原有方向发展或促进其向新的方向发展,那么上式中,收入环比增长率为负时,该税产生的效应为正效应,如果比率为零或为正,则说明该税无效应或产生了负效应。

政府应经常对税收的正负效应进行分析,要根据产生负效应的原因,及时修正税则,使课税产生的效果和政府的初衷保持一致。

4. 收入效应与替代效应

从税收对纳税人的影响来看,一般可产生收入效应或替代效应,或两者兼有。所谓税收的收入效应,是指课税减少了纳税人可自由支配的所得和改变了纳税人的相对所得状况。税收的收入效应本身并不会造成经济的无效率,它只表明资源从纳税人手中转移到政府手中。但因收入效应而引起纳税人对劳动、储蓄和投资等所做出的进一步反应,则会改变经济的效率与状况。

税收的替代效应,是指当某种税影响相对价格或相对效益时,人们就选择某种消费或活动来代替另一种消费或活动。例如,累进税率的提高,使得工作的边际效益减少,人们就会选择休息来代替部分工作时间;又如,对某种商品课税可增加其价格,从而引起个人消费选择无税或轻税的商品。税收的替代效应一般会妨碍人们对消费或活动的自由选择,进而导致经济的低效或无效。

二、税收的收入效应和替代效应

收入效应和替代效应是消费需求分析中使用的术语，用于分析商品价格变动所引起的该商品需求量变动的效应。一种商品价格变动所引起的该商品需求量变动的总效应可以被分解为替代效应和收入效应两个部分，即：总效应＝收入效应＋替代效应。由商品的价格变动所引起的商品相对价格的变动，进而由商品的相对价格变动所引起的商品需求量的变动，称为替代效应；由商品的价格变动所引起的实际收入水平的变动，进而由实际收入水平变动所引起的商品需求量的变动，称为收入效应。

在消费者购买商品 X 和商品 Y 两种商品的情况下，当商品 X 的价格下降时，一方面，对于消费者来说，虽然名义货币收入不变，但现有的货币收入的购买力却增强了，也就是说实际收入水平提高了。实际收入水平的提高，会使消费者改变对这两种商品的购买量，从而达到更高的效用水平，这就是收入效应。另一方面，商品 X 价格的下降，使得商品 X 相对于价格不变的商品 Y 来说，较以前便宜了。商品相对价格的这种变化，会使消费者增加对商品 X 的购买而减少对商品 Y 的购买，这就是替代效应。

1. 总效应

图 3－1 中，最初的预算线是 RS，有两种商品 X 和 Y。在最初的约束条件下，通过选择商品组合 A，消费者实现效用最大化，因而获得了与无差异曲线 U_1 相关的效用数量。如果商品 X 价格下跌，预算线会向外旋转至 RT 线，消费者选择无差异曲线 U_2 上 B 处的商品组合，以实现效用最大化。商品 X 价格的下跌，使得消费者提高了他的满足程度。因为价格更低而造成的商品 X 消费的总变化标明为 F_1F_2。最初，消费者购买了 $0F_1$ 单位的商品 X，但在价格变化之后，商品 X 的消费增至 $0F_2$。因此，F_1F_2 线段代表了预期商品 X 购买的增量。

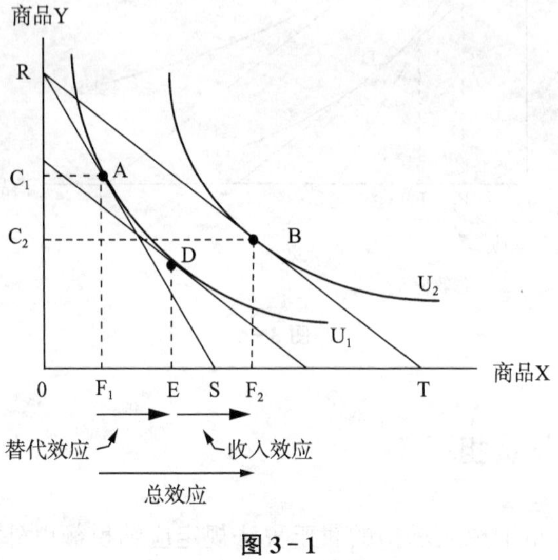

图 3－1

2. 税收替代效应

价格的下跌具有一个替代效应和一个收入效应。替代效应，是在效用数量保持不变的情况下，与商品X价格变化相联系的商品X消费方面的变化。替代效应记录了因商品X价格变化(这一变化使商品X比商品Y相对便宜些)而导致的商品X消费方面的变化，这一替代是通过无差异曲线上的一次移动来表明的。在图3－1中，通过画一条平行于新预算线RT(表明商品X更低的相对价格)的预算线就可以得到替代效应，这样恰好与原先的无差异曲线 U_1 相切。新的、更低的预算线表明了这一事实：为了隔离替代效应，名义收入被减少了。在新的预算线下，消费者选择了商品组合D，消费了0E单位商品X，于是，线段 F_1E 代表了替代效应。

3. 税收收入效应

收入效应是在商品X价格保持不变的情况下购买力增加造成的商品X消费方面的变化。在图3－2中，当消费者的名义收入恢复(通过D的预算线外移至预算线RT)时，收入效应出现了：消费者没有选择商品组合D，而是选择了无差异曲线 U_2 上的商品组合B(因为较低的商品X价格提高了消费者的效用数量)。商品X消费从0E到 $0F_2$ 的增量就是收入效应的大小。收入效应反映了从一条无差异曲线向另一条无差异曲线的移动，所以，它度量了消费者购买力方面的变化。

正常商品的收入效应是正的，即收入增加，该商品的消费也会增加。劣等商品的收入效应则是负的，即随着收入的上升，消费下降。图3－2显示了一种劣等商品的收入和替代效应，线段 EF_2 度量了负的收入效应。即使是在劣等商品的情况下，收入效应也很少能大到超过替代效应，结果，当一种劣等商品的价格下跌时，其消费几乎总是上升的。

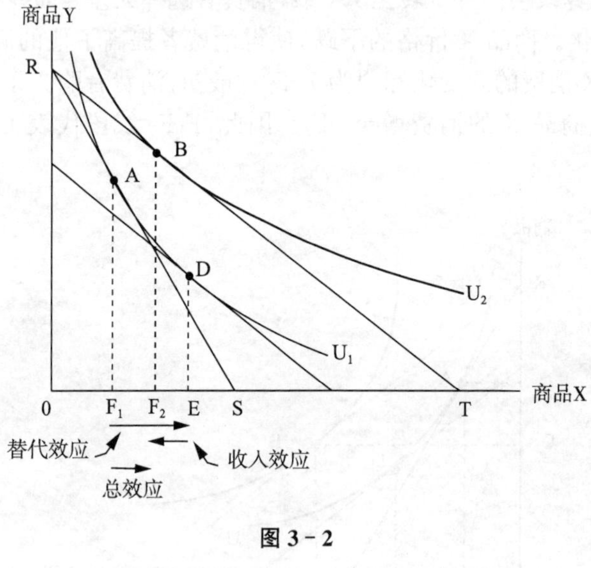

图3－2

三、税收的超额负担

税收的超额负担，指纳税人承担的属于税法规定应纳税额以外的经济损失，又称额外税收负担。税收中性与税收超额负担相关，或者说，税收中性就是针对税收超额负担而提出的。

税收的超额负担分直接与间接两种。直接税收超额负担，指国家税务当局在正税以外，对人民直接进行的额外课征。如中国历代封建政府借口弥补征收实物税的损耗，而加征的升斗耗、仓场耗和雀鼠耗等加耗，以及借口弥补征收货币税要发生熔铸银两损耗而加征的火耗等。间接税收超额负担，指并非由税务机关直接课征，而是在部分均衡和一般均衡中，由于税收干预引起经济抉择变形，给纳税人间接带来的那部分额外损失。一般来说，征税以前，纳税人在各种消费与货物之间的选择，在当前消费与未来消费（储蓄）之间的选择，以及在工作与闲暇之间的选择，在征税以后会因税收的干预而发生改变。这种改变或变形属于税收以外的额外经济损失，其中部分是由纳税人承担的，即间接的税收超额负担。

税收的超额负担可以利用消费者剩余和生产者剩余来计算。消费者剩余可以用来衡量消费者在消费某种商品时获得净福利的大小，生产者剩余可以用来衡量生产者在生产并销售某种商品时获得净福利的大小。

图 3-3 中，D 是某种商品的需求曲线，S 是供给曲线。征税前均衡点为 A，价格为 P_0，产量为 Q_0。假定政府对此商品每单位课征 T 的从量税，税后供给曲线上移至 S+T，均衡点移至 B，价格上升至 P_1，产量减少至 Q_1。政府税收收入为矩形 P_1BCP_2。消费者损失的消费者剩余是 P_1BAP_0，生产者损失的生产者剩余是 P_0ACP_2。两种损失合计与政府税收收入 P_1BCP_2 的差额 ABC 即为课税的超额负担。这一差额的存在说明课税造成商品价格上升，产量下降，消费者转而消费其他商品，使消费者在商品间的选择遭到扭曲。

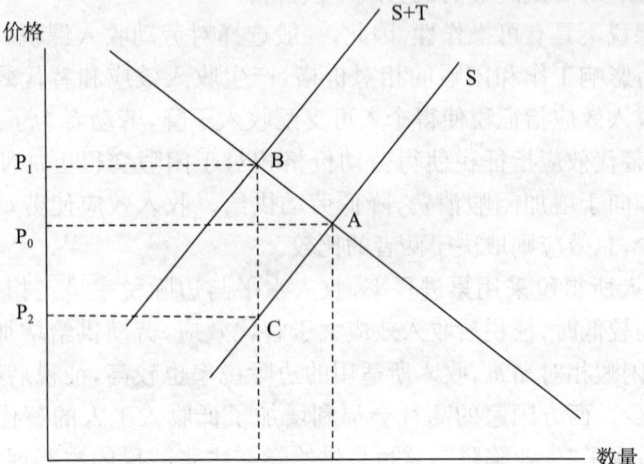

图 3-3

第二节 税收的经济效应

税收效应是指政府课税所引起的各种经济反应。政府课税除为满足财政所需外，总是要对经济施加某种影响，但其影响的程度和效果如何，不一定会完全符合政府的最初意愿，纳税人对政府课税所做出的反应可能和政府的意愿保持一致，但更多的情况可能与政府的意愿背道而驰。比如，课税太重或课税方式的不健全，都可能使纳税人不敢去尽心尽力地运用他的生产能力。又如，政府课征某一种税，是想促使社会资源配置优化，但执行的结果可能是社会资源配置更加不合理。因此，进一步分析课税的实际效应有着重要的理论和政策意义。在实际分析中，税收的效应可进一步分为储蓄效应、投资效应、产出效应、社会效应、心理效应等。

一、税收对劳动供给的影响

劳动总供给量是指社会在一定时期内愿意并能够提供的总劳动量，它取决于人口数量、劳动人口在总人口中的比重和社会福利水平等因素。税收对劳动总供给量的影响，主要取决于税收对人口数量和人们行为的影响。税收在一定程度上可以抑制人口的高速增长，也可以促进人口增长。原苏联长期征收独生及少子女税，一些人口增长率极低的发达国家依据抚育子女数量确定个人所得税的税前扣除标准，这些政策都起着鼓励人口增长的作用；我国个人所得税制允许托儿补助费和独生子女费税前扣除，也体现了税收对我国计划生育人口政策的配合作用。

税收对人们行为的影响，主要体现在税收影响人们对劳动和闲暇的选择。西方传统理论认为，个人福利由收入和闲暇两个要素组成，但个人可支配时间既定，用于劳动和闲暇的时间此消彼长，所以，工资是闲暇的机会成本或价格。

由于对闲暇课税不具有可操作性，因此，一般选择对劳动收入课税(即个人所得税)，而征收个人所得税将影响工作和闲暇的相对价格，产生收入效应和替代效应，从而影响劳动供给量的变化。收入效应指征税使得个人可支配收入下降，劳动者为了维持原有生活水平而增加劳动供给；替代效应指征税使得劳动价格相对于闲暇变得更加便宜，“闲暇”边际成本降低导致人们倾向于增加闲暇消费，降低劳动供给。收入效应使劳动供给增加，替代效应使劳动供给减少，总效应则取决于两者的比较。

一般来说，个人所得税采用累进税率，收入水平与边际税率呈正相关关系，因此，当收入水平和社会福利较低时，征税后收入效应大于替代效应，劳动供给增加；而当收入水平和社会福利较高时，闲暇相对昂贵，收入所适用的边际税率也较高，征税后替代效应大于收入效应，劳动供给减少。西方国家的高社会福利增加了低收入工人的替代率(失业收入占工作收入的比率)，造成了“失业陷阱”，这也是供给学派主张减税的主要理由，并成为 20 世纪 80 年代以来世界税制改革中降低个人所得税最高边际税率的理论依据。

二、税收对储蓄的影响

储蓄包括国内储蓄和国外储蓄。国内储蓄包括政府储蓄、企业(公司)储蓄和居民个人储蓄，国外储蓄包括国外政府的储蓄、国外社团组织的储蓄和国外私人储蓄。税收对储蓄的影响，主要是通过税收政策的改变，影响不同的储蓄主体倾向、影响全社会储蓄率的改变。大多数税收都有侵蚀一国储蓄的效应，但在某些情况下，税收也有刺激一国储蓄增加的效应。

1. 税收与居民储蓄

税收影响储蓄行为的主要因素，取决于个人收入总水平和储蓄利率水平。

个人收入水平愈高，可供储蓄的资金愈多，则储蓄率愈高；同时，对储蓄收益率而言，储蓄利率愈高，对储蓄人的吸引力愈大。此外，储蓄率与储蓄习惯也有关系，一般而言，东方国家的居民偏好储蓄，而西方国家的居民偏好消费。因此，亚洲地区的国家，尤其是中国、日本等国，其储蓄率大大高于欧美国家。税收具体通过个人所得税、商品税和利息税对储蓄发生影响。

(1) 个人所得税对储蓄的影响。个人所得税对储蓄的影响，主要指它对个人实际收入水平的影响。对个人所得是否征税及征税的多少，会减少个人实际可支配收入，并减少个人的储蓄率。设 S 表示储蓄，b 为边际消费倾向，Y 为收入，C 为消费，那么，税前个人储蓄 S_1 为：$S_1=(1-b)Y$

其中，$(1-b)$表示边际消费倾向，以 C、Y 分别表示消费增量和收入增量，则：

$$(1-b)=(Y-C)Y$$

那么，在征收所得税以后，税后个人储蓄 S_2 为：

$$S_2=(1-b)(1-T)Y$$

式中，T 为个人所得税税率，在个人收入 Y 和边际消费倾向不变的情况下，对个人收入征税将减少个人储蓄额。

(2) 利息税对储蓄的影响。对储蓄利息征利息税，会减少储蓄人的收益，从而降低储蓄报酬率，影响个人的储蓄和消费倾向。一方面，对储蓄利息征税，会减轻储蓄倾向，促进个人增加消费额；另一方面，由于储蓄行为属于潜在消费，在对储蓄利息征税之后，会迫使储蓄人提高储蓄水平，也保证未来的消费水平。因此，利息税对储蓄的影响是双重的，既有减轻的效果，也有提高的效果。当今世界，绝大多数国家都对储蓄利息征税，同时对一些特定储蓄项目的利息免征或减征利息税，这些利息项目一般包括养老基金、退休基金，以及政府机构、慈善机构和非盈利性事业组织的利息所得，这表明，各国政府试图发挥税收对利息所得的调节功能。

(3) 间接税对储蓄的影响。间接税主要通过改变消费倾向来影响储蓄。从理论上讲，在提高储蓄率方面，间接税的作用要强于所得税。因为尽管征收间接税也会减少个人可支配收入，但它所影响的主要是消费支出。在储蓄率或社会平均的储蓄水平一定的情况下，个人的储蓄水平通常是不会降低的，即替代效应不存在，居民个人只能采取减少消费支出的办法，去抵消税收上的支出。

2. 税收与企业储蓄

企业储蓄，是指企业将在征收所得税和进行分配之后的净利润存入金融机构的行为。其目的一是为了获取利息收益；二是将一部分闲置资金保存下来，作为扩大再生产之用。对企业利息征收所得税，其直接影响是减少企业的税后留利，对企业的扩大再生产产生不利影响，其结果是降低企业储蓄愿望。

3. 税收与政府储蓄

政府储蓄，是指政府将财政收入中经常性收入大于经常性支出的部分存入金融机构的行为。税收对政府储蓄的主要影响，体现在税收收入规模对预算收入的影响方面。从原理上讲，所有提高税收总量的行为，都对政府储蓄产生有利的影响。但提高税收水平也不是随意的，它受经济发展水平的制约，一国税负总水平的改变，必须以不损害经济的均衡发展为前提，所以，最有效的途径不是提高税率，而是完善税制，并不断提高税收征收管理水平。总之，税收对政府储蓄有积极影响，但这种影响必须建立在强化税收管理方面。

三、税收对投资的影响

投资可以按不同标准分类。从大范围来讲，投资包括实际投资和证券投资。实际投资又可分为物质资本投资和人力资本投资。按投资的来源划分，在开放的经济体系中，投资可分为国内投资和海外投资。按投资的主体划分，投资可分为政府投资、企业投资和个人投资。税收对投资的效应，主要表现在刺激投资与抑制投资两个方面。

1. 税收对私人投资的效应

私人投资指非政府行为的投资，包括企业投资和个人投资。这类投资的基本特征是以投资利益最大化为目标，它与政府投资的目标有着原则性的区别。税收对私人投资的影响，可以是鼓励性的，也可以是限制性的，它主要是通过税收负担的高或低，来完成政府在不同时期和不同经济发展阶段的政策目标。

投资是经济增长的主要动力，各国政府一般都致力于扩大私人投资，并且利用税收政策来鼓励和刺激。特别是当经济增长缓慢、需要扩大投资时，在税收政策上常采取降低边际税率、扩大税收优惠和允许加速折旧等措施来刺激投资。在这方面，直接影响资本成本的公司所得税充当着重要角色。公司所得税从两个方面来影响公司的投资决策：一是对资本的边际收入征税，可能使投资的边际收入下降，抑制了投资行为；二是允许对某些资本成本项目进行扣除，产生节税，降低资本成本，鼓励投资行为。因此，在其他条件不变的情况下，任何旨在提高资本成本的税收措施，将抑制投资的增长；而任何旨在使资本成本下降的税收优惠措施，将刺激投资意愿。

首先，从降低税收负担看，对投资人影响最为直接的是公司所得税税负的调整，即公司所得税税负的高低直接影响投资者税后利润的多少。公司所得税税负愈高，可供投资人分配的实际所得愈少；反之，投资人所得就多。因此，从理论上讲，在其他条件相同的情况下，无税对投资的刺激效果是最理想的，但实际上除少数避税地以外，世界上大多数国家都对投资行为征税。问题的关键不在于是否征税，而在于征多少税，理想的目标是，设计合理的税负水平，能够尽量减少公司税对投资决策的影响。

其次，从税收优惠的方法看，鼓励税收的措施通常采取免税、减税和再投资退税等办法。免税分为全部免税和分项免税两种。全部免税，是指对投资者的投资所得在一定时期内不征税，以鼓励投资者的积极性，但政府仍保留征税的权力，当政府的目的达到之后，则恢复征税。分项免税，是指政府对部分需要扶持的特殊行业、特殊项目、特殊产品给予免税的优惠，而对其他投资行为依法征税。如对基础产业、农业投资所得的免税，对部分外商投资者投资所得的免税等。减税是对投资者的所得，少征一定比例的所得税，以达到鼓励投资的目的。再投资退税是政府将已经征收的税款，在投资者将投资收益进行再投资时予以退还，以鼓励其扩大投资规模。

再次，从折旧的方法看，公司所得税税制中的折旧政策对投资具有较大的效应。在税法上，允许加速折旧和允许考虑通货膨胀对折旧的影响是鼓励投资的主要措施。如果公司税制中允许的折旧率高于实际应该折旧率，则企业的计税所得就会相应减少，其公司所得税负就会减轻，投资人就得到了税收鼓励的好处而可能加大投资。在通货膨胀的税收政策方面，传统意义上的折旧方式，通常采取直线折旧法，重点考虑的是资本的原始成本，其折旧费不足以补充资本的重置消耗。在通货膨胀的情况下，公司所得税是否允许考虑资本的真实成本,则影响到企业的经营成本和再投资能力。当折旧比例与通货膨胀率达到同步时,对投资人是有利的,体现了税收上的鼓励措施,至少没有限制投资的效应。

与税收对投资的鼓励效应相对应,税收对投资也有抑制效应。当经济发展过热,需要抑制投资时,国家可在税收上采取限制性措施,如提高税负、减少税收优惠和降低在税法上允许的折旧率,相应加大投资人的税收负担而使其减缓或削减投资。

2. 税收对政府投资的效应

税收对政府投资的效应,主要体现在税收数量或总规模的改变,可以改变政府的投资规模和投资结构。宏观税负水平的高低,不但影响政府的投资能力,而且影响企业和居民个人的投资能力。

政府投资的目标是公共利益最大化。所谓公共利益,主要是指社会大众的公共利益,包括基础设施、公共设施和社会服务等。从性质上说,为社会公共需求而进行的支出,一般无法用经济关系中的投入产出比例来进行衡量,因为大部分投资项目可能是无利可图,甚至是负产出,但政府又必须承担这些义务,因为它们是社会的必需品。政府要进行公共投资,必须通过相应方式取得资金来源。税收是政府取得收入的基本形式,在现代经济生活中,各国税收是政府收入的主要来源。政府课税对投资的效应,主要体现在对投资总量、投资结构和私人投资三方面的影响上。

首先,看税收对投资总量的影响。在一定时期之内,社会投资总量由私人投资(含企业投资)和政府投资组成。当私人投资规模一定时,政府投资规模的大小,决定了投资总量的大小,政府投资愈多,投资总量愈多,对经济增长的影响愈大;反之就小。通常,政府利用这一原理,可以通过投资数量的改变,发挥其对经济运行的周期性调节作用。由于投资具有乘数效应,通过扩大投资,可以刺激消费,拉动相关产业,扩大社会需求,并增加工资和利润。政府投资的目标比私人投资更明确,特别在经济萧条时期,政府通常通过运用财政政策,来扩大投资,拉动需求,推动经济增长。当然,政府为扩大投资,必须增加税收,以便于政府的再分配,因此,税收总量与政府投资规模之间是互为依存的关系。在政府经常性支出一定的条件下,税收规模愈大,则可供政府投资的规模愈大。

其次,看税收对投资结构的影响。投资结构系指各种投资行为在不同产业与不同地区之间的分布和格局,它是衡量投资效果的重要指标之一。通过政府投资,会对投资结构发生两个层次的影响:一是政府投资的不同方向、不同组合,直接构成投资结构的组成部分;二是政府不同的税收政策,影响投资者的决策,最终影响投资方向。显然,税收政策目标和政府的经济政策目标具有一致性,它是一国政府政策目标的重要组成部分,有鲜明的政策倾向,因而能对投资结构产生重要效应。

再次,看税收对私人投资的影响。一是课税数量的增加,会减少私人投资量。在一定时期内,可供分配的国民收入量是一定的,所能改变的只能是政府、企业和居民之间的分配比例。当税收规模增加时,会相应减少企业和个人可得的份额,并降低其投资能力。二是当社会对投资的需求一定时,政府投资有可能同私人投资争市场和领域。三是政府可能给予政府本身的投资更优惠的税收政策。

3. 税收对海外投资的效应

海外投资包括来自海外的投资和向海外投资两个方面。税收对海外投资的效应也表现在这两个方面。当今世界各国通常在税收政策上对这两种投资有所区别,特别是发展中国家,由于资金不足,通常采取鼓励投资的措施。我国是发展中国家,自改革开放以来,通过制定和完善吸引海外投资的各项政策，取得了极大的成功。

一般认为，东道国的税收对吸引海外投资的影响主要通过三个变量来实现，即：外国投资者在东道国实现的税后收益率，东道国资本的总体税后收益率，对外国人拥有的东道国资本课征的税率与对东道国投资者拥有的本国资本课征的税率的相对高低。可以归结为两个问题：一是外国投资者在东道国从事的边际投资项目的实际税负是多少；二是东道国鼓励外商投资的税收优惠措施，其效果如何取决于居住国的税制状况。在通常情况下，东道国的税收法律是内外一致的，对于吸引外资，一般是采取税收鼓励投资的政策，主要体现在公司所得税优惠方面，包括免税、减税、再投资退税等措施。

免税包括定期免税和长期免税。定期免税是指在一定时期内的免税，如我国外资企业所得税法规定，对于来华投资的生产性外商投资企业，经营期在十年以上的，从开始获利年度起，第一年和第二年免征企业所得税；长期免税是指无限期的免税，即不征收所得税，这只是原则上的规定，实际上难以做到。减税是对投资者减低税收负担，包括税基、税率和税额的减税方法。再投资退税，是指对外国投资者从外商投资企业取得的利润再投资给予的退税，以此鼓励外商投资。

对向海外投资，在国际经济一体化的今天，各国一般也从税收上给予鼓励，其主要措施是税收减免和抵免，以促使本国经济的向外扩展。影响海外投资的因素很多，包括政治、经济、文化、国际关系等多方面，税收只是其中一个要素。在吸引海外投资的问题上，不能单纯依靠税收，特别是依靠税收优惠去吸引外资，而应该完善投资的整体环境，只有这样，税收才可能在吸引外资上产生最大或最理想的效应。

四、税收对经济增长的影响

1. 经济增长的影响因素

经济增长通常是指一个国家国民经济所生产的产品和劳务数量的增加，从绝对数值来看，可以用国民生产总值或国民收入的增长来表示；从相对数值来看，可以用人均国民生产总值或人均国民收入的增长来表示。为了比较客观地反映一个国家的国民经济增长，通常不是考察一个年度，而是以若干年度作为一个经济考察期，考察这一段时间内的年平均增长率。

经济增长的主要源泉是资本形成、劳动供给和技术进步。

资本形成一直是经济增长的重要影响因素。资本形成过程一般分为三个阶段：储蓄的增加，这取决于人们的储蓄意愿和储蓄能力；动员和引导这些储蓄转化为投资，这主要取决于信贷和金融机构；利用储蓄投资于人力资本和物质资本，这主要取决于投资的效率及水平。

劳动供给对经济增长的影响，主要取决于劳动力总量和劳动者的劳动时间。

技术进步对经济增长具有重要影响，它最直接的作用是提高劳动生产率。提高技术进步的途径是发明与创新、引进先进技术和增加人力资本投资。

2. 税收促进经济增长的途径

从理论上分析，税收促进经济增长的机制，是通过税收对劳动供给、技术进步和资本形成三个方面产生影响而实现的。在中国劳动力供给大于需求的情形下，税收对于劳动供给的影响是微弱的。因此，税收与经济增长的关系，主要表现为通过税收政策的调整和税收优惠政策，促进技术进步，扩大储蓄规模，或者促使民间资金转化为资本。

政策稳定、自然资源和人力资源的可得性、市场规模、税收优惠、基础设施以及对投资者的态度等，都会对直接投资者的决策产生影响。20世纪80年代以前，投资者比较注重投资环境，税收优惠是投资者较少考虑甚至完全不考虑的因素。但随着东道国投资环境的普遍改善，投资者转而注重投资的成本收益问题，税收因素由此被提到重要的位置。

税收优惠并不影响投资者是否在海外进行投资的决策，只是当海外投资已被决定，在进行投资国别选择时，东道国税率的高低才对投资者有较大的影响。税收优惠有许多表现形式，如减免所得税、免税期、扩大投资和再投资补贴、特殊扣除等。政府采取一般性的优惠手段还是特殊的优惠手段，其效果是不一样的。一般而言，对投资者产生较大影响的是一般性的税收优惠政策。因此，对潜在的投资者而言，一般性的税率降低比特殊的税收优惠或投资津贴更重要。

3. 拉弗曲线

宏观税负水平的高低不仅反映了政府在国民经济总量中集中程度的大小，而且也反映了政府的社会经济职能和财政职能的强弱。宏观税负水平和经济发展水平的相关性是毋庸置疑的，通过研究宏观税负水平和经济发展水平的相关轨迹，对于寻找最佳税率，进而合理、高效地课税，具有重要意义。

美国供给学派代表人物阿瑟·拉弗(Arthur B Laffer)利用“拉弗曲线”(见图3-4)对此做出了理论解释。拉弗认为，从政府税收来看，决定税收收入总额的因素，不只是税率的高低，还要看税基(国民收入)的大小。较高的宏观税负水平，即提高税率不一定都会使税收收入增加，有时反而会减少税收收入。因为，税率过高，税收负担加重，经济主体活动的积极性受到限制，从而削弱劳动和资金的投入量，造成生产下降的趋势。

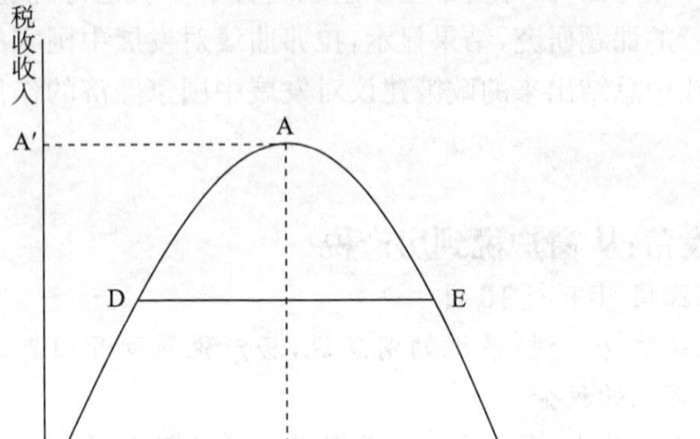

图3-4

拉弗曲线说明了税率与税收收入(或GDP)之间的函数关系。在图3-4中，横轴代表税率，纵轴代表税收收入。税率从原点开始为O，然后逐级增加至B点时为100%，税收收入从原点向上计算，随着税率的变化而变化。税收收入与税率的函数关系呈抛物线OAB状态，随着税率逐步提高，税收收入也随之增加。税率提高至OC时，税收收入达到峰值，即OA′；税率超过OC，税收收入反而减少；税率达到OB(100%)时，税收收入将为零。拉弗把CAB部分称为课税的禁区。20世纪80年代初，美国的税率就被认为是处在禁区的部分，因而美国推行了以减税为核心的税制改革，并且带动了世界范围内大规模税制改革的浪潮。

拉弗曲线说明了税率与税收及经济增长之间的一般关系，具有至少四方面的经济含义：

第一，高税率不一定能够取得高收入，高收入也不必然要求高税率，两者之间没有必然的相关性。高税率会挫伤微观经济主体的经济性，削弱生产者和经营者的活力，直接导致经济的停滞或倒退。

第二，普遍实行高税率往往导致对减免税等税收优惠的依赖：一是造成对税制完整性、稳定性的冲击，二是容易产生课税的不公平现象。

第三，在同样的税收收入水平上可以适用两种税率，如图 3－4 中的 D 点和 E 点处在等收入线上，但是体现的税收负担却不一样。D 点的低税负能够刺激劳动力、生产要素和资本投入，从而刺激经济发展，扩大税基，形成良性循环。

第四，既然税率和税收收入、经济增长存在着相关性，那么必然存在一个最优税率，即 OC。这为确定合理、高效的宏观税负提供了理论依据。

拉弗曲线是在供给学派较为客观地分析了经济滞胀现象后，继承古典经济学的某些合理成分，强调供给决定需求，反对国家对经济生活的过多干预，提出来的减税的基本理论依据，使之理论和政策主张具有一定的合理性。

拉弗曲线本身存在理论缺陷。在高度总量化的经济中，生产要素供给弹性的不确定性使其微观经济分析的基础并不稳固；影响税收收入的因素很多，拉弗曲线只使用单一变量，过分强调税率使其对众多的宏观经济变量缺乏考虑。而美国进行的减税改革，并没有完全实现设想中的美国经济的乐观前景。在缓解美国经济滞胀危机的同时，也付出了高额赤字的沉重代价。从 1984 年开始，国际货币基金组织进行了一项题为《供应学派的税收政策与发展中国家的相关性》的课题研究，结果显示，拉弗曲线对发展中国家的经济存在一定的指导意义，但从拉弗曲线中总结出来的政策建议对发展中国家经济的作用却是负面的或效果不明显的。

阅读材料：梁发芾：从窗户税到房产税

来源：羊城晚报，2011 年 5 月 16 日

重庆和上海试点征收房产税，最近的消息说，房产税遇到开门黑，无论重庆还是上海，都没有收到哪怕 100 万元的税金。

重庆和上海的房产税试点，是在人们的无数质疑声中开始的，它的征收依据，居然出自两地的政府。按照中国的立法制度，地方人大都没有税收立法权，何况地方政府。在国务院的房产税暂行条例没有修改的情况下，地方政府凭什么出台与国务院的条例相反的税收办法。合法性不足，征收的难度就大，这不足为奇。其实即使合法，这样仓促出台的征收措施也一定是难以操作的。

在国外成熟的税收体系中，房产税素以复杂难征闻名于世。因为房产的价值估算本来就是非常复杂的事情。无法准确估值，就只有数间数或数窗户，历史上就有这么做的。

欧洲历史上的国王们，穷得过不去日子的时候，也会打人们房产的主意。欧洲历史上曾经出现过以房产为对象的不少税种，比如烟囱税、炉灶税、壁炉税、窗户税以及门窗税。这些税虽不叫房产税，但都与房产有一定的关系，尤其窗户税和门窗税，确确实实就是房产

税。因为房产的价值，在一般情况下与其窗户的大小、多少有一定的关系，窗户多，说明房子大，或者房间多；窗户少，说明房子少或者房间小。所以，在房产价值评估还比较落后、税收征管也比较原始的时候，数窗户征房产税就被偷懒的政府热衷使用了。

1696年，英国用“窗户税”取代了詹姆斯二世统治期间开征的“壁炉税”，按照房屋窗户数量的多少、大小征收。这项税收在1747年得到修改，修改后的规定是首先对每个住宅征收两先令的固定税，然后对超过10扇的所有窗户征税，税额随窗户的增加而增加。英国的窗户税，后来又经意大利辗转传入法国，叫做门窗税。

法国的门窗税是1798年拿破仑征战意大利时引进的。它开始时作为房屋的收益税，对住宅的租户征收，但由房主支付，通过加收租金而转嫁给房客。后来就变成了对业主的税收，变成房产税。这个税对所有住宅、工厂和车间征收，标准是建筑物开孔的数量和种类，如大门、小门、有阳台围栏的窗户、小阁楼的窗户等。也考虑门窗在建筑物的位置，如在哪层，是临街的，面向后院的，面向花园的，还是面向工厂的，同时也考虑建筑物本身的位置。门窗和建筑物的位置不同，税率也不同。这种区分，显然是考虑到了不同的位置、楼层、朝向、光线等对于房产价值的影响，仿佛也考虑到公平性。不过这种区分会增加征收成本，因此，1831年就简化成对每一种开孔征收一定的法郎的制度。1914年，法国门窗税达到7 300万法郎，占直接税的11%，总收入的1.5%，并非可有可无。

十分明显，无论中国历史上的间接税还是欧洲的窗户税、门窗税，都是为了既要征税又要节省征收成本，因而就用不着去考虑征收的公平性。数房屋的间数与数房屋的窗户，对于征收来说是最为简便易行的，但是，间数与窗户的多少并不足以完全反映房产的实际价值。

尤其有趣的是，当数门窗征税的办法出台后，人们千方百计采取应对措施以减少纳税义务，比如，在英国，有些人索性将一些已经建好的建筑物的窗户封起，时至今日，仍可见到一些窗户被封起的历史建筑；也有一些住户将窗户改装成能开能合的活动窗户，税务官员来检查时，便将窗户关上，窗户与墙壁浑然一体，看不出来，税务官员离开后，再把窗户打开；当新建房屋的时候，设计更小、更少的窗户以便少纳税更是优先要考虑到的问题。法国1885年的统计显示，当年全法国897万栋建筑物中，25万栋只有一个开孔，显然这些建筑物只有门，没有窗户。

雨果在《悲惨世界》中说，“我极敬爱的兄弟们，我的好朋友们，在法国的农村中，有132万所房子都只有3个洞口；181.7万所有2个洞口，就是门和窗；还有24.6万个棚子都只有1个洞口，那就是门。这是因为那种所谓的门窗税才搞到如此地步”。

数门窗征税，政府固然收到一定的税收，但是穷人却也因此住不起有窗户的房子。这种偷懒的方法当然是落后的，后来无论英国还是法国都废除了窗户税或门窗税，代之以房产税。不过，征房产税需要前提，要设计出科学的、公平的征收方法，要准确评估房产的真实价值，要有公正无私的中立的房产评估机构及一大批训练有素的房产评估师。更重要的是，应税房产的产权归属应是清楚的，房子也不是建在租来的土地上的，等等。如果没有这些前提条件，那么，房产评估无法准确，房产税就与窗户税差不了多少。

思考题

1. 税收经济效应有哪些分类？
2. 什么是税收的中性效应与非中性效应？
3. 如何衡量税收的正效应和负效应？
4. 什么是税收的收入效应和替代效应？
5. 什么是税收超额负担？
6. 税收如何影响劳动供给？
7. 税收对储蓄有哪些影响？
8. 税收对投资有哪些影响？
9. 税收如何影响经济增长？
10. 什么是拉弗曲线？

第四章 税收法制

本章学习要点：

★ 税法的特征

★ 税法与其他部门法的关系

★ 税法的作用

★ 税法的渊源和效力

★ 税法适用的原则

★ 税收法律关系

第一节 税法的特征和地位

税法是调整税收关系的法律规范的总称。税法在我国现行法律体系中是一个特殊的领域，它并非按传统的调整对象标准而划分出的单独部门法，而是一个综合领域。税法的调整对象也具有综合性。税法的独特调整对象决定了税法在整个法律体系中的独特地位。税法的调整对象是税收关系，即有关税收活动的各种社会关系的总和，可将其简单地分为税收征纳关系和其他税收关系。广义的税收法律规范不仅仅存在于单行的专门税收法规中，还存在于其他与税收有关的法规之中，如《中华人民共和国刑法》、《中华人民共和国公司法》和《中华人民共和国会计法》中就有有关税收的条款。

一、税法的特征

作为一种法律规范，税法和其他法律一样，是由国家制定或认可的，体现了国家意志，并由国家强制力保证实施的社会规范，具有一般法律规范的共同特征。税法是以税收关系作为其调整对象的，因而又具有区别于其他法律规范的特征。

1. 税法结构的规范性

税收的固定性直接决定了税法结构的规范性或统一性。具体表现在以下两个方面：

(1) 税种与税种法的相对应性。“一法一税”，国家一般按单个税种立法，作为征税时具体的、具有可操作性的法律依据；且税种的开征与否一般都是由国家最高权力机关通过制定税收法律的形式加以规定的，具有稳定性和固定性。

(2) 税收要素的固定性。虽然各个税种法的具体内容千差万别，但就税收的基本要素而言，是每一部税种法几乎都必须予以规定的。税收要素的固定性能保证税收固定性的实现,便于税法的实施。

2. 实体性规范和程序性规范的统一性

首先,由于税法内容的复杂性,不可能像民法、刑法等法律部门那样制定一个统一的税法典,而只能是一个由多种法律规范构成的法律体系。其次,在这一法律体系中,占主体地位的就是按税种立法的诸多税种法,主要是对税收要素做出规定,属于实体性规范。最后,税收之债和普通民事之债还是有区别的,税收之债的履行和最终实现需要特定的程序予以保障。因此,我国制定了有关征纳税程序方面的基本法,即《税收征管法》,更多、更具体的税收程序性规范散见于各个税种法当中,包括税收法律关系主体在享受权利和履行义务过程中的具体程序,以及违法处理程序和税务纠纷的解决程序等。综上所述,税法不是单纯意义上的实体法或程序法,而是实体性法律规范和程序性法律规范的统一体。

3. 税法规范的技术性

税收关系到国民经济生活的各个方面。随着国民经济生活的复杂化,税法也随之复杂化。在复杂的经济生活中,为保证税负公平,防止偷税、避税行为,设计条理细致的税收法律制度就很有必要。一方面,税法要谋求与税法秩序保持协调;另一方面,又必须注意如何才能确保税收征收,保证税收征管的实效。因此,在这些复杂的制度设计中就体现出税法规范的技术性。具体而言,税法的技术性主要表现在两个方面:一是表现在税收实体法中,在具体税目的选择、税率的确定,特别是优惠税率的确定等方面都体现了税法规范的技术性。二是表现在税收程序法中,在税务登记制度、发票制度和管辖制度等方面都体现了税法规范的技术性。

4. 税法的经济性

经济性是税法的重要特征之一。我们认为对税法经济性的理解,可以和对税收经济本质的认识相结合。现代社会对税法的认识和对税收的认识是紧密相关的。税法和行政法相分离的重要原因之一就是现代市场经济条件下税收内涵的重大变化。税收的存在是有经济依据的,即税收是公民为获取国家提供的公共产品而支付的价格费用。税收构成国家提供公共产品的经济来源。随着现代市场经济运行的复杂化,税收除了满足财政收入的职能外,还承担起了调节宏观经济的职能。从税收的存在依据和职能两方面都可以看出税收的经济属性,而税法和税收关系密切。因此,税收的经济属性决定了税法的经济性。具体而言,税收实体法在很多方面体现了税法的经济性,如通过调整税目、税率,规定减免税等制度,来调节经济运行。当今各国普遍采取的分税制也体现了税法的经济性。分税制是以中央政府提供中央公共产品,地方政府提供地方公共产品的理论进行设计的。分税制在迎合地方偏好、鼓励地方政府间竞争等方面具有明显的优势。同时,健全的分税制也有利于各级政府对经济运行进行调控,而健全的分税制需要税法的保障。

二、税法与其他部门法的关系

由于税收活动几乎涉及社会的各个方面,因此,作为调整税收关系的税法和大多数法律部门都具有密切的关系。

1. 税法与宪法的关系

宪法中关于公民纳税义务的规定,国家享有征税权的规定,国家机关之间税收权限的划分等规定,构成制定具体税收法律、法规的基础。有关税收的规定也是美国、英国、法国、日本等国宪法文件的重要内容。此外，税法的基本原则——税收法定原则，只有在宪法中予以体现，才能真正确立其地位，并进而推进税收法治。同时，税法价值、税法意识也与宪法价值、宪法意识密切相关。

2. 税法与行政法的关系

税法与行政法的关系相当密切。税收征管、税收行政复议、税收行政诉讼、税收行政赔偿的基本原理和基本制度与一般行政法并无二致。当然，在税收征管、税收行政复议、税收行政诉讼和税收行政赔偿中出现的特殊问题，也有可能推动一般行政法的发展。

3. 税法与经济法的关系

关于税法与经济法的关系有两种观点：一种观点认为，税法就是经济法的一个亚部门法；还有一种观点认为，税法并不必然构成经济法的组成部分，由于税收作为经济政策手段的趋势日益增强，这样使得税法和经济法有重叠之处。

4. 税法与民商法的关系

税法与民商法的关系也是很密切的。首先，税法的调整一般是建立在民商法调整的基础之上的，税法的调整也要遵循民商法确立的私人交易的规律，不能对私法秩序构成损害。其次，在税收债务关系说被普遍认同的情况下，税法的具体制度，尤其是税收实体法律制度大有借鉴民法债法具体制度的必要。这也显示了税法和民法的密切关系，而与一般行政法有所不同。

5. 税法与社会法的关系

税法，尤其是个人所得税法、遗产税法、赠与税法和社会保障税法，具有促进社会公平正义的功能。从这个角度说，税法和社会法一样，都是实现社会政策目标的工具。因此，税法与社会法有密切的关系。

6. 税法与民事诉讼法的关系

税务诉讼一般适用行政诉讼法，但是，有些税务案件是行政诉讼制度无法解决的，比如税收代位权诉讼、税收撤销权诉讼等，这些诉讼没有行政诉讼法所要求的具体行政行为可供审查，而是需要对税收债权、税收代位权和税收撤销权等是否存在予以确认，这就与行政诉讼不同，而有些类似于民事诉讼。因此，税法和民事诉讼法也有密切的关系。

7. 税法与刑法的关系

涉税犯罪是刑法调整的犯罪种类之一，对涉税犯罪的制裁也是保障国家税收债权实现的主要方式。在形式意义上的税法中规定的犯罪，是附属刑法构成整个刑法的组成部分。由此看来，税法和刑法也有密切的关系。

8. 税法与国际法的关系

在把税法理解为国内税法和国际税法的情况下，国际税法是国际法的组成部分。因此，税法和国际法也具有密切的关系，国家之间签订的避免重复征税的税收协定要真正发挥作用，仍需要国内税法的配合。涉及的与税收有关条款的最终实现，还是要靠各国国内税法的具体规定。

三、税法的作用

税法的作用是由税收的职能和法的一般功能决定的。就法的一般功能而言，税法的基本作用是为征税机关进行税收征管和纳税人保护自己的权益提供法律依据及法律保障。

就税收的职能而言，税法的作用是以法的形式保障税收职能的充分发挥。概括起来，我国税法的作用表现为以下几个方面。

1. 税法是税收基本职能得以实现的法律保障

税收组织国家的财政收入，这就意味着纳税人必须将其一部分经济利益让渡给国家，而这种让渡没有直接对待给付性；税收对经济进行调控，又使得个别或部分纳税人为了国家宏观调控的需要而做出较大的牺牲；税收对经济生活实行监督，发现并制裁欠税、偷税、抗税等行为，解决税务争议，又必须依靠相当程度的强制力。因此，要想正常发挥上述税收的基本职能，势必会与纳税人的利益产生矛盾、发生冲突。所以，国家只有通过制定税法，运用国家政权力量，才能够在根本利益一致的基础上，解决税收职能实现过程中产生的与纳税人的利益冲突的问题，这是从消极意义上来说的；从积极意义方面来看，通过形式多样、配套齐全的税法体系，明确税收的每一环节和每一要素，能够保障税收职能有效、迅速和充分实现。

2. 税法是调整税收关系、维护正常税收秩序的法律准则

税法的这一作用是其作为体现国家意志的法律的一般功能所赋予的，并由税法的调整对象——税收关系的特殊性所决定的。税收关系主要是税收征纳关系，体现在社会产品分配过程中的国家与纳税主体之间的利益分配关系。作为征税主体的国家，为了使其自身的物质需要得到长期、持续、稳定的满足，就必须使税收征纳关系也具有稳定性、长期性和规范性，那么，最佳途径就是使其合法化。通过制定税法，对税收关系各方主体及其权利、义务关系做出规定，明确税收关系各方主体所享有的合法权益的范围，并且给各方主体特别是纳税人维护自己的合法权益、追究他方责任提供实际可循的法律依据。

3. 税法是贯彻和执行国家政策的一种重要的法律形式

税法具有较强的国家政策导向功能。为了实现“效率优先，兼顾公平”的分配政策，税法规定在公平税负的基础上，“区别对待，合理负担”；为了国家能顺利调整产业结构和产品结构，税法规定分别采取税收优惠、适度征税和加重纳税负担等不同方式，以区别国家对不同产业和不同产品种类的鼓励、允许和限制等不同态度。

4. 税法是维护国家税收主权的法律依据

税收主权是国家经济主权必不可少的重要组成部分，一般主要体现在国家间税收管辖权冲突和国际税收权益分配关系等方面。因此，涉外税法也是国家税法体系不可或缺的部分，它通过对上述问题的具体规定，使国家的税收管辖权得到彻底、充分地贯彻，可以达到维护国家税收权益的目的。

第二节　税法的渊源和效力

一、税法的渊源

税法的渊源，指的是税收法律规范的存在和表现形式。税法的渊源，包括税法的正式渊源和税法的非正式渊源。税法的正式渊源，指那些可以从体现为权威性法律文件的明确文本形式中得到的渊源。税法的非正式渊源不能作为税收执法和司法的直接依据，但也具有一定的参考价值。在我国，税法的非正式渊源主要是指判例、习惯、税收通告和一般法律原则或者法理。

正式渊源在一些国家包括制定法和判例法，在有些国家则只是指制定法。我国税法的正式渊源只是指制定法。作为税法渊源的制定法主要有以下规范性文件。

1. 宪法

我国《宪法》第 56 条规定："中华人民共和国公民有依照法律纳税的义务。"这就规定了公民对国家的纳税义务，同时也表明了税收法定主义之原则，即非依照法律规定，不得使公民增加纳税负担或减少纳税义务。如果征税机关在征管实践中，擅自决定对某些纳税人的应纳税款进行加收或进行减免，则其决定属于违宪，是无效的决定。

2. 法律和有关规范性文件

根据我国宪法的规定，法律包括全国人民代表大会制定的基本法律，以及全国人大常委会制定的基本法律以外的其他法律。法律在规范性文件体系中的地位，仅次于宪法。全国人大及其常委会做出的规范性的决议、决定，同全国人大及其常委会制定的法律具有同等的法律效力，也属于法的渊源。上述规范性文件如果涉及税收的规定，就构成税法的渊源，如《中华人民共和国个人所得税法》等。

3. 行政法规和有关规范性文件

国务院是我国最高国家权力机关的执行机关，是最高国家行政机关。国务院制定的各种法规即为行政法规，其数量远远多于法律，其地位仅次于宪法和法律，是法的重要渊源。国务院发布的规范性的决定和命令，同行政法规具有同等的法律效力，也属于法的渊源。上述规范性文件如果涉及税收的规定，就构成税法的渊源。

在税法领域，受税收法定原则的支配，对人民设定纳税义务的事项，原则上均应以法律规定。但税法所规范对象的实际活动，极为错综复杂且激烈变化，而法律多数为原则性规定，且受立法技术的限制，不可能做到完全周延，因此，要以法律的形式完全对税收活动加以把握和规定，是比较困难的。所以，有必要通过国务院制定行政法规或其他规范性文件的形式就较为具体的事项加以规定，如国务院以通知、决定的形式发布了一些在税收征管方面具有普遍约束力的规范性文件，如《国务院关于地方税务机构管理体制问题的通知》等。

4. 部、委规章和有关规范性文件

国务院所属的各部、各委员会根据法律和国务院的行政法规、决定、命令，在本部门权限内发布的有关税收的规章和规范性的命令、指示，也构成税法的法源。有关的部委主要是财政部、国家税务总局，它们单独或联合发布了大量对税收征管较为具体的事项做出规定的规范性文件，如财政部发布的《税务代理试行办法》等，国家税务总局发布的《中华人民共和国发票管理办法》等，两部门联合或与其他部门联合发布的《邮寄纳税申报办法》等。

5. 地方性法规、地方政府规章和有关规范性文件

省、自治区、直辖市以及省级人民政府所在地的市和经国务院批准的较大的市的人民代表大会及其常委会可以制定地方性法规，人民政府可以制定规章。除地方性法规、规章外，地方各级国家权力机关及其常设机关、执行机关制定的决定、命令和决议，凡属规范性者，也属于法的渊源。

根据法律规定，中央税、中央地方共享税以及地方税的立法权都集中在中央，但地方可以依据本地的实际情况，制定一些只适用于本地区的税收征管规范，如江苏省政府发布的

《江苏省普通发票管理办法》等。地方性法规、规章和有关规范性文件的地位、效力处于较低的层次,它们只有在满足以下条件时,才是有效的。这些条件是:第一,依照宪法、法律规定的权限制定;第二,与宪法、法律和行政法规没有抵触;第三,只在特定区域内生效。符合上述条件的有关税收的地方性法规、规章和有关规范性文件构成税法的渊源。

6. 自治条例和单行条例

民族区域自治是我国的一项基本政治制度。个别少数民族聚居地实行区域自治,设立自治机关,行使自治权。民族自治地方的人民代表大会有权依照当地特点,制定自治条例和单行条例。在这些自治条例和单行条例中,有关税收的法律规范也是税法的渊源之一。

7. 条约

我国同外国缔结或我国加入并生效的条约虽然不属于我国国内法的范畴,但根据“条约必须遵守”的国际惯例,条约对各缔约国的国家机关和公民都具有法律上的约束力,也属于我国的法的渊源。在国际条约中,为防止重复征税而签订的双边或多边的税收协定除了“条约”外,还有公约、协定、议定书、宪章、盟约、换文和联合宣言等名称。

我国从20世纪80年代初就开始同有关国家谈判签订对所得避免双重征税和防止偷漏税的税收协定,这些税收协定构成我国税法的渊源。《中华人民共和国税收征管法》第91条规定,“中华人民共和国同外国缔结的有关税收的条约、协定同本法有不同规定的,依照条约、协定的规定办理”。

8. 法律解释

法律解释,是指有权机关对于法律规范,为进一步明确界限或进一步补充,以及如何具体运用所做出的解释,即有权解释,不包括学理解释等无权解释。有权解释包括立法解释、司法解释、行政解释和地方解释。这些解释具有规范性,是法的补充渊源。具体到税法的法律解释也是如此。全国人大常委会、国务院及财政部和国家税务总局、地方有权机关就税法做出的解释具有规范性,构成税法的正式渊源,在税法渊源体系中起补充作用。

二、税法的效力

税法的效力是指税法的适用范围,即税法的法律强制力所能达到的范围。具体而言,税法的效力包括税法的对人效力、税法的空间效力和税法的时间效力。

1. 税法的对人效力

税法的对人效力,是指受税法规范和约束的纳税人的范围,包括纳税个人和纳税单位。税法对人的效力涉及一国的税收管辖权问题。一般而言,一个主权国家主要参照下列原则来确定本国的税收管辖权。

(1) 属地原则。

属地原则是指一个国家以地域的概念作为其行使征税权力所遵循的指导原则。依照属地原则,国家对其所属领土内的一切人和物所发生的事件,有权按照法律实行管辖。在税法领域,属地原则也可称为来源地原则,按此原则确定的税收管辖权,称作税收地域管辖权或收入来源地税收管辖权;它依据征税对象是否发生在本国领域内作为是否征税的标准,而不论纳税人是本国人还是外国人。

(2) 属人原则。

属人原则是指一国政府以人的概念作为其行使征税权力所遵循的指导原则。依照属人原则，国家可以对本国公民或居民按照本国的法律实行管辖。公民是指具有本国国籍的人，居民则是指居住在本国境内享有一定权利并承担一定义务的人。居民的范围可以包括本国公民、外国公民以及具有双重国籍和无国籍的一切人员。在税法领域，按此原则确立的税收管辖权，称作居民税收管辖权或公民税收管辖权；它依据纳税人与本国政治法律的联系以及居住的联系，来确定其纳税义务，而不考虑其所得是否来源于本国领土之内。

(3) 折中原则。

折中原则是兼顾属地原则和属人原则的一种结合性原则。现在除少数国家和地区实行单一的税收管辖权外，一般都采用折中原则，即既采用属人原则又采用属地原则，使本国的税收管辖权得到最大限度的行使，以保证本国财政收入的实现。我国采取的也是折中原则，如《中华人民共和国个人所得税法》第一条规定，在中国境内有住所，或者无住所而在境内居住满一年的个人，从中国境内和境外取得的所得，依照本法规定缴纳个人所得税；在中国境内无住所又不居住，或者无住所而在境内居住不满一年的个人，从中国境内取得的所得，依照本法规定缴纳个人所得税。前一部分规定体现了属人原则，而后一部分规定则体现了属地原则。

外国国家元首、外交代表、领事、特别使团成员及其他相关人员，在国际法上均享受税收方面的豁免权。因此，在采取属地原则或折中原则的情况下，一国对上述人员便不享有税收管辖权。

2. 税法的空间效力

税法的空间效力，是指税法的法律强制力所能达到的地域范围，一般分为中央税法的空间效力和地方税法的空间效力。

(1) 中央税法的空间效力。

所谓中央税法，是指由全国人民代表大会及其常委会制定的税收法律、由国务院及其有关职能部门制定的普遍有效的税收行政法规和行政规章。中央税法的空间效力是指中央税法在国家主权所及的领域，包括我国的领土、领海和领空内具有的普遍的法律效力；上述范围还应包括根据国际法、国际惯例应视为我国领域的一切领域，如在公海上航行的我国船舶和在非我国领空的我国飞行器等。如《中华人民共和国税收征管法》、《中华人民共和国增值税暂行条例》等都属于中央税法，在全国都有法律效力。

(2) 地方税法的空间效力。

所谓地方税法，是指地方有权机关制定的地方性税收法规和规章。地方税法的空间效力，是指地方税法仅在本地方行政管辖区域内有效。如《浙江省实施〈中华人民共和国契税暂行条例〉的办法》在浙江省管辖区域内有法律效力。

由于香港和澳门地区是我国的特别行政区，使得我国税法的空间效力更显复杂。根据《香港特别行政区基本法》和《澳门特别行政区基本法》的规定，香港和澳门特别行政区保持财政独立，其财政收入全部用于自身需要，不上缴中央政府；中央人民政府不在这些地区征税；特别行政区实行独立的税收制度，自行立法规定税种、税率，税收宽免和其他税收事项；可以作为单独关税地区，和其他国家和地区签订税收协定，发展税务关系。由此可知，我国的中央税法在这些地区并不适用，这是由于实行"一国两制"的特殊制度所决定的；而香港和澳门地区的税法在各自的管辖范围内具有法律效力。

此外，根据国际法，虽在我国领域范围内，但享有税收豁免权的区域，我国的中央税法和地方税法都不予适用，如外国使馆区、领馆区等。

3. 税法的时间效力

税法的时间效力，是指税法生效和失效的时间，以及是否具有溯及既往的效力。

在我国，税法实施的时间主要有以下两种情况：一种情况是实施时间滞后于公布时间。我国大部分税法的实施时间都属于这种情况，如《中华人民共和国土地增值税暂行条例》于1993年12月13日公布，自1994年1月1日起实施，实施时间晚于公布时间，可以为征税机关和纳税主体了解掌握税法提供便利，有助于税法的有效实施。另一种情况是实施时间和公布时间一致，如《中华人民共和国个人所得税法》第14条规定，本法自公布之日起施行。

税法的失效则有以下几种情况：客观废止，即旧的税法规范由于失去其存在的客观条件而当然废止。规定废止，即新税法明文规定在新法生效之日即旧税法自行废止之时，这是目前我国税法采用最多的一种废止方式。代替废止，即根据新法优于旧法效力原则，新税法或修改过的税法实施，旧税法就自行废止，而不再在新法条文中明文规定旧法的无效。抵触废止，即新税法确认与其相抵触的部分税法规范被废止。如《土地增值税暂行条例》第15条规定，本条例自1994年1月1日起施行，各地区的土地增值费征收办法与本条例抵触的同时终止执行。

目前，在我国税法的时间效力上还有一种暂停执行的制度。如1999年底，经国务院批准，财政部、国家税务总局和国家发展计划委员会联合发布通知，从2000年1月1日起，在全国范围内暂停征收固定资产投资方向调节税。在这种情况下，《固定资产投资方向调节税》并没有被废止，而是暂停执行。

三、税法适用的原则

税法适用是一国法律适用的重要组成部分，是指国家机关及其公职人员以及依法被授权的单位，按法定的职权和程序实施税法规范的专门活动。税法适用原则是税法适用机关在适用税法时据以判断其效力的一系列一般性准则，其实质是使具有税法适用权的机关得以认定一项税法是否可以适用于某个具体事实或案件。税法适用原则一般包括以下几方面。

1. 不溯及既往原则

法律溯及力，又称法律溯及既往的效力，指新的法律颁布后，对它生效以前所发生的事件和行为是否适用的问题。如果适用就有溯及力，如果不适用就不具有溯及力。为了确保法律的可预测性和安全性，各国法律一般均采用法律不溯及既往的原则。我国税法也采用法律不溯及既往的原则，这一原则的功能和目的在于保证社会和经济秩序的稳定，使每个人能够预测和期待自身行为所能产生的法律后果，并据此选择、决定自身行为的方向和内容，以最终实现权利，履行义务。

2. 法律优位原则

法律的效力高于行政法规，行政立法与法律相抵触的无效。这一原则也被广泛当作不同渊源的税法在适用时判断其效力的一般原理。即宪法的效力优于法律，法律的效力优于行政法规，行政法规中授权制定的内容优于非授权制定的内容。

法律优位原则的主要功能是解决法律适用中出现的法律冲突。在我国，税收法律体系是由宪法、法律、行政法规、地方性法规、规章等一些法律规范组成的，这些税法规范按照其效力高低构成了一个金字塔式的法律体系，是进行法律适用的依据。但这些税法规范之间可能会出现相互矛盾、规定不一致的情形，比如，行政法规与地方性法规之间、法律与行政法规之间等。在税法适用中，如何处理这些法律规范之间的冲突所依据的原则，就是法律优位原则。

3. 实体从旧、程序从新原则

对新旧两种法律中有关税收实体和税收程序的规定，分别以纳税义务发生时和报缴税款时是否有效为标准来判定其效力。该项原则包括两个方面的内容：一是有关税收权利义务的产生、变更和消灭的税收实体法，如在应纳税行为或事实发生后有所变动，除非法律有特别规定，否则对该行为或事实应适用其发生当时的税法规定，即遵循法律不溯及既往的原则；而税务机关在适用征税的程序时或履行税收债务时，则不问税收债权债务发生的时期，征管程序上一律适用新法。对于新法公布实施以前发生的税收债务，在新法公布实施以后进入履行程序的，新法具有拘束力，即遵循新法优于旧法的原则。

但程序从新并非绝对原则，当程序变更可能剥夺纳税人已经发生、大有希望维持的权利时，或在个案中，程序法上的地位因其意义及重要性，具有与实体法上同样的重要性，在相同的程序内同样值得保护时，就应该按照法律不溯及既往的原则，适用旧的程序。"故程序从新原则也有例外，其适用结果不得违反公法上的信赖保护原则"。

4. 从新从轻原则

在审理税收案件时，税法适用应依据行为时的法律，但是当变更后的法律对纳税人有利时，应优先适用变更后的法律。这一原则是法律不溯及既往原则的例外，也是"实体从旧"原则的例外。我国刑法中确立了从轻原则，在税法中确立此原则，也主要适用于税收处罚或税收犯罪的情形。

5. 特别法优于普通法原则

对于同一事项，如果分别立有一般法律规定和特别法律规定时，特别规定的效力优于一般规定。这一原则是以特别法有无规定为标准来判定是否适用普通法，而并非完全排斥普通法的适用。凡有特别规定的，适用特别法；没有特别规定的，适用普通法。

该原则同样是为解决税法适用中出现的法律冲突而设。该原则的适用要以法律优位原则为前提，即只有当普通法和特别法都是在同等效力、位阶上时，才可以优先适用特别法；当特别法和普通法的位阶不同，且有冲突时，还应首先遵循法律优位原则，优先适用效力较高的法律规范。但该原则的功能并不仅仅为解决法律冲突，在法律适用中即使没有法律冲突，对于特定事项也应优先适用特别法的规定。

第三节　税收法律关系

一、税收法律关系的概念和特征

1. 税收法律关系的概念

税收法律关系简称税法关系，是指国家与纳税人在税收活动中所发生的，并由税法确认和调整的，国家赋予强制力保证实施的，以征纳关系为内容的权利和义务关系。

税收法律关系反映的是一种特殊的社会分配关系。税收关系是国家强制参与国民收入分配和再分配活动而形成的特殊社会分配关系，税法调整这种特殊的社会分配关系时，形成国家有权无偿征税，纳税人有义务无偿纳税的权利和义务关系。这与其他法律关系，如经济合同法律关系等有明显的区别。

税收法律关系的实质，就是税收关系在法律上的体现，税法规范是税收法律关系产生的前提。在现代社会中，由于税收法定义的存在，税收法律关系与税收关系在外延上应当是一致的，即所有税收关系都应当由税法进行调整和规范，而经过税法调整和规范后的税收关系就成为税收法律关系。但两者的内涵又有所不同，税收关系强调的是经济关系和社会关系，而税收法律关系更强调明确的权利与义务。

2. 税收法律关系的特征

税收法律关系作为一种特殊的社会关系，除了具有一般法律关系所共有的特征外，还具有自身的特性。

(1) 税收法律关系的一方主体可以是任何负有纳税义务的各种社会组织和公民个人，但另一方只能是国家或国家授权的税务机关。

税收法律得以实现的基础不是财产权利，而是国家权力，因此，缺少了国家或国家授权的税务机关这一主体要素，就无法构成税收法律关系。税收法律关系的这一特征常带有鲜明的行政法特征，也是其同一般的民事法律关系在主体上的区别。民事法律关系由民事法律规范调整，可在任何当事人之间发生；而税收是一种以国家为主体的分配关系，税法调整的税收关系是在国家和纳税人之间发生的，不论其在任何时间、任何地点，征税主体只能是代表国家行使税收管理权的国家税务机关，而不能是其他单位或个人。因而税收法律关系的主体一方不论是谁，另一方只能是国家。

(2) 税收法律关系体现的是国家单方面的意志，而不是双方意思表示一致。

民事法律关系是在法律上处于平等地位的双方当事人意思表示一致达成协议产生的，反映的是当事人的意志；而税收法律关系实质上是一种纵向法律关系，即以国家为主体的征税方对纳税方的一种监督与管理关系。在税收法律关系中，对什么东西征税，对谁征税，征多少税等，国家都通过税法预先加以规定，只要当事人发生了税法规定的应纳税的事件或行为，就产生了税收法律关系，而不以征纳双方的意思表示为转移。

(3) 税收法律关系是一种财产所有权或使用权无偿地单向转移的关系，这与税收具有无偿性的特点直接相关，也是与其他法律关系相区别的重要标志。

在民事法律关系中，财产所有权或使用权的转移均是有偿的，必须遵守等价有偿原则；而税收法律关系是税法对国家参加国民收入分配和再分配进行调整所形成的关系，无论纳税人是国有企业、集体企业，还是私营企业、外商企业，无论是组织还是个人，只要纳税人履行了纳税义务，就意味着其原来拥有的一部分财产所有权或使用权无偿地转归为国家，国家也不再直接归还给纳税人。

(4) 税收法律关系的产生以纳税人发生了税法规定的行为或者事实为前提。只要纳税人发生了税法规定的行为或事实，税收法律关系就相应产生了，征税主体就必须依法履行征税的职能，纳税主体同时也必须依法履行纳税义务。

(5) 税收法律关系是一种不对等法律关系，即税收法律关系的主体双方，各自享有的权利和义务是不对等的。

国家或代表国家的税务机关，有按税法规定无偿地向纳税人征收税款的权利，而没有相应的义务;纳税人只有按时足额地向税务机关履行纳税义务,而不能取得相应的权利,并且如果纳税人有拖欠税款,偷税、漏税、抗税的行为,还要承担经济的、行政的,甚至刑事的责任。例如,在税收授权关系中,国家是权利主体,税务机关是义务主体;在税收征纳关系中,税务机关是权利主体,纳税人是义务主体。

在税收法律关系中,主体双方的权利和义务不对等,并不是说主体的权利或义务就是单一的,因为税收法律关系是一种极为特殊的三方法律关系,税务机关在税收征纳关系中充当权利主体的同时,也受到税收授权关系中业务主体的限制,这就是所谓的"职权"与"职责"的统一。同样,国家行使税收权力时,也要承担提供社会公共产品的义务。另外,在税收征纳法律关系中,纳税人也同时依法享有申请减免税、退税、咨询、陈述、复议等权利。因此,准确地说,税收法律关系中的两方存在不对等的法律关系,但从整体来看,税收法律关系的三方权利和义务是对等的。同时,必须强调的是,权利义务内容不对等,并不意味着法律地位不平等,法律面前人人平等的原则,在任何法律关系中都是适用的。

(6) 税收法律关系是以实现国家财政收入并调节国民经济活动为目的的一种法律关系。

从财政角度来看,在国家的财政收入中,国债收入、公平收入等都必须以某种支出作为代价和前提,而税收则是纯收入类型的,无需支付代价,因而税收在国家财政收入中是及时的、稳定的、可靠的,而且在数额上占整个财政收入的90%以上。国家取得财政收入的直接目的是实现国家的职能,并且可以利用税收这一经济杠杆来调节国民经济活动,使国民经济活动能够持续、稳定、协调发展。

二、税收法律关系的要素

税收法律关系同其他法律关系一样,也是由主体内容(权利和义务)、客体三个要素构成的,是一个密不可分、相互联系的统一整体。

1. 税收法律关系的主体

税收法律关系的主体,简称税收主体,是指在税收法律关系中依法享有权利和承担义务的当事人,它们的主体资格由国家法律直接加以规定。按照上面阐述的税收法律关系的定义,可以看出,税收法律关系的主体主要有三类:即国家、税务机关、纳税人。除此之外,还有税收协助法律关系中的协助机构等其他主体,但由于其不构成税收法律关系中的主线,并且不具有税收法律关系的鲜明特点,因此,本书不对其进行深入的探讨。按照税收法律关系主体行为的性质不同,可以将其大致分为两类:即征税主体和纳税主体。

(1) 征税主体。征税主体即享有税收权力的一方当事人,只能是国家。具体表现为代表国家行使征税权力的机关,有国家权力机关、行政管理机关和税务职能机关。其中,全国人民代表大会及其常务委员会,是我国的最高权力机关,制定税收法典和具有全国性意义的税收法律,是国家行使征税权的最主要的主体。地方人民代表大会及其常务委员会也可以根据《中华人民共和国宪法》第100条的规定,因地制宜地制定颁布地方性税收法规,在本地区范围内实施。国务院是国家最高行政管理机关,负责领导和管理全面税收工作,并由它所属的财政部、国家税务总局、海关总署组织实施各项税法,实现税收职能。地方行政机关根据政治经济发展的需要,在国务院的统一领导下,参与税收管理权限的划分。国家税务机关,是专门的税收机构,以国家税收代表的身份,直接参加税收管理活动,既是税收征收机关,又是税收管理的职能机关。

(2) 纳税主体。纳税主体应当分为广义和狭义两种。狭义上,就是通常所谓的纳税人,即法律、行政法规规定的负有纳税义务的单位和个人,这是最重要和最普遍的纳税主体;广义上,除纳税人之外,还包括扣缴义务人,即法律、行政法规规定负有代扣代缴、代收代缴税款义务的单位和个人。对于纳税主体,根据我国现行税法的不同规定,有许多不同的划分方法,按照纳税主体在民法中身份的不同,可以分为自然人、法人、非法人单位;根据征税权行使范围的不同,可以分为居民纳税人和非居民纳税人等。不同种类的纳税主体,在税收法律关系中享受的权利和承担的义务也不尽相同。比如,居民纳税个人在个人所得税上负有无限纳税义务,而非居民纳税同则只负有限纳税义务。因此,正确认识纳税主体的性质,有利于保障税收法律关系的正常运行。

2. 税收法律关系的客体

税收法律关系的客体是税收法律关系主体的权利和义务共同指向的对象,它是征税主体和纳税主体的权利与义务得以存在的客观基础。一般认为,税收法律关系的客体包括物和行为两大类,实质上,税收法律关系的客体就是税收利益,税收利益始终贯穿于整个税收法律关系的不同类型、不同阶段、不同环节,只不过在不同情形下表现出来的外在形态不同而已。

具体而言,在税收征纳法律关系中,税收利益表现为纳税主体部分财产的单向转移,同时也表现为征税主体税收收入的无偿取得。再进一步说,纳税主体因偿还了公法上的债务,即缴纳税收,从而获得了要求并享有国家提供公共需要的权利,与此同时,国家也因实现了公法上的债权,即获得税收,从而负有为社会提供公共产品的义务。因此,就形成了一个完整的、由三方主体组成的税收法律关系。

税收利益是税收法律关系中各种权利和义务共同指向的核心内容,并由它联结了整个税收法律关系的运行,它也就成为税收法律关系中唯一的客体。与征税对象不同,征税对象是指国家对什么经济活动、什么财产、什么行为征税,而税收法律关系的客体是指征纳主体双方之间、国家机关之间共同实现的目标和指向的对象。

3. 税收法律关系的内容

税收法律关系的内容,是指税收法律关系的主体双方,在征纳活动中依法所享有的权利和应承担的义务。

(1) 征税主体的权利和义务。

征税主体是国家,而具体代理国家进行税收活动的是各级税务机关,其享有的权利和应承担的义务是合而为一的。准确地说,税务机关的权利与义务应当称为职权与职责。这是因为税务机关行使的是国家授予的行政权力,而非法律赋予并保护的权利。按照我国现行税法的有关规定,税务机关的职权有:

- 税务管理权。它包括有权办理税务登记,有权审核纳税申报,有权管理有关发票事宜等。
- 税收征收权。这是税务机关最基本的权利,包括有权依法征收税款和在法定权限范围内依法自行确定税收的征管方式或税收的征管时间、地点等。
- 税务检查权。它包括有权对纳税人的财务会计核算、发票使用和其他纳税情况,对纳税人的应税商品、货物或其他财产进行查验登记等。
- 税务违法处理权。它包括有权对违反税法的纳税人采取行政强制措施,以及对情节严重、触犯刑律的，移送司法机关依法追究其刑事责任等。

- 税收行政立法权。它是指被授权的税务机关有权在授权范围内，依照一定程序制定税收行政规章及其他规范性文件，做出行政解释等。

税务机关的职责有：

- 税务机关不得违反法律、行政法规的规定，开征、停征、多征或少征税款，或擅自决定税收优惠。
- 税务机关应当将征收的税款按时足额入库，不得截留和挪用。
- 税务机关应当依照法定程序征税，依法确定有关税收征收管理的事项。
- 税务机关应当依法办理减税、免税等税收优惠，对纳税人的咨询、请求和申诉做出答复处理或报请上级机关处理。
- 税务机关对纳税人的经营状况负有保密义务。
- 税务机关应当按照规定付给扣缴义务人代扣、代收税款的手续费，且不得强行要求非扣缴义务人代扣、代收税款。
- 税务机关应当严格按照法定程序实施和解除税收保全措施，如因税务机关的原因，致使纳税人的合法权益遭受损失的，税务机关应当依法承担赔偿责任。

(2) 纳税人的权利与义务。按照我国现行税法的有关规定，纳税人的权利有：

- 依法提出享受税收优惠申请的权利；
- 依法请求税务机关退回多征税款的权利；
- 依法提起税务行政复议和税务行政诉讼的权利；
- 依法对税务人员的违法行为进行检举和控告的权利；
- 因税务机关的行为违法或不当，致使纳税人的合法权益遭受损害时，有依法请求得到赔偿的权利；
- 就纳税问题向税务机关咨询的权利。

按照我国现行税法的有关规定，纳税人的义务有：

- 依法办理税务登记，变更或注销税务登记；
- 纳税人必须依法进行账簿、凭证管理；
- 按期进行纳税申报，按时足额缴纳税款；
- 向税务机关提供生产销售情况和其他资料，主动接受并配合税务机关的税务检查；
- 执行税务机关的行政处罚决定，按照规定缴齐滞纳金和罚款。

三、税收法律关系的产生、变更和终止

税收法律关系总是处于不断发展变化的状态，这一发展变化过程可以概括为税收法律关系的产生、变更、终止。税收法律关系的产生、变更和终止基于一定的法律事实。税法是引起税收法律关系产生的前提条件，但其本身并不能产生具体的税收法律关系。

1. 税收法律关系的产生

税收法律关系的产生，是指在税收法律关系的主体之间形成权利义务关系。由于税法属于义务性法规，税收法律关系的产生应以引起纳税义务成立的法律事实为基础和标志；而纳税义务产生的标志应当是纳税主体进行的应当课税的行为，如销售货物、取得应税收入等，不应当是征税主体或其他主体的行为。国家颁布新税法、出现新的纳税主体，都可能

引发新的纳税行为出现，但其本身并不直接产生纳税义务，税收法律关系的产生只能以纳税主体应税行为的出现为标志。

新税法的制定与颁布不能直接产生税收法律关系，但它是税收法律关系产生的前提条件。只要纳税人出现的法律事实或行为符合新税法中应纳税的规定，税收法律关系也就产生了。

新的纳税义务人的出现不一定立即就直接产生税收法律关系。新设立企业不一定立即就直接产生税收法律关系，只有当新设立的企业在从事生产经营活动中出现了应纳税的法律事实或行为，才产生新的税收法律关系。

2. 税收法律关系的变更

税收法律关系的变更，是指由于某一法律事实的发生，使税收法律关系的主体、内容和客体发生变化。引起税收法律关系变更的原因是多方面的，主要有以下几点：

(1) 由于纳税人自身的组织状况发生变化。例如：纳税人发生改组、分设、合并、联营、迁移等情况，需要向税务机关申报办理变更登记或重新登记，从而引起税收法律关系的变更。

(2) 由于纳税人的经营或财产情况发生变化。例如，某企业由工业生产变为非商品经营，则由缴纳增值税改为缴纳营业税，税收法律关系因此而变更。

(3) 由于税务机关组织结构或管理方式的变化。例如，国家税务局、地方税务局分设后，某些纳税人需要变更税务登记；申报大厅的设立，也会带来税收法律关系的某些变更。

(4) 由于税法的修订或调整。例如，1994 年实行新税制以后，原有的许多个案减免税取消，纳税人由享受一定的减免税照顾变为依法纳税，类似的税法修订或调整，都使税收法律关系发生量或质的变更。

(5) 因不可抗力造成的破坏。例如，由于自然灾害等不可抗拒的原因，纳税人往往遭受重大财产损失，被迫停产、减产。纳税人向主管税务机关申请减税得到批准的，税收法律关系发生变更。

3. 税收法律关系的终止

税收法律关系的终止，是指税收法律关系主体间权利义务关系的终止。税收法律关系终止的原因主要有以下几个方面。

(1) 纳税人履行纳税义务。这是最常见的税收法律关系终止的原因，它包括纳税人依法如期履行纳税义务和税务机关采取必要的法律手段，使纳税义务强制地履行这两类情况。

(2) 纳税义务因超过期限而终止。我国税法规定，未征、少征税款的一般追缴期限为 3 年；超过 3 年，除法定的特殊情况外，即使纳税人没有履行纳税义务，税务机关也不能再追缴税款，税收法律关系因而终止。

(3) 纳税义务的免除。它是指纳税人符合免税条件，并经税务机关审核确认后，纳税义务免除，税收法律关系终止。

(4) 某些税法的废止。例如，1994 年我国实行新税法后，原有的“烧油特别税”废止，由此产生的税收法律关系归于终止。

(5) 纳税主体的消灭。没有纳税主体，纳税就无法进行，税收法律关系因此而终止。例如，纳税自然人的死亡，纳税企业的破产解散等，必然导致税收法律关系的终止。

阅读材料：税收基本法框架及内容逐渐清晰

来源：《中国税务报》，2005 年 8 月 16 日

记者从全国人大常委会财经委获悉，税收基本法起草工作组日前组织召开了一次小型的立法国际研讨会，与会人员从税收基本法的法律地位、主要内容、总体结构以及基本原则等方面展开讨论，税收基本法立法框架逐渐清晰明确。

全国人大常委会财经委、预算工委、财政部、国家税务总局等税收基本法起草工作组单位成员，以及来自加拿大、澳大利亚和德国的外国专家，国内高等院校和研究单位的有关专家学者参加了研讨会。

税收基本法的定义和作用已得到各界的广泛共识。与会专家认为，税收基本法是介于宪法和各单行税法之间的一部法律，主要规定税收的基本法律制度和原则，是税收法律中的上位法，对各单行税法的制定具有统领和指导作用。税收征管、税收行政复议、税收行政诉讼和税收行政赔偿等税收行政程序，既要符合行政法中的相应规定，又要遵循税收基本法的规定。

税收基本法的主要内容应当以规定税收法律制度中具有根本性和基础性并且在单行税法中难以规定的内容为主，如税收的定义、功能、税收法律制度的基本原则，税收法律关系中当事人的权利义务等，由此形成的税收基本法结构应为：总则、税收基本原则、税务机关的设置与职责、纳税人的权利义务、税收管理体制、法律责任以及附则。

对于我国税收立法和征管方面的权限划分问题，税收基本法应明确，我国的税收立法权属于全国人大及其常委会，其他政府部门只应在人大授权的有限范围内享有制定税收政策的权力，但由于我国仍处于从计划经济体制向市场经济体制转轨的过程中，税收政策应当具备快速灵活地适应经济形势变化的特征，加之政府部门在专业知识、专业人才以及相关信息等方面具有一定优势，因此，财政部和国家税务总局可以在经国务院批准的情况下，联合制定发布税收政策。

对于中央和地方在税收立法权、税收征管权、税收分配权上的权限划分问题，与会专家认为，根据中央《关于完善社会主义市场经济体制若干问题的决定》，我国今后在税收权限的划分上应属于"适度集中，相对分散"的模式。1993—1994 年的税制改革完成后，中央的税权得到了较大程度的加强，但由于各地经济社会发展不平衡，以至于各地在执行同样的税收政策时存在较大差异，从而在一定程度上影响到全国统一市场的发展。另外，根据"事权与财权相一致"的原则，与会专家指出，是否可以考虑赋予地方政府相应的税收分配权。

税收基本原则是税收基本法的重要组成部分。与会专家认为，要在税收基本法中制定税收基本原则，首先应将宪法以及各单行税法中的相关内容加以整理提炼，同时吸收国外的立法经验并加以完善。根据目前我国税收理论界与实务界的意见，与会专家认为，我国的税收基本法应包括以下基本原则。

(1) 税收法定原则。我国宪法仅说明公民的纳税义务要依照法律产生和履行，并未说明征税主体应依照法律规定征税。同时，税收征管法虽然使税收法定原则在一定程度上得到了确立，但其效力具有一定的局限性。与会者建议在税收基本法中确立税收法定的原则，其具体含义是要求纳税人、征税对象、计税依据、税率和税收优惠等税收要素必须由立法机关在法律中加以规定。税收要素、征税程序等不仅要由法律做出专门规定，而且还应尽量明确，以避免出现漏洞和歧义，给权力的滥用留下空间。

(2) 税法解释应当有利于纳税人的原则。法院依据已有法律、法规和法律解释对税务

案件进行审判时，在不违反立法原意的基础上，如果对法律、法规等可做不同的理解，应采用最有利于纳税人的理解。

(3) 反避税原则。

(4) 税收负担适度原则，即税收负担要取之于民，用之于民，取之有度。

(5) 税收效率原则，即要利用税收的经济调控作用，最大限度地促进经济的发展，或最大限度地减轻税收对经济发展的妨碍。

(6) 税收公平原则。因为所有纳税人的地位都是平等的，所以，税收负担在纳税人之间的分配也必须公平合理。

(7) 实质课税原则，即在税法解释过程中，对于一项税法规范是否应适用于某一特定情况，除考虑其是否符合税法所规定的税收要素外，还应根据实际情况，尤其是要根据是否有利于经济发展来进行判断，以决定是否征税。

(8) 诚实信用原则，即要求征纳双方都应诚实地履行义务，不得违背双方的合理信赖和期待。在没有取得法律规定的有效证据之前，征税机关应当推定纳税人诚实守信，以维护纳税人的合法权益。

(9) 税收中性原则，即立法机关在确定税种时，应当尽力避免税收对经济运行和资源配置的扭曲。

在明确了九点税收基本原则的同时，与会专家也提出，在规定税收基本原则时，要注意以下几个问题：一是基本原则的定义要准确，因为一个定义不准确的基本原则将会在很大程度上影响到法律的适用；二是对基本原则要慎重选择，如果不加选择地将上述列举的所有原则都规定在法律中，会造成法律适用上的困难，对税收法律制度的完善也会有不利影响。

在此次研讨会上，与会人员还讨论了税收基本法所涉及的税与费的定义、规范行政收费、税收优惠、纳税人与税务机关的权利义务，以及设立税务法院和税务警察等内容。

思考题

1. 如何理解税法与其他部门法的关系？
2. 税法有哪些作用？
3. 作为税法渊源的制定法主要有哪些？
4. 税法对人的效力有哪些形式？
5. 税法的时间效力有哪些形式？
6. 税法适用的原则有哪些？
7. 如何理解税收法律关系？
8. 征税主体有哪些权利与义务？
9. 税收法律关系如何产生和变更？
10. 税收法律关系的终止有哪些原因？

第五章 税收管理

本章学习要点:

★ 税收管理的概念和内容
★ 税收征管模式
★ 税收管理体制的内容和模式
★ 我国现行税收管理体制

第一节 税收管理的概念和内容

一、税收管理的概念

税收管理是指主管税收工作的职能部门,代表国家对税收分配的全过程所进行的计划、组织、协调和监督工作,旨在保证财政收入及时足额入库,充分发挥税收对经济的调节作用。

税收管理的主体是指国家,即由国家负责管理。各级政府主管税收工作的职能部门是税收管理的具体执行机构,代表国家行使税收管理权限。各级政府主管税收工作的职能部门的分工是:国家税务总局和所属的税务分支机构以及各级地方税务局负责各种工商税收;财政部及各级地方政府的财政机关负责农(牧)业税、耕地占用税、契税;海关总署及其所属机构负责关税、船舶吨税以及进口商品所缴纳的增值税和消费税。

税收管理的客体,是指税收分配的全过程。从宏观角度分析,税收分配涉及国家与企业、中央与地方等的分配关系;从微观角度分析,税收分配是指各级税务机关与纳税人之间的征纳关系。前者构成税收管理体制问题,后者形成税收征收管理的重要内容。从狭义的角度讲,税收管理的客体主要是指税收的征收管理过程。

税收管理的职能,是指税收分配过程中的计划决策、组织实施、协调控制和监督检查。计划决策是一定时期内为完成税收的任务和目标而进行的有关征税步骤和方法的计划与抉择;组织实施是指合理配置人员,明确职责范围,建立科学、有效的征管机构和体系,贯彻落实税收的有关方针政策;协调控制是针对管理过程出现的矛盾问题而展开的协调工作;监督检查是检查和督促征纳双方遵守国家税收法律、法规及有关政策的情况,及时纠正和制止违反税法的行为。

税收管理要有一定目标。税收管理是实现税收分配的目标手段,因此,税收分配的目标也就是税收管理的目标。税收分配的目标通常在两个方面:一是财政目标,即筹集收入的目标;二是调节经济的目标,即实现宏观调控,促进经济稳定和发展的目标。税收分配的目标必须依靠税收管理来实现,它是一切税收管理活动的出发点和归宿。在日常工作中,税收管理的目标又具体表现在各项管理活动中。因此,必须在税收管理过程中将总的目标和各个具体目标统一起来。

二、税收管理的内容

税收管理由三部分组成:一是制度管理,二是核算管理,三是征收管理。

(1) 制度管理,是指税务机关通过制定税收制度对税收分配全过程的管理。税收制度是一个广义的概念,它包括具有法律效力和行政约束力的各种税收法律、法规,以及计划、会计和统计管理制度。制度管理带有很强的政策性,它往往反映一定时期党和国家的政治、经济要求和任务。从总量角度看,制度管理集中反映税收收入占国民生产总值或国民收入的比重,即宏观税率问题。制度管理的核心是税收管理体制,它的实质是划分中央与地方的税收管理权限问题。

(2) 核算管理,是指税收的计划、会计和统计管理,属于税务系统内部管理制度。通过各类核算制度的管理,将税收分配的全过程纳入事前预测、事中控制和事后监督的一整套严密的系统管理体系。

计划管理,是指税务机关利用税收计划,指导、组织和监督税收分配活动。税收计划的编制要以国民经济和社会发展计划所提供的各种经济发展指标为基础,以经济税源调查资料为依据来整理、编制。税收计划实行统一领导、分级编制、逐级上报、层层汇编的程序。最后汇总的中央级税收计划和各级地方税收计划,作为各级财政预算的组成部分,分别由全国人民代表大会和各级地方人民代表大会审查批准。

会计管理,又称税收会计,是指税务机关对于税收计划执行过程和征收活动过程及其结果所进行的系统、连续的会计核算。税收会计是一种专业会计,它是以税务机关为会计主体,依据会计核算程序,正确、及时地对税款的征收、减免、欠缴、提退、入库等税收资金运动过程进行反映和监督。会计管理有利于及时、有效地收集和反馈税收有关信息,保证税收管理任务和目标的实现。

(3) 征收管理,是指税务机关对纳税人或扣缴义务人依法征税活动的管理。征收管理是整个税收管理体系的中心内容,是实现税收管理目标的关键所在。它具体包括以下内容:税务管理,主要包括税务登记、账簿、票证管理和纳税申报,税款征纳;发票管理,主要是指税务机关依法对发票印制、领购、开具、取得和保管的全过程所进行的组织、协调、监督等各项活动;纳税检查,是指税务机关根据国家税法以及财务会计法规,对纳税人是否正确履行纳税义务的情况进行的检查和监督;法律责任,是指违法主体因其违法行为所应承担的法律后果,税务行政复议与诉讼;税务代理,是指税务代理人在代理权限内,以纳税人、扣缴义务人的名义代为办理税务事项的活动。

税收管理的三方面内容是相互联系的体系。制度管理是核算管理和征收管理的法律依据;核算管理是征收管理的工具;征收管理是实现税收分配目标、完成税收任务的保证。

三、税收征管模式

税收征管模式，是指解决一定时期税收征管的核心问题，为实现税收管理目标而设置的组织架构和选择的管理方法与手段。

1. 专户管理模式

所谓专户管理模式，是以专管员为核心的管理模式。它的特点是“一人进厂，各税统管，征、管、查合一”。我国在20世纪50—80年代，实行这种专户管理的税收征管模式。在税收管理的组织形式上，主要是按所有制性质、行业或地段等因素设置税务机构和税务岗位，根据纳税户的规模大小和税务工作的繁简进行人员配置，对纳税户实行专责管理，由税务专管员承担包括税务登记、纳税鉴定、纳税申报、税款征收、纳税检查、违章处理等税务征管工作。这一组织形式的特点在于：征管查不分，全程交由一个人负责；在税款的征收方式上，以税务人员上门收税催税为主。

(1) 专户管理模式的优点。第一，管理方式直接，管理人员明确。有人将这种专户管理称为“保姆式”管理。由于每一纳税户都配有专人负责，也就是由税务专管员直接指导纳税户进行纳税申报、纳税鉴定、税款上缴，不必花费聘请税务顾问或其他代理人员进行税务申报和缴纳税款的费用，节约纳税人的奉行成本。税务专管员由于掌握国家税收政策的变动及企业生产经营变化等信息，并且长期、固定地负责纳税户的征管工作，有利于与纳税人建立起良好的工作关系，及时传递税收政策措施，避免因多员进厂、多头管理而造成人财物损失，提高税收和征管效率。第二，各税统管的管理模式，可以较好地防止偷漏税行为。由于流转税的税基以流转额即销售收入为主，销售收入核准了，也就为所得税的管理奠定了基础。所得税税基确定的关键在于正确地核算成本、费用、损失等税前列支基础上，其中包括原材料的采购、折旧的计提、工资开支、财务费用等，它们的正确核算又可以进一步验证销售收入的准确性。各税统管的征管模式通过利用各税种之间的互相联系展开审核，有利于提高税收效率。第三，保证财政收入稳定、及时地入库。在以流转税为主体的税制结构下，税源相对集中，一些主要的大型企业所缴纳的税收占全部税收总额的很大比重，这些税收主要是销售税，还有一部分是企业所得税，非企业纳税收入寥寥无几，所占比重很低。把一些大中型企业的税收管好了，也就抓住了最主要的税源，抓住了税收工作的主要矛盾。因此，税务机关选派专职税务干部驻厂征收，可以保证财政收入稳定、及时地入库，并协助企业搞好生产，为国家培养重点税源。

(2) 专户管理模式的缺点。第一，权力过分集中，缺少制约机制。将征管查集于专管员一身，使权力过分集中，在监督制约机制尚未建立健全的情况下，这种征管模式容易产生人情税，甚至以税谋私、贪污受贿，最终导致税收征管效率的下降，破坏法律的严肃性。第二，规范化、科学化程度及征管质量均难以保证。由于纳税户有指定的税管员，税管员之间业务水平及思想道德水平的差异往往导致政策掌握尺度上的偏差，使税务征管工作难以统一。同时，在以手工操作为主的前提下，专管员势单力薄难以管深查透，会直接影响征管效率的提高。第三，税务专管员上门收税的方式，不利于纳税人自觉纳税意识的提高。

2. 征管查分离模式

随着我国经济体制改革的不断深入，原有的征管模式与经济的飞速发展，特别是所有制成分的多样化以及建立市场化的税制模式明显不适应，税收征管改革的课题摆到了人们的面前。作为税收征管改革的探索与尝试,国家税务总局在1988—1994年进行了以建立征管查分离模式为核心内容的税收征管改革。

征管查分离模式改变了专户管理模式中所具有的“一员到户,征管查统管”的形式。它形成了税款征收、纳税管理,以及纳税检查处、科、室,分别形成征收系列、管理系列、检查系列,将传统征管模式中由税务人员上门收税、催税、包办纳税事宜,逐步改为由纳税人自行办理纳税手续,并依法主动上门申报纳税。

征管查分离模式的优点。第一,形成征管查相互制约的机制,有利于税务机关的廉政建设。绝对的权力产生绝对的腐败。在权力过于集中的专户管理模式中,由于缺乏必要的内在约束机制,极易产生人情税。而征管查分离模式则可以通过征、管、查三个系列的相互制约,向征管过程内部注入制约机制,减少行业不正之风,从制度上保证税务队伍的廉政建设。第二,强化了税收征管科学化、规范化的管理。由于征、管、查三个系列的职责分工明确,理顺了工作关系,形成了一套较为完整、相互制约的工作规范。各个系列在完成本职工作的基础上,还要对税款的入库情况、欠税情况进行调查分析。在加大审核力度、处罚力度的基础上,分析研究所查问题的原因,以反馈给管理系列,最终达到提高整个征管水平的目的。

征管查分离模式的缺点。征管查分离模式在克服权力过于集中的同时,也出现了一些不尽如人意的问题,主要表现在三方面:第一,分离程度的绝对化。在一些内容交叉、需共同承担的基础上,如税源调查、促产增收、税收宣传等工作上,出现了职责不明、互相扯皮等问题。第二,模式转换缺乏过渡,使双方难以适应征管局面。有些地方在推行征管模式时操之过急,在废弃专管员制度的同时,实行无人专管形式。这一方面打乱了原有的工作基础,造成人们思想的紊乱与波动;另一方面,对于重点税源的大型企业来讲,实行无人管理的结果是放松了对企业的监管,难以进行有的放矢的奖惩管理,不利于税款的征收。第三,增加了纳税人的负担。实行多人进厂、各税分管、征管查分开负责的办法,又出现了税务人员对企业干预过多、检查频繁等问题,使纳税人不堪重负,这在一定程度上影响了企业自主经营及纳税的积极性,不利于协调税务部门与企业的关系。

3. 我国现行的税收征管模式

为了建立适应社会主义市场经济体制的税收征管模式,国家税务总局在1997年研究确定了到2010年建立新的税收征管制度的目标模式,即在全国范围内推行以自行申报纳税和优质服务为基础,以网络为信托,集中征收、重点稽查的征管模式。新征管模式的特点:在于由过去的分散型、粗放型管理向集中型、规范型的管理转变;由传统的手工操作方式向现代化的科学征管方式转变;由上门收税向纳税人自行申报纳税转变;由专管员管户的“保姆式”、包办式管理向专业化管理转变。上述四个转变的核心是管理机制的转变。我国当前税收征管模式的主要内容有以下几个方面:

(1) 建立纳税人自行申报纳税制度。自行申报纳税,是指纳税人必须依照法律、法规的规定,自觉履行纳税义务,按照规定的申报纳税时间、程序和方式,向税务机关自行办理申报纳税手续,也可以在纳税人自愿的前提下实行中介机构代理申报。

纳税申报可以采取以下三种方式:直接申报,即由纳税人到税务机关报送纳税申报表及有关资料;邮寄申报,即由纳税人将纳税申报表及有关资料装入专用信封寄达税务机关;电子申报,在有条件的地方,纳税人可以通过计算机网络将纳税申报表所列有关信息及资料传输给税务机关。

申报纳税程序有三种方式：第一，在法定的纳税申报期内，由纳税人自行计算，自行填写缴款书，并向银行（国库经收处）缴纳税款，然后持纳税申报表和有关资料并附盖收讫印戳的缴款书报查联，向税务机关办理申报。第二，纳税人在税务机关指定的银行开设"税款预储账户"，提前储入当期应纳税款，并在法定的申报纳税期内向税务机关报送纳税申报表和有关资料，由税务机关通知指定银行划款入库。第三，在法定的申报纳税期内，纳税人持纳税申报表和有关资料并附上税款等额支票，报送税务机关；税款的入库由税务机关归集，并报缴数字清单。支票，统一交由作为同城票据交换单位的国库办理清算。

(2) 建立税务机关和社会中介组织相结合的纳税服务体系。纳税人既是税务机关的管理对象，又是税务部门的服务对象。税务机关的服务包括及时公布税法最新规定、提供纳税指南、宣传税收政策以及方便纳税申报等方面。国家税务总局应通过有效的形式及时颁布税务行政规章和其他规范性文件，省以下各级税务机关要定期向纳税人提供全部现行有效的税法资料，以及介绍税款计算、申报表填写等纳税知识的纳税指南等，确保纳税人及时、准确地了解税法信息。为方便纳税人纳税，在城市和县城以及其他交通便利、纳税人较为集中的地方，一般要以区、县局（分局）为单位建立办税服务厅，以集中、公开的形式为纳税人提供税前、税中、税后的全方位服务。鉴于部分纳税人受到时间、地点等因素的局限或者出于自身的需要，税务机关应当鼓励和提倡其依照税收法规，寻求社会中介服务组织进行税务代理。发展税务代理服务的重点，应当是广大的中小企业和个人。

(3) 建立以计算机为依托的管理监控系统。以计算机为依托的征管监控系统，把从税务登记的建立、纳税申报的处理、税款的收缴与核销、中止申报的催报、滞纳款项的催缴、检查对象的筛选，到综合税收信息的统计分析、税收会计核算与监督、纳税信息的查询等全面纳入计算机管理，依托计算机对税收管理的全过程实施监控。利用计算机管理手段实现对税收征管全过程的监控，是有效提高征管质量与效率的重要保证。采用计算机网络，可以缩短纳税人的申报时间，使得申报、检查、稽核得以迅速完成。同时，通过税务机关内部联网及与企业、银行、海关等单位的联网，可以随时了解各种纳税资料，判断申报的真实性，及时发现问题。

(4) 建立人机结合的稽查系统。根据税务稽查工作的特点，将稽查分为日常稽查、专项稽查、专案稽查三类。日常稽查，是根据选案结果进行的周期性常规税务审计；专项稽查，是针对特定行业或某类纳税人进行的重点审计；专案稽查，是根据举报或者前两类稽查发现的重大案源进行的个案审计。新的稽查方式将主要借助于依托计算机建立的监控系统，有的放矢地进行。实行选案和手工选案相结合的稽查体系，就是根据以计算机为依托的管理监控系统提供的信息，选择确定稽查对象，形成选案、稽查、审理、执行等流程规范操作，以确保税务稽查的工作质量。

第二节　税收管理体制

税收管理体制规定了各级政府、各级税收管理在税收管理方面的职责和权限，是税收管理的根本制度。借鉴市场经济国家的一般做法，科学涉及我国税收管理的体制模式，丰富和完善税收管理框架的内容，是做好税收管理工作的重要前提和关键。

一、税收管理体制的内容

税收管理体制是指划分中央与地方税收管理权限的制度,它是税收管理制度的重要组成部分。税收管理权限包括税收立法权和税收管理权。

(1) 税收立法权,是指国家最高权力机关依据法定程序赋予税收法律效力时所具有的权利。税收立法权包括税法制定权、审议权、表决权、批准权和公布权。

(2) 税收管理权,是指贯彻执行税法所拥有的权限。它实际上是一种行政权力,属于政府及其职能部门的职权范围。税收管理权可具体划分为税种的开征与停征权、税法的解释权、税目的增减与税率的调整权、减免税的审批权。

- 税种的开征与停征权。对已经制定税法的税种,规定其付诸实施的日期的权利,即开征权;对已经开征的税种,因政治和经济诸方面的原因,规定其停止实施的权利,即停征权。一般而言,税种的开征权与停征权同税法的制定颁布权是一致的。
- 税法的解释权。是指对已经制定并颁布的税收基本法规做出具体说明和解释的权力。如与某税法配套使用的实施细则以及税法中所列条款中的"其它"等项目。税法的解释权一般集中在财政部和国家税务总局。
- 税目的增减与税率的调整权。是指增加或减少征税项目的权利以及对征税对象和征税项目的税收负担提高与调低的权力。由于这一权利的应用涉及面广、影响大,因此,这一调整权应高度集中,谨慎使用。
- 减免税的审批权。是指对纳税人实施税收优惠政策的权利。为了防止国家财政收入的流失,消除地方保护主义的影响,新的税制改革已明确将新增减免税的审批权划归中央。

二、税收管理体制模式

实行市场经济的国家在财政管理体制上一般都采取分税制财政管理体制。从中央与地方的税种划分来看,税收管理体制主要包括三种类型:一是集权型,二是分权型,三是集权与分权相互兼顾型。

1. 集权型税收管理体制

政治权利相对集中的国家,一般都实行中央集权型的税收管理体制,这种体制的基本特征是:税收立法权、征收权及管理权高度集中于中央,地方政府只有很小的管理权限,也没有专门的征收队伍。如法国,尽管实行中央、省、市镇三级分税制,但中央政府不仅拥有中央税立法权、征收权、管理权,而且还拥有地方税政策的统一制定权和统一立法权;地方政府没有税收立法权,只有少数的税收执法机动权。中央直接管理的税务机关既负责中央税的征收,也负责地方税收入的代征工作,地方没有单独设立税务机构。

2. 分权型税收管理体制

幅员辽阔、市场经济发达、政治权利相对分散、法制比较健全的国家,一般都实行中央与地方分权型的税收管理体制模式。这种模式的基本特征是税收管理权限比较分散,中央与地方都有相对独立的税收立法传、征收转和管理权,分级管理,互不干涉。如美国是实行联邦制政体的国家,与之相适应,税收管理权限的划分也依联邦政体的三级政府(联邦、州、地方)进行,建立了相对独立的税政管理体制。课税的立法权、征收权、管理权的税种的归属,分别由三级政府行使,联邦和州有各自独立的税收立法权,但地方(市、县)的税收立法权主要归属州。一些主要的、涉及面广的税法由国会指定,财政部拟订实施细则;州和地方有权根据地区特点和需要,调整税率,制定征收程序和开征一些具有地方特色的税种。联邦和州对主体税种实行税源分立共享,分别征收,互不交叉。

3. 集权与分权相结合的混合型税收管理体制

随着市场经济的不断发展和法律体系的逐步健全,在税收管理体制上越来越多的国家和地区都采取了集权和分权相结合的模式。实行这种模式既要避免税收管理过于集中而影响地方政府发挥其应有的积极性,也要避免市场过于分散而可能削弱中央的宏观调控功能。如德国实行了联邦、州和地方政府三级分税制,联邦和州都拥有税收立法权和相应的税收征收权及管理权。联邦对联邦专享税拥有立法权,州政府有权开征某些地方税种及对地方税采取某些临时的减免税措施。又如,日本也实现了中央、都道府和市町村三级分税制,国会统一掌握税收立法权及中央税和地方税的划分权;同时,以收益原则为基础,地方政府对地方税享有一定的征收转和管理权等。

第三节　我国的税收管理体制

一、我国的税收管理体制的原则

"统一领导,分级管理"是我国建立税收管理体制的总的原则。这一原则自中华人民共和国成立之初确立至今,仍发挥着重要的作用。

"统一领导,分级管理"原则在我国国民经济的不同历史发展阶段有着不同的内涵,即"统"和"分"的具体内容发生了本质的变化。特别是 1979 年以来,我国实行了改革开放政策,建立了社会主义市场经济体制,摒弃了传统经济体制下束缚经济发展的各种弊端,为这一原则注入了新的内涵。

"统一领导"是解决集权方面的问题,凡涉及全国性的各项税收政策、税收制度以及关系到全局的税收减免等,必须由中央统一规定,地方不得违反。"分级管理"是解决分权方面的问题,其分权的内容通常是指在不违反中央统一领导的前提下,对属于地方性的税收立法,税种开征、停征等权利,由地方根据具体情况决定。这有利于进一步调动地方经济建设的积极性,适应中国各地区间经济发展不平衡的特点,以更好地实现税收管理的总目标。

二、我国税收管理的沿革

我国税收管理体制发展至今,由新中国成立初期高度集中的税收管理体制,逐步演化为以集中为主、适当分权的税收管理格局。

1. 1950—1976 年的税收管理体制

这一阶段我国正处于计划经济体制占统治地位的时期,集权是这一阶段的主要特征。

1950—1957 年这一阶段是高度集中的税收管理体制。1950 年政务院公布了《全国税收实施要则》,统一税收法规的制定权限,及将税收的法律、条例的制定权,税种的开征权和停征权,税目的增减和税率的调整权,以及减免税权统一由中央集中控制。

1958 年,我国实行了经济管理体制的重大改革,相继下放生产、物资、财政等管理权限;同时也下放了部分税收的管理权限,如将印花税、利息所得税、车船使用牌照税、屠宰税、城市房地产税等税种的税收管理权下放给省、自治区、直辖市,并允许地方对某些税种进行必要的调整,自行制定征收办法。

1961 年,中央调整收回税收管理权限。1958 年,经济高速增长的大好局面由于政策性的失误和经济发展上的急躁情绪而丧失,1961 年不得不进行国民经济的调整,以克服当时的经济困难。在这一时期,为集中有限的财力,中央重申了有关集权的规定,并将一部分已下放地方的税收管理权限重新集中于中央,这其中包括工商统一税项目的增减和税率的调整权等。

1970 年再次下放税收管理权限。伴随着经济结构和经济形势的发展变化,1970 年,国家针对当时大型中央企业下放给地方的新的形势,对税收管理体制作了相应的调整,并将部分减免税权以及对农村征税办法的制定权下放给了省、自治区、直辖市一级政府。1973 年的工商税制全面改革,进一步扩大了放权的范围,一定程度上调动了地方税收管埋的积极性。

2. 1977—1993 年的税收管理体制

1977 年以后十几年,我国经历了从计划经济体制向市场经济体制过渡的伟大变革。税收管理体制主要是在 1977 年 11 月国务院批转财政部的《关于税收管理体制的规定》和以后年份对其进行调整的有关规定的基础上组成的。

财政部颁布的《关于税收管理体制的规定》规定了各级的管理权限,包括属于国务院的管理权限,属于财政部的管理权限,属于省、自治区、直辖市的管理权限。当时我国的政治体制和经济体制改革还没有开始,这个规定中没有明确划分行使税收立法权和行使管理权的机构,与以后的税收立法体制和管理体制有很多矛盾的地方,关系没有理顺。《关于税收管理体制的规定》实施的十几年间,国家根据当时的政治、经济的发展变化,对其陆续进行了调整和修订。

1984 年 10 月,我国对工商税制进行改革,原工商税取消,新开征产品税、增值税和营业税,税收管理体制中有关工商税的内容,适用上述仨税,同时对陆续开征的一些新税种的税收管理权限分别作了不同的规定。

1988 年,财政部决定将房产税、城镇土地使用税、车船使用税、城市维护建设税、印花税、筵席税、屠宰税、牲畜交易税、集市交易税、个人收入调节税、奖金税、工资调节税和建筑税等税种的收入划归地方财政收入。在实际执行的过程中,除个别税种(如建筑税、城镇土地使用税等)有明确规定以外,还有一些税种减免税的审批权限事实上已不同程度地下放到各级地方税务局。

我国对经济特区和沿海 14 个港口城市既要求按照全国统一的税收管理体制的要求和规定执行,又允许经济特区政府在对部分税种税目的增减、税率的调整和减免等方面具有比内地更大的管理权限。

此外,我国的税收管理体制还包括关税管理体制和农业税管理体制,分别由海关总署和财政部制定。

3. 分税制下的税收管理体制

自1994年1月1日起，我国全面实施国务院《关于实行分税制财政管理体制的决定》。分税制是财政管理体制的目标模式，同时也是税收管理体制改革的重要内容。

分税制是指在划分中央和地方政府事权的基础上，按照税种划分中央与地方财政收入的一种财政管理体制。我国分税制财政体制的改革既参照了国际经济通行的市场经济原则和公共财政理论，又充分考虑了中国的具体国情，其内容包括：合理划分中央和地方政府的事权范围；按照财权与事权相一致的原则，合理划分税种；中央财政对地方税收返还数额的确定；分设国税局和地方税局。

合理划分中央和地方政府的事权范围。合理划分事权是实行分税制的前提。在我国，中央政府主要负责国防、外交、武警和国家重点建设，中央国家机关运转所需经费，中央政府介入内外债还本付息等。此外，中央政府还必须承担国家调整经济结构、协调地区发展等宏观调控所必需的支出。地方政府主要承担本地区政权机关运转所需支出，以及本地区经济和各种事业发展所需支出。

按照财权与事权相一致的原则，合理划分税种。根据中央和地方的事权，按税种划分中央与地方的税收，其做法是将全部税种划分为中央税、中央与地方共享税和地方税。税种划分的原则是：属于维护国家权益、实施宏观调控的税种，划归中央，作为中央税；属于与经济发展直接相关的主要税种划分为中央和地方共享税；属于适合地方征管，有利于调动地方积极性的税种，划归地方，作为地方税。

中央财政对地方税收返还数额的确定。1994年，中央财政对地方实行的特定税收返还制度，是一种过渡性措施，它建立在保持地方原有的既得利益的基础之上，旨在逐步达到预定的改革目标。

分设国税局和地方税局。为了保证分税制的顺利实施，1994年，我国将原来的一个税务局分设为国税局和地税局两套税务机构。国税局直属国务院，负责征收中央税和共享式，地方税局隶属于地方政府，负责征收地方税，这反映了分税制的“分权、分税、分征”的本质。

三、我国现行税收管理体制的基本内容

经过不断地改革和调整，我国形成了“税权集中，分权有度，统分结合，分级管理”的税收管理体制，基本适应了社会主义市场经济发展的要求。

1. 我国税收立法权的划分

中央税、中央与地方共享税以及全国统一实行的地方税的立法权集中在中央，以保证中央政令统一，维护全国统一市场和企业平等竞争，并依法赋予地方适当的地方税收立法权。具体地说，我国税收立法权划分的层次是这样的：

全国性税种的立法权，即包括全部中央税、中央与地方共享税和在全国范围内征收的地方税税法的制定、公布和税种的开征、停征权，属于全国人民代表大会及其常务委员会。

经全国人大及其常委会授权，全国性税种可先由国务院以“条例”或“暂行条例”的形式发布施行。经一段时期后，再行修订并通过立法程序。由全国人大及其常委会正式立法。

经全国人大及其常委会授权，国务院有制定税法实施细则、增减税目和调整税率的权力。

经全国人大及其常委会授权，国务院有税法的解释权；经国务院授权，国家税务主管部门（财政部和国家税务总局）有税收条例的解释权和制定税收条例实施细则的权力。

省级人民代表大会及其常务委员会根据本地区经济发展的具体情况和实际需要，在不违背国家统一税法，不影响中央的财政收入，不妨碍我国统一市场的前提下，有开征全国性税种以外的地方税种的税收立法权。税法的公布，税种的开征、停征，由省级人民代表大会及其常务委员会统一规定，所立税法在公布实施前必须报全国人大常委会备案。

经省级人民代表大会及其常务委员会授权，省级人民政府有本地区地方税法的解释权和制定税法实施细则，调整税目、税率的权力，也可在上述规定的前提下，制定一些税收征收办法，还可以在全国性地方税条例规定的幅度内，确定本地区适用的税率或税额。上述权力除税法解释权外，在行使后和发布实施前必须报国务院备案。

地区性地方税收的立法权，应只限于省级立法机关或经省级立法机关授权同级政府，不能层层下放。所立税法可在全省、自治区、直辖市范围内执行，也可只在部分地区执行。

2. 税收执法权的划分

我国现行税制下税收执法管理权限的划分大致如下：

根据按收入归属划分税收管理权限的原则，对中央税，其税收管理权由国务院及其税务主管部门（财政部和国家税务总局）掌握，由中央税务机构负责征收；对地方税，其管理权由地方人民政府及其税务主管部门掌握，由地方税务机构负责征收；对中央与地方共享税，原则上由中央税务机构负责征收，共享税中地方分享的部分，由中央税务机构直接划入地方金库。在实践中，税收制度在不断完善，税收的征收管理权限也在不断完善。

地方自行立法的地区性税种，其管理权由省级人民政府及其税务主管部门掌握。省级人民政府可以根据本地区经济发展的实际情况，自行决定继续征收或者停止征收屠宰税和筵席税。继续征收的地区，省级人民政府可以根据《屠宰税暂行条例》和《筵席税暂行条例》的规定，制定具体的征收办法，并报国务院备案。属于地方税收管理权限，在省级及其以下的地区如何划分，由省级人民代表大会或省级人民政府决定。除少数民族自治地区和经济特区外，各地均不得擅自停征全国性的地方税种。

经全国人大及其常委会和国务院的批准，民族自治地方可以拥有某些特殊的税收管理权，如全国性地方税种某些税目、税率的调整权，以及一般地方税收管理权以外的其他一些管理权等。经全国人大及其常委会和国务院的批准，经济特区也可以在享有一般地方税收管理权之外，拥有一些特殊的税收管理权。少数民族自治地区和经济特区的税收管理权的行使，必须以不影响国家宏观调控和中央财政收入为前提。

涉外税收必须执行国家的统一税法，涉外税收政策的调整权集中在全国人大常委会和国务院，各地一律不得自行制定涉外税收的优惠措施。

3. 税务机构的设置

根据我国经济和社会发展及实行分税制财政管理体制的需要，现行的税务机构设置是中央政府设立国家税务总局（正部级），省及省以下税务机构分为国家税务局和地方税务局两个系统。

国家税务总局对国家税务局系统实行机构、编制、干部、经费的垂直管理，协同省级人民政府对省级地方税务局实行双重领导。国家税务局系统包括省、自治区、直辖市国家税务局，地区、地级市、自治州、盟国家税务局，县、县级市、旗国家税务局，征收分局、税务所。征收分局、税务所是县级国家税务局的派出机构，前者一般按照行政区划、经济区划或者行业设置，后者一般按照经济区划或者行政区划设置。

省级国家税务局是国家税务总局直属的正厅（局）级行政机构，是本地区主管国家税收工作的职能部门，负责贯彻执行国家的有关税收法律、法规和规章，并结合本地实际情况制定具体的实施办法。局长、副局长均由国家税务总局任命。

地方税务局系统包括省、自治区、直辖市地方税务局，地区、地级市、自治州、盟地方税务局，县、县级市、旗地方税务局，征收分局、税务所。省以下地方税务局实行上级税务机关和同级政府双重领导，以上级税务机关垂直领导为主的管理体制，即地区（市）、县（市）地方税务局的机构设置、干部管理、人员编制和经费开支均由所在省（自治区、直辖市）地方税务局垂直管理。

省级地方税务局是省级人民政府所属的主管本地区地方税收工作的职能部门，一般为正厅（局）级行政机构，实行地方政府和国家税务总局双重领导，以地方政府领导为主的管理体制。国家税务总局对省级地方税务局的领导，主要体现在税收政策、业务的指导和协调，对国家统一的税收制度、政策的监督，组织经验交流等方面。省级地方税务局的局长人选由地方政府征求国家税务总局的意见之后任免。

4. 税收征收管理范围划分

目前，我国的税收分别由财政、税务、海关等系统负责征收管理。

国家税务局系统负责征收和管理的项目有：增值税，消费税，车辆购置税，铁道部门、各银行总行、各保险总公司集中缴纳的营业税、所得税、城市维护建设税，中央企业缴纳的所得税，中央与地方所属企业、事业单位组成的联营企业、股份制企业缴纳的所得税，地方银行、非银行金融企业缴纳的所得税，海洋石油企业缴纳的所得税、资源税，证券交易税（开征之前为对证券交易征收的印花税），个人所得税中对储蓄存款利息所得征收的部分，中央税的滞纳金、补税、罚款。

地方税务局系统负责征收和管理的项目有：营业税，城市维护建设税（不包括上述由国家税务局系统负责征收管理的部分），地方国有企业、集体企业、私营企业缴纳的所得税，个人所得税（不包括对银行储蓄存款利息所得征收的部分），资源税，城镇土地使用税，耕地占用税，土地增值税，房产税，车船税，印花税，契税及其地方附加，地方税的滞纳金、补税、罚款。

在部分地区，地方附加、耕地占用税，仍由地方财政部门征收和管理。

海关系统负责征收和管理的项目有：关税、行李和邮递物品进口税，同时负责代征进出口环节的增值税和消费税。

四、现行税收管理体制的改革和完善

随着社会主义市场经济体制的不断完善，特别是中央与地方事权的逐渐清晰，以及税收法律制度的不断完善，我国税收管理应借鉴国际上流行的“统中有分，分中有统，统分结合”的模式，实行统一税法、合理分权。一是中央税与共享税的税收立法权、征收权及具体政策的管理权完全集中于中央，确保中央发挥应有的宏观调控功能；二是全国统一开征，并且对宏观经济影响较大的地方税，应由中央统一制定基本法规和实施办法，同时，将部分政策的调整权和征收管理权下放给地方；三是全国统一开征，但对宏观经济影响不大而对本地区影响较大的地方税，除由中央制定基本的税收法规外，实施办法、政策解释、税目税率的调整、减免和征管等权限赋予管理；四是全国不统一开征，具有明显区域特点且不影响中央宏观调控功能的地方税的税收政策管理权限全部划给地方管理。

阅读材料：美国税务管理

来源：北京市地方税务局网站

美国的联邦、州和地方各自有自己的税务管理机构，各自的税务管理机构相互之间无组织上的联系。联邦税务机构为财政部国内收入局，总部设在华盛顿，下设4个大区局（不按行政区划分），4个大区局下设33个地区分局，另有专门处理纳税申报的10个服务中心。州和地方税务局负责州税和地方税的征收管理。

1. 申报程序及税款的缴纳

美国税制采用自行缴款方式，即联邦以及各州和地方的税法要求纳税人填写年度所得税纳税申报表，报告其应税所得、应纳税额，并根据其已缴纳的税款计算出最终的应纳税额或应退税额。

公司必须按季预缴当年联邦应纳税款，个人必须就其取得的工薪所得、独立经营所得、投资所得、资本利得预缴联邦和州预扣税应纳税额的1/4。大多数州也要求公司和个人预缴公司所得税或个人所得税。

如果在美国从事贸易或经营的外国纳税人已就来源于美国的所得缴纳足额的预提税，则无须填报纳税申报表。

2. 审计及申诉

纳税申报表修正完毕后，经分类，选出一部分作为审计对象。如果纳税人对欠税通知有异议，可在30天内向国内收入局申诉委员会提出会谈要求。如果纳税人在30天内未提出要求，则国内收入局会发出一个90天函，即正式的欠税通知。在此期间，纳税人如有异议，则可选择向税务法庭、美国地区法庭或美国上诉法庭提出诉讼。无论何种方法，纳税人必须先缴清税务部门确认的应纳税额。

3. 罚则

对纳税人迟交纳税申报表、迟缴税款、疏忽欺诈等行为，国内收入局可对其进行各种各样的处罚。如果纳税人少报所得税应纳税额达到一定额度，则要处以少纳税额20%的罚款。然而，如果纳税人的纳税申报表内容详尽，或纳税人的态度较好，则可免予处罚。

4. 时效

国内收入局必须在纳税申报表填报后3年内征收欠税款。如果纳税人申报的所得少于其实际毛所得25%，则征收有效期延长为6年。如果纳税人未报纳税，则国内收入局可在任何时候进行征收。

思考题

1. 如何理解税收管理？
2. 什么是专户管理模式？有哪些利弊？
3. 什么是征、管、查分离模式？有哪些利弊？
4. 如何理解税收管理体制？
5. 税收管理体制的模式有哪些？

6. 我国税收管理体制的原则是什么?
7. 我国税收立法权是如何划分的?
8. 我国的税务机构是如何设置的?
9. 我国的税收征收管理范围是如何划分的?
10. 我国的税收管理体制应如何完善?

第六章 增 值 税

本章学习要点:
- ★ 增值税的概念和特点
- ★ 增值税的类型和计税方法
- ★ 征税范围及纳税义务人
- ★ 增值税税额的计算
- ★ 出口货物退(免)税
- ★ 增值税征收管理
- ★ 增值税专用发票的使用及管理

增值税是对商品生产、流通、劳务服务中的新增价值征收的一种流转税。

现行增值税的基本规范,是1993年12月13日中华人民共和国国务院令第134号发布,2008年11月5日国务院第34次常务会议修订通过的《中华人民共和国增值税暂行条例》。

第一节 增值税概述

增值税在诸流转税中是独具特色的税种。增值税是一种销售税,属累退税,是基于商品或服务的增值而征税的一种间接税,在澳大利亚、加拿大、新西兰、新加坡,此类税称为商品及服务税(Goods and Services Tax, GST),在日本则称作消费税。

增值税征收通常包括生产、流通或消费过程中的各个环节,是以增值额或价差为计税依据的中性税种,理论上包括农业各个产业领域(种植业、林业和畜牧业)、采矿业、制造业、建筑业、交通和商业服务业等,或者按原材料采购、生产制造、批发、零售与消费等各个环节征收。

一、增值额的含义

从计税原理上说,增值税(Value Added Tax,VAT)是对商品生产、流通、劳务服务中多个环节的新增价值或商品的附加值征收的一种流转税。简单地说,增值税就是对增值额征税。

增值额是企业在生产经营过程中新创造的那部分价值,从理论上说,即商品和劳务价

值 $c+v+m$ 当中的 $v+m$ 的部分。增值额既不等同于企业利润，也不等同于商品的销售额。第一，从一个生产经营单位的角度来看，增值额指该单位在一定期间销售商品和提供劳务所取得的销售收入大于购进商品或劳务所支付金额的差额。第二，从一项货物来看，各个生产经营环节的增值额之和，等于该货物的最终销售价格。

我们通过某种商品的生产经营过程来理解上述说法。该商品从无到有，通过生产、批发和零售环节的增值过程，最终进入消费领域。从中我们可以看出：第一，增值额不同于企业利润，对商业企业来说，接近商品毛利的概念；第二，最终的销售价格，等于生产和流通各个环节增值额之和。

表 6-1 商品的增值过程 （单位：元）

	生产环节	批发环节	零售环节	合计数
购进金额	0	500	700	N/A
销售额	500	700	1 000	N/A
增值额	500	200	300	1 000
增值税（税率 17%）	85	34	51	170

二、增值税的特点

1. 避免重复征税，体现税收中性

比较按增值额征税和按销售额征税，可以看出，按销售额征税存在重复征税，即某个环节的销售额包含着以前环节征收的销售税。比较按销售额征税（多个环节征销售税）和按零售额征税（对消费征税，即单个环节征销售税），可以看出，相同税率下，征税的环节越少，税负越轻。同一商品，经过的流转环节越多，重复征税的次数就越多，整体税负就越重。而在增值税制度下，无论商品经过多少环节，总的税负是一致的。这样，企业就不会因为增值税而改变其既定的生产经营方式。与传统的流转税相比，增值税制度更加有利于企业结构的优化组合、生产结构的合理调整；有利于建立税负公平、竞争平等的市场经济机制。

表 6-2 对销售额征税和对增值额征税的比较 （单位：元）

	生产环节	批发环节	零售环节	合计数
销售额	500	700	1 000	N/A
增值额	500	200	300	1 000
增值税（税率 17%）	85	34	51	170
按销售额征税（税率 t）	$500t$	$700t$	$1\,000t$	$2\,200t$
对零售额征税（税率 t）	N/A	N/A	$1\,000t$	$1\,000t$

2. 多环节征税、扣税，税负逐环节转嫁

增值税与传统流转税相同，按流转额全值多环节征税，同时还实行了传统流转税所没有的税款抵扣制度，即在逐环节征税的同时，还实行逐环节扣税。各环节的经营者作为纳税人只是把从买方收取的税款转缴给政府，而经营者本身实际上并没有承担增值税税款。这样，随着各环节交易活动的进行，经营者在出售货物的同时，也出售了该货物所承担的增

值税税款，直到货物卖给最终消费者时，货物在以前环节已纳的税款连同本环节的税款也一同转给了最终消费者。作为纳税人的生产经营者并不是增值税的真正负担者，只有最终消费者才是全部税款的负担者。

3. 征税范围广阔，税源稳定

增值税克服了传统流转税的致命弱点，另一方面也继承了传统流转税的优点。作为增值税税基的新增价值存在于社会经济的各个领域，因此，增值税普遍适用于生产、批发、零售和进口商品，以及加工、修理修配等领域的各个环节。增值税具有纳税的普遍性与连续性，能够保证国家税收收入的稳定性。只要是生产经营增值税应税产品的纳税人，都要就其增值收入缴纳增值税。

三、增值税的类型

从理论上讲，增值额是指商品价值 $c+v+m$ 中的 $v+m$ 部分，也就是劳动者在生产经营过程中新创造的价值；但各国的增值税法规中所规定的增值额与理论上的增值额并不完全一致。为有别于理论上的增值额，将税收法规中规定的增值额称为法定增值额。

各国的增值税都是以法定增值额为课税对象的，法定增值额乂是根据销售额全部扣除购进商品成本之后的差额确定的。对购进商品成本，各国都界定了具体范围，可称之为法定扣除额。法定扣除额一般包括原材料、半成品、燃料、动力、包装物等流动资产的外购价款，但是否包括外购固定资产的价款，各国的规定则不尽相同，增值税也因此分为三种不同的类型。

1. 消费型增值税

消费型的增值税，允许将纳税期内购置的用于生产应税产品的全部固定资产价款在纳税期内一次全部扣除之后纳税。对于企业来说，用于生产的全部外购生产资料价款均不在课税范围之内；对于整个社会来说，课税对象只限于国民收入中用于消费资料的部分，故而称之为消费型增值税。消费型的增值税最能体现按增值额征税的计税原理，有利于鼓励投资，加速设备更新。西方国家多采用这种类型的增值税。

2. 收入型增值税

收入型的增值税，不允许将当期购入的固定资产价款一次全部扣除，只允许扣除纳税期内应计入产品价值的固定资产折旧部分。对于企业来说，只有当期提取的固定资产折旧费，才能作为当期允许扣除的固定资产价值；对于整个社会来说，作为课税对象的增值额相当于国民收入额，故而称之为收入型增值税。这种类型的增值税的税基显然大于消费型增值税的税基。

3. 生产型增值税

生产型的增值税，不允许扣除任何固定资产的价款，只允许扣除生产资料中属于流动资产的部分。对于企业来说，在允许计入扣除额的生产资料价值中，不包含任何固定资产价值的因素；对于整个社会来说，作为课税对象的增值额实际上相当于国民生产总值，故而称之为生产型增值税。由于生产型增值税仍具有明显的重复征税因素，因而这是一种不彻底的增值税。这种增值税对资本有机构成低的行业及劳动密集型的生产行业有利，所以，一些经济不发达的国家选择这种类型的增值税。

四、增值税的计税方法

增值税的计税方法分为直接计税法和间接计税法两种。

1. 直接计税法

直接计税法是先计算出应税产品或劳务的增额，再乘以适用税率，求出应纳税额的方法。直接计税法在确定增值额时，又可以分为"加法"和"减法"两种方式。

(1) 加法，是把纳税人在计算期内实现的各个增值项目金额一一相加，求出计算期内发生的全部增值额，据以计算增值税额。

(2) 减法，是以纳税人在计算期内实现的销售额，减去法定扣除额，即国家规定的外购项目价款以后的余额，作为增值额，据以计算增值税额，这就是通常所说的"扣额法"。减法按照扣除金额的具体环节不同，还可进一步分为"购进扣额法"和"实耗扣额法"两种方式。以外购扣除项目的实际购入数为依据，计算扣除金额的，称为"购进扣额法"；以外购扣除项目的实际消耗数为依据，计算扣除金额的，称为"实耗扣额法"。

2. 间接计税法

间接计税法与直接计税法不同，它是首先算出计算期内全部应纳税额，然后从中扣除外购项目的已纳税额，计算后的余额即为纳税人对增值额部分应当缴纳的增值税额。间接计税法通常也称为"扣税法"。间接计税法按照扣除税额的具体环节不同，可分为"购进扣税法"和"实耗扣税法"两种方式。

(1) 以外购扣除项目的实际购入数为依据，计算扣除税额的，称为"购进扣税法"。

(2) 以外购扣除项目的实际消耗为依据，计算扣除税额的，称为"实耗扣除法"。

在实耗扣税法中，由于扣除项目的具体抵扣环节不同，可划分为"投入法"、"产出法"和"销售法"。投入法是以计算期投入生产过程所领用的扣除项目为依据，计算扣除金额或扣除税额；产出法是以计算期完工产品所耗用的扣除项目为依据，计算扣除金额或扣除税额；销售法则是以计算期已经实现销售的产品所耗用的扣除项目为依据，计算扣除金额或扣除税额。以上计税方法中，除了直接计税法中的加法由于核实各增值项目金额的方法非常复杂而极少被采用以外，扣额法与扣税法都在不同程度上被不同国家所采用，其中，购进扣税法因具有数据准确、计算简便、方法科学等明显优势，而逐渐成为目前世界上实行增值税的国家普遍采用的一种计税方法。我国目前也主要采用这种方法。

五、我国增值税沿革

1954 年法国成功地推行增值税后，对欧洲和世界各国都产生了重大影响。在随后的十几年里，欧共体成员国相继实行了增值税，随后，欧洲、非洲、拉丁美洲、亚洲的许多国家也开始推行增值税。到 21 世纪初，世界上已有 130 多个国家和地区实行了增值税。

我国于 1979 年开始试点增值税，1984 年工商税制改革时正式建立。1994 年税制改革时，增值税作为改革的重点，逐步走上规范化的道路。2008 年又进行了增值税转型改革。

1. 引进试点并建立增值税制度

我国自 1979 年下半年开始引进增值税并在极少数地区试点，征税范围也仅选择了机器机械和农业机具两个行业，以及自行车、缝纫机、电风扇三种产品。1983 年 1 月起，全国范围内的两大行业和三种产品试行增值税。在全国试点的基础上，1984 年 10 月，结合国营企业第二步利改税，对原工商税进行了改革，将其划分为产品税、增值税和营业税。国务院颁发了《中华人民共和国增值税条例(草案)》，财政部颁发了《中华人民共和国增值税条例(草案)实施细则》。至此，我国正式建立了增值税制度。

1984 年建立的增值税只限于在生产环节征税，而且仅限于对 12 项工业产品征税，之后虽然多次扩大征税范围，但是征税范围仍然有限，没有包括全部的产品。在税率设计上仍沿用产品税的观念，并实行产品税、增值税不交叉征收的税制结构，导致税率档次多，调节功能层次不清，使增值税失去了其应有的中性特征。扣除项目上采取列举项目进行扣除的办法，扣除项目的内容虽然包括了外购固定资产以外的主要流动资产项目，但仍没有包括全部应扣除的项目。这些都说明当时的增值税制度虽然采用了先进的计税形式，但实质上并非真正意义上的增值税。

2. 1994 年增值税制度改革

我国于 1994 年以前的增值税虽然在一定范围内排除了重叠征税，但是很不彻底，在整个国民经济范围内还存在着相当严重的重复征税。这就要求改革原有的增值税，建立新的、规范化的增值税。为此，1994 年我国对原有的增值税进行了全面、彻底的改革，并以增值税改革为核心建立了新的流转税制格局。1994 年建立的增值税，基本上是按照国际通行的做法建立起来的规范化的增值税，体现了增值税理论所要求的普遍征收、中性和简化。1994 年改革后的增值税，征税范围包括了全部的货物和部分的劳务；纳税人包括了在我国境内销售货物或者提供加工、修理修配劳务以及进口货物的全部单位和个人。1994 年改革后的增值税只设两档税率，除少数几类货物外，绝大多数货物都按照基本税率征税。在计税方法上，对一般纳税人采取规范的购进扣税法；对小规模纳税人销售货物或者应税劳务，采取简易办法计征税款。

1994 年 1 月 1 日起，开始执行《中华人民共和国增值税暂行条例》。经过这次改革，我国增值税开始进入国际通行的规范化增值税的行列。

3. 2008 年对增值税法规的修订

2008 年 1 月，国务院公布了修订后的《中华人民共和国增值税暂行条例》，自 2009 年 1 月 1 日起施行。主要内容发生变化的有：

(1) 允许抵扣固定资产进项税额。

(2) 降低小规模纳税人的征收率。对小规模纳税人不再设置工业和商业两档征收率，将征收率统一规定为 3%。

(3) 将一些现行增值税政策体现到修订后的《中华人民共和国增值税暂行条例》中。

(4) 将按月申报的纳税期限由原来的 10 日延长至 15 日，并增加了可按季度申报的内容和期限规定。

4. 营业税改征增值税的改革试点

2011 年 11 月，财政部和国家税务总局联合发布了《营业税改征增值税试点方案》及上海试点相关政策规定。试点方案自 2012 年 1 月 1 日起开始实施。上海市开展试点具有全国性的示范意义。在总结试点经验的基础上，逐步扩大试点范围，力争在“十二五”期间将改革逐步推广到全国范围。

(1) 改革试点的主要税制安排。

税率：在现行增值税 17%标准税率和 13%低税率的基础上，新增 11%和 6%两档低税率。租赁有形动产等适用17%的税率,交通运输业、建筑业等适用11%的税率,其他部分现代服务业适用6%的税率。

计税方式:交通运输业、建筑业、邮电通信业、现代服务业、文化体育业、销售不动产和转让无形资产,原则上适用增值税一般计税方法。金融保险业和生活性服务业,原则上适用增值税简易计税方法。

计税依据:纳税人计税依据原则上为发生应税交易取得的全部收入。对一些存在大量代收转付或代垫资金的行业,其代收代垫金额可予以合理扣除。

服务贸易进出口:服务贸易进口在国内环节征收增值税,出口实行零税率或免税制度。

(2) 改革试点期间的过渡性政策安排。

税收收入归属:试点期间,保持现行财政体制基本稳定,原归属试点地区的营业税收入,改征增值税后收入仍归属试点地区,税款分别入库。因试点产生的财政减收,按现行财政体制由中央和地方分别负担。

税收优惠政策过渡:国家给予试点行业的原营业税优惠政策可以延续,但对于通过改革能够解决重复征税问题的,予以取消。试点期间针对具体情况采取适当的过渡政策。

跨地区税种协调:试点纳税人以机构所在地作为增值税纳税地点,其在异地缴纳的营业税,允许在计算缴纳增值税时抵减。非试点纳税人在试点地区从事经营活动的,继续按照现行营业税有关规定申报缴纳营业税。

增值税抵扣政策的衔接:现有增值税纳税人向试点纳税人购买服务取得的增值税专用发票,可按现行规定抵扣进项税额。

第二节 征税范围及纳税义务人

根据我国增值税暂行条例的规定,在中华人民共和国境内销售货物或者提供加工、修理修配劳务以及进口货物的单位和个人,为增值税的纳税人。

在中华人民共和国境内(以下简称境内)销售货物或者提供加工、修理修配劳务,是指销售货物的起运地或者所在地在境内,提供的应税劳务发生在境内。

一、征税范围

1. 征税范围的基本规定

现行增值税的征税范围包括:

(1) 销售或者进口的货物。销售货物,是指有偿转让货物的所有权。货物,是指有形动产,包括电力、热力、气体在内。

(2) 提供加工、修理修配劳务。提供加工、修理修配劳务,是指有偿提供加工、修理修配劳务。单位或者个体工商户聘用的员工为本单位或者雇主提供加工、修理修配劳务,不包括在内。

加工是指受托加工货物,即委托方提供原料及主要材料,受托方按照委托方的要求制造货物并收取加工费的业务;修理修配是指受托对损伤和丧失功能的货物进行修复,对其恢复原状和功能的业务。

增值税的征税范围总的来讲，包括上述两大项，但对于实务中某些特殊项目或行为是否属于增值税的征税范围，还需要具体确定。

2. 视同销售货物行为

视同销售货物行为，是指在会计上不作为销售核算，而在税收上作为销售，确认收入计缴税金的商品或劳务的转移行为。

《中华人民共和国增值税暂行条例实施细则》规定，单位或者个体工商户的下列行为，视同销售货物行为：

(1) 将货物交付其他单位或者个人代销；

(2) 销售代销货物；

(3) 设有两个以上机构并实行统一核算的纳税人，将货物从一个机构移送其他机构用于销售，但相关机构设在同一县(市)的除外；

(4) 将自产或者委托加工的货物用于非增值税应税项目；

(5) 将自产、委托加工的货物用于集体福利或者个人消费；

(6) 将自产、委托加工或者购进的货物作为投资，提供给其他单位或者个体工商户；

(7) 将自产、委托加工或者购进的货物分配给股东或者投资者；

(8) 将自产、委托加工或者购进的货物无偿赠送其他单位或者个人。

上述行为被确定为销售货物行为，均要征收增值税。其确定的目的有两个：一是保证增值税税款抵扣制度的实施，不致因发生上述行为而造成税款抵扣环节的中断；二是避免因发生上述行为而造成货物销售税收负担不平衡的矛盾，防止以上述行为逃避纳税的现象。

3. 混合销售行为

一项销售行为如果既涉及货物又涉及非增值税应税劳务，即为混合销售行为。

非增值税应税劳务，是指属于应缴营业税的交通运输业、建筑业、金融保险业、邮电通信业、文化体育业、娱乐业、服务业税目征收范围的劳务。

除实施细则第六条的规定外，从事货物的生产、批发或者零售的企业、企业性单位和个体工商户的混合销售行为，视为销售货物，应当缴纳增值税；其他单位和个人的混合销售行为，视为销售非增值税应税劳务，不缴纳增值税。

从事货物的生产、批发或者零售的企业、企业性单位和个体工商户，包括以从事货物的生产、批发或者零售为主，并兼营非增值税应税劳务的单位和个体工商户在内。“以从事货物的生产、批发或零售为主，并兼营非应税劳务”，是指纳税人年货物销售额与非应税劳务营业额的合计数中，年货物销售额超过50%，非应税劳务营业额不到50%。

实施细则第六条规定，纳税人的下列混合销售行为，应当分别核算货物的销售额和非增值税应税劳务的营业额，并根据其销售货物的销售额计算缴纳增值税，非增值税应税劳务的营业额不缴纳增值税；未分别核算的，由主管税务机关核定其货物的销售额：

(1) 销售自产货物并同时提供建筑业劳务的行为；

(2) 财政部、国家税务总局规定的其他情形。

4. 兼营不同税率的货物或应税劳务

兼营不同税率的货物或应税劳务，是指纳税人生产或销售不同税率的货物，或者既销售货物又提供应税劳务。比如，某农村供销社既销售税率为17%的家用电器，又销售税率为13%的化肥、农药等;某农业机械厂既生产销售税率为13%的农机,又利用本厂设备从事税率为17%的加工、修理修配业务。对这种兼营行为,条例规定的税务处理方法是:纳税人兼营不同税率的货物或者应税劳务,应当分别核算不同税率货物或者应税劳务的销售额。未分别核算销售额的,从高适用税率。

分别核算,主要是指对兼营的不同税率货物或应税劳务在取得收入后,应分别如实记账,分别核算销售额,并按照不同的税率各自计算应纳税额,以避免适用税率混乱,出现少缴或多缴税款的现象。所谓对未分别核算销售额的从高适用税率,是指兼营不同税率货物或应税劳务而取得的混合在一起的销售额,本应按17%或13%高低不同税率分别计税,但由于未分别核算,因此,只能以不减少上缴国家的税收为前提,对混在一起的销售额一律按17%的高税率计税。这样规定,有利于促进纳税人健全账簿和正确核算应纳税额。

5. 兼营非应税劳务行为

与混合销售行为相区别,兼营非应税劳务,是指增值税纳税人在从事应税货物销售或提供应税劳务的同时,还从事非应税劳务(即营业税规定的各项劳务),且从事的非应税劳务与某一项销售货物或提供应税劳务并无直接的联系和从属关系。在社会经济活动中,随着经济的放开搞活,企业充分调动本单位的人力、物力,从事跨行业多种经营,兼营非应税劳务的情况比较多。比如,某建筑装饰材料商店,一方面批发、零售货物,另一方面又对外承揽属于应纳营业税的安装、装饰业务等。

根据修订后的增值税暂行条例实施细则的规定,纳税人兼营非增值税应税项目的,应分别核算货物或者应税劳务的销售额和非增值税应税项目的营业额;未分别核算的,由主管税务机关核定货物或者应税劳务的销售额。2009年之前的规定是:"增值税纳税人兼营非应税劳务,如果不分别核算或者不能准确核算货物或应税劳务的销售额和非应税劳务的营业额的,其非应税劳务应与货物或应税劳务一并征收增值税。"当时之所以规定要一并征收增值税,是为了避免将货物或应税劳务的销售额与非应税劳务的营业额混在一起,都按营业税的低税率计税而少缴税款的现象,促使纳税人注重分别核算和准确核算。

修订前的增值税暂行条例实施细则规定,纳税人兼营非应税劳务不分别核算或者不能准确核算,应当一并征收增值税的,其销售额为货物或者应税劳务与非应税劳务的销售额的合计,该非应税劳务的销售额应视同含税销售额处理;其兼营的非应税劳务所用购进货物的进项税额,凡符合增值税暂行条例第八条规定的(即,从销售方取得的增值税专用发票上注明的税额,从海关取得的完税凭证上注明的增值税额,购进免税农产品准予抵扣的进项税额),准予从销项税额中抵扣。

相关链接:混合销售行为与兼营非增值税应税劳务行为

出现混合销售行为,涉及的货物和非增值税应税劳务只是针对一项销售行为而言的,也就是说,非增值税应税劳务是为直接销售一批货物而提供的,两者之间是紧密相连的从属关系。兼营行为虽然也是既从事增值税的应税项目又从事营业税的应税项目,但两者之间没有直接的从属关系,是完全不同的。对实际经济活动中发生的混合销售行为与兼营行为,由于涉及不同的税务处理,因此,要严格区分,不能混淆。纳税人的销售行为是否属于混合销售行为,由国家税务总局所属征收机关确定。

例如，某电视机厂向外地某商场批发100台彩色电视机，为了保证及时供货，两方议定由该厂动用自己的卡车向商场运去这100台彩电。电视机厂除收取彩电货款外，还收取运输费。电视机厂在这笔彩电销售活动中，就发生了销售货物和不属于增值税规定的劳务（属于营业税规定的运输业务）的混合销售行为。电视机厂属于货物生产企业，其做出的混合销售行为，都视为销售货物，取得的货款和运输费一并作为货物销售额，按彩电适用的17%税率征收增值税，对取得的运输收入不再单独征收营业税。

6. 属于征税范围的特殊项目

（1）货物期货（包括商品期货和贵金属期货），应当征收增值税，在期货的实物交割环节纳税；

（2）银行销售金银的业务，应当征收增值税；

（3）典当业的死当物品销售业务和寄售业代委托人销售寄售物品的业务，均应征收增值税；

（4）集邮商品（如邮票、首日封、邮折等）的生产以及邮政部门以外的其他单位和个人销售的，均征收增值税；

（5）邮政部门发行报刊，征收营业税；其他单位和个人发行报刊，征收增值税；

（6）电力公司向发电企业收取的过网费，应当征收增值税，不征收营业税。

7. 免税项目

（1）农业生产者销售的自产农业产品，是指直接从事种植业、养殖业、林业、牧业、水产业的单位和个人销售自产的属于税法规定范围的农业产品；

（2）避孕药品和用具；

（3）古旧图书，是指向社会收购的古书和旧书；

（4）直接用于科学研究、科学试验和教学的进口仪器、设备；

（5）外国政府、国际组织无偿援助的进口物资和设备；

（6）由残疾人组织直接进口供残疾人专用的物品；

（7）销售自己使用过的物品，是指个人（不包括个体经营者）销售自己使用过的物品。

除上述增值税暂行条例规定的免税项目外，财政部、国家税务总局报经国务院批准，对少数货物或应税劳务作了免税规定，如，供残疾人专用的假肢、轮椅、矫形器；对国家定点企业生产和经销单位经销的专供少数民族饮用的边销茶，均免征增值税。税法规定为免税项目的，对用于免税项目的购进货物或应税劳务的进项税额都不能抵扣。

8. 不属于征税范围的其他项目

（1）除经中国人民银行和对外经济贸易合作部（现为商务部）批准经营融资租赁业务的单位所从事的融资租赁业务外，其他单位从事的融资租赁业务，租赁的货物的所有权转让给承租方的，征收增值税；租赁的货物的所有权未转让给承租方的，不征收增值税。

（2）转让企业全部产权涉及的应税货物的转让，不属于增值税的征税范围，不征收增值税。按债转股企业与金融资产管理公司签订的债转股协议，债转股原企业将货物资产作为投资提供给债转股新公司的，免征增值税。

（3）对从事热力、电力、燃气、自来水等公用事业的增值税纳税人收取的一次性费用，凡与货物的销售数量有直接关系的，征收增值税；凡与货物的销售数量无直接关系的，不征收增值税。

（4）纳税人代有关行政管理部门收取的费用，凡同时符合以下条件的，不属于价外费用，不征收增值税。

● 经国务院、国务院有关部门或省级政府批准；

● 开具经财政部门批准使用的行政事业收费专用票据；

● 所收款项全额上缴财政，或虽不上缴财政但由政府部门监管，专款专用。

(5) 纳税人销售货物的同时代办保险而向购买方收取的保险费，以及从事汽车销售的纳税人向购买方收取的代购买方缴纳的车辆购置税、牌照费，不作为价外费用征收增值税。

(6) 纳税人销售软件产品并随同销售一并收取的软件安装费、维护费、培训费等收入，应按照增值税混合销售的有关规定征收增值税，并可享受软件产品增值税即征即退政策。

对软件产品交付使用后，按期或按次收取的维护及技术服务费、培训费等，不征收增值税。

纳税人受托开发软件产品，著作权属于受托方的，征收增值税；著作权属于委托方或属于双方共同拥有的，不征收增值税。

(7) 印刷企业接受出版单位委托，自行购买纸张，印刷有统一刊号(CN)以及采用国际标准书号编序的图书、报纸和杂志，按货物销售征收增值税。

(8) 对增值税纳税人收取的会员费收入，不征收增值税。

(9) 按债转股企业与金融资产管理公司签订的债转股协议，债转股原企业将货物资产作为投资提供给债转股新公司的，免征增值税。

(10) 各燃油电厂从政府财政专户取得的发电补贴不属于增值税规定的价外费用，不计入应税销售额，不征收增值税。

(11) 广播电影电视行政主管部门(中央、省、地市及县级)按照各自职能权限批准从事电影制片、发行、放映的电影集团公司(含成员企业)、电影制片厂及其他电影企业取得的销售电影拷贝收入、转让电影版权收入、电影发行收入以及在农村取得的电影放映收入，免征增值税和营业税。

出口图书、报纸、期刊、音像制品、电子出版物、电影和电视完成片按规定享受增值税出口退税政策。

二、纳税义务人

1. 纳税义务人与扣缴义务人

在我国境内从事销售或者进口货物、提供应税劳务的单位和个人都是增值税纳税义务人。单位，是指企业、行政单位、事业单位、军事单位、社会团体及其他单位。个人，是指个体工商户和其他个人。

单位租赁或者承包给其他单位或者个人经营的，以承租人或者承包人为纳税人。

境外的单位或个人在境内销售应税劳务而在境内未设有经营机构的，其应纳税款以代理人为扣缴义务人；没有代理人的，以购买者为扣缴义务人。

2. 小规模纳税人

增值税实行凭增值税专用发票抵扣税款的制度，因此要求增值税纳税人会计核算健全，并能够准确核算销项税额、进项税额和应纳税额。目前，我国众多纳税人的会计核算水平参差不齐，加上某些经营规模小的纳税人因其销售货物或提供应税劳务的对象多是最终消费者而无须开具增值税专用发票，为了严格增值税的征收管理，我国增值税暂行条例将纳税人按其经营规模大小及会计核算健全与否，划分为一般纳税人和小规模纳税人。

小规模纳税人，是指年销售额在规定标准以下，并且会计核算不健全，不能按规定报送有关税务资料的增值税纳税人。会计核算不健全，是指不能正确核算增值税的销项税额、进项税额和应纳税额。

根据我国增值税暂行条例实施细则的规定，小规模纳税人的认定标准是：

从事货物生产或者提供应税劳务的纳税人，以及以从事货物生产或者提供应税劳务为主，并兼营货物批发或者零售的纳税人，年应征增值税销售额（以下简称应税销售额）在50万元以下（含本数，下同）的；其他纳税人，年应税销售额在80万元以下的。

以从事货物生产或者提供应税劳务为主，是指纳税人的年货物生产或者提供应税劳务的销售额占年应税销售额的比重在50%以上。

年应税销售额超过小规模纳税人标准的其他个人，按小规模纳税人纳税；非企业性单位、不经常发生应税行为的企业，可选择按小规模纳税人纳税。

3. 一般纳税人

一般纳税人，是指年应征增值税销售额（以下简称年应税销售额，包括一个公历年度内的全部应税销售额），超过增值税暂行条例实施细则规定的小规模纳税人标准的企业和企业性单位（以下简称企业）。

下列纳税人不属于一般纳税人：

（1）年应税销售额未超过小规模纳税人标准的企业；

（2）个人（除个体经营者以外的其他个人）；

（3）非企业性单位；

（4）不经常发生增值税应税行为的企业。

三、税率

按照增值税规范化的原则，我国增值税采取了基本税率再加一档低税率的模式。

1. 基本税率

增值税一般纳税人销售或者进口货物，提供加工、修理修配劳务，除低税率适用范围和免税等特殊情况外，税率为17%，即基本税率。

2. 低税率

增值税一般纳税人销售或者进口下列货物，按低税率计征增值税，低税率为13%。

（1）粮食、食用植物油、鲜奶；

（2）自来水、暖气、冷气、热水、煤气、石油液化气、天然气、沼气、居民用煤炭制品；

（3）图书、报纸、杂志；

（4）饲料、化肥、农药、农机（不包括农机零部件）、农膜；

（5）国务院规定的其他货物。

● 初级农业产品。农业产品，其具体产品品目应按照财政部、国家税务总局财税字[1995]52号文《关于印发〈农业产品征税范围注释〉的通知》执行，包括种植业、养殖业、林业、牧业、水产业生产的各种植物、动物的初级产品。除农业生产者销售自产农业产品予以免征增值税外，其他单位和个人销售外购农业产品或外购农业产品生产、加工后销售的仍然属于注释所列农业产品的，应按规定税率征税。

● 音像制品(自2007年1月1日起)
● 电子出版物(自2007年1月1日起)
● 二甲醚(自2008年1月1日起)

相关链接:低税率的调整

自2009年1月1日起,金属矿采选产品、非金属矿采选产品增值税税率由13%恢复到17%。金属矿采选产品包括黑色和有色金属矿采选产品;非金属矿采选产品包括除金属矿采选产品以外的非金属矿采选产品和煤炭。

2007年9月1日起,盐的增值税税率由17%调整为13%,2009年1月1日起,工业盐的增值税税率由13%恢复到17%;食用盐仍适用13%的增值税税率。

对在进口环节与国内环节,以及国内地区间个别货物(如初级农产品、矿产品等)增值税适用税率执行不一致的,纳税人应按其取得的增值税专用发票和海关进口增值税完税凭证上注明的增值税额抵扣进项税额。

3. 征收率

考虑到小规模纳税人经营规模小,且会计核算不健全,难以按上述两档税率计税和使用增值税专用发票抵扣进项税款,因此实行按销售额与征收率计算应纳税额的简易办法。小规模纳税人征收率2009年起为3%,不再区分工业和商业小规模纳税人。

之前的规定是:商业企业属于小规模纳税人的,其适用的征收率为4%;商业企业以外的其他企业属于小规模纳税人的,其适用的征收率为6%。

第三节　应纳税额的计算

增值税一般纳税人销售货物或者提供应税劳务,应纳税额为当期销项税额减当期进项税额的余额。计算公式为:

当期应纳税额=当期销项税额-当期进项税额

增值税一般纳税人当期应纳税额的多少,取决于当期销项税额和当期进项税额这两个因素。增值税的计算往往是在分别确定销项税额和进项税额后,再计算应纳税额。

一、销项税额的计算

1. 销项税额

销项税额,是指纳税人销售货物或者提供应税劳务,按照销售额或应税劳务收入和规定的税率计算并向购买方收取的增值税税额。销项税额的计算公式为:

销项税额=销售额×适用税率

增值税是价外税，公式中的"销售额"是不含税销售额，不包括向购买方收取的增值税销项税额。

2. 含税销售额的换算

增值税属价外税，因此，纳税人在填写进销货及纳税凭证、进行账务处理时，应分项记录不含税销售额、销项税额和进项税额，以正确计算应纳增值税额。但是，在实际工作中，常常会出现将销售额和销项税额合并收取的情况，这样就形成了含税销售额。在计算应纳税额时，应将其换算为不含税的销售额。将含税销售额换算为不含税销售额的计算公式为：

不含税销售额＝含税销售额÷(1＋适用税率)

3. 一般销售方式下的销售额

正确计算应纳增值税税额，需要首先核算准确作为增值税计税依据的销售额。销售额，是指纳税人销售货物或者提供应税劳务向购买方收取的全部价款和价外费用，但是不包括收取的销项税额。

价外费用(性质属于价外收入)包括价款以外向购买方收取的手续费、补贴、基金、集资费、返还利润、奖励费、违约金、滞纳金、延期付款利息、赔偿金、代收款项、代垫款项、包装费、包装物租金、储备费、优质费、运输装卸费以及其他各种性质的价外收费。

价外费用不包括：

(1) 受托加工应征消费税的消费品所代收代缴的消费税。

(2) 同时符合以下条件的代垫运输费用：

- 承运部门的运输费用发票开具给购买方的；
- 纳税人将该项发票转交给购买方的。

(3) 同时符合以下条件代为收取的政府性基金或者行政事业性收费：第一，由国务院或者财政部批准设立的政府性基金，由国务院或者省级人民政府及其财政、价格主管部门批准设立的行政事业性收费；第二，收取时开具省级以上财政部门印制的财政票据；第三，所收款项全额上缴财政。

(4) 销售货物的同时代办保险等而向购买方收取的保险费，以及向购买方收取的代购买方缴纳的车辆购置税、车辆牌照费。

随同销售货物或提供应税劳务向购买方收取的价外费用，无论其会计制度如何核算，均应并入销售额计算应纳税额。税法规定各种性质的价外收费都要并入销售额计算征税，目的是防止以各种名目的收费减少销售额逃避纳税的现象。

增值税一般纳税人向购买方收取的价外费用和逾期包装物押金，应视为含税收入，在征税时换算成不含税收入再并入销售额。

4. 其他销售方式下的销售额

除了一般销售方式，税法对一些特殊的销售方式的销售额也分别作了规定。

(1) 折扣方式销售。折扣销售，即商业折扣，是指销货方在销售货物或应税劳务时，因购货方购货数量较大等原因而给予购货方的价格优惠。

税法规定，如果销售额和折扣额在同一张发票上分别注明的，可按折扣后的余额作为销售额计算增值税；如果将折扣额另开发票，不论其在财务上如何处理，均不得从销售额中减除折扣额。

折扣销售仅限于货物价格的折扣，如果销货者将自产、委托加工和购买的货物用于实物折扣的，则该实物款额不能从货物销售额中减除，该实物应按视同销售货物中的赠送他人计算征收增值税。

对折扣销售之所以规定销售额与折扣额须在同一张发票上注明，是从保证增值税征税、扣税相一致的角度考虑的。如果允许对销售额开一张销货发票，对折扣额再开一张退款红字发票，就可能造成销货方按减除折扣额后的销售额计算销项税额，而购货方却按未减除折扣额的销售额及其进项税额进行抵扣的问题。这样会造成增值税计算征收混乱。

折扣销售不同于销售折扣。销售折扣，即现金折扣，是指销货方在销售货物或应税劳务后，为了鼓励购货方及早偿还货款而协议许诺给予购货方的一种折扣优待。销售折扣发生在销货之后，是一种融资性质的理财费用，销售折扣不得从销售额中减除。

销售折扣也不同于销售折让。销售折让是指货物销售后，由于其品种、质量等原因，购货方未予退货，但销货方需给予购货方的一种价格折让。销售折让与销售折扣相比较，虽然都是在货物销售后发生的，但因为销售折让是由于货物的品种和质量引起销售额的减少，因此，对销售折让可以折让后的货款为销售额。

（2）以旧换新方式销售。以旧换新，是指纳税人在销售自己的货物时，有偿收回旧货物的行为。

税法规定，采取以旧换新方式销售货物的，应按新货物的同期销售价格确定销售额，不得扣减旧货物的收购价格。这是因为销售货物与收购货物是两个不同的业务活动，销售额与收购额不能相互抵减，也是为了严格增值税的计算征收，防止出现销售额不实、减少纳税的现象。

金银首饰以旧换新业务，可以按销售方实际收取的不含增值税的全部价款征收增值税。

（3）还本销售方式销售。还本销售，是指纳税人在销售货物后，到一定期限由销售方一次或分次退还给购货方全部或部分价款。这种方式实际上是一种筹资，是以货物换取资金的使用价值，到期还本不付息的方法。

税法规定，采取还本销售方式销售货物，其销售额就是货物的销售价格，不得从销售额中减除还本支出。

（4）以物易物方式销售。以物易物是一种较为特殊的购销活动，是指购销双方不是以货币结算，而是以同等价款的货物相互结算，实现货物购销的一种方式。

税法规定，以物易物双方都应作购销处理，以各自发出的货物核算销售额并计算销项税额，以各自收到的货物按规定核算购货额并计算进项税额。

5. 包装物押金

包装物，是指纳税人包装本单位货物的各种物品。纳税人销售货物时另外收取包装物押金，目的是促使购货方及早退回包装物以便周转使用。

税法规定，纳税人为销售货物而出租、出借包装物收取的押金，单独记账核算的，时间在 1 年以内，又未过期的，不并入销售额征税，但对因逾期未收回包装物不再退还的押金，应按所包装货物的适用税率计算销项税额。

逾期，是指按合同约定实际逾期或以 1 年为期限，对收取 1 年以上的押金，无论是否退还均并入销售额征税。个别包装物周转使用期限较长的，报经税务机关确定后，可适当放宽逾期期限。

将包装物押金并入销售额征税时，需要先将该押金换算为不含税价，再并入销售额征税。

包装物押金不同于包装物租金，包装物租金在销货时作为价外费用并入销售额计算销项税额。

1995年6月1日起，对销售除啤酒、黄酒外的其他酒类产品收取的包装物押金，无论是否返还以及会计上如何核算，均应并入当期销售额征税。对销售啤酒、黄酒所收取的押金，按上述一般押金的规定处理。

6. 销售已使用过的物品

一般纳税人销售自己使用过的属于暂行条例第十条规定不得抵扣且未抵扣进项税额的固定资产，按简易办法依4%征收率减半征收增值税。

一般纳税人销售自己使用过的除固定资产以外的物品，应当按照适用税率征收增值税。

小规模纳税人（除其他个人外）销售自己使用过的固定资产，减按2%征收率征收增值税。

小规模纳税人销售自己使用过的除固定资产以外的物品，应按3%的征收率征收增值税。

7. 销售旧货

纳税人销售旧货，按照简易办法，依照4%征收率减半征收增值税。

旧货，是指进入二次流通的具有部分使用价值的货物（含旧汽车、旧摩托车和旧游艇），但不包括自己使用过的物品。

8. 一般纳税人适用6%征收率

一般纳税人销售自产的下列货物，可选择按照简易办法，依照6%征收率计算缴纳增值税：

（1）县级及县级以下小型水力发电单位生产的电力。小型水力发电单位，是各类投资主体建设的装机容量为5万千瓦以下（含）的小型水力发电单位。

（2）建筑用和生产建筑材料所用的砂、土、石料。

（3）以自己采掘的砂、土、石料，或其他矿物连续生产的砖、瓦、石灰（不含黏土实心砖、瓦）。

（4）用微生物、微生物代谢产物、动物毒素、人或动物的血液或组织制成的生物制品。

（5）自来水。对属于一般纳税人的自来水公司销售自来水，按简易办法，依照6%征收率征收增值税，不得抵扣其购进自来水取得增值税扣税凭证上注明的增值税税款。

（6）商品混凝土（仅限于以水泥为原料生产的水泥混凝土）。

（7）属于增值税一般纳税人的单采血浆站销售非临床用人体血液，可以按照简易办法，依照6%征收率计算应纳税额，但不得对外开具增值税专用发票，也可以按照销项税额抵扣进项税额的办法，依照增值税适用税率计算应纳税额。

一般纳税人选择简易办法计算缴纳增值税后，36个月内不得变更。

9. 一般纳税人适用4%征收率

一般纳税人销售货物属于下列情形之一的，暂按简易办法，依照4%征收率计算缴纳增值税：

（1）寄售商店代销寄售物品（包括居民个人寄售的物品在内）；

(2) 典当业销售死当物品；

(3) 经国务院或国务院授权机关批准的免税商店零售的免税品。

10. 视同销售货物行为的销售额

税法规定了8种视同销售货物行为，如将货物交付他人代销，将自产、委托加工或购买的货物无偿赠送他人等，其中有些行为由于不是以资金的形式反映出来，会出现无销售额的现象。税法规定，对视同销售征税而无销售额，按下列顺序确定其销售额：

(1) 按纳税人最近时期同类货物的平均销售价格确定；

(2) 按其他纳税人最近时期同类货物的平均销售价格确定；

(3) 按组成计税价格确定。组成计税价格的公式为：

$$组成计税价格=成本\times(1+成本利润率)$$

征收增值税的货物，同时又征收消费税的，其组成计税价格中应加计消费税税额。其组成计税价格公式为：

$$组成计税价格=成本\times(1+成本利润率)+消费税税额$$

或：

$$组成计税价格=成本\times(1+成本利润率)\div(1-消费税税率)$$

公式中的成本，是指销售自产货物的，为实际生产成本；销售外购货物的，为实际采购成本。公式中的成本利润率由国家税务总局确定。但属于应从价定率征收消费税的货物，其组成计税价格公式中的成本利润率，为国家税务总局确定的成本利润率。

二、进项税额的计算

1. 进项税额

纳税人购进货物或者接受应税劳务所支付或者负担的增值税额为进项税额。进项税额是与销项税额相对应的另一个概念，销售方收取的销项税额，就是购买方支付的进项税额。在经营活动中，往往既会发生销售货物或提供应税劳务，又会发生购进货物或接受应税劳务，因此，增值税一般纳税人都会有收取的销项税额和支付的进项税额。进项税额作为可抵扣的部分，对于纳税人实际纳税多少就产生了举足轻重的作用。

需要注意的是，并不是纳税人支付的所有进项税额都可以从销项税额中抵扣。当纳税人购进的货物或接受的应税劳务不是用于增值税应税项目，而是用于非应税项目、免税项目或用于集体福利、个人消费等情况时，其支付的进项税额就不能从销项税额中抵扣。

2. 准予从销项税额中抵扣的进项税额

准予从销项税额中抵扣的进项税额，限于下列增值税扣税凭证上注明的增值税税额和按规定的扣除率计算的进项税额。

(1) 从销售方取得的增值税专用发票上注明的增值税额。

(2) 从海关取得的海关进口增值税专用缴款书上注明的增值税额。

纳税人进口货物，凡已缴纳了进口环节增值税的，不论其是否已经支付货款，其取得的海关进口增值税专用缴款书，均可作为增值税进项税额抵扣凭证，在规定的期限内申报抵扣进项税额。

(3) 购进农产品，准予按照农产品收购发票或者销售发票上注明的农产品买价和13%的扣除率计算进项税额，从当期销项税额中扣除。其进项税额的计算公式为：

$$准予抵扣的进项税额=买价×扣除率$$

“农业产品”是指直接从事植物的种植、收割和动物的饲养、捕捞的单位和个人销售的自产的并且免征增值税的农业产品。农业产品所包括的具体品目按照1995年6月财政部、国家税务总局印发的《农业产品征税范围注释》执行。

对烟叶税纳税人按规定缴纳的烟叶税，准予并入烟叶产品的买价计算增值税的进项税额，并在计算缴纳增值税时予以抵扣。即购进烟叶准予抵扣的增值税进项税额，按照《中华人民共和国烟叶税暂行条例》及《财政部、国家税务总局印发（关于烟叶税若干具体问题的规定）的通知》（财税[2006]64号）规定的烟叶收购金额和烟叶税及法定扣除率计算。烟叶收购金额包括纳税人支付给烟叶销售者的烟叶收购价款和价外补贴，价外补贴统一暂按烟叶收购价款的10%计算。计算公式如下：

烟叶收购金额=烟叶收购价款×(1+10%)

烟叶税应纳税额=烟叶收购金额×税率(20%)

准予抵扣的进项税额=(烟叶收购金额+烟叶税应纳税额)×扣除率

(4) 外购货物所支付的运输费用，以及销售货物所支付的运输费用（不并入销售额的代垫运费除外），根据运费结算单据（普通发票）所列运费金额依7%的扣除率计算进项税额准予扣除。

准予抵扣的进项税额=运费金额×扣除率

一般纳税人在生产经营过程中所支付的运输费用，允许计算抵扣进项税额。

购买或销售免税货物（购进免税农业产品除外）所发生的运输费用，不得计算进项税额抵扣。

准予作为抵扣凭证的运费结算单据（普通发票），是指国有铁路、民用航空、公路和水上运输单位开具的货票，以及从事货物运输的非国有运输单位开具的套印全国统一发票监制章的货票。

“运费金额”是指在运输单位开具的货票上注明的运输费用（包括铁路临管线及铁路专线运输费用）和建设基金。随同运费支付的装卸费、保险费等其他杂费不得计算扣除进项税额。

纳税人取得的运输发票，应当自开票之日起90天内向主管国家税务局申报抵扣，超过90天的不得予以抵扣。

自2007年1月1日起，增值税一般纳税人购进或销售货物，取得的作为增值税扣税凭证的货运发票，必须是通过货运发票税控系统开具的新版货运发票。

3. 不得从销项税额中抵扣的进项税额

按我国增值税暂行条例规定，下列项目的进项税额不得从销项税额中抵扣：

(1) 用于非增值税应税项目、免征增值税项目、集体福利或者个人消费的购进货物或者应税劳务。

纳税人凡购进货物或应税劳务是用于集体福利、个人消费的，由于其已改变了生产、经营需要的用途，成为了最终消费品。因此，其进项税额不能抵扣。

所称购进货物，不包括既用于增值税应税项目（不含免征增值税项目），也用于非增值税应税项目、免征增值税（以下简称免税）项目、集体福利或者个人消费的固定资产。

所称集体福利或者个人消费，是指企业内部设置的供职工使用的食堂、浴室、理发室、宿舍、幼儿园等福利设施及其设备、物品等，或者以福利、奖励、津贴等形式发放给职工个人的物品。所称个人消费，包括纳税人的交际应酬消费。

所称非增值税应税项目，是指提供非增值税应税劳务、转让无形资产、销售不动产和不动产在建工程。

(2) 非正常损失的购进货物及相关的应税劳务。

(3) 非正常损失的在产品、产成品所耗用的购进货物或者应税劳务。

(4) 国务院财政、税务主管部门规定的纳税人自用消费品。

纳税人自用的应征消费税的摩托车、汽车、游艇，其进项税额不得从销项税额中抵扣。

(5) 上述 4 项规定的货物的运输费用和销售免税货物的运输费用。

所称非正常损失，是指生产经营过程中正常损耗外的损失，包括：自然灾害损失；因管理不善，造成货物被盗窃、发生霉烂变质等损失；其他非正常损失。

税法对非正常损失的购进货物的进项税额和非正常损失的在产品、产成品所耗用的购进货物或应税劳务的进项税额不准予从销项税额中抵扣，是考虑到纳税人的这部分损失与其生产经营活动没有直接的关系，但这部分非正常损失中的进项税额不应由国家承担。

三、应纳税额的计算

计算出销项税额和进项税额后就可以得出实际应纳税额。纳税人销售货物或提供应税劳务，其应纳税额为当期销项税额抵扣当期进项税额后的余额。基本计算公式为：

应纳税额＝当期销项税额－当期进项税额

有时企业当期购进的货物很多，在计算应纳税额时会出现当期销项税额小于当期进项税额不足抵扣的情况。税法规定，当期进项税额不足抵扣的部分可以结转下期继续抵扣。

1. 计算应纳税额的时间限定

“当期”是个重要的时间限定，具体是指税务机关依照税法规定对纳税人确定的纳税期限；只有在纳税期限内实际发生的销项税额、进项税额，才是法定的当期销项税额或当期进项税额。

税法对销售货物或应税劳务应计入当期销项税额以及抵扣的进项税额的时间作了限定。

(1) 计算销项税额的时间限定。计算销项税额的时间就是纳税义务发生时间。如，采取直接收款方式销售货物，不论货物是否发出，均为收到销售额或取得索取销售额的凭据的当天；采取托收承付和委托银行收款方式销售货物，为发出货物并办妥托收手续的当天。

按照纳税义务发生时间，将纳税义务归属于“当期”。

(2) 防伪税控专用发票进项税额抵扣的时间限定。国家税务总局在国税函 2009[617]号《关于调整增值税扣税凭证抵扣期限有关问题的通知》中规定，增值税一般纳税人取得 2010 年 1 月 1 日以后开具的增值税专用发票、公路内河货物运输业统一发票和机动车销售统一发票，应在开具之日起 180 日内到税务机关办理认证，并在认证通过的次月申报期内，向主管税务机关申报抵扣进项税额。

(3) 海关进口增值税专用缴款书进项税额抵扣的时间限定。国税函 2009[617]号《关于调整增值税扣税凭证抵扣期限有关问题的通知》中规定，实行海关进口增值税专用缴款书(以下简称海关缴款书)“先比对后抵扣”管理办法的增值税一般纳税人取得2010年1月1日以后开具的海关缴款书，应在开具之日起180日内向主管税务机关报送“海关完税凭证抵扣清单”(包括纸质资料和电子数据)，申请稽核比对。

未实行海关缴款书“先比对后抵扣”管理办法的增值税一般纳税人取得2010年1月1日以后开具的海关缴款书，应在开具之日起180日后的第一个纳税申报期结束以前，向主管税务机关申报抵扣进项税额。

2. 已经抵扣进项税额的购进货物发生用途改变的税务处理

增值税实行以当期销项税额抵扣当期进项税额的“购进扣税法”，当期购进的货物或应税劳务如果事先并未确定将用于非生产经营项目，其进项税额会在当期销项税额中予以抵扣。但已抵扣进项税额的购进货物或应税劳务如果事后改变用途，如用于免税项目、用于集体福利或者个人消费、购进货物发生非正常损失、在产品或产成品发生非正常损失等，应将该项购进货物或应税劳务的进项税额从当期发生的进项税额中扣减；无法准确确定该项进项税额的，按当期实际成本计算应扣减的进项税额。

“从当期发生的进项税额中扣减”，是指已抵扣进项税额的购进货物或应税劳务是在哪一个时期发生上述情况的，就从这个发生期内纳税人的进项税额中扣减，而无需追溯到这些购进货物或应税劳务抵扣进项税额的那个时期。

对无法准确确定该项进项税额的，“按当期实际成本计算应扣减的进项税额”，是指其扣减进项税额的计算依据不是按该货物或应税劳务的原进价，而是按发生上述情况的当期该货物或应税劳务的实际成本，即进价＋运费＋保险费＋其他有关费用，按征税时该货物或应税劳务适用的税率计算应扣减的进项税额。前述实际成本的计算公式，如果属于进口货物，是完全适用的；如果是国内购进的货物，主要包括进价和运费两大部分。

一般纳税人兼营免税项目或者非增值税应税劳务而无法划分不得抵扣的进项税额的，按下列公式计算不得抵扣的进项税额：

不得抵扣的进项税额＝当月无法划分的全部进项税额×当月免税项目销售额、非增值税应税劳务营业额合计÷当月全部销售额、营业额合计

3. 销货退回或折让的税务处理

纳税人在货物购销活动中，因货物质量、规格等原因常会发生销货退回或销售折让的情况。销货退回或折让不仅涉及销货价款或折让价款的退回，还涉及增值税的退回。销货方和购货方应相应地对当期的销项税额或进项税额进行调整。

税法规定，一般纳税人因销货退回或折让而退还给购买方的增值税额，应从发生销货退回或折让当期的销项税额中扣减；因进货退出或折让而收回的增值税额，应从发生进货退出或折让当期的进项税额中扣减。

4. 向供货方取得返还收入的税务处理

自2004年7月1日起，对商业企业向供货方收取的与商品销售量、销售额挂钩(如以一定比例、金额、数量计算)的各种返还收入，均应按照平销返利行为的有关规定冲减当期增值税进项税金。应冲减进项税金的计算公式调整为：

当期应冲减进项税金＝当期取得的返还资金÷(1＋所购货物适用增值税税率)×所购货物适用增值税税率

商业企业向供货方收取的各种返还收入，不得开具增值税专用发票。

5. 一般纳税人注销时进项税额的处理

一般纳税人注销或取消辅导期一般纳税人资格，转为小规模纳税人时，其存货不作进项税额转出处理，其留抵税额也不予以退税。

【例 6-1】 某电视机厂生产某型号液晶电视机，每台不含税销售单价 5 000 元。某月发生如下经济业务：

(1) 向某商场销售电视机 2 000 台，该商场在 20 天内付清电视机购货款，按照销售折扣条件，给予该商场 5%的销售折扣。

(2) 发货给外省分支机构 200 台用于销售，并支付发货运费等费用 1 000 元，其中，取得运输单位开具的货票上注明的运费 600 元，建设基金 100 元，装卸费 100 元，保险费 100 元，保管费 100 元。

(3) 采取以旧换新方式，从消费者个人手中收购旧型号电视机，销售新型号电视机 100 台，每台旧型号电视机折价为 500 元。

(4) 购进生产电视机用原材料一批，取得增值税专用发票上注明的价款为 2 000 000 元，增值税税额为 340 000 元，专用发票已认证。

(5) 向全国冬季运动会赠送电视机 20 台。

(6) 从国外购进一批液晶屏零配件，取得海关开具的完税凭证上注明的增值税税额为 25 000 元。

以上相关票据均符合税法的规定。请计算该企业当月应纳增值税税额。

【解析】 (1)第 1 笔经济业务的销项税额＝2 000×5 000×17%＝1 700 000(元)

销售 2 000 台电视机给予 5%的销售折扣，不应减少销售额和销项税额，而应作为财务费用处理。

(2) 第 2 笔经济业务的销项税额＝200×5 000×17%＝170 000(元)

第 2 笔经济业务允许抵扣的进项税额为＝(600 ＋ 100)×7%＝49(元)

第 2 笔经济业务中发货给外省分支机构的 200 台电视机用于销售，应视同销售计算销项税额。同时，所支付的运费允许计算进项税额进行抵扣。允许计算进项税额抵扣的项目只能是运费 600 元和建设基金 100 元，其他费用不许计算进项税额进行扣除。

(3) 第 3 笔经济业务的销项税额为＝100×5 000×17 %＝85 000(元)

采取以旧换新方式销售货物，应以新货物的同期销售价格确定销售额计算销项税额，不得扣减旧货物的收购价格。

(4) 第 4 笔经济业务的进项税额为 340 000 元，专用发票已认证，允许在当期全部抵扣。

(5) 第 5 笔经济业务的销项税额为＝20×5 000×17 %＝17 000(元)

赠送的 20 台电视机应视同销售，按售价计算销项税额。

(6) 第 6 笔经济业务的进项税额为 25 000 元

取得海关开具的进口增值税完税凭证上注明的增值税税额，可以从当月销项税额中抵扣。

当月应纳增值税税额＝1 700 000＋170 000＋85 000＋17 000－49－340 000－25 000

＝1 606 951(元)。

四、小规模纳税人应纳税额的计算

小规模纳税人销售货物或者应税劳务，按照销售额和暂行条例规定的3%的征收率计算应纳税额，不得抵扣进项税额。应纳税额计算公式为：

应纳税额＝销售额×征收率

小规模纳税人不得抵扣进项税额，这是因为，小规模纳税人会计核算不健全，不能准确核算销项税额和进项税额，不实行按销项税额抵扣进项税额求得应纳税额的税款抵扣制度，而实行简易计税办法；且暂行条例规定的3%的征收率，是结合增值税17%和13%两档税率的货物或应税劳务的环节税收负担水平而设计的，其税收负担与一般纳税人基本一致，因此不能再抵扣进项税额。

小规模纳税人在销售货物或应税劳务时，只能开具普通发票，取得的销售收入均为含税销售额。小规模纳税人在计算应纳税额时，须将含税销售额换算为不含税的销售额，再计算应纳税额。小规模纳税人不含税销售额的换算公式为：

不含税销售额＝含税销售额÷(1＋征收率)

【例6-2】 某商店为增值税小规模纳税人，某月取得零售收入总额77 250元。计算该商店当月应缴纳的增值税税额。

【解析】 不含税销售额＝77 250÷(1＋3%)＝75 000(元)

当月应纳增值税税额＝75 000×3%＝2 250(元)

五、进口货物应纳税额的计算

对进口货物征税是国际上大多数国家的通常做法。

1. 进口货物征税的范围

申报进入中华人民共和国海关境内的货物，均应缴纳增值税。只要是报关进口的应税货物，不论其是国外产制还是我国已出口而转销国内的货物，是进口者自行采购还是国外捐赠的货物，是进口者自用还是作为贸易或其他用途等，均应按照规定缴纳进口环节的增值税。

属于“来料加工、进料加工”贸易方式进口国外的原材料、零部件等在国内加工后复出口的，对进口的料、件按规定给予免税或减税，但这些进口免、减税的料件若不能加工复出口，而是销往国内的，就要予以补税。

2. 进口货物的纳税人

进口货物的收货人或办理报关手续的单位和个人，为进口货物增值税的纳税义务人，包括从事进口业务的企事业单位、机关团体和个人。

企事业单位和个人委托代理进口应征增值税的货物，以海关开具的完税凭证上的纳税人为增值税纳税人。

3. 应纳税额的计算

纳税人进口货物，按照组成计税价格和增值税暂行条例规定的税率计算应纳税额，不得抵扣任何税额。组成计税价格和应纳税额的计算公式是：

组成计税价格＝关税完税价格＋关税＋消费税

应纳税额＝组成计税价格×税率

进口货物增值税的组成计税价格中包括已纳关税税额，如果进口货物属于消费税应税消费品，其组成计税价格中还要包括进口环节已纳消费税税额。

“不得抵扣任何税额”，是指在计算进口环节的应纳增值税税额时，不得抵扣发生在我国境外的各种税金。

4. 税收管理

进口货物，增值税纳税义务发生时间为报关进口的当天，其纳税地点应当由进口人或其代理人向报关地海关申报纳税，其纳税期限应当自海关填发税款缴款书之日起15日内缴纳税款，进口货物的增值税由海关代征。

进口货物增值税的征收管理，依据《税收征收管理法》、《海关法》、《进出口关税条例》和《进出口税则》的有关规定执行。

【例6-3】 某商场进口货物一批。货物报关后，海关认定的关税完税价格为人民币80万元，关税为20万元。商场按规定缴纳了进口环节的关税和增值税，并取得了海关开具的完税凭证。该批进口货物在国内全部销售，取得不含税销售额150万元。

计算该批货物在进口环节、国内销售环节分别应缴纳的增值税税额。

【解析】 进口环节应纳增值税的组成计税价格＝80＋20＝100(万元)

进口环节应缴纳增值税的税额＝100×17%＝17(万元)

国内销售环节的销项税额＝150×17%＝25.5(万元)

国内销售环节应缴纳增值税税额＝25.5－17＝8.5(万元)

第四节 出口货物退(免)税

出口货物退(免)税，是国际贸易中通常采用的、并为世界各国普遍接受的、目的在于鼓励各国出口货物公平竞争的一种退还或免征间接税(目前我国主要包括增值税、消费税)的税收措施。由于这项制度比较公平合理，因此，它已成为国际社会通行的惯例。各国的出口货物退(免)税制度是基于国际贸易规则体系和本国税收法律、法规的框架建立的。

出口货物退(免)税制度是世界经济发展、国际经济协调的结果。战后，国际贸易有了空前的发展，它在一国经济发展中具有愈来愈重要的地位，一国经济的发展离不开国际市场，发展国际贸易要求避免国际双重征税，实行公平、互惠的贸易原则，出口退税政策恰好使本国产品以不含税价在国际市场上展开公平竞争，增强了本国产品的国际竞争力，提高了比较利益的透明度，体现了互利的要求。

与其他促进国际贸易发展的政策如汇率政策、出口信贷、财政补贴政策相比，出口退税政策更有效、易于实行。通过汇率的贬值促进出口，对经济影响较为复杂，实施难度较大。汇率贬值牵涉到方方面面，如加大进口成本，牵动国内物价上升，会对就业、社会安定、经济稳定增长等宏观社会经济政策产生某些副作用。出口信贷对降低出口产品价格、提高产品国际竞争力只能起到间接作用，效果不太明显。财政补贴有利于出口，我国过去曾长期采用这一方式，但这种方式易被进口国家反倾销。出口货物退税一般是单向实施出口调节，操作相对简单，容易控制和利用，效果比较明显。出口货物退税作为一种间接的财政支出，实施的对象是出口货物、出口企业，它以货物的征税为前提，只对出口货物的税金进行补偿，实施难度较小，符合国际惯例(既可以消除不平等竞争，有利于出口，又不是优惠政策，也不是出口补贴)，不会遭到货物输入地政府的贸易报复。

由于出口退税客观上降低了出口商品的价格，增强了本国产品的国际竞争力，有利于促进出口、扩大市场、增加外汇收入、繁荣发展本国经济，因此它被WTO和其他一些国际协定所推崇和采纳，成为各国鼓励出口的一项有效手段，倍受世界各国的青睐。

一、出口退税的理论基础

出口退税的实行是基于间接税的消费地原则和国民待遇原则，目前它已经是一项较为普遍实施的国际惯例。

1. 符合间接税的消费地原则

国内间接税的征收有两个原则，即产地原则和消费地原则。产地原则，是指一国政府有权对产自本国的所有商品课税，而不论这些商品是在本国消费还是在国外消费；消费地原则，是指一国政府有权对本国所有商品征税，而不论这些商品产自本国还是从国外进口。

出口退税所退还的是间接税，而间接税一般具有转嫁的特征，即虽是对生产和流通企业征收，但实际上是由消费者最终承担的。由于出口商品的消费者在国外，如果对本国商品按产地原则课税，税款就会加到出口商品的价格中去，由外国消费者负担，也就是本国形成的税收是由外国消费者缴纳的，这是不公平的，因为税款最终要用于政府支出，享受了支出就要纳税这是天经地义的；但如果出口国的财政支出没有使外国消费者受益，出口国的税款转嫁给外国消费者负担就是不合理的，从国与国的关系看，也是不公平的。所以，各国普遍认为，应将出口商品的已征间接税予以退还，或者干脆不征不退，由外国政府行使课税权，即间接税的征收应由最终消费者所属国或地区征收，这就是间接税的消费地原则或称间接税的税收管辖权原则。出口退税就是各国普遍实施间接税消费地原则的具体体现。

2. 符合国民待遇原则

国际贸易协议中实施的国民待遇原则强调的是公平税负、平等竞争。根据这一原则，一国国内税制要求进口商品与国内同种商品承受相同的税负，所以，各国普遍要对进口商品征收间接税。在这种情况下，如果一国出口商品没有退税或者退税不彻底，则出口商品进入进口国市场时，会被再征收一次进口国的间接税，从而导致重复征税，结果增加了出口到他国市场的商品的成本，削弱了市场竞争力。因此，对出口商品实行退税，是消除对出口商品的税收歧视，它符合市场经济下平等竞争、公平税负的客观要求。

二、我国出口退税制度沿革

我国自20世纪50年代开始实行出口退税，几经变革，包括开始实行出口退税、停止实行出口退税、恢复实行出口退税等。从制度出台的背景和内容来看，我国的出口退税制度可以分为以下三个阶段。

1. 1950年到改革开放前

在传统的计划经济体制下，国家对进出口贸易实行指令性计划，严格执行“统一计划、统一管理、统一经营"的政策，即进口计划由国家计委按照商品逐一安排，具体到每一商品的进口数量、金额和到达口岸；出口由外贸部按具体商品制订收购计划，然后落实到具体的外贸公司和出口口岸。在财务上实行"统收统支、统负盈亏"的体制，外贸公司只要完成了出口计划，无论亏损多少，均由国家补贴。此时，对外贸易只是一种单纯的行政指令计划，价格、汇率等均不能发挥作用，计划经济特征明显。

建国初期实行差别退税制度(1950—1957 年)。我国于 1950 年开始实行出口退税制度，该年 7 月 15 日税务总局发布《关于执行货物出口退税品目及退税手续的规定》，自当年 7 月 1 日起执行。出口退税只针对部分商品，品目共有 14 项，分为三类：第一类是退还全部已纳税款，第二类是退还已纳税款的一半，第三类是退还所用原料税款。以后随着税制改革，调整过出口退税政策，但差别出口退税政策未变。

1956 年停止实行出口退税。1956 年我国对资本主义工商业改造完成，公私合营、地方国营企业出口的商品，改由国营外贸企业统一核算盈亏。由于当时我国的出口贸易是赢利的，所以把出口退税看成国家税收与国营企业上缴利润在国家预算上的调整问题，认为用退税奖励出口没有意义，于是在调整外贸部门应上缴利润和税收指标的基础上，停止出口退税。这一政策一直持续到 1966 年，这是我国第一次停止实行出口退税。

1966 年，国际和国内经济形势发生了较大的变化，我国恢复实行出口退税，一直实行至 1973 年。这一时期的出口退税由税务总局集中进行，退税率为综合退税率，是按照工商统一税的平均税负率确定的。

1973 年，外贸部和财政部联合向国务院请示停止出口退税政策，原因是："几年来对外贸易不断扩大，经营管理不断改善……在这种情况下，继续实行退税的办法，一方面财政上向外贸退税，另一方面外贸又向财政上缴利润，已无实际意义。"于是自 1973 年至改革开放前，我国停止出口退税。这是建国以来第二次停止实行退税。

2. 改革开放后到 1994 年

1978 年改革开放，国家逐步淡化计划在进出口管理中的作用，同时打破垄断，部分放开经营权，扩大企业财务自主权，在外贸企业中也推行承包经营、代理制。改革的逐步深入为出口建立了必要的市场经济基础，在这种情况下，若继续实行进口不征税、出口不退税的政策，则进口获利过多，必然导致进口失控、出口亏损过大。因此我国逐步恢复出口退税。

这一时期变化最为频繁的是出口退税的体制负担。1985—1987 年，中央和地方共同负担出口退税：中央外贸企业和工贸企业的出口退税由中央负担，地方外贸企业和工贸企业的出口退税由地方负担。1988—1991 年，出口退税全部由中央负担。1991 年，中央外贸企业的出口退税由中央负担；地方外贸企业的出口退税中央负担 90%，地方负担 10%。1992—1993 年，中央外贸企业的出口退税由中央负担；地方外贸企业的出口退税由中央负担 80%，地方负担 20%。

3. 1994 年至今

1994 年，我国进行了财税、外贸、投资等体制改革，确立了对所有货物征收增值税，对部分货物征收消费税的办法。由于我国正处于建设社会主义市场经济体制的过程之中，经济形势、外贸状况和财政承受能力不断变化，这一阶段出口退税的特征表现为不断调整，包括调整出口退税的分担体制、计算方法、调整退税率等。

在分担体制方面，1994 年财税体制改革时，将增值税作为共享税，收入由中央和地方按照 75%：25%的比例分成，但退税完全由中央政府承担。在中央财政负担较重的情况下，国务院决定从2004年1月1日起，出口退税由中央和地方财政按照75%：25%的比例承担。但该机制在实行中很快显现出一些问题，于是2005年8月1日，国务院宣布调整现行出口退税政策，决定从2005年1月1日起，把中央和地方出口退税分担比例改为92.5%：7.5%。

在退税方法方面，1994年我国实行的是“先征后退”的办法。自1997年起，我国开始实行“先征后退”与“免、抵、退”相结合的办法。从2002年起，生产企业自营或者委托外贸企业代理出口自产货物，一律实行“免、抵、退”管理办法。

在出口退税率调整方面，随着大的经济形势及财政收支形势的变化，我国于1994—1997年下调出口退税率；1998—2003年上调出口退税率；2004年1月至今，又下调出口退税率；之后调整比较频繁，总体上看是逐步分产品调高出口退税率。

分阶段看，自1994年税制改革以来，中国出口退税政策历经多次大幅调整。

1995年和1996年进行了第一次大幅出口退税政策调整，由原来的对出口产品实行零税率，调整为3%、6%和6%三档。

1998年，为促进出口进行了第二次调整，提高了部分出口产品退税率至5%、13%、15%、17%四档。

此后，外贸出口连续三年大幅度、超计划增长，带来了财政拖欠退税款的问题。2004年1月1日起，国家第三次调整出口退税率为5%、8%、11%、13%和17%五档。

2005年进行了第四次调整，中国分期分批调低和取消了部分“高耗能、高污染、资源性”产品的出口退税率，同时适当降低了纺织品等容易引起贸易摩擦的出口退税率，提高重大技术装备、IT产品、生物医药产品的出口退税率。

2007年7月1日执行了第五次调整的政策，调整共涉及2 831项商品，约占海关税则中全部商品总数的37%。经过这次调整，出口退税率变成5%、9%、11%、13%和17%五档。

2008年8月1日第六次出口退税政策调整后，部分纺织品、服装的出口退税率由11%提高到13%，部分竹制品的出口退税率提高到11%。

2008年11月1日第七次出口退税政策调整，上调出口退税率。此次调整涉及3 486项商品，约占海关税则中全部商品总数的25.8%。调整后，中国的出口退税率分为5%、9%、11%、13%、14%和17%六档。

2008年12月1日起执行了第八次调整的政策，上调出口退税率。

2009年1月1日起执行了第九次调整的政策，提高部分技术含量和附加值高的机电产品的出口退税率。将航空惯性导航仪、陀螺仪、离子射线检测仪、核反应堆、工业机器人等产品的出口退税率由13%、14%提高到17%，将摩托车、缝纫机、电导体等产品的出口退税率由11%、13%提高到14%。

2009年2月1日起执行了第十次调整的政策，将纺织品、服装出口退税率提高到15%。

2009年4月1日起执行了第十一次调整的政策，提高部分商品的出口退税率。

2010年7月15日起取消部分钢材、有色金属、银粉等的出口退税，涉及钢铁、玻璃、农药、橡胶等四大类406个品种。

三、我国出口退税的特点

我国的出口货物退(免)税制度是参考国际上的通行做法,在多年实践的基础上形成的、自成体系的专项税收制度。这项新的税收制度与其他税收制度比较,有以下几个主要特点。

1. 是一种收入退付行为

税收是国家为满足社会公共需要,按照法律规定,参与国民收入中剩余产品分配的一种形式。出口货物退(免)税作为一项具体的税收制度,其目的与其他税收制度不同,它是在货物出口后,国家将出口货物已在国内征收的流转税退还给企业的一种收入退付或减免税收的行为,这与其他税收制度筹集财政资金的目的是不同的。

2. 具有调节职能的单一性

我国对出口货物实行退(免)税,意在使企业的出口货物以不含税的价格参与国际市场竞争。这是提高企业产品竞争力的一项政策性措施。与其他税收制度鼓励与限制并存、收入与减免并存的双向调节职能比较,出口货物退(免)税具有调节职能单一性的特点。

3. 是间接税范畴内的一种国际惯例

世界上有很多国家实行间接税制度,虽然其具体的间接税政策各不相同,但就间接税制度中对出口货物实行"零税率"而言,各国都是一致的。为奉行出口货物间接税的"零税率"原则,有的国家实行免税制度,有的国家实行退税制度,有的国家则退、免税制度同时并行,其目的都是对出口货物退还或免征间接税,以使企业的出口产品能以不含间接税的价格参与国际市场的竞争。出口货物退(免)税政策与各国的征税制度是密切相关的,脱离了征税制度,出口货物退(免)税将失去具体的依据。

四、现行出口退(免)税政策

1. 基本政策

世界各国为了鼓励本国货物出口,在遵循 WTO 基本规则的前提下,一般都采取优惠的税收政策。有的国家采取对该货物出口前所包含的税金在出口后予以退还的政策(即出口退税),有的国家采取对出口的货物在出口前即予以免税的政策。我国则根据本国的实际,采取出口退税与免税相结合的政策。

我国增值税暂行条例第二条第三款规定,"纳税人出口货物,税率为零";《消费税暂行条例》第十一条规定,"对纳税人出口应税消费品,免征消费税"。

增值税出口货物的零税率,从税法上理解有两层含义:一是对本道环节生产或销售货物的增值部分免征增值税,二是对出口货物前道环节所含的进项税额进行退付。

由于各种货物出口前涉及的征免税情况有所不同,且国家对少数货物有限制出口的政策,因此,对货物出口的不同情况,国家在遵循"征多少、退多少"、"未征不退和彻底退税"基本原则的基础上,制定了不同的税务处理办法。目前,我国的出口货物税收政策分为以下三种形式。

(1) 出口免税并退税。出口免税是指对货物在出口销售环节不征增值税、消费税,这是把货物出口环节与出口前的销售环节都同样视为一个征税环节;出口退税是指对货物在出口前实际承担的税收负担,按规定的退税率计算后予以退还。

(2) 出口免税不退税。出口免税,是指对货物在出口销售环节不征增值税、消费税。出口不退税是指适用这个政策的出口货物因在前一道生产、销售环节或进口环节是免税的,因此,出口时该货物的价格中本身就不含税,也无须退税。

(3) 出口不免税也不退税。出口不免税,是指对国家限制或禁止出口的某些货物的出口环节视同内销环节,照常征税。出口不退税,是指对这些货物出口不退还出口前其所负担的税款。鉴于我国的出口体制尚不成熟,拥有出口经营权的企业还限于少部分须经国家批准的企业,并且我国生产的某些货物,如天然牛黄、麝香、稀有金属等还不能满足国内的需要,因此,对某些非生产性企业和国家紧缺的货物则采取限制从事出口业务或限制该货物出口,不予出口退(免)税。

出口货物的退税率,是出口货物的实际退税额与退税计税依据的比例。现行出口货物的增值税退税率有17%、16%、15%、14%、13%、9%、5%等多个档次。

2. 政策适用范围

(1) 出口免税并退税的适用范围。《出口货物退(免)税管理办法》规定:对出口的凡属于已征或应征增值税、消费税的货物,除国家明确规定不予退(免)税的货物和出口企业从小规模纳税人购进并持普通发票的部分货物外,都是出口货物退(免)税的货物范围,均应予以退还已征增值税和消费税或免征应征的增值税和消费税。

可以退(免)税的出口货物一般应具备以下四个条件:第一,必须是属于增值税、消费税征税范围的货物。第二,必须是报关离境的货物。报关离境,即出口,就是货物输出海关,这是区别货物是否应退(免)税的主要标准之一。报关不离境的货物,不论出口企业以外汇结算还是以人民币结算,也不论企业在财务上和其他管理上作何处理,均不能视为出口货物予以退(免)税。第三,必须是在财务上作销售处理的货物。第四,必须是出口收汇并已核销的货物。将出口退税与出口收汇核销挂钩,可以有效地防止出口企业高报出口价格骗取退税,有助于提高出口收汇率,有助于强化出口收汇核销制度。

下列企业出口满足上述四个条件的货物,除另有规定外,给予免税并退税:

● 生产企业自营出口或委托外贸企业代理出口的自产货物。

● 有出口经营权的外贸企业收购后直接出口或委托其他外贸企业代理出口的货物。

● 部分特定出口的货物:在出口货物中,有一些虽然不同时具备上述四个条件,但由于这些货物销售方式、消费环节、结算办法的特殊性,以及国际间的特殊情况,国家特准退还或免征其增值税和消费税。这些货物主要有:对外承包工程公司运出境外用于对外承包项目的货物;对外承接修理修配业务的企业用于对外修理修配的货物;外轮供应公司、远洋运输供应公司销售给外轮、远洋国轮而收取外汇的货物;企业在国内采购并运往境外作为在国外投资的货物,等等。

(2) 出口免税不退税的适用范围。下列企业出口的货物,除另有规定外,给予免税,但不予退税:

● 属于生产企业的小规模纳税人自营出口或委托外贸企业代理出口的自产货物。

● 外贸企业从小规模纳税人购进并持普通发票的货物出口,免税但不予退税。

但对规定列举的12类出口货物,考虑其占出口比重较大及其生产、采购的特殊因素,特准退税。列举的12类出口货物是:抽纱、工艺品、香料油、山货、草柳竹藤制品、渔网渔具、松香、五倍子、生漆、鬃尾、山羊板皮、纸制品。

● 外贸企业直接购进国家规定的免税货物(包括免税农产品)出口的,免税但不予退税。

"除另有规定外",是指上述企业出口的货物如属于税法列举规定的限制或禁止出口的货物,则不能免税,当然更不能退税。

下列出口货物,免税但不予退税:

● 来料加工复出口的货物,即原材料进口免税,加工自制的货物出口不退税。

● 避孕药品和用具、古旧图书,内销免税,出口也免税。

● 出口卷烟:有出口卷烟权的企业出口国家出口卷烟计划内的卷烟,在生产环节免征增值税、消费税,出口环节不办理退税。其他非计划内出口的卷烟,照章征收增值税和消费税,出口一律不退税。

● 军品以及军队系统企业出口军需工厂生产或军需部门调拨的货物免税。

● 国家规定的其他免税货物,如:农业生产者销售的自产农业产品、饲料、农膜等。

出口享受免征增值税的货物,其耗用的原材料、零部件等支付的进项税额,包括准予抵扣的运输费用所含的进项税额,不能从内销货物的销项税额中抵扣,应计入产品成本处理。

(3) 出口不免税也不退税的适用范围。除经批准属于进料加工复出口贸易以外,下列出口货物不免税也不退税:

● 国家计划外出口的原油。

● 援外出口货物(自 1999 年 1 月 1 日起,对一般物资援助项下出口的货物,仍实行出口不退税政策;对利用中国政府的援外优惠贷款和合作项目基金方式下出口的货物,比照一般贸易出口,实行出口退税政策)。

● 国家禁止出口的货物,包括天然牛黄、麝香、铜及铜基合金、白金等。

3. 其他规定

对生产企业出口的下列四类产品,视同自产产品给予退(免)税:

(1) 生产企业出口外购的产品,凡同时符合以下条件的,可视同自产货物办理退税:第一,与本企业生产的产品名称、性能相同;第二,使用本企业注册商标或外商提供给本企业使用的商标;第三,出口给进口本企业自产产品的外商。

(2) 生产企业外购的与本企业所生产的产品配套出口的产品,若出口给进口本企业自产产品的外商,符合下列条件之一的,可视同自产产品办理退税:第一,用于维修本企业出口的自产产品的工具、零部件、配件;第二,不经过本企业加工或组装,出口后能直接与本企业自产产品组合成成套产品的。

(3) 凡同时符合下列条件的,主管出口退税的税务机关可认定为集团成员,集团公司(或总厂)收购成员企业(或分厂)生产的产品,可视同自产产品办理退(免)税:第一,经县级以上政府主管部门批准为集团公司成员的企业,或由集团公司控股的生产企业;第二,集团公司及其成员企业均实行生产企业财务会计制度;第三,集团公司必须将有关成员企业的证明材料报送给主管出口退税的税务机关。

(4) 生产企业委托加工收回的产品,同时符合下列条件的,可视同自产产品办理退税:第一,必须与本企业生产的产品名称、性能相同,或者是用本企业生产的产品再委托深加工收回的产品;第二,出口给进口本企业自产产品的外商;第三,委托方执行的是生产企业财务会计制度;第四,委托方与受托方必须签订委托加工协议,主要原材料必须由委托方提供。受托方不垫付资金,只收取加工费,开具加工费(含代垫的辅助材料)的增值税专用发票。

五、出口货物退税的计算

出口货物只有在适用既免税又退税的政策时，才会涉及如何计算退税的问题。由于各类出口企业对出口货物的会计核算办法不同，有对出口货物单独核算的，有对出口和内销的货物统一核算成本的。为了与出口企业的会计核算办法相一致，我国《出口货物退(免)税管理办法》规定了两种退税计算办法：第一种是“免、抵、退”办法，主要适用于自营和委托出口自产货物的生产企业；第二种是“先征后退”办法，目前主要用于收购货物出口的外(工)贸企业。

1. “免、抵、退”税的计算方法

自2002年1月1日起，生产企业自营或委托外贸企业代理出口自产货物，除另有规定外，增值税一律实行“免、抵、退”税管理办法。

生产企业，是指独立核算，经主管国税机关认定，为一般增值税纳税人，并且具有实际生产能力的企业和企业集团。增值税小规模纳税人出口自产货物继续实行免征增值税办法。生产企业出口自产的属于应征消费税的产品，实行免征消费税办法。

实行“免、抵、退”税管理办法的“免”税，是指对生产企业出口的自产货物，免征本企业生产销售环节增值税；“抵”税，是指生产企业出口自产货物所耗用的原材料、零部件、燃料、动力等所含应予退还的进项税额，抵消内销货物的应纳税额；“退”税，是指生产企业出口的自产货物在当月内应抵消的进项税额大于应纳税额时，对未抵消的部分予以退税。

具体计算方法与计算公式为：

(1) 当期应纳税额的计算：

当期应纳税额＝当期内销货物的销项税额－(当期进项税额－当期免抵退税不得免征和抵扣税额)－上期留抵税额

其中： 当期免抵退税不得免征和抵扣税额＝出口货物离岸价×外汇人民币牌价×(出口货物征税率－出口货物退税率)－免抵退税不得免征和抵扣税额抵减额

出口货物离岸价(FOB)以出口发票计算的离岸价为准。主管税务机关有权依照《中华人民共和国税收征收管理法》、《中华人民共和国增值税暂行条例》等有关规定予以核定。

免抵退税不得免征和抵扣税额抵减额＝免税购进原材料价格×(出口货物征税率－出口货物退税率)

免税购进原材料包括从国内购进免税原材料和进料加工免税进口料件，其中，进料加工免税进口料件的价格为组成计税价格。

进料加工免税进口料件的组成计税价格＝货物到岸价＋海关实征关税和消费税

如果当期没有免税购进原材料价格，前述公式中的“免、抵、退”税不得免征和抵扣税额抵减额，以及后面公式中的“免、抵、退”税额抵减额就不用计算。

(2)“免、抵、退”税额的计算：

免抵退税额＝出口货物离岸价×外汇人民币牌价×出口货物退税率－免抵退税额抵减额

其中： 免抵退税额抵减额＝免税购进原材料价格×出口货物退税率

(3) 当期应退税额和免抵税额的计算：

① 如当期期末留抵税额≤当期免抵退税额，则：

当期应退税额＝当期期末留抵税额

当期免抵税额＝当期免抵退税额－当期应退税额

② 如当期期末留抵税额＞当期免抵退税额，则：

当期应退税额＝当期免抵退税额

当期免抵税额＝0

【例 6－4】 某自营出口的生产企业为增值税一般纳税人，出口货物的征税税率为17％，退税税率为13％。2012 年某月的有关经营业务为：购进原材料一批，取得的增值税专用发票注明的价款 200 万元，外购货物准予抵扣的进项税额 34 万元通过认证。上月末留抵税款 3 万元，本月内销货物不含税销售额 100 万元，收款 117 万元存入银行，本月出口货物的销售额折合人民币 200 万元。试计算该企业当期的"免、抵、退"税额。

【解析】 (1)当期"免、抵、退"税不得免征和抵扣税额＝200×(17％－13％)＝8(万元)

(2) 当期应纳税额＝100×17％－(34－8)－3＝17－26－3＝－12(万元)

(3) 出口货物"免、抵、退"税额＝200×13％＝26(万元)

(4) 当期末留抵税额≤当期免抵退税额时：当期应退税额＝当期期末留抵税额

该企业当期应退税额＝12(万元)

(5) 当期免抵税额＝当期免抵退税额－当期应退税额

当期免抵税额＝26－12＝14(万元)

2. "先征后退"的计算方法

(1) 外贸企业"先征后退"的计算办法。外贸企业以及实行外贸企业财务制度的工贸企业收购货物出口，其出口销售环节的增值税免征；其收购货物的成本部分，因外贸企业在支付收购货款的同时也支付了生产经营该类商品的企业已纳的增值税款，因此，在货物出口后按收购成本与退税税率计算退税，退还给外贸企业，征、退税之差计入企业成本。

外贸企业出口货物增值税的计算应依据购进出口货物增值税专用发票上所注明的进项金额和退税税率计算。

应退税额＝外贸收购不含增值税购进金额×退税税率

(2) 外贸企业收购小规模纳税人出口货物增值税的退税规定。从小规模纳税人处购进持普通发票特准退税的抽纱、工艺品等 12 类出口货物，同样实行销售出口货物的收入免税，并退还出口货物进项税额的办法。由于小规模纳税人使用的是普通发票，其销售额和应纳税额没有单独计价，小规模纳税人应纳的增值税也是价外计征的，这样，必须将合并定价的销售额先换算成不含税价格，然后据以计算出口货物退税。其计算公式为：

应退税额＝[普通发票所列(含增值税)销售金额]÷(1＋征收率)×6％或 5％

对出口企业购进小规模纳税人特准的 12 类货物出口，提供的普通发票应符合《中华人民共和国发票管理办法》的有关使用规定，否则不予办理退税。

从小规模纳税人处购进税务机关代开的增值税专用发票的出口货物，按以下公式计算退税：

$$应退税额=增值税专用发票注明的金额\times6\%或5\%$$

【例6-5】 某进出口公司从某小规模纳税人处购进一批香料油(属于列举的12类特准退税的出口货物)全部出口，普通发票注明金额3 600元，退税税率6%，计算该企业的应退税额。

【解析】 $3\ 600\div(1+6\%)\times6\%=203.78$(元)

(3) 外贸企业委托生产企业加工出口货物的退税规定：外贸企业委托生产企业加工收回后报关出口的货物，按购进国内原辅材料的增值税专用发票上注明的进项金额，依原辅材料的退税税率计算原辅材料应退税额。支付的加工费，凭受托方开具货物的退税税率，计算加工费的应退税额。

出口企业应在货物报关出口之日(以出口货物报关单上注明的出口日期为准)起90日内，向退税部门申报办理出口货物退(免)税手续。逾期不申报的，除另有规定者和确有特殊原因经地市级以上税务机关批准者外，不再受理该笔出口货物的退(免)税申报。生产企业未按规定在报关出口90日内申报办理退(免)税手续的，如果到期之日超过了当月的"免、抵、退"税申报期，税务机关可暂不按视同内销货物予以征税。但生产企业应当在次月的"免、抵、退"税申报期内申报"免、抵、退"税，如仍未申报，税务机关应当视同内销货物予以征税。

第五节　征收管理

一、纳税义务发生时间

纳税义务发生时间，是纳税人发生应税行为应当承担纳税义务的起始时间。销售货物或者应税劳务的纳税义务发生时间，按销售结算方式的不同，具体确定为：

(1) 采取直接收款方式销售货物，不论货物是否发出，均为收到销售额或取得索取销售额的凭据的当天。

(2) 采取托收承付和委托银行收款方式销售货物，为发出货物并办妥托收手续的当天。

(3) 采取赊销和分期收款方式销售货物，为按合同约定的收款日期的当天。

(4) 采取预收货款方式销售货物，为货物发出的当天。

(5) 委托其他纳税人代销货物，为收到代销单位销售的代销清单的当天；在收到代销清单前已收到全部或部分货款的，其纳税义务发生时间为收到全部或部分货款的当天；对于发出代销商品超过180天仍未收到代销清单及货款的，视同销售实现，征收增值税，其纳税义务发生时间为发出代销商品满180天的当天。

(6) 销售应税劳务，为提供劳务同时收讫销售额或取得索取销售额的凭据的当天。

(7) 纳税人发生视同销售货物行为的，为货物移送的当天。

(8) 进口货物，为报关进口的当天。

销售货物或应税劳务纳税义务发生时间的确定，明确了企业在计算应纳税额时"当期销项税额"时间的限定，是增值税计税和征收管理中重要的规定。企业必须按上述规定的时限，及时、准确地记录销售额和计算当期销项税额。

二、纳税期限

在明确了增值税纳税义务发生时间后，还需要掌握具体的纳税期限，以保证按期缴纳税款。根据增值税暂行条例的规定，增值税的纳税期限分别为1日、3日、5日、10日、15日、1个月或者1个季度。纳税人的具体纳税期限，由主管税务机关根据纳税人应纳税额的大小分别核定；不能按照固定期限纳税的，可以按次纳税。以1个季度为纳税期限的规定仅适用于小规模纳税人。小规模纳税人的具体纳税期限，由主管税务机关根据其应纳税额的大小分别核定。

纳税人以1个月或者1个季度为一期纳税的，自期满之日起15日内申报纳税；以1日、3日、5日、10日或者15日为一期纳税的，自期满之日起5日内预缴税款，于次月1日起15日内申报纳税并结清上月应纳税款。

纳税人进口货物，应当自海关填发税款缴纳书之日起15日内缴纳税款。

纳税人出口适用税率为零的货物，可以按月向税务机关申报办理该项出口货物的退税。

三、纳税地点

为了保证纳税人按期申报纳税，根据企业跨地区经营和搞活商品流通的特点及不同情况，税法还具体规定了增值税的纳税地点：

(1) 固定业户应当向其机构所在地主管税务机关申报纳税。总机构和分支机构不在同一县(市)的，应当分别向各自所在地主管税务机关申报纳税；经国家税务总局或其授权的税务机关批准，也可由总机构汇总向总机构所在地主管税务机关申报纳税。

(2) 固定业户到外县(市)销售货物或者应税劳务的，应当向其机构所在地主管税务机关申请开具外出经营活动税收管理证明，向其机构所在地主管税务机关申报纳税；未开具证明的，应当向销售地或者劳务发生地主管税务机关申报纳税；未向销售地或者劳务发生地主管税务机关申报纳税的，由其机构所在地主管税务机关补征税款。

(3) 非固定业户销售货物或者应税劳务的，应当向销售地或者劳务发生地主管税务机关申报纳税；未向销售地或者劳务发生地主管税务机关申报纳税的，由其机构所在地或者居住地主管税务机关补征税款。

(4) 进口货物，应当向报关地海关申报纳税。

四、起征点

财政部2011年10月28日发布的关于修改《中华人民共和国增值税暂行条例实施细则》和《中华人民共和国营业税暂行条例实施细则》的决定，上调增值税和营业税起征点。修订后的细则从2011年11月1日起施行。

财政部公告称，将《中华人民共和国增值税暂行条例实施细则》第三十七条第二款修改为："增值税起征点的幅度规定为，销售货物的，为月销售额 5 000～20 000 元；销售应税劳务的，为月销售额 5 000～20 000 元；按次纳税的，为每次(日)销售额 300～500 元。"

在此次修改前，增值税起征点的幅度是：销售货物的，为月销售额 2 000～5 000 元；销售应税劳务的，为月销售额 1 500～3 000 元；按次纳税的，为每次(日)销售额 150～200 元。

上述所称的销售额，是指增值税暂行条例实施细则第三十条第一款所称小规模纳税人的销售额，即小规模纳税人的销售额不包括其应纳税额。

省、自治区、直辖市财政厅(局)和国家税务局应在规定的幅度内，根据实际情况确定本地区适用的起征点，并报财政部、国家税务总局备案。

纳税人销售额未达到国务院财政、税务主管部门规定的增值税起征点的，免征增值税；达到起征点的，依照本条例规定全额计算缴纳增值税。

五、放弃免税权

纳税人销售货物或者应税劳务适用免税规定的，可以放弃免税，依照增值税暂行条例的规定缴纳增值税。放弃免税后，36 个月内不得再申请免税。

(1) 生产和销售免征增值税货物或劳务的纳税人要求放弃免税权，应当以书面形式提交放弃免税权声明，报主管税务机关备案。纳税人自提交备案资料的次月起，按照现行有关规定计算缴纳增值税。

(2) 放弃免税权的纳税人符合一般纳税人的认定条件尚未认定为增值税一般纳税人的，应当按现行规定认定为增值税一般纳税人，其销售的货物或劳务可开具增值税专用发票。

(3) 纳税人一经放弃免税权，其生产销售的全部增值税应税货物或劳务均应按照适用税率征税，不得选择某一免税项目放弃免税权，也不得根据不同的销售对象选择部分货物或劳务放弃免税权。

(4) 纳税人在免税期内购进用于免税项目的货物或者应税劳务所取得的增值税扣税凭证，一律不得抵扣。

第六节　增值税专用发票的使用及管理

增值税实行凭国家印发的增值税专用发票注明的税款进行抵扣的制度。专用发票，是增值税一般纳税人销售货物或者提供应税劳务开具的发票，是购买方支付增值税额并可按照增值税有关规定据以抵扣增值税进项税额的凭证。专用发票不仅是纳税人经济活动中的重要商业凭证，而且是兼记销货方销项税额和购货方进项税额进行税款抵扣的凭证，对增值税的计算和管理起着决定性的作用，因此，正确使用增值税专用发票是十分重要的。

根据《中华人民共和国增值税暂行条例》的规定，1993 年 12 月 30 日，国家税务总局制定了《增值税专用发票使用规定》，自 1994 年 1 月 1 日起执行。1995 年 10 月 30 日《全国人民代表大会常务委员会关于惩治虚开、伪造和非法出售增值税专用发票犯罪的决定》，对在增值税专用发票上出现的各种违法行为给予严厉惩处。2007起1月1日起，施行修订后的《中华人民共和国增值税专用发票使用规定》。

一、专用发票的发行

一般纳税人应通过增值税防伪税控系统使用专用发票。使用，包括领购、开具、缴销、认证纸质专用发票及其相应的数据电文；防伪税控系统，是指经国务院同意推行的，使用专用设备和通用设备、运用数字密码和电子存储技术管理专用发票的计算机管理系统；专用设备，是指金税卡、IC卡、读卡器和其他设备；通用设备，是指计算机、打印机、扫描器具和其他设备。

1. 专用发票的联次

专用发票由基本联次或者基本联次附加其他联次构成，基本联次为三联：发票联、抵扣联和记账联。发票联，作为购买方核算采购成本和增值税进项税额的记账凭证；抵扣联，作为购买方报送主管税务机关认证和留存备查的凭证；记账联，作为销售方核算销售收入和增值税销项税额的记账凭证。其他联次用途由一般纳税人自行确定。

2. 专用发票限额管理

专用发票实行最高开票限额管理。最高开票限额，是指单份专用发票开具的销售额合计数不得达到的上限额度。

最高开票限额由一般纳税人申请，税务机关依法审批。最高开票限额为10万元及以下的，由区县级税务机关审批；最高开票限额为100万元的，由地市级税务机关审批；最高开票限额为1 000万元及以上的，由省级税务机关审批。防伪税控系统的具体发行工作由区县级税务机关负责。

税务机关审批最高开票限额应进行实地核查。批准使用最高开票限额为10万元及以下的，由区县级税务机关派人实地核查；批准使用最高开票限额为100万元的，由地市级税务机关派人实地核查；批准使用最高开票限额为1 000万元及以上的，由地市级税务机关派人实地核查后，将核查资料报省级税务机关审核。

一般纳税人申请最高开票限额时，需填报“最高开票限额申请表”。

3. 专用发票的初始发行

一般纳税人领购专用设备后，凭“最高开票限额申请表”、“发票领购簿”到主管税务机关办理初始发行。初始发行，是指主管税务机关将一般纳税人的下列信息载入空白金税卡和IC卡的行为：

（1）企业名称；

（2）税务登记代码；

（3）开票限额；

（4）购票限量；

（5）购票人员姓名、密码；

（6）开票机数量；

（7）国家税务总局规定的其他信息。

一般纳税人发生上述第1、3、4、5、6、7项信息变化，应向主管税务机关申请变更发行；发生第2项信息变化，应向主管税务机关申请注销发行。

二、专用发票的领购开具

1. 专用发票的领购

一般纳税人凭"发票领购簿"、IC卡和经办人身份证明，领购专用发票。

一般纳税人有下列情形之一的，不得领购开具专用发票：

(1) 会计核算不健全，不能向税务机关准确提供增值税销项税额、进项税额、应纳税额数据及其他有关增值税税务资料的。上列其他有关增值税税务资料的内容，由省、自治区、直辖市和计划单列市国家税务局确定。

(2) 有《中华人民共和国税收征管法》规定的税收违法行为，拒不接受税务机关处理的。

(3) 有下列行为之一，经税务机关责令限期改正而仍未改正的：

- 虚开增值税专用发票；
- 私自印制专用发票；
- 向税务机关以外的单位和个人买取专用发票；
- 借用他人专用发票；
- 未按规定开具专用发票；
- 未按规定保管专用发票和专用设备；
- 未按规定申请办理防伪税控系统变更发行；
- 未按规定接受税务机关检查。

有上述情形的，如已领购专用发票，主管税务机关应暂扣其结存的专用发票和IC卡。

上述"未按规定保管专用发票和专用设备"，是指未设专人保管专用发票和专用设备；未按税务机关要求存放专用发票和专用设备；未将认证相符的专用发票抵扣联、"认证结果通知书"和"认证结果清单"装订成册；未经税务机关查验，擅自销毁专用发票基本联次。

2. 专用发票的开具

(1) 专用发票的开具范围。一般纳税人销售货物或者提供应税劳务，应向购买方开具专用发票。商业企业一般纳税人零售的烟、酒、食品、服装、鞋帽(不包括劳保专用部分)、化妆品等消费品，不得开具专用发票。

增值税小规模纳税人需要开具专用发票的，可向主管税务机关申请代开。

销售免税货物不得开具专用发票，法律、法规及国家税务总局另有规定的除外。

(2) 专用发票的开具要求。

- 项目齐全，与实际交易相符；
- 字迹清楚，不得压线、错格；
- 发票联和抵扣联加盖财务专用章或者发票专用章；
- 按照增值税纳税义务的发生时间开具。

对不符合上述要求的专用发票，购买方有权拒收。

一般纳税人销售货物或者提供应税劳务可汇总开具专用发票。汇总开具专用发票的，同时使用防伪税控系统开具"销售货物或者提供应税劳务清单"，并加盖财务专用章或者发票专用章。

(3) 专用发票开具时限。专用发票开具时限规定如下：

- 采用预收货款、托收承付、委托银行收款结算方式的，为货物发出的当天。、

● 采用交款提货结算方式的，为收到货款的当天。

● 采用赊销、分期收款结算方式的，为合同约定的收款日期的当天。

● 将货物交付他人代销，为收到受托人送交的代销清单的当天。

● 设有两个以上机构并实行统一核算的纳税人，将货物从一个机构移送其他机构用于销售，按规定应当征收增值税的，为货物移送的当天。

● 将货物作为投资提供给其他单位或个体经营者，为货物移送的当天。

● 将货物分配给股东，为货物移送的当天。

一般纳税人必须按规定时限开具专用发票，不得提前或滞后。对已开具专用发票的销售货物，要及时足额地计入当期销售额计税。凡开具了专用发票，其销售额未按规定计入销售账户核算的，一律按偷税论处。

3. 销货退回或销售折让增值税专用发票管理

销售货物并向购买方开具专用发票后，如发生退货或销售折让，应视不同情况分别按以下规定办理：一般纳税人在开具专用发票的当月，发生销货退回、开票有误等情形，收到退回的发票联、抵扣联符合作废条件的，按作废处理；不符合作废条件的，或者因销货部分退回及发生销售折让的，购买方应向主管税务机关填报“开具红字增值税专用发票申请单”。

纳税人销售货物并向购买方开具增值税专用发票后，由于购货方在一定时期内累计购买货物达到一定数量，或者由于市场价格下降等原因，销货方给予购货方相应的价格优惠或补偿等折扣、折让行为，销货方可按有关规定开具红字增值税专用发票。

4. 红字专用发票的开具

增值税一般纳税人开具增值税专用发票后，发生销货退回、销售折让以及开票有误等情况需要开具红字专用发票的，视不同情况分别按以下办法处理：

(1) 因专用发票抵扣联、发票联均无法认证的，由购买方填报“开具红字增值税专用发票申请单”(简称“申请单”)，并在申请单上填写具体原因以及相对应蓝字专用发票的信息，主管税务机关审核后出具“开具红字增值税专用发票通知单”(简称“通知单”)。购买方不作进项税额转出处理。

(2) 购买方所购货物不属于增值税扣税项目范围，取得的专用发票未经认证的，由购买方填报申请单，并在申请单上填写具体原因以及相对应蓝字专用发票的信息，主管税务机关审核后出具通知单。购买方不作进项税额转出处理。

(3) 因开票有误购买方拒收专用发票时，销售方须在专用发票认证期限内向主管税务机关填报申请单，并在申请单上填写具体原因以及相对应蓝字专用发票的信息，同时提供由购买方出具的写明拒收理由、具体错误项目以及正确内容的书面材料，主管税务机关审核确认后出具通知单。销售方凭通知单开具红字专用发票。

(4) 因开票有误等原因尚未将专用发票交付购买方的，销售方须在开具有误专用发票的次月内向主管税务机关填报申请单，并在申请单上填写具体原因以及相对应蓝字专用发票的信息，同时提供由销售方出具的写明具体理由、具体错误项目以及正确内容的书面材料，主管税务机关审核确认后出具通知单。销售方凭通知单开具红字专用发票。

(5) 发生销货退回或销售折让的，除按照规定进行处理外，销售方还应在开具红字专用发票后将该笔业务的相应记账凭证复印件报送主管税务机关备案。

税务机关为小规模纳税人代开专用发票需要开具红字专用发票的，比照一般纳税人开具红字专用发票的处理办法，通知单第二联交代开税务机关。

5. 税务机关代开增值税专用发票管理

有关税务机关代开增值税专用发票管理的规定具体如下：

(1) 从 2005 年 1 月 1 日起，凡税务机关代开增值税专用发票，必须通过防伪税控系统开具，通过防伪税控报税子系统采集代开增值税专用发票开具信息，不再填报“代开发票开具清单”，同时，停止使用非防伪税控系统为纳税人代开增值税专用发票(包括手写版增值税专用发票和计算机开具不带密码的电脑版增值税专用发票)。

(2) 增值税一般纳税人取得的税务机关通过防伪税控系统代开的增值税专用发票，通过防伪税控认证子系统采集抵扣联信息，不再填报“代开发票抵扣清单”，其认证、申报抵扣期限的有关规定按照《国家税务总局关于增值税一般纳税人取得防伪税控系统开具的增值税专用发票进项税额抵扣问题的通知》的规定执行，并按照现行防伪税控增值税专用发票比对内容进行“一窗式”比对。

(3) 对实行定期定额征收方法的纳税人正常申报时，按以下方法进行清算：

每月开票金额大于应征增值税税额的，以开票金额数为依据征收税款，并作为下一年度核定定期定额的依据。

每月开票金额小于应征增值税税额的，按应征增值税税额数征收税款。

三、专用发票的作废处理

1. 作废条件

作废条件是指同时具有下列情形：

(1) 收到退回的发票联、抵扣联时间未超过销售方开票的当月；

(2) 销售方未抄税并且未记账；

(3) 购买方未认证或者认证结果为“纳税人识别号认证不符”、“专用发票代码、号码认证不符”。

抄税，是报税前用 IC 卡或者 IC 卡和软盘抄取开票数据电文。

2. 专用发票的作废处理

一般纳税人在开具专用发票的当月发生销货退回、开票有误等情形，收到退回的发票联、抵扣联符合作废条件的，按作废处理；开具时发现有误的，可即时作废。作废专用发票须在防伪税控系统中将相应的数据电文按“作废”处理，在纸质专用发票(含未打印的专用发票)各联次上注明“作废”字样，全联次留存。

一般纳税人取得专用发票后，发生销货退回、开票有误等情形但不符合作废条件的，或者因销货部分退回及发生销售折让的，购买方应向主管税务机关填报申请单。

申请单所对应的蓝字专用发票应经税务机关认证。

经认证结果为“认证相符”并且已经抵扣增值税进项税额的，一般纳税人在填报申请单时不填写相对应的蓝字专用发票信息。

经认证结果为“纳税人识别号认证不符”、“专用发票代码、号码认证不符”的，一般纳税人在填报申请单时应填写相对应的蓝字专用发票信息。

主管税务机关对一般纳税人填报的申请单进行审核后，出具“开具红字增值税专用发票通知单”(以下简称通知单)。通知单应与申请单一一对应。

《通知单》应按月依次装订成册，并比照专用发票保管规定管理。

购买方必须依通知单所列增值税税额从当期进项税额中转出，未抵扣增值税进项税额的，可列入当期进项税额，待取得销售方开具的红字专用发票后，与留存的通知单一并作为记账凭证。属于“纳税人识别号认证不符”、“专用发票代码、号码认证不符”的，不作进项税额转出。

销售方凭购买方提供的通知单开具红字专用发票，在防伪税控系统中以销项负数开具。红字专用发票应与通知单一一对应。

四、专用发票的认证管理

一般纳税人开具专用发票应在增值税纳税申报期内向主管税务机关报税，在申报所属月份内可分次向主管税务机关报税。报税，是纳税人持IC卡或者IC卡和软盘向税务机关报送开票数据电文。

用于抵扣增值税进项税额的专用发票应经税务机关认证相符（国家税务总局另有规定的除外）。认证相符的专用发票应作为购买方的记账凭证，不得退还销售方。认证，是指税务机关通过防伪税控系统对专用发票所列数据的识别、确认。认证相符，是指纳税人识别号无误，专用发票所列密文解译后与明文一致。

1. 认证结果的处理

（1）经认证，有下列情形之一的，不得作为增值税进项税额的抵扣凭证，税务机关退还原件，购买方可要求销售方重新开具专用发票。

● 无法认证。它指专用发票所列密文或者明文不能辨认，无法产生认证结果。

● 纳税人识别号认证不符。它指专用发票所列购买方纳税人识别号有误。

● 专用发票代码、号码认证不符。它指专用发票所列密文解译后与明文的代码或者号码不一致。

（2）经认证，有下列情形之一的，暂不得作为增值税进项税额的抵扣凭证，税务机关扣留原件，查明原因，分别情况进行处理。

● 重复认证。它指已经认证相符的同一张专用发票再次认证。

● 密文有误。它指专用发票所列密文无法解译。

● 认证不符。它指纳税人识别号有误，或者专用发票所列密文解译后与明文不一致。不包括“纳税人识别号认证不符”，“专用发票代码、号码认证不符”。

● 列为失控专用发票。它指认证时的专用发票已被登记为失控专用发票。

（3）专用发票抵扣联无法认证的，可使用专用发票发票联到主管税务机关认证。专用发票发票联复印件留存备查。

2. 丢失已开具专用发票的处理

一般纳税人丢失已开具专用发票的发票联和抵扣联，如果丢失前已认证相符，购买方凭销售方提供的相应专用发票记账联复印件及销售方所在地主管税务机关出具的“丢失增值税专用发票已报税证明单”，经购买方主管税务机关审核同意后，可作为增值税进项税额的抵扣凭证；如果丢失前未认证的，购买方凭销售方提供的相应专用发票记账联复印件到主管税务机关进行认证，认证相符的，凭该专用发票记账联复印件及销售方所在地主管税务机关出具的“丢失增值税专用发票已报税证明单”，经购买方主管税务机关审核同意后，可作为增值税进项税额的抵扣凭证。

一般纳税人丢失已开具专用发票的抵扣联，如果丢失前已认证相符，可使用专用发票发票联复印件留存备查；如果丢失前未认证，可使用专用发票发票联到主管税务机关认证，专用发票发票联复印件留存备查。

一般纳税人丢失已开具专用发票的发票联，可将专用发票抵扣联作为记账凭证，专用发票抵扣联复印件留存备查。

五、其他规定

1. 关于对代开、虚开增值税专用发票的处理

代开发票，是指为与自己没有发生直接购销关系的他人开具发票的行为。虚开发票，是指在没有任何购销事实的前提下，为他人、为自己，或让他人为自己或介绍他人开具发票的行为。代开、虚开发票的行为都是严重的违法行为。

对代开、虚开专用发票的，一律按票面所列货物的适用税率全额征补税款，并按《中华人民共和国税收征管法》的规定按偷税给予处罚。对纳税人取得代开、虚开的增值税专用发票不得作为增值税合法抵扣凭证抵扣进项税额。代开、虚开发票构成犯罪的，按《全国人民代表大会常务委员会关于惩治虚开、伪造和非法出售增值税专用发票犯罪的决定》处以刑罚。

2. 纳税人善意取得虚开的增值税专用发票的处理

(1) 依据国税发[1997] 134 号文件规定，纳税人取得虚开的增值税专用发票的处理是：

第一，受票方利用他人虚开的专用发票，向税务机关申报抵扣税款进行偷税的，应当依照《中华人民共和国税收征管法》及有关规定追缴税款，并处以偷税数额 5 倍以下的罚款；进项税金大于销项税金的，还应当调减其留抵的进项税额。利用虚开的专用发票骗取出口退税的，应当依法追缴税款，并处以骗税数额 5 倍以下的罚款。

第二，在货物交易中，购货方从销售方取得第三方开具的专用发票，或者从销货地以外的地区取得专用发票，向税务机关申报抵扣税款或者申请出口退税的，应当按偷税、骗取出口退税处理，依照《中华人民共和国税收征管法》及有关规定追缴税款，处以偷税、骗税数额 5 倍以下的罚款。

纳税人以上述两条所列的方式取得专用发票未申报抵扣税款，或者未申请出口退税的，应当依照《中华人民共和国发票管理办法》及有关规定，按所取得专用发票的份数，分别处以 1 万元以下的罚款；但知道或者应当知道取得的是虚开的专用发票，或者让他人为自己提供虚开的专用发票的，应当从重处罚。

利用虚开的专用发票进行偷税、骗税，构成犯罪的，税务机关依法进行追缴税款等行政处理，并移送司法机关追究刑事责任。

(2) 依据国税发[2000]182 号文件，有下列情形之一的，无论购货方(受票方)与销售方是否进行了实际的交易，增值税专用发票所注明的数量、金额与实际交易是否相符，购货方向税务机关申请抵扣进项税款或者出口退税的，对其均应按偷税或者骗取出口退税处理：

● 购货方取得的增值税专用发票所注明的销售方名称、印章与其进行实际交易的销售方不符的，即国税发[1997]134 号文件第二条规定的"购货方从销售方取得第三方开具的专用发票"的情况。

● 购货方取得的增值税专用发票为销售方所在省(自治区、直辖市和计划单列市)以外地区的,即国税发[1997]134 号文件第二条规定的"从销货地以外的地区获得专用发票"的情况。

● 其他有证据表明购货方明知取得的增值税专用发票系销售方以非法手段获得的,即国税发[1997] 134 号文件第一条规定的"受票方利用他人虚开的专用发票,向税务机关申报抵扣税款进行偷税"的情况。

(3) 根据《国家税务总局关于纳税人善意取得虚开的增值税专用发票处理问题的通知》的规定:

购货方与销售方存在真实的交易,销售方使用的是其所在省(自治区、直辖市和计划单列市)的专用发票,专用发票注明的销售方名称、印章、货物数量、金额及税额等全部内容与实际相符,且没有证据表明购货方知道销售方提供的专用发票是以非法手段获得的,对购货方不以偷税或者骗取出口退税论处,但应按有关规定不予抵扣进项税款或者不予出口退税;购货方已经抵扣的进项税款或者取得的出口退税,应依法追缴。

购货方能够重新从销售方取得防伪税控系统开出的合法、有效专用发票的,或者取得手工开出的合法、有效的专用发票,且取得了销售方所在地税务机关已经或者正在依法对销售方虚开专用发票行为进行查处证明的,购货方所在地税务机关应依法准予抵扣进项税款或者出口退税。

如有证据表明购货方在进项税款得到抵扣或者获得出口退税前知道该专用发票是销售方以非法手段获得的,对购货方应按《国家税务总局关于纳税人取得虚开的增值税专用发票处理问题的通知》和《国家税务总局关于〈国家税务总局关于纳税人取得虚开的增值税专用发票处理问题的通知〉的补充通知》的规定处理。

(4) 根据国税函[2007] 1240 号文件规定,纳税人善意取得虚开的增值税专用发票被依法追缴已抵扣税款的,不再加收滞纳金。

3. 关于辅导期增值税一般纳税人增购增值税专用发票预缴增值税的处理

纳税人在辅导期内增购专用发票,继续实行预缴增值税的办法,预缴的增值税可在本期增值税应纳税额中抵减,抵减后预缴增值税仍有余额的,应于下期增购专用发票时,按次抵减。

纳税人发生预缴税款抵减的,应自行计算需抵减的税款,并向主管税务机关提出抵减申请。

主管税务机关接到申请后,经审核,纳税人缴税和专用发票发售情况无误,且纳税人预缴增值税余额大于本次预缴增值税的,不再预缴税款,可直接发售专用发票;纳税人本次预缴增值税大于预缴增值税余额的,应按差额部分预缴后再发售专用发票。

主管税务机关应在纳税人辅导期结束后的第一个月内,一次性退还纳税人因增购专用发票发生的预缴增值税余额。

阅读材料:上海营业税改增值税试点 3 个月,减轻税负 20 亿元

来源:人民日报,2012 年 5 月 14 日,谢卫群

上海"营改增"试点已走过 4 个月。记者 5 月 13 日从上海市财税局了解到,新近发布的综合分析评估报告显示,今年第一个季度,上海"营改增"改革试点"正效应"已经显现。

小规模纳税人税负降幅达 40%左右

据统计,截至 2012 年 3 月底,上海市共有 12.9 万户企业经审核确认后纳入了"营改增"

改革试点范围。

从企业类型看，一般纳税人为4.1万户，占31.8%；小规模纳税人为8.8万户，占68.2%。截至4月份申报期结束，上述12.9万户试点企业的应纳增值税税款累计为49.3亿元。

与原实行营业税税制相比，实施"营改增"改革后，2012年一季度，上海市试点企业和原增值税一般纳税人整体减轻税收负担超过20亿元，中央和地方两级财政相应减少税收收入、增加财政支出。其中，小规模纳税人的税负明显下降，降幅为40%左右；大部分一般纳税人的税负略有下降；原增值税一般纳税人的税负因进项税额抵扣范围增加而普遍下降。

有望从根本上解决重复征税问题

减轻税负，只是"营改增"试点的目标之一。上海市政府副秘书长、财政局局长蒋卓庆介绍，上海"营改增"试点在破解影响现代服务业发展的税制瓶颈方面迈出了关键性一步。实行"营改增"改革后，有望从制度上根本解决货物与劳务税制不统一和重复征税问题，为现代服务业试点企业创造公平竞争的税制环境。

以某广告公司为例，其主要收入为广告收入。纳入"营改增"试点范围后，可开具增值税专用发票，引起了大型客户的关注，反响积极。一家客户年广告投放近20亿元，受惠于"营改增"改革试点，采购广告服务支付的增值税进项税额能在销项中抵扣，增加抵扣额近1亿元，切实降低了税负。为此，客户表示将追加2012年广告投放量，由此推动了广告公司的业务增长。

"营改增"试点还有力地支持和促进了现代服务业和先进制造业的深度融合发展。

某工程技术集团有限公司是一家钢铁公司的子公司，实行"营改增"改革试点后，该公司原计征营业税的设计及技术服务变为增值税劳务，其缴纳的增值税与原营业税计算方法相比，减少73万元。目前，该公司已着手逐步增加非核心业务的外包量，集中精力发展核心技术。

"营改增"试点还有力地支持和促进了小微企业的健康发展。实行"营改增"试点后，占全部12.9万户试点企业68.2%的8.8万户小规模纳税人(其中绝大部分都是小微企业)，由于实行了3%的增值税征收率，低于原先营业税5%的税率，税负明显下降，成为本次"营改增"改革试点的最大受益者。

思 考 题

1. 销售额和增值额之间存在什么关系?
2. 增值税有哪些特点?
3. 增值税有哪些优点?
4. 一般纳税人和小规模纳税人如何划分?
5. 增值税的征税范围包括哪些?
6. 增值税低税率适用于哪些商品?
7. 包装物押金如何计入应税销售额?
8. 不得抵扣的进项税额包括哪些?
9. 为什么要对出口货物退税?
10. 增值税纳税地点如何确定?

第七章　消费税

本章学习要点：

★ 消费税的概念和特点
★ 消费税的作用
★ 纳税义务人和征税范围
★ 税目和税率
★ 消费税税额的计算
★ 出口应税消费品退(免)税
★ 征收管理

我国的消费税是以特定消费品为课税对象所征收的一种税。

现行消费税的基本规范，是1993年12月13日颁布，2008年11月5日国务院第34次常务会议修订通过，自2009年1月1日起施行的《中华人民共和国消费税暂行条例》。

第一节　消费税概述

一、消费税的概念

消费税是对规定的消费品和消费行为征收的为世界各国普遍征收的一种税。它不仅是国家财政收入的一项来源，也是贯彻国家产业政策、调节消费的一种手段。

从消费税的征税范围看，消费税可以对所有消费品普遍征收，也可以选择部分消费品征收。从各国所实行的消费税的课征范围看，大体上可分为有限型、中间型和延伸型三种类型。

有限型的课征范围，主要限于一些传统的应税品目，且一般不会超过10～15个应税品目。如烟草制品、酒精饮料、石油制品、机动车辆以及各种形式的娱乐活动等。

中间型课征范围的应税品目较为广泛一些，一般在15～30个应税品目之间。它除了有限型课征范围涉及的品目之外，还包括更多项目的食物制品，如粮食制品、乳制品，广泛消费的品目，如纺织品、鞋类、火柴、肥皂、清洁剂、刀叉餐具、玻璃制品、家具、药品和奢侈品等，以及某些劳务，如保险、金融、运输、公共设施等。

延伸型课征范围的应税品目最广，除了中间型课征范围包括的应税品目以外，还包括更多的奢侈品,如收音机、空调器、电视机、冰箱、音响、摄影器材、电气设备,以及一些生产性消费资料,如钢材、铝制品、塑料、树脂、橡胶制品、木料、电缆、电池等。

二、我国消费税的特点

我国的消费税是1994年税制改革时在流转税中新设置的一个税种,是在对货物普遍征收增值税的基础上,选择少数消费品再征收的一个税种,主要是为了调节产品结构,引导消费方向,保证国家的财政收入。我国现行消费税的特点主要有:

1. 征收范围具有选择性

消费税以税法规定的特定产品为征税对象,即国家可以根据宏观产业政策和消费政策的要求,有目的、有重点地选择一些消费品征收消费税,以适当地限制某些特殊消费品的消费需求。现行消费税的征收范围主要包括:烟、酒及酒精、鞭炮、焰火、化妆品、成品油、贵重首饰及珠宝玉石、高尔夫球及球具、高档手表、游艇、木制一次性筷子、实木地板、汽车轮胎、摩托车、小汽车等税目,有的税目还进一步划分若干子目。

2. 税率、税额具有差别性

消费税按不同的产品设计不同的税率,同一产品同等纳税。消费税属于国家运用税收杠杆对某些消费品进行特殊调节的税种。为了有效体现国家政策,消费税的平均税率水平一般定得比较高,并且不同征税项目的税负差异较大,对需要限制或控制的消费品,通常税负较重。

3. 征收方法具有选择性

消费税实行从价定率、从量定额以及从价从量复合计征三种方法征税。

4. 征收环节具有单一性

应税消费品在生产环节或进口环节征税之后,除个别消费品的纳税环节为零售环节外,再继续转销该消费品不再征收消费税。但无论在哪个环节征税,都实行单环节征收。以零售环节为纳税环节的应税消费品,在零售环节以前的诸环节都不征收消费税。这样,既可以减少纳税人的数量,降低税款征收费用和税源流失的风险,又可以防止重复征税。

5. 税负具有转嫁性

消费税实行价内税,在应税消费品的生产、委托加工和进口环节缴纳,税款在以后的批发、零售等环节随着销售的实现向后转嫁,税款最终由消费者承担。

三、我国消费税的作用

1. 缩小贫富差距,实现社会公平

对非生活必需品,特别是高档消费品课征消费税,如选择贵重首饰、化妆品、游艇等征税,可以实现对高收入阶层的征税,以达到缩小贫富差距的政策意图。

2. 矫正外部成本,优化资源配置

外部效应,是指在实际经济活动中,生产者或者消费者的活动对其他生产者或消费者带来的非市场性影响。这种影响可能是有益的,也可能是有害的,有益的影响被称为外部效益,外部经济性,或正外部性;有害的影响被称为外部成本,外部不经济性,或负的外部性。通常指厂商或个人在正常交易以外为其他厂商或个人提供的便利或施加的成本。

通过对具有外部效应的商品征税,将其外部成本内部化,可以有效地调节价格信号,优化资源配置。比如,木制一次性筷子不仅造成木材资源的浪费,还给环境带来了污染。据统计,我国每年仅生产一次性筷子就要消耗木材 130 万立方米,减少森林蓄积 200 万立方米。实木地板也是如此。从节约资源和环境保护的角度出发,2006 年消费税调整时,两者都被纳入征收范围。

3. 调节消费结构,缓解供求矛盾

通过有选择性地课征消费税,可以调节商品价格,从而影响应税消费品的消费和生产,达到调节消费结构的目的。我国的消费税对一些过度消费会对人类健康、社会秩序、生态环境等方面造成危害的特殊消费品,如烟、酒、鞭炮、焰火等征税。

4. 取得财政收入

消费税除了引导生产和消费、调节收入分配、缩小贫富差距等作用以外,还承担着筹集财政收入的任务。根据统计,十多年来,消费税收入已由 1994 年的 516 亿元增加到 2011 年的 6 936 亿元。2011 年,国内消费税收入占税收总收入的比重为 7.7%,是我国税收体系中的重要税种。

第二节 纳税义务人和征税范围

一、征税范围

1994 年,我国消费税的征收范围包括了 5 种类型,共 11 个税目的产品:

第一类:一些过度消费会对人类健康、社会秩序、生态环境等方面造成危害的特殊消费品,如烟、酒、鞭炮、焰火等;

第二类:奢侈品、非生活必需品,如贵重首饰、化妆品等;

第三类:高能耗及高档消费品,如小轿车、摩托车等;

第四类:不可再生和替代的石油类消费品,如汽油、柴油等;

第五类:具有一定财政意义的产品,如汽车轮胎、护肤护发品等。

2006 年 3 月 21 日,财政部、国家税务总局联合发出通知,对消费税的税目、税率进行调整。这次调整新增了高尔夫球及球具、高档手表、游艇、木制一次性筷子、实木地板等税目,取消了"护肤护发品"税目,并对部分税目的税率进行了调整。

二、征税环节

目前,消费税的征税范围分布于以下四个环节。

1. 生产应税消费品

生产应税消费品销售是消费税征收的主要环节,因消费税具有单一环节征税的特点,在生产销售环节征税以后,货物在流通环节无论再转销多少次,也不用再缴纳消费税。生产应税消费品除了直接对外销售应征收消费税外,纳税人将生产的应税消费品换取生产资料、消费资料、投资入股、偿还债务，以及用于继续生产应税消费品以外的其他方面，都应缴纳消费税。

2. 委托加工应税消费品

委托加工应税消费品，是指委托方提供原材料和主要材料，受托方只收取加工费和代垫部分辅助材料加工的应税消费品。由受托方提供原材料或其他情形的，一律不能视同加工应税消费品。委托加工的应税消费品收回后，再继续用于生产应税消费品销售的，其加工环节缴纳的消费税款可以扣除。

3. 进口应税消费品

单位和个人进口货物属于消费税征税范围的，在进口环节也要缴纳消费税。为了减少征税成本，进口环节缴纳的消费税由海关代征。

4. 零售应税消费品

经国务院批准，自 1995 年 1 月 1 日起，金银首饰消费税由生产销售环节征收改为零售环节征收。改在零售环节征收消费税的金银首饰仅限于金基、银基合金首饰以及金、银和金基、银基合金的镶嵌首饰。零售环节适用税率为 5%，在纳税人销售金银首饰、钻石及钻石饰品时征收，其计税依据是不含增值税的销售额。

三、纳税义务人

在中华人民共和国境内生产、委托加工和进口应税消费品的单位和个人，为消费税纳税义务人。2009 年 1 月 1 日起，增加了“国务院确定的销售应税消费品的其他单位和个人”。

单位，是指国有企业、集体企业、私有企业、股份制企业、外商投资企业和外国企业、其他企业和行政单位、事业单位、军事单位、社会团体及其他单位。

个人，是指个体经营者及其他个人。

在中华人民共和国境内，是指生产、委托加工和进口应税消费品的起运地或所在地在境内。

第三节 税目和税率

一、税目

按照《中华人民共和国消费税暂行条例》的规定，列入征收消费税征税范围的税目共有 11 个。从 2006 年 4 月 1 日起，新增了 5 个消费税税目，将汽油、柴油合并为成品油税目，取消了“护肤护发品”税目，将高档护肤护发品划归“化妆品”税目。现行的消费税税目共有 14 个，有的税目还进一步划分若干子目，具体征收范围如下。

1. 烟

以烟叶为原料加工生产的产品，不论使用何种辅料，均属于本税目的征收范围，包括卷烟(进口卷烟、白包卷烟、手工卷烟和未经国务院批准纳入计划的企业及个人生产的卷烟)、雪茄烟和烟丝。

在“烟”税目下又分“卷烟”等子目,“卷烟”又分“甲类卷烟”和“乙类卷烟”。

甲类卷烟,是指每标准条(200 支,下同)调拨价格在 70 元(不含增值税)以上(含 70 元)的卷烟;乙类卷烟,是指每标准条调拨价格在 70 元(不含增值税)以下的卷烟。

自 2009 年 5 月 1 日起,在卷烟批发环节加征一道从价税,在中华人民共和国境内从事卷烟批发业务的单位和个人,批发销售的所有牌号规格的卷烟,按其销售额(不含增值税)征收 5%的消费税。纳税人销售给纳税人以外的单位和个人的卷烟于销售时纳税。纳税人之间销售的卷烟不缴纳消费税。卷烟消费税在生产和批发两个环节征收后,批发企业在计算纳税时,不得扣除已含的生产环节的消费税税款。

2. 酒及酒精

酒是酒精度在 1 度以上的各种酒类饮料。酒精又名乙醇,是指用蒸馏或合成方法生产的酒精度在 95 度以上的无色透明液体。酒类包括粮食白酒、薯类白酒、黄酒、啤酒、果啤和其他酒。酒精包括各种工业酒精、医用酒精和食用酒精。

(1) 粮食白酒,是指以高粱、玉米、大米、糯米、大麦、小麦、青稞等各种粮食为原料,经过糖化、发酵后,采用蒸馏方法酿制的白酒。

(2) 薯类白酒,是指以白薯(红薯、地瓜)、木薯、马铃薯、芋头、山药等各种干鲜薯类为原料,经过糖化、发酵后,采用蒸馏方法酿制的白酒。用甜菜酿制的白酒,比照薯类白酒征税。

(3) 黄酒,是指以糯米、粳米、籼米、大米、黄米、玉米、小麦、薯类等为原料,经加温、糖化、发酵、压榨酿制的酒。由于工艺、配料和含糖量的不同,黄酒分为干黄酒、半干黄酒、半甜黄酒、甜黄酒四类。黄酒的征收范围包括各种原料酿制的黄酒和酒度超过 12 度(含 12 度)的土甜酒。

(4) 啤酒,是指以大麦或其他粮食为原料,加入啤酒花,经糖化、发酵、过滤酿制的含有二氧化碳的酒。啤酒按照杀菌方法的不同,可分为熟啤酒和生啤酒或鲜啤酒。啤酒的征收范围包括各种包装和散装的啤酒。无醇啤酒比照啤酒征税。

“果啤”属于啤酒,应征消费税。

对饮食业、商业、娱乐业举办的啤酒屋(啤酒坊)利用啤酒生产设备生产的啤酒,应当征收消费税。

(5) 其他酒是指除粮食白酒、薯类白酒、黄酒、啤酒以外,酒精度在 1 度以上的各种酒,包括糠麸白酒、其他原料白酒、土甜酒、复制酒、果木酒、汽酒、药酒等。

企业以白酒和酒精为酒基,加入果汁、香料、色素、药材、补品、糖、调料等配制或泡制的酒,不按“其他酒”子目中的“复制酒”征税,一律按照酒基所用原料确定白酒的适用税率。酒基所用原料无法确定的,一律按粮食白酒的税率征收消费税。

以黄酒为酒基生产的配制或泡制酒,仍按“其他酒”的税率征收消费税。

(6) 酒精,又名乙醇,是指以含有淀粉或糖分的原料,经糖化和发酵后,用蒸馏方法生产的酒精度数在 95 度以上的无色透明液体;也可以石油裂解气中的乙烯为原料,用合成方法制成。酒精的征收范围包括用蒸馏法和合成方法生产的各种工业酒精、食用酒精。对于以外购酒精为原料,经蒸馏脱水处理后生产的无水乙醇,也属于本税目征收范围。

调味料酒不征收消费税。

3. 化妆品

化妆品包括各类美容、修饰类化妆品，高档护肤类化妆品和成套化妆品。

美容、修饰类化妆品，是指香水、香水精、香粉、口红、指甲油、胭脂、眉笔、唇笔、蓝眼油、眼睫毛以及成套化妆品。

舞台、戏剧、影视演员化妆用的上妆油、卸装油、油彩，不属于本税目的征收范围。

高档护肤类化妆品征收范围另行制定。

4. 贵重首饰及珠宝玉石

贵重首饰及珠宝玉石包括：以金、银、白金、宝石、珍珠、钻石、翡翠、珊瑚、玛瑙等贵重稀有物质，以及其他金属、人造宝石等制作的各种纯金银首饰及镶嵌首饰，和经采掘、打磨、加工的各种珠宝玉石。

宝石坯是经采掘、打磨、初级加工的珠宝玉石半成品，对宝石坯应征收消费税。

对出国人员免税商店销售的金银首饰，征收消费税。

5. 鞭炮、焰火

各种鞭炮、焰火通常分为13类，即喷花类、旋转类、旋转升空类、火箭类、吐珠类、线香类、小礼花类、烟雾类、造型玩具类、炮竹类、摩擦炮类、组合烟花类、礼花弹类。

体育上用的发令纸、鞭炮药引线，不按本税目征收。

6. 成品油

成品油包括汽油、柴油、石脑油、溶剂油、航空煤油、润滑油、燃料油7个子目。

甲醇汽油属于消费税征税范围。

以动植物油为原料，经提纯、精炼、合成等工艺生产的生物柴油，不属于消费税征收范围。

7. 汽车轮胎

汽车轮胎包括用于各种汽车、挂车、专用车和其他机动车上的内、外轮胎，不包括农用拖拉机、收割机、手扶拖拉机的专用轮胎。

自2001年1月1日起，子午线轮胎免征消费税，翻新轮胎停止征收消费税。

8. 小汽车

小汽车包括含驾驶员座位在内最多不超过9个座位(含)的，在设计和技术特性上用于载运乘客和货物的各类乘用车；含驾驶员座位在内的座位数在10座～23座(含23座)的，在设计和技术特性上用于载运乘客和货物的各类中轻型商用客车。

用排气量小于1.5升(含)的乘用车底盘(车架)改装、改制的车辆，属于乘用车征收范围。用排气量大于1.5升的乘用车底盘(车架)或用中轻型商用客车底盘(车架)改装、改制的车辆，属于中轻型商用客车征收范围。

对于购进乘用车或中轻型商用客车整车改装生产的汽车，应按规定征收消费税。含驾驶员人数(额定载客)为区间值(如8～10人；17～26人)的小汽车，按其区间值下限人数确定征收范围。

车身长度大于7米(含)，并且座位在10座～23座(含)以下的商用客车，不属于中轻型商用客车征税范围，不征收消费税。

电动汽车不属于本税目征收范围。

由货车或厢式货车改装生产的商务车、卫星通信车等专用汽车，不征消费税。

沙滩车、雪地车、卡丁车、高尔夫车不属于消费税征收范围，不征收消费税。

9. 摩托车

摩托车包括轻便摩托车和摩托车两种。

轻便摩托车，是指最大设计车速不超过 50km/h、发动机气缸总工作容积不超过 50mL 的两轮机动车。

摩托车，是指最大设计车速超过 50km/h、发动机气缸总工作容积超过 50mL、空车重量不超过 400kg(带驾驶室的正三轮车及特种车的空车重量不受此限)的两轮和三轮机动车。

对最大设计车速不超过 50km/h、发动机气缸总工作容量不超过 50mL 的三轮摩托车，不征收消费税。

10. 高尔夫球及球具

高尔夫球及球具，是指从事高尔夫球运动所需的各种专用装备，包括高尔夫球、高尔夫球杆及高尔夫球包(袋)等。

高尔夫球，是指重量不超过 45.93 克、直径不超过 42.67 毫米的高尔夫球运动比赛、练习用球；高尔夫球杆，是指被设计用来打高尔夫球的工具，由杆头、杆身和握把三部分组成；高尔夫球包(袋)，是指专用于盛装高尔夫球及球杆的包(袋)。

本税目征收范围包括高尔夫球、高尔夫球杆、高尔夫球包(袋)。高尔夫球杆的杆头、杆身和握把属于本税目的征收范围。

11. 高档手表

高档手表是指销售价格(不含增值税)每只在 10 000 元(含)以上的各类手表。

12. 游艇

游艇，是指长度大于 8 米、小于 90 米，船体由玻璃钢、钢、铝合金、塑料等多种材料制作，可以在水上移动的水上浮载体。按照动力划分，游艇分为无动力艇、帆艇和机动艇。

本税目征收范围包括艇身长度大于 8 米(含)、小于 90 米(含)，内置发动机，可以在水上移动，一般为私人或团体购置，主要用于水上运动和休闲娱乐等非牟利活动的各类机动艇。

13. 木制一次性筷子

木制一次性筷子，又称卫生筷子，是指以木材为原料经过锯段、浸泡、旋切、刨切、烘干、筛选、打磨、倒角、包装等环节加工而成的各类一次性使用的筷子。

本税目征收范围包括各种规格的木制一次性筷子。未经打磨、倒角的木制一次性筷子属于本税目征税范围。

14. 实木地板

实木地板，是指以木材为原料，经锯割、干燥、刨光、截断、开榫、涂漆等工序加工而成的块状或条状的地面装饰材料。实木地板按生产工艺不同，可分为独板(块)实木地板、实木指接地板、实木复合地板三类；按表面处理状态不同，可分为未涂饰地板(白坯板、素板)和漆饰地板两类。

本税目征收范围包括各类规格的实木地板、实木指接地板、实木复合地板，及用于装饰墙壁、天棚的侧端面为榫、槽的实木装饰板。未经涂饰的素板属于本税目征税范围。

二、税率

消费税采用比例税率和定额税率两种形式。

卷烟、粮食白酒、薯类白酒采用复合计征方法。

消费税根据不同的税目或子目确定相应的税率或单位税额。经整理汇总的现行消费税税目、税率(税额)见表 7－1。

表 7－1　消费税税目、税率(税额)

税 目	税 率
一、烟	
1. 卷烟	
(1)甲类卷烟	56%加 0.003 元/支(生产环节)
(2)乙类卷烟	36%加 0.003 元/支(生产环节)
(3)批发环节	5%
2. 雪茄烟	36%
3. 烟丝	30%
二、酒及酒精	
1. 白酒	20%加 0.5 元/500 克(或者 500 毫升)
2. 黄酒	240 元/吨
3. 啤酒	
(1)甲类啤酒	250 元/吨
(2)乙类啤酒	220 元/吨
4. 其他酒	10%
5. 酒精	5%
三、化妆品	30%
四、贵重首饰及珠宝玉石	
1. 金银首饰、铂金首饰和钻石及钻石饰品	5%
2. 其他贵重首饰和珠宝玉石	10%
五、鞭炮、焰火	15%
六、成品油	
1. 汽油	
(1)含铅汽油	1.40 元/升
(2)无铅汽油	1.00 元/升
2. 柴油	0.80 元/升
3. 航空煤油	0.80 元/升
4. 石脑油	1.00 元/升
5. 溶剂油	1.00 元/升
6. 润滑油	1.00 元/升
7. 燃料油	0.80 元/升
七、汽车轮胎	3%
八、摩托车	
1. 汽缸容量(排气量，下同)在 250 毫升(含 250 毫升)以下的	3%
2. 汽缸容量在 250 毫升以上的	10%

续表

税目	税率
九、小汽车	
1. 乘用车	
(1)汽缸容量(排气量,下同)在1.0升(含1.0升)以下的	1%
(2)汽缸容量在1.0升以上至1.5升(含1.5升)的	3%
(3)汽缸容量在1.5升以上至2.0升(含2.0升)的	5%
(4)汽缸容量在2.0升以上至2.5升(含2.5升)的	9%
(5)汽缸容量在2.5升以上至3.0升(含3.0升)的	12%
(6)汽缸容量在3.0升以上至4.0升(含4.0升)的	25%
(7)汽缸容量在4.0升以上的	40%
2. 中轻型商用客车	5%
十、高尔夫球及球具	10%
十一、高档手表	20%
十二、游艇	10%
十三、木制一次性筷子	5%
十四、实木地板	5%

第四节　计税依据

按照现行消费税法的基本规定,消费税应纳税额的计算分为从价计征、从量计征和复合计征三类计算方法,不同的计算方法下的计税依据也有所不同。

一、销售额的确定

在从价计征的计算方法下,应纳税额等于应税消费品的销售额乘以税率,计税依据为销售额。

1. 销售额的一般规定

销售额为纳税人销售应税消费品向购买方收取的全部价款和价外费用。价外费用,是指价外收取的基金、集资费、返还利润、补贴、违约金(延期付款利息)和手续费、包装费、储备费、优质费、运输装卸费、代收款项、代垫款项以及其他各种性质的价外收费。不包括符合条件的代垫运费。

2. 包装物

应税消费品连同包装物销售的,无论包装物是否单独计价,也不论在会计上如何核算,均应并入应税消费品的销售额中征收消费税。

如果包装物不作价随同产品销售,而是收取押金,此项押金则不应并入应税消费品销售额中征税。但对逾期未收回的包装物不再退还的和已收取一年以上的押金,应并入应税消费品的销售额,按照应税消费品的适用税率征收消费税。

对既作价随同应税消费品销售,又另外收取的包装物的押金,凡纳税人在规定的期限内不予退还的,均应并入应税消费品的销售额,按照应税消费品的适用税率征收消费税。

对酒类产品生产企业销售酒类产品(黄酒、啤酒除外)而收取的包装物押金,无论押金是否返还及会计上如何核算,均应并入酒类产品销售额中征收消费税。

啤酒的包装物押金不包括供重复使用的塑料周转箱的押金。

二、销售数量的确定

在从量定额计算方法下,应纳税额等于应税消费品的销售数量乘以单位税额,计税依据为销售数量。

1. 销售数量的确定

销售数量,是指纳税人生产、加工和进口应税消费品的数量。具体规定为:

(1) 销售应税消费品的,为应税消费品的销售数量;

(2) 自产自用应税消费品的,为应税消费品的移送使用数量;

(3) 委托加工应税消费品的,为纳税人收回的应税消费品数量;

(4) 进口的应税消费品,为海关核定的应税消费品进口征税数量。

2. 计量单位的换算标准

黄酒、啤酒是以吨为税额单位,汽油、柴油是以升为税额单位的。但是在实际销售过程中,吨与升这两个计量单位往往混用。为了规范不同产品的计量单位,以准确计算应纳税额,吨与升两个计量单位的换算标准见表 7-2。

表 7-2 吨、升换算表

啤酒	1 吨=988 升	汽油	1 吨=1 388 升
黄酒	1 吨=962 升	柴油	1 吨=1 176 升
石脑油	1 吨=1 385 升	溶剂油	1 吨=1 282 升
润滑油	1 吨=1 126 升	燃料油	1 吨=1 015 升
航空煤油	1 吨=1 246 升		

三、其他规定

(1) 兼营不同税率应税消费品的税务处理。纳税人生产销售应税消费品,如果不是单一经营某一税率的产品,而是经营多种不同税率的产品,就是兼营行为。纳税人兼营不同税率的应税消费品,应当分别核算不同税率应税消费品的销售额、销售数量。未分别核算销售额、销售数量,或者将不同税率的应税消费品组成成套消费品销售的,从高适用税率。

(2) 纳税人通过自设非独立核算门市部销售的自产应税消费品,应当按照门市部对外销售额或者销售数量征收消费税。

(3) 纳税人用于换取生产资料和消费资料,投资入股和抵偿债务等方面的应税消费品,应当以纳税人同类应税消费品的最高销售价格作为计税依据计算消费税。

(4) 白酒生产企业向商业销售单位收取的“品牌使用费”是随着应税白酒的销售而向购

货方收取的，属于应税白酒销售价款的组成部分，因此，不论企业采取何种方式、以何种名义收取价款，均应并入白酒的销售额中缴纳消费税。

第五节 应纳税额的计算

纳税人在生产销售环节应缴纳的消费税，包括直接对外销售应税消费品应缴纳的消费税和自产自用应税消费品应缴纳的消费税。

一、生产销售

生产销售应税消费品可以涉及三种计算方法。

1. 从价定率计算

在从价定率计算方法下，应纳消费税额等于销售额乘以适用税率。基本计算公式为：

应纳税额＝应税消费品的销售额×适用税率

【例 7-1】 某化妆品生产企业为增值税一般纳税人，向某经销商销售化妆品一批，开具增值税专用发票，取得不含增值税销售额 100 万元，增值税额为 17 万元。计算该企业上述业务应缴纳的消费税额。

【解析】 化妆品适用消费税税率 30％

应缴纳的消费税额＝100×30％＝30(万元)

2. 从量定额计算

在从量定额计算方法下，应纳税额等于应税消费品的销售数量乘以单位税额。基本计算公式为：

应纳税额＝应税消费品的销售数量×单位税额

【例 7-2】 某啤酒厂销售啤酒 20 吨给某客户，开具增值税专用发票注明价款 58 000 元，另收取包装物押金 3 000 元，开具普通发票。计算该啤酒厂应缴纳的消费税。

【解析】 啤酒每吨出产价(含包装物及押金)在 3 000 元以上，适用消费税税额是 250 元/吨；每吨出产价(含包装物及押金)在 3 000 元以下，适用消费税税额是 220 元/吨。

啤酒的单位售价＝(58 000＋3 000÷1.17)÷20＝3 028.21(元/吨)，适用消费税额是 250 元/吨，应纳消费税额＝20×250＝5 000(元)

3. 从价定率和从量定额复合计算

现行消费税的征税范围中，只有卷烟、粮食白酒、薯类白酒采用复合计算方法。基本计算公式为：

应纳税额＝应税销售数量×定额税率＋应税销售额×比例税率

【例 7-3】 某白酒生产企业为增值税一般纳税人，销售粮食白酒 2 000 斤，取得不含增值税的销售额 10 万元。计算该笔业务应缴纳的消费税额。

【解析】 白酒适用比例税率 20％，定额税率每斤 0.5 元。

应纳税额＝2 000×0.5＋100 000×20％＝21 000(元)

二、自产自用

1. 自产自用的概念

所谓自产自用，就是纳税人生产应税消费品后，不是用于直接对外销售，而是用于自己连续生产应税消费品或用于其他方面。

(1) 用于连续生产应税消费品。

纳税人自产自用的应税消费品，用于连续生产应税消费品的，不纳税。

“纳税人自产自用的应税消费品，用于连续生产应税消费品的”，是指作为生产最终应税消费品的直接材料，并构成最终产品实体的应税消费品。

(2) 用于其他方面。

纳税人自产自用的应税消费品，除用于连续生产应税消费品外，凡用于其他方面的，于移送使用时纳税。

用于其他方面的，是指纳税人用于生产非应税消费品和在建工程，管理部门、非生产机构，提供劳务，以及用于馈赠、赞助、集资、广告、样品、职工福利、奖励等方面的应税消费品。

“用于生产非应税消费品”，是指把自产的应税消费品用于生产消费税条例税目、税率表所列 14 类产品以外的产品。

“用于在建工程”，是指把自产的应税消费品用于本单位的各项建设工程。

“用于管理部门、非生产机构”，是指把自己生产的应税消费品用于与本单位有隶属关系的管理部门或非生产机构。

“用于馈赠、赞助、集资、广告、样品、职工福利、奖励”，是指把自己生产的应税消费品无偿赠送给他人，或以资金的形式投资于外单位某些事业，或作为商品广告、经销样品，或以福利、奖励的形式发给职工。

总之，企业自产的应税消费品虽然没有用于销售或连续生产应税消费品，但只要是用于税法所规定的范围的，都视同销售，依法缴纳稍费税。

2. 自产自用应纳税额的计算

纳税人自产自用的应税消费品，凡用于其他方面，应当纳税的，按照纳税人生产的同类消费品的销售价格计算纳税。

(1) 同类消费品的销售价格，是指纳税人当月销售的同类消费品的销售价格，如果当月同类消费品各期销售价格高低不同，应按销售数量加权平均计算。但销售的应税消费品有下列情况之一的，不得列入加权平均计算：一是销售价格明显偏低又无正当理由的；二是无销售价格的。如果当月无销售或者当月未完结，应按照同类消费品上月或最近月份的销售价格计算纳税。

(2) 没有同类消费品销售价格的，按照组成计税价格计算纳税。

实行从价定率计税办法计算纳税的，组成计税价格的计算公式为：

组成计税价格＝(成本＋利润)÷(1－比例税率)

应纳税额＝组成计税价格×比例税率

实行复合计税办法计算纳税的，组成计税价格的计算公式是：

组成计税价格＝(成本＋利润＋自产自用数量×定额税率)÷(1－比例税率)

应纳税额＝组成计税价格×比例税率＋自产自用数量×定额税率

上述公式中所说的“成本”，是指应税消费品的产品生产成本。

上述公式中所说的“利润”，是指根据应税消费品的全国平均成本利润率计算的利润。应税消费品全国平均成本利润率由国家税务总局确定。具体见表7－3。

表7－3　平均成本利润率表　(单位%)

货物名称	利润率	货物名称	利润率
1. 甲类卷烟	10	11. 贵重首饰及珠宝玉石	6
2. 乙类卷烟	5	12. 汽车轮胎	5
3. 雪茄烟	5	13. 摩托车	6
4. 烟丝	5	14. 高尔夫球及球具	10
5. 粮食白酒	10	15. 高档手表	20
6. 薯类白酒	5	16. 游艇	10
7. 其他酒	5	17. 木制一次性筷子	5
8. 酒精	5	18. 实木地板	5
9. 化妆品	5	19. 乘用车	8
10. 鞭炮、焰火	5	20. 中轻型商用客车	5

【例7－4】　某鞭炮厂生产一种新的焰火，广告样品使用0.5吨，该种焰火无同类产品出厂价，生产成本每吨4 000元。计算该厂应缴纳的消费税。

【解析】　组成计税价格＝成本×(1＋成本利润率)÷(1－比例税率)

＝0.5×4 000×(1＋5%)÷(1－15%)＝2 470.59(元)

应纳消费税＝2 470.59×15%＝370.59(元)

三、委托加工

委托加工的应税消费品，是指由委托方提供原料和主要材料，受托方只收取加工费和代垫部分辅助材料加工的应税消费品。对于由受托方提供原材料生产的应税消费品，或者受托方先将原材料卖给委托方，然后再接受加工的应税消费品，以及由受托方以委托方名义购进原材料生产的应税消费品，不论纳税人在财务上是否作销售处理，都不得作为委托加工应税消费品，而应当按照销售自制应税消费品缴纳消费税。

委托加工的应税消费品，受托方在交货时已代收代缴消费税，委托方收回后直接出售的，不再征收消费税。

1. 代收代缴税款的规定

对于确实属于委托方提供原料和主要材料，受托方只收取加工费和代垫部分辅助材料加工的应税消费品，税法规定，由受托方在向委托方交货时代收代缴消费税。受托方是个体经营者的，于委托方收回后在委托方所在地缴纳消费税。

如果受托方对委托加工的应税消费品未代收代缴或少代收代缴消费税，按税收征管法的规定，要承担相应的法律责任。受托方没有代收代缴税款，并不能因此免除委托方补缴税款的责任,委托方要补缴税款。对受托方不再重复补税,但要按税收征管法的规定,处以应代收代缴税款50%以上、3倍以下的罚款。

2. 委托加工代收代缴税款的计算

(1) 委托加工的应税消费品,按照受托方(即代收代缴义务人)当月销售的同类消费品的销售价格计算纳税。

如果当月同类消费品各期销售价格高低不同,应按销售数量加权平均计算。但销售的应税消费品有下列情况之一的,不得列入加权平均计算:一是销售价格明显偏低又无正当理由的,二是无销售价格的。

(2) 如果受托方当月无销售或者当月未完结,应按照同类消费品上月或最近月份的销售价格计算纳税。

(3) 没有同类消费品销售价格的,按照组成计税价格计算纳税。

实行从价定率计税办法计算纳税的,组成计税价格的计算公式为:

组成计税价格=(材料成本+加工费)÷(1-比例税率)

实行复合计税办法计算纳税的,组成计税价格的计算公式为:

组成计税价格=(材料成本+加工费+委托加工数量×定额税率)÷(1-比例税率)

“材料成本”,是指委托方所提供加工材料的实际成本。委托加工应税消费品的纳税人,必须在委托加工合同上如实注明(或以其他方式提供)材料成本,凡未提供材料成本的,受托方所在地的主管税务机关有权核定其材料成本。

“加工费”,是指受托方加工应税消费品向委托方所收取的全部费用,包括代垫辅助材料的实际成本,不包括增值税税金。

【例7-5】 某企业受托为某单位加工一批烟丝,委托单位提供的原材料金额为30万元,收到委托单位不含增值税的加工费5万元,无同类产品市场价格。计算该企业应代收代缴的消费税。

【解析】 组成计税价格=(材料成本+加工费)÷(1-消费税税率)
=(30+5)÷(1-30%)=50(万元)

应代收代缴消费税=50×30%=15(万元)

四、进口

进口的应税消费品是报关进口时缴纳消费税。进口的应税消费品的消费税由海关代征。进口的应税消费品,由进口人或者其代理人向报关地海关申报纳税。纳税人进口应税消费品,按照关税征收管理的相关规定,应当自海关填发税款缴款书之日起15日内缴纳消费税税款。

进口应税消费品的收货人或办理报关手续的单位和个人,为进口应税消费品消费税的纳税义务人。

纳税人进口应税消费品,按照组成计税价格和规定的税率计算应纳税额。

1. 实行从价定率计征应纳税额的计算

应纳税额的计算公式:

组成计税价格＝(关税完税价格＋关税)÷(1－消费税税率)

应纳税额＝组成计税价格×消费税税率

【例 7－6】 某商贸公司从国外进口一批化妆品，该批化妆品的关税完税价格为 100 万元，按规定缴纳关税 40 万元。计算该批化妆品进口环节应缴纳的消费税和增值税额。

【解析】 组成计税价格＝(100＋40)÷(1－30％)＝200(万元)

应纳消费税税额＝200×30％＝60(万元)

应纳增值税税额＝200×17％＝34(万元)

2. 实行从量定额计征应纳税额的计算

应纳税额的计算公式：

应纳税额＝应税消费品数量×消费税单位税额

3. 实行从价定率和从量定额计征应纳税额的计算

应纳税额的计算公式：

组成计税价格＝(关税完税价格＋关税＋进口数量×消费税定额税率)÷(1－消费税比例税率)

应纳税额＝组成计税价格×消费税税率＋应税消费品进口数量×消费税定额税率

进口环节消费税除国务院另有规定者外，一律不得给予减税、免税。

五、已纳消费税的扣除

为了避免重复征税，现行消费税规定，将外购应税消费品和委托加工收回的应税消费品继续生产应税消费品销售的，可以将外购应税消费品和委托加工收回的应税消费品已缴纳的消费税给予扣除。

1. 外购应税消费品已纳税款的扣除

由于某些应税消费品是用外购已缴纳消费税的应税消费品连续生产出来的，在对这些连续生产出来的应税消费品计算征税时，税法规定应按当期生产领用数量计算准予扣除的外购应税消费品已纳的消费税税款。扣除范围包括：

(1) 外购已税烟丝生产的卷烟；

(2) 外购已税化妆品生产的化妆品；

(3) 外购已税珠宝玉石生产的贵重首饰及珠宝玉石；

(4) 外购已税鞭炮、焰火生产的鞭炮、焰火；

(5) 外购已税汽车轮胎(内胎和外胎)生产的汽车轮胎；

(6) 外购已税摩托车生产的摩托车(如用外购两轮摩托车改装三轮摩托车)；

(7) 外购已税杆头、杆身和握把为原料生产的高尔夫球杆；

(8) 外购已税木制一次性筷子为原料生产的木制一次性筷子；

(9) 外购已税实木地板为原料生产的实木地板；

(10) 外购已税石脑油为原料生产的应税消费品；

(11) 外购已税润滑油为原料生产的润滑油。

上述当期准予扣除的外购应税消费品已纳消费税税款的计算公式为：

当期准予扣除的外购应税消费品已纳税款＝当期准予扣除的外购应税消费品买价×外购应税消费品适用税率

当期准予扣除的外购应税消费品买价＝期初库存的外购应税消费品的买价＋当期购进的应税消费品的买价－期末库存的外购应税消费品的买价

【例 7－7】 某卷烟生产企业，某月初库存外购应税烟丝金额 12 万元，当月又外购应税烟丝金额 180 万元(不含增值税)，月末库存烟丝金额 70 万元，其余被当月生产卷烟领用。请计算卷烟厂当月准许扣除的外购烟丝已缴纳的消费税税额。

【解析】 外购已税烟丝生产的卷烟，允许扣除外购已税烟丝已纳税款。

当期准许扣除的外购烟丝买价＝12＋180－70＝122(万元)

当月准许扣除的外购烟丝已缴纳的消费税税额＝122×30％＝36.6(万元)

外购已税消费品的买价，是指购货发票上注明的销售额(不包括增值税税款)。

允许扣除已纳税款的应税消费品，只限于从工业企业购进的应税消费品和进口环节已缴纳消费税的应税消费品，对从境内商业企业购进应税消费品的已纳税款不得扣除。

对自己不生产应税消费品，而只是购进后再销售应税消费品的工业企业，其销售的化妆品、鞭炮焰火和珠宝玉石，凡不能构成最终消费品直接进入消费品市场，而需进一步生产加工的，应当征收消费税，同时允许扣除上述外购应税消费品的已纳税款。

纳税人用外购的已税珠宝玉石生产的改在零售环节征收消费税的金银首饰(镶嵌首饰)，在计税时一律不得扣除外购珠宝玉石的已纳税款。

2. 委托加工收回的应税消费品已纳税款的扣除

委托加工的应税消费品因为已由受托方代收代缴消费税，因此，委托方收回货物后用于连续生产应税消费品的，其已纳税款准予按照规定从连续生产的应税消费品应纳消费税税额中抵扣。扣除范围有：

(1) 以委托加工收回的已税烟丝为原料生产的卷烟；

(2) 以委托加工收回的已税化妆品为原料生产的化妆品；

(3) 以委托加工收回的已税珠宝玉石为原料生产的贵重首饰及珠宝玉石；

(4) 以委托加工收回的已税鞭炮、焰火为原料生产的鞭炮、焰火；

(5) 以委托加工收回的已税汽车轮胎生产的汽车轮胎；

(6) 以委托加工收回的已税摩托车生产的摩托车；

(7) 以委托加工收回的已税杆头、杆身和握把为原料生产的高尔夫球杆；

(8) 以委托加工收回的已税木制一次性筷子为原料生产的木制一次性筷子；

(9) 以委托加工收回的已税实木地板为原料生产的实木地板；

(10) 以委托加工收回的已税石脑油为原料生产的应税消费品；

(11) 以委托加工收回的已税润滑油为原料生产的润滑油。

上述当期准予扣除的委托加工收回的应税消费品已纳消费税税款的计算公式是：

当期准予扣除的委托加工应税消费品已纳税款＝期初库存的委托加工应税消费品已纳税款＋当期收回的委托加工应税消费品已纳税款－期末库存的委托加工应税消费品已纳税款

纳税人用委托加工收回的已税珠宝玉石生产的改在零售环节征收消费税的金银首饰，在计税时不得扣除委托加工收回的珠宝玉石的已纳消费税税款。

第六节 出口应税消费品退(免)税

出口退(免)税优惠政策涉及增值税和消费税。出口应税消费品同时涉及退(免)增值税和消费税，退(免)消费税与出口货物退(免)增值税在退(免)税范围的限定、退(免)税办理程序、退(免)税审核及管理上都有许多一致的地方。

一、出口退(免)税政策

出口应税消费品退(免)消费税在政策上分为以下三种情况。

1. 出口免税并退税

出口免税并退税政策的适用范围是：有出口经营权的外贸企业购进应税消费品直接出口；外贸企业受其他外贸企业委托，代理出口应税消费品。

外贸企业受其他企业(主要是非生产性的商贸企业)委托，代理出口应税消费品的，不予退(免)税。

2. 出口免税但不退税

出口免税但不退税政策的适用范围是：有出口经营权的生产性企业自营出口；生产企业委托外贸企业代理出口自产的应税消费品。

免征消费税，是指对生产性企业按其实际出口数量免征生产环节的消费税。

3. 出口不免税也不退税

出口不免税也不退税政策的适用范围是：除生产企业、外贸企业外的其他企业，具体是指一般商贸企业，这类企业委托外贸企业代理出口应税消费品，一律不予退(免)税。

二、出口退税额的计算

出口应税消费品的退税率就是消费税的税率或税额。

当出口的货物是应税消费品时，退还增值税按规定的退税率计算；退还消费税则按该应税消费品所适用的消费税税率计算。

外贸企业从生产企业购进货物直接出口或受其他外贸企业委托代理出口应税消费品的应退消费税税款，分两种情况处理：

(1) 属于从价定率计征消费税的应税消费品，应依照外贸企业从工厂购进货物时征收消费税的价格计算应退消费税税款，其公式为：

$$应退消费税税款=出口货物的工厂销售额\times税率$$

“出口货物的工厂销售额”不包含增值税。对含增值税的价格应换算为不含增值税的销售额。

(2) 属于从量定额计征消费税的应税消费品,应以货物购进和报关出口的数量计算应退消费税税款。其公式为:

应退消费税税款=出口数量×单位税额

三、出口退(免)税管理

企业应将不同消费税税率的出口应税消费品分开核算和申报,凡划分不清适用税率的,一律从低适用税率计算应退消费税税额。

出口的应税消费品办理退税后,发生退关,或者国外退货进口时予以免税的,报关出口者必须及时向其所在地主管税务机关申报补缴已退的消费税税款。

纳税人直接出口的应税消费品办理免税后发生退关或国外退货,进口时已予以免税的,经所在地主管税务机关批准,可暂不办理补税,待其转为国内销售时,再向其主管税务机关申报补缴消费税。

第七节 征收管理

一、纳税义务发生时间

纳税人生产的应税消费品于销售时纳税,进口消费品应当于应税消费品报关进口环节纳税,但金银首饰、钻石及钻石饰品在零售环节纳税。

(1) 纳税人销售的应税消费品,其纳税义务的发生时间为:

● 纳税人采取赊销和分期收款结算方式的,其纳税义务的发生时间,为销售合同规定的收款日期的当天。

● 纳税人采取预收货款结算方式的,其纳税义务的发生时间,为发出应税消费品的当天。

● 纳税人采取托收承付和委托银行收款方式销售的应税消费品,其纳税义务的发生时间,为发出应税消费品并办妥托收手续的当天。

● 纳税人采取其他结算方式的,其纳税义务的发生时间,为收讫销售款或者取得索取销售款的凭据的当天。

(2) 纳税人自产自用的应税消费品,其纳税义务的发生时间,为移送使用的当天。

(3) 纳税人委托加工的应税消费品,其纳税义务的发生时间,为纳税人提货的当天。

(4) 纳税人进口的应税消费品,其纳税义务的发生时间,为报关进口的当天。

二、纳税期限

按照《中华人民共和国消费税暂行条例》规定,消费税的纳税期限分别为 1 日、3 日、5

日、10 日、15 日、1 个月或者 1 个季度。纳税人的具体纳税期限，由主管税务机关根据纳税人应纳税额的大小分别核定；不能按照固定期限纳税的，可以按次纳税。

纳税人以 1 个月或者 1 个季度为一期纳税的，自期满之日起 15 日内申报纳税；以 1 日、3 日、5 日、10 日或者 15 日为一期纳税的，自期满之日起 5 日内预缴税款，于次月 1 日起至 15 日内申报纳税并结清上月应纳税款。

纳税人进口应税消费品，应当自海关填发税款缴纳凭证的次日起 15 日内缴纳税款。

三、纳税地点

消费税具体纳税地点有：

（1）纳税人销售的应税消费品，以及自产自用的应税消费品，除国家另有规定的外，应当向纳税人核算地主管税务机关申报纳税。

（2）委托加工的应税消费品，除受托方为个体经营者外，由受托方向所在地主管税务机关代收代缴消费税税款。

（3）进口的应税消费品，由进口人或者其代理人向报关地海关申报纳税。

（4）纳税人到外县（市）销售或委托外县（市）代销自产应税消费品的，在应税消费品销售后，向机构所在地或者居住地主管税务机关申报纳税。

（5）纳税人的总机构与分支机构不在同一县（市）的，应当分别向各自机构所在地的主管税务机关申报纳税。经国家税务总局及所属省国家税务局批准，可以由总机构汇总向总机构所在地主管税务机关申报纳税。

（6）纳税人销售的应税消费品，如因质量等原因由购买者退回时，经所在地主管税务机关审核批准后，可退还已征收的消费税税款，但不能自行直接抵减应纳税款。

阅读材料："抑大扬小" 汽车消费税调整或难彰实效

来源：《第一财经日报》，2008 年 08 月 14 日，熊剑锋、刘彬彬

财政部和国家税务总局昨日宣布，决定从 2008 年 9 月 1 日起调整汽车消费税，大幅提高 3.0 升以上大排量乘用车的消费税税率，同时降低 1.0 升及以下小排量乘用车的消费税税率。

这是国家自 2006 年 4 月 1 日以来第二次调整汽车消费税税率，目的是抑制大排量汽车的生产和消费，鼓励小排量汽车的生产和消费。

根据中国汽车工业协会的统计，2008 年上半年，排量在 1.0 升以下的轿车销量出现明显下滑，仅销售 12.91 万辆，同比下降了 3.86%；而与之形成鲜明对比的是，上半年运动型多用途汽车（SUV）的销量同比增长了 42.01%。

车市反应或不明显

税率调整会否对汽车销售产生影响？多位专业人士认为，这一影响可能不太明显。

国家发改委价格监测中心价格要素处程晓东认为，消费税调整后，大排量汽车市场价格的调整应该不太明显。"在政策公布之前，市场上就曾有传言出现，很多大排量车的价格已经进行了调整，可以说影响基本上已经被市场提前消化。"他指出，"此次调整的幅度比较温和，对于市场平均价的影响也不会很明显。"

至于消费税调整的另一部分车型——排量在 1.0 升以下的小型车，其市场价格就更难

发生变化了。“现在小排量汽车的价格已经很便宜了，消费税调整不会促使其价格下降”，程晓东说。

丰田汽车(中国)投资有限公司的相关人员告诉《第一财经日报》记者，丰田汽车正在就新政策研究具体对策，至于政策实施后会否对大排量汽车的销售造成影响，他认为“目前很难说”。

据新华社报道，中国汽车进口贸易中心的专家测算，提高大排量汽车消费税后，3.0升～4.0升乘用车的进口成本将增加13%左右，4.0升以上乘用车的进口成本将增加33%。这些增加的成本势必会转嫁给消费者，这将会抑制一部分人的消费意愿，有助于改变现在的进口汽车结构。

但也有观点认为，大排量乘用车的私人消费者，主要是富裕人群，这部分人对价格并不特别敏感。因此，提高大排量车消费税到底能起到多大作用，还有待观察。

北京一家大排量汽车的经销商也告诉记者，现在市场上大排量汽车的销售状况仍然很好。“假如一辆50万元的汽车，由于消费税调整，价格上涨几千至几万元不等，对于真正想购买大排量车的消费者来说，上涨的部分并不会影响他们购买。”

节能减排需要组合拳

多位接受本报采访的专家认为，此次税率调整对于节能减排的实际效果有限，主要是起到导向作用。

中央财经大学税务学院刘桓对本报记者表示，此次调整能起到部分作用，但是不能解决能源消耗的问题。

他表示，汽车消费税只是一次性的负担，公车消费的税负可以报销，而私车消费很多时候不仅仅是代步工具，还是身份和地位的象征，“汽车消费税的缺点在于无法对消费者的行为施加持续性的影响，对于一次性多出来的消费税，很多消费者咬咬牙就接受了。”

刘桓建议，此次调整之后应继续采取一些后续政策，包括提高高档车的养路费、出台燃油税，以及研制“小而精”的小型车，引导消费者的消费观念等。而除了经济手段之外，还可以采取一些行政手段，比如对于公车消费加以限制。

财政部科研所的白景明认为，此次政策调整表明政府对税收政策调节功能的运用，更多的是一种导向作用。至于燃油税的改革，由于涉及多方面的因素，短期内出台较为困难。

社科院工业经济研究所研究员赵英对本报记者表示，消费税调整对“抑大扬小”能有一些作用，“但是也不能高估它的作用。”他表示，“消费税调整主要是起引导作用，但是消费税毕竟是购买时的一次性行为，若要真正有实际效果，还要在使用成本上有所体现，比如实施燃油税等。”

思考题

1. 为什么要征收消费税?
2. 消费税有哪些特点?
3. 消费税有哪些作用?
4. 消费税对哪些商品征税?
5. 消费税中的自产自用和增值税的视同销售有哪些异同?
6. 委托加工如何缴纳消费税?

7. 外购已税消费品再加工销售该如何纳税?

8. 进口货物如何计算缴纳消费税?

9. 哪些情况下,出口应税消费品可以退(免)消费税?

10. 消费税的纳税地点如何确定?

第八章 营 业 税

本章学习要点：
★ 营业税的概念和特点
★ 纳税义务人和征税范围
★ 税目和税率
★ 计税依据和应纳税额的计算
★ 税收优惠
★ 征收管理

营业税是对在我国境内提供应税劳务、转让无形资产或销售不动产的单位和个人，就其所取得的营业额征收的一种税。营业税属于流转税制中的一个主要税种。

现行营业税的基本规范，是1993年12月13日中华人民共和国国务院令第136号发布，2008年11月5日国务院第34次常务会议修订通过的《中华人民共和国营业税暂行条例》。

第一节 营业税概述

一、营业税的概念

一般来说，营业税泛指对工商营利事业和服务业的营业额征收的一种税。各国营业税的征税范围不尽相同，甚至有着较大区别。广义的营业税，基本等同于销售税，是以厂商的商品（劳务）的销售收入额（营业收入额）为课税对象的税收。

从我国建国以来的营业税演变过程也可以看出，营业税的概念是随着社会经济发展和税制整体变革而不断变化的。新中国成立以后，在统一全国税政时也建立了营业税。当时的营业税是合并在工商业税中的，不是独立的税种，其征税范围既包括生产领域也包括流通领域。之后的历次税制改革，营业税虽然有所变化，但依然不是一个独立的税种。直到1984年对国营企业实行第二步利改税时，才把对商业、服务业营业收入的征税从原工商税中分离出来，使营业税成为一个独立税种。我国1984年建立的营业税是对商品批发、商品零售和服务性业务收入征收的一种税，与从工商税中分离出来的产品税和增值税共同构成了当时我国流转税的三大主体税种。我国现行的营业税是1994年税制改革时确立的，基于流转税制的整体设计，对商品流转额以及部分劳务征收增值税，而对大部分的劳务以及无形资产、不动产的流转课征营业税。

二、我国营业税的特点

1. 范围广、税源普遍

营业税的征税范围包括在中国境内提供应税劳务、转让无形资产和销售不动产的经营行为，涉及国民经济中第三产业这一广泛的领域。第三产业直接关系着城乡人民群众的日常生活，因而营业税的征税范围具有广泛性和普遍性。随着第三产业的不断发展，营业税的收入也将逐步增长。

2. 计税依据、计算方法简便

营业税的计税依据为各种应税劳务收入的营业额、转让无形资产的转让额、销售不动产的销售额（三者统称为营业额），税收收入不受成本、费用高低的影响，收入比较稳定。营业税实行比例税率，计征方法简便。

3. 按行业设计税目、税率

营业税与其他流转税税种不同，它不按商品或征税项目的种类、品种设置税目、税率，而是从应税劳务的综合性经营特点出发，按照不同经营行业设计不同的税目、税率，即行业相同，税目、税率相同；行业不同，税目、税率不同。

第二节 纳税义务人和征税范围

一、征税范围

1. 征税范围的一般规定

在中华人民共和国境内提供应税劳务、转让无形资产或者销售不动产的单位和个人，为营业税的纳税人，应按照税法规定缴纳营业税。

在中华人民共和国境内，是指税收行政管辖权的区域。具体情况为：

- 提供或者接受应税劳务的单位或者个人在境内；
- 所转让的无形资产（不含土地使用权）的接受单位或者个人在境内；
- 所转让或者出租土地使用权的土地在境内；
- 所销售或者出租的不动产在境内。

应税劳务是指属于交通运输业、建筑业、金融保险业、邮电通信业、文化体育业、娱乐业、服务业科目征收范围的劳务。

加工和修理修配劳务属于增值税的征税范围，因此不属于营业税的应税劳务。

单位或个体经营者聘用的员工为本单位或雇主提供的劳务，也不属于营业税的应税劳务。

保险劳务：一是指境内保险机构为境内标的物提供的保险，不包括境内保险机构为出口货物提供的保险;二是指境外保险机构以在境内的物品为标的物所提供的保险。

提供应税劳务、转让无形资产或者销售不动产,是指有偿提供应税劳务、有偿转让无形资产或者有偿销售不动产的行为。

有偿,是指通过提供、转让或销售行为,取得货币、货物或其他经济利益。

2. 营业税与增值税征税范围的划分

营业税与增值税都是流转税,营业税主要对各种劳务征收,同时对销售不动产和转让无形资产也征收营业税。增值税主要对各种货物征收,同时对加工、修理修配劳务也征收增值税。两个税种性质相同,各自征收领域不同,理论上是可以划分清楚的,但在实际操作上存在一些具体问题,相关规定如下。

(1) 建筑业务征税问题。基本建设单位和从事建筑安装业务的企业附设的工厂、车间生产的水泥预制构件、其他构件或建筑材料,用于本单位或本企业的建筑工程的,应在移送使用时征收增值税。但对其在建筑现场制造的预制构件,凡直接用于本单位或本企业建筑工程的,征收营业税,不征收增值税。

(2) 邮电业务征税问题。集邮商品的生产征收增值税。邮政部门(含集邮公司)销售集邮商品,应当征收营业税;邮政部门以外的其他单位与个人销售集邮商品,征收增值税。集邮,是指收集和保存各种邮票以及与邮政相联系的其他邮品的活动。

集邮商品,是指邮票、小型张、小本票、明信片、首日封、邮折、集邮簿、邮盘、邮票目录、护邮袋、贴片等。

邮政部门发行报刊,征收营业税;其他单位和个人发行报刊,征收增值税。报刊发行,是指邮政部门代出版单位收订、投递和销售各种报纸、杂志的业务。

电信单位自己销售电信物品,并为客户提供有关的电信劳务服务的,征收营业税;对单纯销售移动电话等不提供有关的电信劳务服务的,征收增值税。电信物品,是指电信业务专用或通用的物品,如移动电话、电话机及其他电信器材等。

(3) 代购代销的征税问题。代购代销货物本身的经营活动属于购销货物,在其经营过程中,货物实现了有偿转让,应属增值税的征收范围。营业税对代购代销货物征税,不是针对货物有偿转让这个过程的经营业务,而是对代理者为委托方提供的代购或代销货物的劳务行为征税。

代购货物,是指受托方按照协议或委托方的要求,从事商品的购买,并按发票购进价格与委托方结算(原票转交)。如果受托方在代购货物后按原价与委托方结算,则只需就货物销售征收增值税。如果受托方在这个过程中提供了劳务,按购进额收取一定的手续费,这就是受托方为委托方提供劳务而取得的报酬,也就是营业税规定要征税的范围。

具体规定是:同时具备以下条件的代购货物行为,不论企业的财务和会计账务如何处理,均应征收营业税:

- 受托方不垫付资金;
- 销货方将增值税专用发票开具给委托方,并由受托方将该项发票转交给委托方;
- 受托方按代购实际发生的销售额和增值税税额与委托方结算货款,并另收取手续费。

代销,是指受托方按委托方的要求销售委托方的货物,并收取手续费的经营活动。就销售货物环节而言,代销与代购一样也属增值税的征收范围。如果受托方提供了劳务,收取了一定的手续费,就需要缴纳营业税。营业税是对受托方提供代销货物业务的劳务所取得的手续费征税。界定“代销”的关键,是受托方以委托方的名义,从事销售委托方的货物的活动，对代销货物发生的质量问题以及法律责任，都由委托方负责。

(4)其他服务业与增值税的划分问题。服务业税目中，所列举的经营行为多数属混合销售。根据混合销售或是兼营行为规定的处理原则，比较容易确定征税范围。

如某饭店在提供饮食的同时，也提供香烟等货物，就应按饮食业征收营业税。

如某饭店在大门口设一个独立核算的柜台，既对店内的顾客提供自制食品，又对外销售，这种情况属于兼营行为。

生产、销售货物或提供增值税应税劳务的单位，在销售货物或提供增值税应税劳务时，代有关部门向购买方收取的集资费、手续费、代收款等，属于增值税价外收费，应征收增值税，不征收营业税。

(5) 销售自产货物、提供增值税应税劳务，并同时提供建筑业劳务的征税问题。自2002年9月1日起，纳税人销售自产货物、提供增值税应税劳务，并同时提供建筑业劳务，依据以下规定执行。

纳税人以签订建设工程施工总包或分包合同(包括建筑、安装、装饰、修缮等工程总包和分包合同)方式开展经营活动时，销售自产货物、提供增值税应税劳务，并同时提供建筑业劳务(包括建筑、安装、修缮、装饰、其他工程作业)，同时符合以下条件的，对销售自产货物和提供增值税应税劳务取得的收入征收增值税，对提供建筑业劳务收入(不包括按规定应征收增值税的自产货物和增值税应税劳务收入)征收营业税：

- 具备建设行政部门批准的建筑业施工(安装)资质；
- 签订建设工程施工总包或分包合同中单独注明建筑业劳务价款。

凡不同时符合以上条件的，对纳税人取得的全部收入征收增值税，不征收营业税。

以上所称建筑业劳务收入，以签订的建设工程施工总包或分包合同上注明的建筑业劳务价款为准。

纳税人通过签订建设工程施工合同，在销售自产货物、提供增值税应税劳务的同时，将建筑业劳务分包或转包给其他单位和个人的，对其销售的货物和提供的增值税应税劳务征收增值税；同时，签订建设工程施工总承包合同的单位和个人，应扣缴提供建筑业劳务的单位和个人取得的建筑业劳务收入的营业税。

自2006年5月1日起，纳税人在销售自产建筑防水材料的同时提供建筑业劳务，凡符合《国家税务总局关于纳税人销售自产货物提供增值税劳务并同时提供建筑业劳务征收流转税问题的通知》规定条件的，按照该文件的有关规定征收增值税、营业税。

不论签订建设工程施工合同的总承包人是销售自产货物、提供增值税应税劳务并提供建筑业劳务的单位和个人，还是仅销售自产货物、提供增值税应税劳务而不提供建筑业劳务的单位和个人，均应当扣缴分包人或转包人(以下简称分包人)的营业税。

- 如果分包人是销售自产货物、提供增值税应税劳务并提供建筑业劳务的单位和个人，总承包人在扣缴建筑业营业税时的营业额为除自产货物、增值税应税劳务以外的价款。
- 除本条第一款规定以外的分包人，总承包人在扣缴建筑业营业税时的营业额为分包额。

自产货物范围包括：

- 金属结构件，包括活动板房、钢结构房、钢结构产品、金属网架等产品；
- 铝合金门窗；
- 玻璃幕墙；

● 机器设备、电子通信设备；

● 国家税务总局规定的其他自产货物。

纳税人销售自产货物、提供增值税应税劳务并同时提供建筑业劳务，应向营业税应税劳务发生地地方税务局提供其机构所在地主管国家税务局出具的纳税人属于从事货物生产的单位或个人的证明，营业税应税劳务发生地地方税务局根据纳税人持有的证明按本规定征收营业税。

纳税人按照客户要求，为钻井作业提供泥浆和工程技术服务的行为，应按提供泥浆工程劳务项目，照章征收营业税，不征收增值税。

（6）商业企业向货物供应方收取的部分费用征收流转税的问题。自2004年7月1日起，对商业企业向供货方收取的与商品销售量、销售额无必然联系，且商业企业向供货方提供一定劳务的收入，例如，进场费、广告促销费、上架费、展示费、管理费等，不属于平销返利，不冲减当期增值税进项税额，应按营业税的适用税目、税率征收营业税。

商业企业向供货方收取的各种收入，不得开具增值税专用发票。

二、纳税义务人

1. 纳税义务人的一般规定

在中华人民共和国境内提供应税劳务、转让无形资产或者销售不动产的单位和个人，为营业税的纳税人。

单位，是指国有企业、集体企业、私有企业、股份制企业、外商投资企业、外国企业、其他企业、行政单位、事业单位、军事单位和社会团体等。个人，是指个体工商户以及其他有经营行为的中国公民和外国公民。

2. 纳税义务人的特殊规定

（1）铁路运输的纳税人：

● 中央铁路运营业务的纳税人为铁道部。

● 合资铁路运营业务的纳税人为合资铁路公司。

● 地方铁路运营业务的纳税人为地方铁路管理机构。

● 铁路专用线运营业务的纳税人为企业或其指定的管理机构。

● 基建临管线铁路运营业务的纳税人为基建临管线管理机构。

（2）从事水路运输、航空运输、管道运输或其他陆路运输业务，并负有营业税纳税义务的单位，为从事运输业务并计算盈亏的单位。从事运输业务并计算盈亏的单位是指具备以下条件：一是利用运输工具，从事运输业务，取得运输收入；二是在银行开设有结算账户；三是在财务上计算营业收入、营业支出、经营利润。

（3）单位以承包、承租、挂靠方式经营的，承包人、承租人、挂靠人（以下统称承包人）发生应税行为，承包人以发包人、出租人、被挂靠人（以下统称发包人）名义对外经营并由发包人承担相关法律责任的，以发包人为纳税人；否则以承包人为纳税人。

（4）建筑安装业务实行分包或转包的，分包或转包者为纳税人。

（5）金融保险业纳税人包括：

● 银行，包括人民银行、商业银行、政策性银行。

● 信用合作社。

● 证券公司。

● 金融租赁公司、证券基金管理公司、财务公司、信托投资公司、证券投资基金。

● 保险公司。

● 其他经中国人民银行、中国证监会、中国保监会批准成立,且经营金融保险业务的机构等。

3. 扣缴义务人

在现实生活中,有些具体情况难以确定纳税人,因此,税法规定了扣缴义务人。营业税的扣缴义务人主要有以下几种:

(1) 委托金融机构发放贷款的,其应纳税款以受托发放贷款的金融机构为扣缴义务人;金融机构接受其他单位或个人的委托,为其办理委托贷款业务时,如果将委托方的资金转给经办机构,由经办机构将资金贷给使用单位或个人,由最终将贷款发放给使用单位或个人并取得贷款利息的经办机构代扣委托方应纳的营业税。

(2) 建筑安装工程实行总承包、分包方式的,其总承包人为扣缴义务人。

(3) 纳税人提供建筑业应税劳务,符合以下情形之一的,无论工程是否实行分包,税务机关可以建设单位和个人作为营业税的扣缴义务人:

● 纳税人从事跨地区(包括省、市、县,下同)工程提供建筑业应税劳务的;

● 纳税人在劳务发生地没有办理税务登记或临时税务登记的。

(4) 境外单位或者个人在境内发生应税行为而在境内未设有机构的,其应纳税款以代理人为扣缴义务人;没有代理人的,以受让者或者购买者为扣缴义务人。

(5) 单位或者个人进行演出,由他人售票的,其应纳税款以售票者为扣缴义务人;演出经纪人为个人的,其办理演出业务的应纳税款也以售票者为扣缴义务人。

(6) 分保险业务,其应纳税款以初保人为扣缴义务人。

(7) 个人转让专利权、非专利技术、商标权、著作权、商誉的,其应纳税款以受让者为扣缴义务人。

(8) 财政部规定的其他扣缴义务人。

第三节 税目和税率

一、税目

营业税的税目按照行业、类别的不同分别设置,现行营业税共设置了9个税目。

1. 交通运输业

交通运输业包括陆路运输、水路运输、航空运输、管道运输和装卸搬运五大类。

(1) 陆路运输,是指通过陆路(地上或地下)运送货物或旅客的运输业务,包括铁路运输、公路运输、缆车运输、索道运输及其他陆路运输。

(2) 水路运输,是指通过江、河、湖、川等天然、人工水道或海洋航道运送货物或旅客的运输业务。尽管打捞不是运输业务,但与水路运输有着密切的关系,所以,打捞也可以比照水路运输的办法征税。

(3) 航空运输,是指通过空中航线运送货物或旅客的运输业务。与航空直接有关的通用航空业务、航空地面服务业务也按照航空运输业务征税。

(4) 管道运输,是指通过管道设施输送气体、液体、固体物资的运输业务。

(5) 装卸搬运,是指使用装卸搬运工具或人力、畜力,将货物在运输工具之间、装卸现场之间或运输工具与装卸现场之间进行装卸和搬运的业务。

凡与运营业务有关的各项劳务活动,均属交通运输业的税目征收范围,包括:通用航空业务,航空地面服务,打捞,理货,港务局提供的引航、系解缆、搬家、停泊、移泊等劳务及引水员交通费、过闸费、货物港务费等。

(6) 对远洋运输企业从事程租、期租业务和航空运输企业从事湿租业务取得的收入,按"交通运输业"税目征收营业税。

程租业务,是指远洋运输企业为租船人完成某一特定航次的运输任务并收取租赁费的业务。

期租业务,是指远洋运输企业将配备有操作人员的船舶承租给他人使用一定期限,承租期内听候承租方调遣,不论是否经营,均按天向承租方收取租赁费,发生的固定费用(如人员工资、维修费用等)均由船东负担的业务。

湿租业务,是指航空运输企业将配备有机组人员的飞机承租给他人使用一定期限,承租期内听候承租方调遣,不论是否经营,均按一定标准向承租方收取租赁费,发生的固定费用(如人员工资、维修费用等)均由承租方负担的业务。

(7) 自 2005 年 6 月 1 日起,对公路经营企业收取的高速公路车辆通行费收入统一减按 3%的税率征收营业税。

2. 建筑业

建筑业,是指建筑安装工程作业等,包括建筑、安装、修缮、装饰和其他工程作业等项内容。

(1) 建筑,是指新建、改建、扩建。各种建筑物、构筑物的工程作业,包括与建筑物相连的各种设备或支柱、操作平台的安装或装设的工程作业,以及各种窑炉和金属结构工程作业在内。但自建自用建筑物,其自建行为不是建筑业税目的征税范围。出租或投资入股的自建建筑物,也不是建筑业的征税范围。

(2) 安装,是指生产设备、动力设备、起重设备、运输设备、传动设备、医疗实验设备及其他各种设备的装配、安置工程作业,包括与设备相连的工作台、梯子、栏杆的装设工程作业和被安装设备的绝缘、防腐、保温、油漆等工程作业。

(3) 修缮,是指对建筑物、构筑物进行修补、加固、养护、改善,使之恢复原来的使用价值或延长其使用期限的工程作业。

(4) 装饰,是指对建筑物、构筑物进行修饰,使之美观或具有特定用途的工程作业。

(5) 其他工程作业,是指除建筑、安装、修缮、装饰工程作业以外的各种工程作业,如代办电信工程、水利工程、道路修建、疏浚、钻井(打井)、拆除建筑物、平整土地、搭脚手架、爆破等工程作业。

(6) 管道煤气集资费(初装费)业务。管道煤气集资费(初装费),是用于管道煤气工程建设和技术改造,在报装环节一次性向用户收取的费用。

3. 金融保险业

金融保险业，是指经营金融、保险的业务。

(1) 金融，是指经营货币资金融通活动的业务，包括贷款、融资租赁、金融商品转让、金融经纪业和其他金融业务。

贷款，是指将资金有偿贷与他人使用(包括以贴现、押汇方式)的业务。以货币资金投资但收取固定利润或保底利润的行为，也属于这里所称的贷款业务。

融资租赁(也称金融租赁)，是指经中国人民银行或对外贸易经济合作部(现商务部)批准，可从事融资租赁业务的单位所从事的具有融资性质和所有权转移特点的设备租赁业务。

金融商品转让，是指转让外汇、有价证券或非货物期货的所有权的行为，包括：股票转让、债券转让、外汇转让、其他金融商品转让。

金融经纪业务和其他金融业务，指受托代他人经营金融活动的中间业务，如委托业务、代理业务、咨询业务等。

(2) 保险，是指将通过契约形式集中起来的资金，用以补偿被保险人的经济利益的活动。

(3) 对我国境内外资金融机构从事离岸银行业务，属于在我国境内提供应税劳务的，征收营业税。离岸银行业务是指银行吸收非居民的资金，服务于非居民的金融活动，包括：外汇存款、外汇贷款、同业外汇拆借、国际结算、发行大额可转让存款证、外汇担保、咨询、鉴证业务以及国家外汇管理局批准的其他业务。

4. 邮电通信业

邮电通信业，是指专门办理信息传递的业务，包括邮政、电信。

(1) 邮政，是指传递实物信息的业务，包括传递函件或包件(含快递业务)、邮汇、报刊发行、邮务物品销售、邮政储蓄及其他邮政业务。

(2) 电信，是指用各种电传设备传输电信号而传递信息的业务，包括电传、电话、电话机安装、电信物品销售及其他电信业务。

电信业务，包括基础电信业务和增值电信业务。基础电信业务，是指提供公共网络基础设施、公共数据传送和基本语音通信服务的业务，具体包括固定网国内长途及本地电话业务、移动通信业务、卫星通信业务、互联网及其他数据传送业务、网络元素出租出售业务、电信设备及电路的出租业务、网络接入及网络托管业务、国际通信基础设施国际电信业务、无线寻呼业务和转售的基础电信业务。增值电信业务，是指利用公共网络基础设施提供的电信与信息服务的业务，具体包括固定电话网增值电信业务、移动电话网增值电信业务、卫星网增值电信业务、互联网增值电信业务、其他数据传送网络增值电信业务等服务。

5. 文化体育业

文化体育业，是指经营文化、体育活动的业务，包括文化业和体育业。

文化业，是指经营文化活动的业务，包括表演、播映、经营游览场所和各种展览，培训活动，举办文学、艺术、科技讲座、讲演、报告会，图书馆的图书和资料的借阅业务等。

体育业，是指举办各种体育比赛和为体育比赛或体育活动提供场所的业务。

6. 娱乐业

娱乐业，是指为娱乐活动提供场所和服务的业务，包括经营歌厅、舞厅、卡拉 OK 歌舞厅、音乐茶座、台球、高尔夫球、保龄球馆、网吧、游艺场等娱乐场所，以及娱乐场所为顾客进行娱乐活动提供服务的业务。娱乐场所为顾客提供的饮食服务及其他各种服务也按照娱乐业征税。

7. 服务业

服务业，是指利用设备、工具、场所、信息或技能为社会提供服务的业务，包括代理业、旅店业、饮食业、旅游业、仓储业、租赁业、广告业和其他服务业。

(1) 代理业，是指代委托人办理受托范围内的业务，包括代销货物、代办进出口、介绍服务、其他代理服务。

代销货物，是指受托办理货物销售，按实销额进行结算并收取手续费的业务。

代办进出口，是指受托办理商品或劳务进出口的业务。

代理报关业务，是指接受进出口货物收、发货人的委托，代为办理报关相关手续的业务，此业务应按照"服务业——代理业"税目征收营业税。

介绍业务，是指中介人介绍双方商谈交易或其他事项的业务。

其他代理服务，是指受托办理上列事项以外的其他事项的业务。

金融经纪业不按本税目征税，属于"金融保险业"征税范围。

(2) 服务性单位将委托方预付的餐费转付给餐饮企业，并向委托方和餐饮企业收取服务费的，属于餐饮中介服务，应按"服务业"税目、"代理业"于税目征收营业税。

(3) 无船承运业务，是指无船承运业务经营者以承运人身份接受托运人的货载，签发自己的提单或其他运输单证，向托运人收取运费，通过国际船舶运输经营者完成国际海上货物运输，承担承运人责任的国际海上运输经营活动。无船承运业务应按照"服务业——代理业"税目征收营业税。

(4) 单位和个人受托种植植物、饲养动物的行为，按"服务业"税目征收营业税。单位和个人受托种植植物、饲养动物的行为，是指委托方向受托方提供其拥有的植物或动物，受托方提供种植或饲养服务，最终将植物或动物归还给委托方的行为。

(5) 旅游业，是指为旅游者安排食宿、交通工具和提供导游等旅游服务的业务。

单位和个人在旅游景区经营索道、游船、观光电梯、观光电车、景区环保客运车取得的收入，按"服务业——旅游业"项目征收营业税。

(6) 租赁业，是指出租人将场地、房屋、物品、设备或设施等租给承租人使用的业务。

单位和个人将承租的场地、物品、设备等转租给他人的行为属于租赁行为，按"服务业——租赁业"税目征税。

融资租赁，不按本税目征税，属于"金融保险业"征税范围。

(7) 对远洋运输企业从事光租业务和航空运输企业从事干租业务取得的收入，按"服务业"税目中的"租赁业"项目征收营业税。

光租业务，是指远洋运输企业将船舶在约定的时间内出租给他人使用，不配备操作人员，不承担运输过程中发生的各种费用，只收取固定租赁费的业务。

干租业务，是指航空运输企业将飞机在约定的时间内出租给他人使用，不配备机组人员，不承担运输过程中发生的各种费用，只收取固定租赁费的业务。

对从事远洋运输业程租、期租业务和航空运输业从事湿租业务取得的收入，按"交通运输业"税目征收营业税。

(8) 双方签订承包、租赁合同(协议)，将企业或企业部分资产出包、租赁，出包、出租者向承包、承租方收取的承包费、租赁费(承租费)按"服务业"税目征收营业税。出包方收取的承包费凡同时符合以下三个条件的，属于企业内部分配行为，不征收营业税：

- 承包方以出包方名义对外经营，由出包方承担相关的法律责任；
- 承包方的经营收支全部纳入出包方的财务会计核算；
- 出包方与承包方的利益分配是以出包方的利润为基础的。

(9) 酒店产权式经营业主在约定的时间内提供房产使用权与酒店进行合作经营，如房产产权并未归属新的经济实体，业主按照约定取得的固定收入和分红收入均应视为租金收入，根据有关税收法律、行政法规的规定，应按照“服务业——租赁业”税目征收营业税。

(10) 交通部门有偿转让高速公路收费权行为，属于营业税征收范围，应按“服务业”税目中的“租赁”项目征收营业税。

(11) 广告业，指利用图书、报纸、杂志、广播、电视、电影、幻灯、路牌、招贴、橱窗、霓虹灯、灯箱等形式，为介绍商品、经营服务项目、文体节目或通告、声明等事项进行宣传和提供相关服务的业务。

广告代理业务按“广告业”征税。

对报社、出版社根据文章篇幅、作者名气等向作者收取的“版面费”收入，按照“服务业——广告业”税目征收营业税。

(12) 其他服务业，指上列业务以外的服务业务，如沐浴、理发、洗染、照相、美术、裱画、誊写、打字、镌刻、计算、测试、试验、化验、录音、录像、复印、晒图、设计、制图、测绘、勘探、打包、咨询等。

航空勘探、钻井(打井)勘探、爆破勘探，不按本税目征税，属于“建筑业”征税范围。

纳税人单独提供林木管护劳务行为属于营业税征税范围，在其取得的收入中，属于提供农业机耕、排灌、病虫害防治、植保劳务取得的收入，免征营业税；属于其他收入的，应照章征收营业税。

水利工程单位向用户收取的水利工程水费，属于其向用户提供天然水供应服务取得的收入，按“服务业”税目征收营业税。

8. 转让无形资产

转让无形资产，是指转让无形资产的所有权或使用权的行为，包括转让土地使用权、转让商标权、转让专利权、转让非专利技术、出租电影拷贝、转让著作权和转让商誉。

自 2003 年 1 月 1 日起，以无形资产投资入股，参与接受投资方的利润分配、共同承担投资风险的行为，不征收营业税。在投资后转让其股权的，也不征收营业税。

9. 销售不动产

销售不动产，是指有偿转让不动产所有权的行为，包括销售建筑物或构筑物和销售其他土地附着物。在销售不动产时，连同不动产所占土地的使用权一并转让的行为，比照销售不动产，征收营业税。

自 2003 年 1 月 1 日起，以不动产投资入股，参与接受投资方利润分配、共同承担投资风险的行为，不征营业税。在投资后转让其股权的，也不征收营业税。

单位将不动产无偿赠与他人，视同销售不动产征收营业税；对个人无偿赠送不动产的行为，不征营业税。

纳税人自建住房销售给本单位职工，属于销售不动产行为，应照章征收营业税。

二、税率

营业税按照行业、类别的不同，分别采用不同的比例税率，具体规定为：

（1）交通运输业、建筑业、邮电通信业、文化体育业，税率为3%。

（2）金融保险业、服务业、销售不动产、转让无形资产，税率为5%。

（3）娱乐业执行5%～20%的幅度税率，具体适用的税率，由各省、自治区、直辖市人民政府根据当地的实际情况在税法规定的幅度内决定。

第四节　计税依据和应纳税额的计算

一、计税依据的一般规定

营业税的计税依据是营业额，营业额为纳税人提供应税劳务、转让无形资产或者销售不动产向对方收取的全部价款和价外费用。

价外费用包括向对方收取的手续费、基金、集资费、代收款项、代垫款项及其他各种性质的价外收费。

二、计税依据的具体规定

1. 交通运输业

运输企业自中华人民共和国境内运输旅客或者货物出境，在境外改由其他运输企业承运旅客或者货物，以全程运费减去付给该承运企业的运费后的余额为营业额。

运输企业从事联运业务，以实际取得的营业额为计税依据。联运业务，是指两个以上运输企业完成旅客或货物从发送地点至到达地点所进行的运输业务，联运的特点是一次购买、一次收费、一票到底。

【例8-1】 某运输公司某月运输收入总额为400万元。计算该公司当月应缴纳的营业税税额。

【解析】 应纳营业税税额＝营业额×适用税率＝400×3%＝12(万元)

2. 建筑业

建筑业的总承包人将工程分包或者转包给他人，以工程的全部承包额减去付给分包人或者转包人的价款后的余额为营业额。

从事建筑、修缮、装饰工程作业，无论怎样结算，营业额均包括工程所用原材料及其他物资和动力的价款。从事安装工程作业，安装设备价值作为安装工程产值的，营业额包括设备的价款。

自建行为和单位将不动产无偿赠与他人，由主管税务机关按照规定顺序核定营业额。

自建行为，是指纳税人自己建造房屋的行为。纳税人自建自用的房屋，不纳税；如纳税人(不包括个人自建自用住房销售)将自建的房屋对外销售,其自建行为应按建筑业缴纳营业税,再按销售不动产征收营业税。

纳税人采用清包工形式提供的装饰劳务,按照其向客户实际收取的人工费、管理费和辅助材料费等收入(不含客户自行采购的材料价款和设备价款)确认计税营业额。

清包工形式提供的装饰劳务,是指工程所需的主要原材料和设备由客户自行采购,纳税人只向客户收取人工费、管理费及辅助材料费等费用的装饰劳务。

3. 金融保险业

(1) 一般贷款业务的营业额为贷款利息收入(包括各种加息、罚息等)。

(2) 经中国人民银行、外经贸部(现商务部)和国家经贸委批准经营融资租赁业务的单位,融资租赁以其向承租者收取的全部价款和价外费用(包括残值)减去出租方承担的出租货物的实际成本后的余额,以直线法折算出本期的营业额。计算方法为:

本期营业额=(应收取的全部价款和价外费用-实际成本)×(本期天数÷总天数)

实际成本=货物购入原价+关税+增值税+消费税+运杂费+安装费+保险费+支付给境外的外汇借款利息支出和人民币借款利息

(3) 金融企业(包括银行和非银行金融机构)从事股票、债券买卖业务,以股票、债券的卖出价减去买入价后的余额为营业额,即:

营业额=卖出价-买入价

卖出价是指卖出原价,不得扣除卖出过程中支付的各种费用和税金。买入价是指购进原价,不包括购进过程中支付的各种费用和税金,但买入价应依照财务会计制度的规定,以股票、债券的购入价减去股票、债券持有期间取得的股票、债券的红利收入。

金融企业买卖金融商品(包括股票、债券、外汇及其他金融商品),可在同一会计年度末,将不同纳税期出现的正差和负差按同一会计年度汇总的方式计算并缴纳营业税。如果汇总计算应缴的营业税税额小于本年已缴纳的营业税税额,可以向税务机关申请办理退税,但不得将一个会计年度内汇总后仍为负差的部分结转下一会计年度。

(4) 金融经纪业务和其他金融业务(中间业务)营业额为手续费(佣金)类的全部收入。金融企业从事受托收款业务,如代收电话费、水电煤气费、信息费、学杂费、社保统筹费、交通违章罚款、税款等,以全部收入减去支付给委托方价款后的余额为营业额。

(5) 保险业务营业额包括以下几项:

办理初保业务。营业额为纳税人经营保险业务向对方收取的全部价款,即向被保险人收取的全部保险费。

储金业务。保险公司如采用收取储金方式取得经济利益的(即以被保险人所交保险资金的利息收入作为保费收入,保险期满后将保险资金本金返还被保险人),其“储金业务”的营业额,为纳税人在纳税期内的储金平均余额乘以人民银行公布的1年期存款的月利率。

储金平均余额=(纳税期期初储金余额+期末余额)×50%

保险企业已征收过营业税的应收未收保费,凡在财务会计制度规定的核算期限内未收回的,允许从营业额中减除。在会计核算期限以后收回的已冲减的应收未收保费,再并入当期营业额中。

保险企业开展无赔偿奖励业务的,以向投保人实际收取的保费为营业额。

中华人民共和国境内的保险人将其承保的、以境内标的物为保险标的的保险业务向境外再保险人办理分保的，以全部保费收入减去分保保费后的余额为营业额。

境外再保险人应就其分保收入承担营业税纳税义务，并由境内保险人扣缴境外再保险人应缴纳的营业税税款。

(6) 金融企业贷款利息征收营业税的具体规定。自 2003 年 1 月 1 日起，对金融企业(包括国有、集体、股份制、合资、外资银行以及其他所有制形式的银行，城市信用社和农村信用社，信托投资公司和财务公司)按以下规定征收营业税：

金融企业发放贷款(包括自营贷款和委托贷款)后，凡在规定的应收未收利息核算期内发生的应收利息，均应按规定申报缴纳营业税；贷款应收利息自结息之日起，超过应收未收利息核算期限或贷款本金到期(含展期)超过 90 天后尚未收回的，按照实际收到的利息申报缴纳营业税。

金融企业自 2001 年 1 月 1 日以后发生的已缴纳过营业税的应收未收利息(包括自营贷款和委托贷款利息)，若超过应收未收利息核算期限后仍未收回或其贷款本金到期(含展期)后尚未收回的，可从以后的营业额中减除。

金融企业从营业额中减除的应收未收利息的额度和年限以该金融企业确定的额度和年限确定，各级地方政府及其财政、税务机关不得规定金融企业应收未收利息从营业额中减除的年限和比例。

(7) 外币折合成人民币。金融保险业以外汇结算营业额的，应将外币折合成人民币后计算营业税。原则上金融业按其收到外汇的当天或当季季末中国人民银行公布的基准汇价折合营业额，保险业按其收到外汇的当天或当月最后一天中国人民银行公布的基准汇价折合营业额，报经省级税务机关批准后，允许按照财务制度规定的其他基准汇价折合营业额。

4. 邮电通信业

电信部门以集中受理方式为集团客户提供跨省的出租电路业务，由受理地区的电信部门按取得的全部价款减除分割给参与提供跨省电信业务的电信部门的价款后的差额为营业额，计征营业税；对参与提供跨省电信业务的电信部门，按各自取得的全部价款为营业额，计征营业税。

集中受理，是指电信部门应一些集团客户的要求，为该集团所属的众多客户提供跨地区的出租电信线路业务，以便该集团所属众多客户在全国范围内保持特定的通信联络。

邮政电信单位与其他单位合作，共同为用户提供邮政电信业务及其他服务，并由邮政电信单位统一收取价款的，以全部收入减去支付给合作方价款后的余额为营业额。

5. 文化体育业

单位或个人进行演出，以全部票价收入或者包场收入减去付给提供演出场所的单位、演出公司或者经纪人的费用后的余额为营业额。

6. 娱乐业

经营娱乐业向顾客收取的各项费用为营业额，包括门票收费、台位费、点歌费、烟酒和饮料收费及其他收费。

【例 8-2】 某卡拉 OK 歌舞厅某月门票收入为 80 万元，台位费收入 40 万元，相关的烟酒和饮料费收入 30 万元，适用的税率为 20%。计算该歌舞厅应缴纳的营业税税额。

【解析】 应纳营业税税额＝营业额×适用税率＝(80＋40＋30)×20%＝30(万元)

7. 服务业

服务业的营业额是纳税人提供服务业劳务向对方收取的全部价款和价外费用。为了避免某些项目重复征税，对旅游业和广告业的营业额作了特别规定。

(1) 代理业营业额为纳税人从事代理业务向委托方实际收取的报酬。

(2) 服务性单位从事餐饮中介服务的营业额，为向委托方和餐饮企业实际收取的中介服务费，不包括其代委托方转付的就餐费用。

(3) 福利彩票机构发行销售福利彩票取得的收入，不征收营业税。对福利彩票机构以外的代销单位销售福利彩票取得的手续费收入，应征收营业税。

(4) 外事服务单位为外国常驻机构、"三资"企业和其他企业提供人力资源服务的，按"代理业"子目征收营业税，其营业额为从委托方取得的全部收入减除代委托方支付给聘用人员的工资及福利费和缴纳的社会统筹、住房公积金后的余额。

(5) 纳税人从事代理报关业务，以其向委托人收取的全部价款和价外费用扣除以下项目金额后的余额为计税营业额，申报缴纳营业税：

- 支付给海关的税金、签证费、滞报费、滞纳金、查验费、打单费、电子报关平台费、仓储费；
- 支付给检验检疫单位的三检费、熏蒸费、消毒费、电子保险平台费；
- 支付给预录入单位的预录费；
- 国家税务总局规定的其他费用。

(6) 纳税人从事无船承运业务，以其向委托人收取的全部价款和价外费用扣除其支付的海运费以及报关、港杂、装卸费用后的余额为计税营业额，申报缴纳营业税。

(7) 旅店业的营业额为提供住宿服务的各项收入。

(8) 饮食业的营业额为向顾客提供饮食消费服务而收取的餐饮收入。

(9) 旅游企业组织旅游团到境外旅游，在境外改由其他旅游企业接团的，以全程旅游费减去付给接团企业的旅游费后的余额为营业额。

旅游企业组织旅游团在中国境内旅游的，以收取的全部旅游费减去替旅游者支付给其他单位的房费、餐费、交通费、门票费或支付给其他接团旅游企业的旅游费用后的余额为营业额。旅游企业在境内改由其他旅游企业接团的业务，可比照境外规定予以扣除。

(10) 单位和个人在旅游景区兼有不同税目应税行为并采取"一票制"收费方式的，应当分别核算不同税目的营业额；未分别核算或核算不清的，从高适用税率。

【例 8-3】 某旅游企业某月组团到泰国旅游。共有游客 60 人，每人收费 6 000 元，境内期间为每人支付了交通费和餐费 2 000 元。出境后由泰国的旅游企业接团，并按每人 2 400 元付给泰国旅游企业。计算该旅游企业当月应纳营业税税额。

【解析】 $(6\,000-2\,000-2\,400)\times 60\times 5\%=4\,800$(元)

(11) 广告业以广告业务收入作为营业额征税。广告业务收入，是指广告的设计、制作、刊登、广告性赞助收入等，对其应按全额征收营业税。

(12) 从事广告代理业务的，以其全部收入减去支付给其他广告公司或广告发布者(包括媒体、载体)的广告发布费后的余额为营业额。

(13) 租赁业务的营业额是经营租赁业务所取得租金的全额收入，不得扣除任何费用。

(14) 仓储业的营业额为经营仓储业务向顾客收取的全部费用。

(15) 试点物流企业将承揽的仓储业务分给其他单位并由其统一收取价款的，应以该企业取得的全部收入减去付给其他仓储合作方的仓储费后的余额为营业额。

(16) 其他服务业的营业额为发生其他服务业劳务时，向对方收取的全部费用，包括价外费用。

对于财政部、国家税务总局或者省级财政、地税局确定的不征税名单中的收费项目，不征营业税，其余的收费项目都应该征收营业税。

(17) 商业企业向供货方收取的与商品销售量、销售额无必然联系，且商业企业向供货方提供一定劳务的收入，例如，进场费、广告促销费、上架费、展示费、管理费等，不属于平销返利，应按营业税的适用税目、税率征收营业税。

(18) 劳务公司接受用工单位的委托，为其安排劳动力，凡用工单位将其应支付给劳动力的工资和为劳动力上交的社会保险(包括养老保险、医疗保险、失业保险、工伤保险等)以及住房公积金统一交给劳务公司代为发放或办理的，以劳务公司从用工单位收取的全部价款减去代转付给劳动力的工资和为劳动力办理社会保险及住房公积金后的余额为营业额。

(19) 从事物业管理的单位，以与物业管理有关的全部收入减去代业主支付的水、电、燃气以及代承租者支付的水、电、燃气、房屋租金的价款后的余额为营业额。

(20) 勘察设计单位将承担的勘察设计劳务分包或转包给其他勘探设计单位或个人，并由其统一收取价款的，以其取得的勘察设计总包收入减去支付给其他勘察设计单位或个人的勘察设计费后的余额为计税营业额。

(21) 消费者持服务单位销售或赠与的固定面值消费卡进行消费时，应确认为该服务单位提供了营业税服务业应税劳务，发生了营业税纳税义务，对该服务单位应照章征收营业税；其计税依据为，消费者持卡消费时服务单位所冲减的有价消费卡面值额。

8. 销售不动产或受让土地使用权

(1) 单位和个人销售或转让其购置的不动产或受让的土地使用权，以全部收入减去不动产或土地使用权的购置或受让原价后的余额为营业额。

(2) 单位和个人销售或转让抵债所得的不动产、土地使用权的，以全部收入减去抵债时该项不动产或土地使用权作价后的余额为营业额。

(3) 自 2010 年 1 月 1 日起，个人将购买不足 5 年的非普通住房对外销售的，全额征收营业税；个人将购买超过 5 年(含 5 年)的非普通住房或者不足 5 年的普通住房对外销售的，按照其销售收入减去购买房屋的价款后的差额征收营业税；个人将购买超过 5 年(含 5 年)的普通住房对外销售的，免征营业税。

9. 纳税人提供劳务、转让无形资产或销售不动产价格偏低的

对于纳税人提供劳务、转让无形资产或销售不动产价格明显偏低且无正当理由的，税务机关按下列顺序核定其营业额：

(1) 按纳税人最近时期发生同类应税行为的平均价格核定；

(2) 按其他纳税人最近时期发生同类应税行为的平均价格核定；

(3) 按下列公式核定：

组成计税价格＝营业成本或工程成本×(1＋成本利润率)÷(1－营业税税率)

公式中的成本利润率，由省、自治区、直辖市税务局确定。

10. 计税依据的其他规定

(1) 单位和个人提供营业税应税劳务、转让无形资产和销售不动产发生退款，凡该项退款已征收过营业税的，允许退还已征税款，也可以从纳税人以后的营业额中减除。

（2）单位和个人在提供营业税应税劳务、转让无形资产、销售不动产时，如果将价款与折扣额在同一张发票上注明的，以折扣后的价款为营业额；如果将折扣额另开发票的，不论其在财务上如何处理，均不得从营业额中减除。

电信单位销售的各种有价电话卡，由于其计费系统只能按有价电话卡面值出账并按有价电话卡面值确认收入，不能直接在销售发票上注明折扣折让额，以按面值确认的收入减去当期财务会计上体现的销售折扣折让后的余额为营业额。

（3）单位和个人提供应税劳务、转让无形资产和销售不动产时，因受让方违约而从受让方取得的赔偿金收入，应并入营业额中征收营业税。

（4）单位和个人因财务会计核算办法改变，将已缴纳过营业税的预收性质的价款逐期转为营业收入时，允许从营业额中减除。

（5）通信线路工程和输送管道工程所使用的电缆、光缆和构成管道工程主体的防腐管段、管件（弯头、三通、冷弯管、绝缘接头）、清管器、收发球筒、机泵、加热炉、金属容器等物品均属于设备，其价值不包括在工程的计税营业额中。

其他建筑安装工程的计税营业额也不应包括设备价值，具体设备名单可由省级地方税务机关根据各自的实际情况列举。

（6）自2004年12月1日起，营业税纳税人购置税控收款机，经主管税务机关审核批准后，可凭购进税控收款机取得的增值税专用发票，按照发票上注明的增值税税额，抵免当期应纳营业税税额，或者按照购进税控收款机取得的普通发票上注明的价款，依下列公式计算可抵免税额：

$$可抵免税额=价款\div(1+17\%)\times17\%$$

当期应纳税额不足抵免的，未抵免部分可在下期继续抵免。

三、应纳税额的计算

营业税税款的计算比较简单。纳税人提供应税劳务、转让无形资产或者销售不动产，按照营业额和规定的适用税率计算应纳税额。计算公式为：

$$应纳税额=营业额\times税率$$

【例8-4】 某广告公司2008年4月账面记载的广告业务收入为80万元，营业成本为90万元，支付给某电视台的广告发布费为25万元，支付给某报社的广告发布费为17万元。经主管税务机关审核，认为其广告收费明显偏低，且无正当理由，又无同类广告可比价格，于是决定重新审核其计税价格，核定的成本利润率为15%。该广告公司当月以价值400万元的不动产、100万元的无形资产投资入股某企业。另外，参与主办服装表演取得收入10万元，转让广告案例的编辑、制作权取得收入10万元。请计算该广告公司当月应纳营业税税额。

【解析】 纳税人提供应税劳务、转让无形资产或销售不动产的价格明显偏低且无正当理由的，主管税务机关有权重新核定其营业额。无同类广告可比价格，则使用组成计税价格确定。

广告公司支付给媒体的广告发布费可以从营业额中扣除。

以不动产、无形资产投资入股的行为不在营业税的征税范围内，不征收营业税。

主办服装表演应按“文化体育业”税目征收营业税，转让广告案例的编辑、制作权应按“转让无形资产——转让著作权”税目征收营业税。

广告业务的计税营业额＝90×(1 ＋15％)÷(1－5％)＝108.95(万元)

当月应纳营业税税额＝(108.95－25－17)×5％ ＋10×3％ ＋10×5％＝4.15(万元)

第五节　税收优惠

一、起征点

对于经营营业税应税项目的个人，营业税规定了起征点。营业额达到或超过起征点，即照章全额计算纳税；营业额低于起征点，则免予征收营业税。

2011 年 10 月 28 日，财政部发布关于修改《中华人民共和国增值税暂行条例实施细则》和《中华人民共和国营业税暂行条例实施细则》的决定，上调增值税和营业税起征点。修订后的细则从 2011 年 11 月 1 日起施行。

财政部公告称，将《中华人民共和国营业税暂行条例实施细则》第二十三条第三款修改为：“营业税起征点的幅度规定为，按期纳税的，为月营业额 5 000～20 000 元；按次纳税的，为每次(日)营业额 300～500 元。”

在此次修改前，营业税起征点的幅度是：按期纳税的，为月营业额 1 000～5 000 元；按次纳税的，为每次(日)营业额 100 元。

各省、自治区、直辖市人民政府所属地方税务机关可以在规定的幅度内，根据当地实际情况确定本地区适用的起征点，并报国家税务总局备案。

二、营业税暂行条例规定的免税项目

根据《中华人民共和国营业税暂行条例》的规定，下列项目免征营业税：

(1) 托儿所、幼儿园、养老院、残疾人福利机构提供的育养服务、婚姻介绍、殡葬服务。

(2) 残疾人员个人为社会提供的劳务。

(3) 学校和其他教育机构提供的教育劳务，学生勤工俭学提供的劳务。学校和其他教育机构，是指普通学校以及经地、市级以上人民政府或者同级政府的教育行政部门批准成立，国家承认其学员学历的各类学校。

(4) 农业机耕、排灌、病虫害防治、植保、农牧保险以及相关技术培训业务。家禽、牲畜、水生动物的配种和疾病防治。

(5) 纪念馆、博物馆、文化馆、美术馆、展览馆、书画院、图书馆、文物保护单位举办文化活动的门票收入，宗教场所举办文化、宗教活动的门票收入。

这里所说的纪念馆、博物馆、文化馆、美术馆、展览馆、书画院、图书馆、文物保护单位举办文化活动，是指这些单位在自己的场所举办的属于文化体育业税目征税范围的文化活动，其门票收入，是指销售第一道门票的收入。

宗教场所举办文化、宗教活动的售票收入，是指寺庙、宫观、清真寺和教堂举办文化、宗教活动，销售门票的收入。

三、其他减免税项目

根据国家的其他规定，下列项目减征或免征营业税：

（1）保险公司开展的1年期以上返还性人身保险业务的保费收入，免征营业税。返还性人身保险业务，是指保期1年以上（包括1年期），到期返还本利的普通人寿保险、养老金保险、健康保险。

对保险公司开办的普通人寿保险、养老金保险、健康保险的具体险种，凡经财政部、国家税务总局审核并列入免税名单的，可免征营业税；未列入免税名单的，一律征收营业税。

（2）对单位和个人（包括外商投资企业、外商投资设立的研究开发中心、外国企业和外籍个人）从事技术转让、技术开发业务和与之相关的技术咨询、技术服务业务取得的收入，免征营业税。

技术转让，是指转让者将其拥有的专利和非专利技术的所有权或使用权有偿转让他人的行为；技术开发，是指开发者接受他人委托，就新技术、新产品、新工艺或者新材料及其系统进行研究开发的行为；技术咨询，是指就特定技术项目提供可行性论证、技术预测、专题技术调查、分析评价报告等；与技术转让、技术开发相关的技术咨询、技术服务业务，是指转让方（或受托方）根据技术转让或开发合同的规定，为帮助受让方（或受托方）掌握所转让（或委托开发）的技术，而提供的技术咨询、技术服务业务。

免征营业税的技术开发、技术转让业务，是指自然科学领域的技术开发和技术转让业务。

（3）个人转让著作权，免征营业税。

（4）将土地使用权转让给农业生产者用于农业生产，免征营业税。

（5）工会疗养院（所）可视为“其他医疗机构”，免征营业税。

（6）凡经中央及省级财政部门批准纳入预算管理或财政专户管理的行政事业性收费、基金，无论是行政单位收取的，还是由事业单位收取的，均不征收营业税。

（7）立法机关、司法机关、行政机关的收费，同时具备下列条件的，不征收营业税：一是国务院、省级人民政府或其所属财政、物价部门以正式文件允许收费，而且收费标准符合文件规定的；二是所收费用由立法机关、司法机关、行政机关自己直接收取的。

（8）社会团体按财政部门或民政部门规定标准收取的会费，不征收营业税。

社会团体，是指在中华人民共和国境内经国家社团主管部门批准成立的非营利性的协会、学会、联合会、研究会、基金会、联谊会、促进会、商会等民间群众社会组织。社会团体会费，是指社会团体在国家法规、政策许可的范围内，依照社团章程的规定收取的个人会员和团体会员的款额。

各党派、共青团、工会、妇联、中科协、青联、台联、侨联收取的党费、会费，比照上述规定执行。

（9）从原高校后勤管理部门剥离出来而成立的进行独立核算并有法人资格的高校后勤经济实体，经营学生公寓和教师公寓及为高校教学提供后勤服务而获得的租金和服务性收入，免征营业税；但利用学生公寓或教师公寓等高校后勤服务设施向社会人员提供服务而获得的租金和其他各种服务性收入，应按现行规定计征营业税。

社会性投资建立的为高校学生提供住宿服务并按高教系统统一收费标准收取租金的学生公寓，其取得的租金收入，免征营业税；但利用学生公寓向社会人员提供住宿服务而取得的租金收入，应按现行规定计征营业税。

设置在校园内的实行社会化管理和独立核算的食堂，向师生提供餐饮服务获得的收入，免征营业税；向社会提供餐饮服务获得的收入，应按现行规定计征营业税。

(10) 住房公积金管理中心用住房公积金在指定的委托银行发放个人住房贷款取得的收入，免征营业税。

(11) 按政府规定价格出租的公有住房和廉租住房，暂免征收营业税；个人按市场价格出租的居民住房，暂按3%的税率征收营业税。

(12) 从事国际航空运输业务的外国企业或我国香港、澳门、台湾地区的企业从我国大陆运载旅客、货物、邮件的运输收入，在国家另有规定之前，按4.65%的综合计征率计算征税。

(13) 中国人民保险公司和中国进出口银行办理的出口信用保险业务，不作为境内提供保险，为非应税劳务，不征收营业税。

(14) 保险公司的摊回分保费用，不征收营业税。

(15) 人民银行对金融机构的贷款业务，不征收营业税。人民银行对企业贷款或委托金融机构贷款的业务，应当征收营业税。

(16) 金融机构往来业务，暂不征收营业税。金融机构往来，是指金融企业联行、金融企业与人民银行及同业之间的资金往来业务取得的利息收入，不包括相互之间提供的服务。

(17) 对电影放映单位放映电影取得的票价收入，按收入全额征收营业税后，对电影发行单位向放映单位收取的发行收入不再征收营业税，但对电影发行单位取得的片租收入仍应按全额征收营业税。

(18) 金融机构的出纳长款收入，不征收营业税。

(19) 企业集团或集团内的核心企业(简称"企业集团")委托企业集团所属财务公司代理统借统还贷款业务，从财务公司取得的用于归还金融机构的利息，不征收营业税；财务公司承担此项统借统还委托贷款业务，从贷款企业收取贷款利息，不代扣代缴营业税。

企业集团委托企业集团所属财务公司代理统借统还业务，是指企业集团从金融机构取得统借统还贷款后，由集团所属财务公司与企业集团或集团内下属企业签订统借统还贷款合同并分拨借款，按支付给金融机构的借款利率向企业集团或集团内下属企业收取用于归还金融机构借款的利息，再转付企业集团，由企业集团统一归还金融机构的业务。

(20) 地方商业银行转贷用于清偿农村合作基金会债务的专项贷款利息收入，免征营业税。专项贷款，是指由人民银行向地方商业银行提供，并由商业银行转贷给地方政府，专项用于清偿农村合作基金会债务的贷款。

(21) 非营利性医疗机构按照国家规定的价格取得的医疗服务收入，免征营业税。

医疗机构具体包括：各级各类医院、门诊部(所)、社区卫生服务中心(站)、急救中心(站)、城乡卫生院、护理院(所)、疗养院、临床检验中心等。医疗服务，是指医疗服务机构对患者进行检查、诊断、治疗、康复和提供预防保健、接生、计划生育方面的服务，以及与这些服务有关的提供药品、医用材料器具、救护车、病房住宿和伙食的业务。

营利性医疗机构取得的收入,按规定征收各项税收。为了支持营利性医疗机构的发展,对营利性医疗机构取得的收入,直接用于改善医疗卫生条件的,自其取得执业登记之日起,3年内对其取得的医疗服务收入,免征营业税。

疾病控制机构和妇幼保健机构等卫生机构按照国家规定的价格取得的卫生服务收入,免征营业税。疾病控制、妇幼保健等卫生机构具体包括:各级政府及有关部门举办的卫生防疫站(疾病控制中心)、各种专科疾病防治站(所),各级政府举办的妇幼保健所(站)、母婴保健机构、儿童保健机构等,各级政府举办的血站(血液中心)。

(22) 纳入全国试点范围的非营利性中小企业信用担保、再担保机构,可由地方政府确定,对其从事担保业务的收入,3年内免征营业税。

(23) 转让企业产权的行为不属于营业税征收范围,不征收营业税。

营业税的征收范围为有偿提供应税劳务、转让无形资产或者销售不动产的行为。转让企业产权是整体转让企业资产、债权、债务及劳动力的行为,其转让价格不仅仅是由资产价值决定的,与企业销售不动产、转让无形资产的行为完全不同。因此,对该行为不征收营业税。

(24) 社保基金理事会、社保基金投资管理人运用社保基金买卖证券,投资基金、股票、债券的差价收入,暂免征收营业税。

(25) 保险分业经营改革过程中,综合性保险公司及其子公司将其所拥有的不动产所有权划转过户到因分业而新设立的财产保险公司和人寿保险公司的行为,不征收营业税。

综合性保险公司及其子公司将其所拥有的不动产划转到新设立的财产保险公司和人寿保险公司,该不动产所有权转移过户过程中,并未发生有偿销售不动产的行为,也不具备其他形式的交易性质。因此,对该行为不征收营业税。

(26) 保险企业取得的追偿款,不征收营业税。追偿款,是指发生保险事故后,保险公司按照保险合同的约定向被保险人支付赔款,并从被保险人处取得对保险标的价款进行追偿的权利而追回的价款。

(27) 房地产主管部门或其指定机构、公积金管理中心、开发企业以及物业管理单位代收的住房专项维修基金,不计征营业税。

(28) QFII委托境内公司在我国从事证券买卖业务取得的差价收入,免征营业税。

(29) 单位和个人提供的垃圾处置劳务不属于营业税应税劳务,对其处置垃圾取得的垃圾处置费,不征收营业税。

(30) 个人向他人无偿赠与不动产,包括继承、遗产处分及其他无偿赠与不动产等三种情况,可以免征营业税。

(31) 公司从事金融资产处置业务时,出售、转让股权,不征收营业税;出售、转让债权或将其持有的债权转为股权,不征收营业税;销售、转让不动产或土地使用权,征收营业税。

第六节 征收管理

一、纳税义务发生时间

营业税的纳税义务发生时间为纳税人收讫营业收入款项或者取得索取营业收入款项凭据的当天。具体有以下14个方面。

(1) 转让土地使用权或者销售不动产,采用预收款方式的,其纳税义务发生时间为收到预收款的当天。

(2) 单位或者个人自己新建建筑物后销售,其自建行为的纳税义务发生时间,为其销售自建建筑物并收讫营业额或者取得索取营业额凭据的当天。

(3) 单位将不动产无偿赠与他人,其纳税义务发生时间为不动产所有权转移的当天。

(4) 会员费、席位费和资格保证金纳税义务发生时间,为会员组织收讫会员费、席位费、资格保证金和其他类似费用款项或者取得索取这些款项凭据的当天。

(5) 扣缴税款义务发生时间,为扣缴义务人代纳税人收讫营业收入款项或者取得索取营业收入款项凭据的当天。

(6) 建筑业纳税人及扣缴义务人应按照下列规定确定建筑业营业税的纳税义务发生时间和扣缴义务发生时间:

① 纳税人提供建筑业应税劳务,施工单位与发包单位签订书面合同,如合同明确规定付款(包括提供原材料、动力及其他物资,不含预收工程价款)日期的,按合同规定的付款日期为纳税义务发生时间;合同未明确付款日期的,其纳税义务发生时间为纳税人收讫营业收入款项或者取得索取营业收入款项凭据的当天。

上述预收工程价款是指工程项目尚未开工时收到的款项。对预收工程价款,其纳税义务发生时间为工程开工后,主管税务机关根据工程形象进度,按月确定纳税义务发生时间。

② 纳税人提供建筑业应税劳务,施工单位与发包单位未签订书面合同的,其纳税义务发生时间为纳税人收讫营业收入款项或者取得索取营业收入款项凭据的当天。

③ 纳税人自建建筑物,其建筑业应税劳务的纳税义务发生时间为纳税人销售自建建筑物,并收讫营业收入款项或取得索取营业收入款项凭据的当天。

纳税人将自建建筑物对外赠与,其建筑业应税劳务的纳税发生时间为该建筑物产权转移的当天。

建设方为扣缴义务人的,其扣缴义务发生时间为扣缴义务人支付工程款的当天;总承包人为扣缴义务人的,其扣缴义务发生时间为扣缴义务人代纳税人收讫营业收入款项或者取得索取营业收入款项凭据的当天。

(7) 贷款业务。自2003年1月1日起,金融企业发放的贷款逾期(含展期)90天(含90天)尚未收回的,纳税义务发生时间为纳税人取得利息收入权利的当天。原有的应收未收贷款利息逾期90天以上的,该笔贷款新发生的应收未收利息,其纳税义务发生时间均为实际收到利息的当天。

(8) 融资租赁业务，纳税义务发生时间为取得租金收入或取得索取租金收入价款凭据的当天。

(9) 金融商品转让业务，纳税义务发生时间为金融商品所有权转移之日。

(10) 金融经纪业和其他金融业务，纳税义务发生时间为取得营业收入或取得索取营业收入价款凭据的当天。

(11) 保险业务，纳税义务发生时间为取得保费收入或取得索取保费收入价款凭据的当天。

(12) 金融企业承办委托贷款业务营业税的扣缴义务发生时间，为受托发放贷款的金融机构代委托人收讫贷款利息的当天。

(13) 电信部门销售有价电话卡的纳税义务发生时间，为售出电话卡并取得售卡收入或取得索取售卡收入凭据的当天。

(14) 单位和个人提供应税劳务，转让专利权、非专利技术、商标权、著作权和商誉时，向对方收取的预收性质的价款(包括预收款、预付款、预存费用、预收定金等)，其营业税纳税义务发生时间以按照财务会计制度的规定，该项预收性质的价款被确认为收入的时间为准。

二、纳税期限

(1) 营业税的纳税期限，分别为5日、10日、15日、1个月或者1个季度。纳税人的具体纳税期限，由主管税务机关根据纳税人应纳税额的大小分别核定；不能按照固定期限纳税的，可以按次纳税。

纳税人以1个月或者1个季度为一期纳税的，自期满之日起15日内申报纳税；以5日、10日或者15日为一期纳税的，自期满之日起5日内预缴税款，于次月1日起15日内申报纳税，并结清上月应纳税款。

(2) 扣缴义务人的解缴税款期限，比照上述规定执行。

(3) 金融业(不包括典当业)的纳税期限为1个季度，自纳税期满之日起15日内申报纳税。

(4) 保险业的纳税期限为1个月。

三、纳税地点

2009年以后，营业税纳税地点由“以劳务发生地为原则，机构所在地为例外”变为“以机构所在地为原则，劳务发生地为例外”。具体规定如下：

(1) 纳税人提供的应税劳务，应当向其机构所在地或者居住地的主管税务机关申报纳税。但是，纳税人提供的建筑业劳务以及国务院财政、税务主管部门规定的其他应税劳务，应当向应税劳务发生地的主管税务机关申报纳税。

2009年之前的规定是：纳税人提供应税劳务，应当向应税劳务发生地的主管税务机关申报纳税。纳税人从事运输业务的，应当向其机构所在地主管税务机关申报纳税。

(2) 纳税人转让无形资产，应当向其机构所在地或者居住地的主管税务机关申报纳税。但是，纳税人转让、出租土地使用权，应当向土地所在地的主管税务机关申报纳税。

（3）纳税人销售、出租不动产，应当向不动产所在地的主管税务机关申报纳税。

扣缴义务人应当向其机构所在地或者居住地的主管税务机关申报缴纳其扣缴的税款。

相关链接：新营业税条例机构所在地是指总机构吗？

根据新营业税条例第十四条关于营业税纳税地点的规定："纳税人提供应税劳务应当向其机构所在地或者居住地的主管税务机关申报纳税。但是，纳税人提供的建筑业劳务以及国务院财政、税务主管部门规定的其他应税劳务，应当向应税劳务发生地的主管税务机关申报纳税。"

请问：这里说的机构所在地是指总机构还是分支机构，或者已经涵盖了总机构和分支机构。比如说，某超市总机构在市南区，而其在市北区开设了一家店铺并办理了分支机构税务登记，那么，市北区的超市是否应向市北区地税机关申报缴纳营业税呢？这里的机构所在地应该包括总机构和分支机构吗？

答：营业税的纳税人与企业所得税不同，不是法人税制，根据营业税条例的规定，在中国境内提供条例规定的劳务、转让无形资产或者销售不动产的单位和个人，为营业税的纳税人，总机构与分支机构均有可能成为营业税的纳税人，根据条例中营业税纳税地点的规定，纳税人提供应税劳务应向其机构所在地或者居住地的主管税务机关申报纳税。那么，如果是总机构提供的应税劳务，就应当向总机构所在地主管税务机关申报纳税。如果是分支机构提供的应税劳务，就应当向分支机构所在地主管税务机关申报纳税。"机构所在地"涵盖了总机构与分支机构。如该超市总机构在市南区，而其在市北区开设了一家店铺并办理了分支机构税务登记，那么，市北区的超市应向市北区地税机关申报缴纳营业税。

阅读材料：取消营业税改革试点明年启动

来源：北京青年报，2011 年 10 月 27 日

业内讨论已久的增值税"扩围"改革明年将正式启动。26 日召开的国务院常务会决定，为进一步解决货物和劳务税制中的重复征税问题，完善税收制度，支持现代服务业发展，从 2012 年 1 月 1 日起，在部分地区和行业开展深化增值税制度改革试点，逐步将目前征收营业税的行业改为征收增值税。

● 改革试点有三个主要内容

第一，先在上海市交通运输业和部分现代服务业等开展试点，条件成熟时可选择部分行业在全国范围进行试点。第二，在现行增值税 17%标准税率和 13%低税率的基础上，新增 11%和 6%两档低税率。第三，试点期间，原归属试点地区的营业税收入改征增值税后，收入仍归属试点地区。试点行业原营业税优惠政策可以延续，并根据增值税的特点作调整。纳入改革试点的纳税人缴纳的增值税可按规定抵扣。

● 先行试点影响大的运输业

中央财经大学税务学院教授黄桦解释说，运输业对各行业的影响都很大，因此，首先进行增值税扩围试点。而且，上海的工业基础和税收管理基础好，企业操作相对规范，作为试点地区更容易顺利启动。

在增值税税率中，增加了两个低档税率，主要是考虑到中小企业的税负承受能力，照顾特定行业或企业，降低其税负水平。

依照我国目前的税收征管体系，增值税由国税系统征收，税收收入由中央和地方按照比例分成，一般是75%留在国税，25%分给地方政府。而营业税则属地方税种，一般由地税系统征收，收入归地方政府。因此，此次增值税扩围改革，为了不减少地方政府的税收收入，特别规定了第三点税收归属内容。

● 有利于解决税负不公问题

为何要进行这一改革？黄桦对记者表示，进行流转税改革，取消营业税，将增值税扩展到全行业是未来几年改革的方向。

她解释说，我国目前的现状是增值税和营业税并行，对工业生产企业和商业企业的销售收入征收增值税，对其他如交通运输业、邮政通信业、金融保险业、建筑业、服务业、不动产销售以及无形资产交易等九大行业和行为的收入，征收营业税。在实际操作中，往往出现两种税种缴纳错误或不当的情况，对税务的征收管理带来很多麻烦和困难。她举例说，对于一个工业生产企业来说，它向运输企业支付运费，得到的是运输企业开具的营业税发票，因为运输业缴纳的是营业税。但按照增值税的规定，工业企业所取得的这一营业税发票，并不能作为进项增值税发票来抵扣成本，而产品运输费用又是一块很大的经营成本，所以，这对企业来说，就会形成重复征税，造成缴税混乱和各行业税负的不公平。因此，取消营业税，逐步实现全行业征收增值税，即“增值税扩围”的改革将使税制更加规范化，更能清晰地体现各行业的税负水平，实现税负公平。

思考题

1. 什么是营业税？
2. 我国营业税有哪些特点？
3. 营业税的征税范围包括哪些项目？
4. 营业税和增值税的征税范围如何划分？
5. 营业税的扣缴义务人有哪些？
6. 商业企业向货物供应方收取的费用如何缴纳流转税？
7. 计算运输业营业额时，哪些情况有扣除项目？
8. 营业税的纳税义务发生时间如何确定？
9. 营业税有哪些税收优惠政策？
10. 营业税的纳税地点有哪些？

第九章　企业所得税

本章学习要点：
- ★ 企业所得税的概念和特点
- ★ 我国企业所得税的沿革
- ★ 纳税人和征税对象
- ★ 应纳税所得额的计算
- ★ 资产的税务处理
- ★ 税收优惠
- ★ 应纳税额的计算
- ★ 征收管理

企业所得税是以公司、企业、组织等为纳税义务人，对其一定期间内的所得额课征的一种税收。

现行企业所得税法的基本规范，是2007年3月16日第十届全国人民代表大会第五次全体会议通过的《中华人民共和国企业所得税法》和2007年11月28日国务院第197次常务会议通过的《中华人民共和国企业所得税实施条例》。上述法律和条例，自2008年1月1日起施行。

第一节　企业所得税概述

企业所得税是对我国境内企业和其他取得收入的组织的生产经营所得和其他所得征收的一种税收。企业所得税是国家参与企业利润分配的重要手段。按照现代税收理论，所得税具有普遍征收、有利于公平和富有弹性等优点。所谓企业所得课税，起源于英国。英国自1909年起即开始征收公司所得税，是最早实行公司税制的国家，此后其他国家也相继开征。目前，世界上有160多个国家和地区开征了企业所得税。在我国现行税制中，企业所得税是仅次于增值税的第二大税种。

一、企业所得税的特点

所得税作为整个税收体系中的重要组成部分，具有不同于其他大类税收的特点，主要有：税收负担较难转嫁、税收分配具有累进性、税收管理较为复杂、税收收入富有弹性等。

而企业所得税又有其特殊之处。

1. 课税对象是扣除了各项成本、费用开支之后的净所得

在现代市场经济条件下，一定时期内的国民收入经过初次分配和再分配过程，大体形成下列份额：生产经营收入、股息收入、利息收入、未分配利润以及房地产所有者的租金收入等。所得课税是以这些收入份额为课征对象，扣除各项成本、费用开支后的净所得。

2. 应税所得的计算，通常要经过一系列复杂的程序

企业所得税以应纳税所得额为课税对象，应纳税所得额是按照企业所得税法的规定，为企业在一个纳税年度内的应税收入总额扣除各项成本、费用、税金和损失后的余额，而不是依据会计制度的规定计算出来的利润总额。从纳税人的总所得到净所得，净所得到应税所得，通常要经过一系列复杂的计算程序。

3. 征收管理往往比较复杂

企业所得税是所有税种中计算最复杂的税种，它涉及企业一个纳税年度内的所有收入、成本和费用，以及除企业缴纳的企业所得税和准许抵扣的增值税以外的所有税金的扣除。在征管过程中，稍有不慎就可能发生错误。因此，与其他税种相比，企业所得税对税收制度的缜密性要求较高，从而也导致企业所得税有较大的征收管理难度。

二、我国企业所得税的沿革

我国的企业所得税制度，大致经历了以下四个阶段的发展。

1. 20 世纪 50 年代建立工商所得税

新中国成立以后，1950 年，政务院发布《全国税政实施要则》，规定了属于所得税性质的工商业税中的所得税、存款利息所得税与薪金报酬所得税，标志着我国新的企业所得税体系的初步建立。在国民经济恢复和社会主义改造时期，所得税的征收，在积累资金、稳定物价、促进国民经济恢复和发展等方面起了积极作用。

1958 年实行工商税制改革时，所得税从工商业税中分离出来，定名为工商所得税。工商所得税在我国税收发展史上占据着十分重要的地位。工商所得税的征税对象主要是集体企业，同时也对未纳入国家预算的国营企业、个体工商户和外资企业征收。在社会主义改造完成以后，对集体企业征收工商所得税，是国家从非国有经济中取得财政收入的主要手段之一。

2. 20 世纪 80 年代多种企业所得税并存

20 世纪 80 年代，随着经济体制的改革，我国的企业所得税制度逐步建立起来。当时，制度建设的基本特点是按不同的经济性质分别设置税种。

(1) 开征外资企业所得税。1980 年 9 月，我国颁布了《中华人民共和国中外合资经营企业所得税法》，这是我国第一部企业所得税法，其税率确定为 30%，另按应纳所得税税额附征 10%的地方所得税。1981 年，又颁布了《中华人民共和国外国企业所得税法》，实行 20%～40%的 5 级超额累进税率，另按应纳税所得额附征 10%的地方所得税。

(2) 开征国营企业所得税。1983 年，国务院在全国试行国营企业"利改税"，即将新中国成立后实行了 30 多年的国营企业向国家上缴利润的制度改为缴纳企业所得税的制度。此前的 30 多年，国家对国营企业一直不征所得税，而采用利润上缴的办法。1984 年 9 月，国务院发布了《中华人民共和国国营企业所得税条例(草案)》和《国营企业调节税征收办法》。国营企业所得税的纳税人为实行独立经济核算的国营企业,大中型企业实行 55%的比例税率,小型企业等适用 10%～55%的 8 级超额累进税率。国营企业调节税的纳税人为大中型国营企业,以纳税人年度应纳税所得额为计税依据,税率由财税部门和工商企业主管部门核定(具体核定办法是:以核定的基期利润扣除按照 55%的比例税率计算的所得税和 1983 年合理留利后余额占核定基期利润的比例为调节税税率)。

(3) 开征集体企业所得税。1985 年 4 月,国务院发布了《中华人民共和国集体企业所得税暂行条例》,实行 10%～55%的 8 级超额累进税率,原来对集体企业征收的工商税(所得税部分)同时停止执行。

(4) 开征私营企业所得税。1988 年开征了私营企业所得税,税率为 35%。

3. 20 世纪 90 年代初步统一企业所得税

20 世纪 90 年代我国建立市场经济体制,需要建立一套符合市场经济客观要求的新税制,做到统一税法、公平税负、简化税制、合理分权。1994 年以前,我国的企业所得税制度,除外商投资企业和外国企业所得税外,内资企业所得税包括国营企业所得税、集体企业所得税和私营企业所得税三个税种。这种多个税种并存的局面,既不利于不同企业之间的公平竞争,也不利于规范税制。因此,迫切需要简化统一税制,公平税收待遇。

(1) 统一外资企业所得税。1991 年 4 月,将两部涉外企业所得税法合并为《中华人民共和国外商投资企业和外国企业所得税法》,统一了我国的涉外所得税制。

(2) 统一内资企业所得税。1993 年 12 月,国务院发布了《中华人民共和国企业所得税暂行条例》,将原来的国营企业所得税、集体企业所得税、私营企业所得税合并,统一了内资企业所得税制度,从 1994 年 1 月 1 日起施行。

这次改革,统一了各类企业所得税的税率,实行 33%的比例税率,与外商投资企业和外国企业所得税的税率一致,这个税率与国际上绝大多数国家基本接近;规范了企业所得税的税前扣除标准,稳定和拓宽了税基;取消了国营企业调节税、能源交通重点建设基金和预算调节基金的征收;取消了税前还贷的政策;明确规定了确有必要继续执行的两项减免税政策,其他减免税政策一律取消。

4. 2008 年统一内外资企业所得税

随着我国市场经济的不断完善和世界经济一体化的快速发展,内外资企业再分别实施不同的税收法规已不适应。两套企业所得税制并存的许多缺点逐渐显露,对社会经济发展产生了严重影响,税制本身也不符合国际税收惯例和加入 WTO 的要求。为了理顺国家与企业的分配关系和内外资企业的税负公平,有利于促进我国经济的稳定发展,2007 年 3 月 16 日,第十届全国人民代表大会第五次全体会议通过了《中华人民共和国企业所得税法》,合并了内外资企业所得税法,并于 2008 年 1 月 1 日起施行。

新的企业所得税法体现了四个统一:统一税法并适用于所有内外资企业,统一并适当降低企业所得税税率,统一和规范税前扣除办法与标准,统一税收优惠政策;平衡了内外资企业的所得税负担,完善了所得税扣除、优惠等政策,规范了所得税的征收管理。优惠从以区域性优惠为主转变为以产业性优惠为主,采取了多种方式对现行税收优惠政策进行了整合,重点向高科技、环保等产业倾斜;对符合条件的小型微利企业实行 20%的优惠税率,对国家需要重点扶持的高新技术企业实行 15%的优惠税率,扩大对创业投资企业的税收优惠以及企业投资于环保、节能节水、安全生产等方面的税收优惠;保留原税法对农、林、牧、渔业,以及基础设施投资的税收优惠政策;对原税法中的劳服企业、福利企业、资源综合利用企业的直接减免税政策采取替代性优惠政策；增加企业从事环境保护项目的所得和符合条件的技术转让所得可享受减免税优惠等方面的内容，充分体现了国家鼓励环境保护和技术进步的政策精神。

第二节　纳税人、征税对象和税率

一、纳税义务人

企业所得税的纳税义务人，是指在中华人民共和国境内的企业和其他取得收入的组织（以下统称企业）。个人独资企业、合伙企业不适用企业所得税法，按现行规定应缴纳个人所得税。

企业所得税的纳税人分为居民企业和非居民企业，这是根据企业纳税义务范围的宽窄进行的分类方法，不同的企业在向中国政府缴纳所得税时，纳税义务不同。税收管辖权是一国政府在征税方面的主权，是国家主权的重要组成部分。根据国际上的通行做法，我国选择了地域管辖权和居民管辖权的双重管辖权标准。

1. 居民企业

居民企业，是指依法在中国境内成立，或者依照外国（地区）法律成立，但实际管理机构在中国境内的企业。这里的企业包括国有企业、集体企业、私营企业、联营企业、股份制企业、外商投资企业、外国企业，以及有生产、经营所得和其他所得的其他组织。

有生产、经营所得和其他所得的其他组织，是指经国家有关部门批准，依法注册、登记的事业单位、社会团体等组织。由于我国的一些社会团体组织、事业单位在完成国家事业计划的过程中，开展多种经营和有偿服务活动，取得了除财政部门各项拨款、财政部和国家价格主管部门批准的各项规费收入以外的经营收入，具有了经营的特点，应当视同企业纳入征税范围。

实际管理机构，是指对企业的生产经营、人员、账务、财产等实施实质性全面管理和控制的机构。

2. 非居民企业

非居民企业，是指依照外国（地区）法律成立且实际管理机构不在中国境内，但在中国境内设立机构、场所的，或者在中国境内未设立机构、场所，但有来源于中国境内所得的企业。

机构、场所，是指在中国境内从事生产经营活动的机构、场所，包括：

- 管理机构、营业机构、办事机构。
- 工厂、农场、开采自然资源的场所。
- 提供劳务的场所。
- 从事建筑、安装、装配、修理、勘探等工程作业的场所。
- 其他从事生产经营活动的机构、场所。

非居民企业委托营业代理人在中国境内从事生产经营活动的，包括委托单位或者个人经常代其签订合同,或者储存、交付货物等,该营业代理人视为非居民企业在中国境内设立的机构、场所。

二、征税对象

企业所得税的征税对象,是指企业的生产经营所得、其他所得和清算所得。

1. 居民企业的征税对象

居民企业应就来源于中国境内、境外的所得作为征税对象。所得,包括销售货物所得、提供劳务所得、转让财产所得、股息红利等权益性投资所得,以及利息所得、租金所得、特许权使用费所得、接受捐赠所得和其他所得。

2. 非居民企业的征税对象

非居民企业在中国境内设立机构、场所的,应当就其所设机构、场所取得的来源于中国境内的所得,以及发生在中国境外但与其所设机构、场所有实际联系的所得,缴纳企业所得税,非居民企业在中国境内未设立机构、场所的,或者虽设立机构、场所,但取得的所得与其所设机构、场所没有实际联系的,应当就其来源于中国境内的所得缴纳企业所得税。

实际联系,是指非居民企业在中国境内设立的机构、场所拥有的据以取得所得的股权、债权,以及拥有、管理、控制据以取得所得的财产。

3. 所得来源的确定

- 销售货物所得,按照交易活动发生地确定。
- 提供劳务所得,按照劳务发生地确定。
- 转让财产所得。不动产转让所得,按照不动产所在地确定。动产转让所得,按照转让动产的企业或者机构、场所所在地确定。权益性投资资产转让所得,按照被投资企业所在地确定。
- 股息、红利等权益性投资所得,按照分配所得的企业所在地确定。
- 利息所得、租金所得、特许权使用费所得,按照负担、支付所得的企业或者机构、场所所在地确定,或者按照负担、支付所得的个人住所地确定。
- 其他所得,由国务院财政、税务主管部门确定。

三、税率

企业所得税实行比例税率。

(1) 基本税率为25%,适用于居民企业和在中国境内设有机构、场所,且所得与机构、场所有关联的非居民企业。

(2) 低税率为20%,适用于在中国境内未设立机构、场所的,或者虽设立机构、场所,但取得的所得与其所设机构、场所没有实际联系的非居民企业,但实际征税时适用10%的税率。

第三节 应纳税所得额的计算

应纳税所得额是企业所得税的计税依据，即企业每一个纳税年度的收入总额，减除不征税收入、免税收入、各项扣除，以及允许弥补的以前年度亏损后的余额。应纳税所得额的基本公式为：

应纳税所得额＝收入总额－不征税收入－免税收入－各项扣除－以前年度亏损

企业应纳税所得额的计算以权责发生制为原则，属于当期的收入和费用，不论款项是否收付，均作为当期的收入和费用；不属于当期的收入和费用，即使款项已经在当期收付，均不作为当期的收入和费用。

一、收入总额

企业的收入总额包括以货币形式和非货币形式从各种来源取得的收入，具体有销售货物收入、提供劳务收入、转让财产收入、股息、红利等权益性投资收益，以及利息收入、租金收入、特许权使用费收入、接受捐赠收入、其他收入。

企业取得收入的货币形式，包括现金、存款、应收账款、应收票据、准备持有至到期的债券投资以及债务的豁免等。

企业以非货币形式取得的收入，包括固定资产、生物资产、无形资产、股权投资、存货、不准备持有至到期的债券投资、劳务以及有关权益等。

非货币资产应当按照公允价值确定收入额。公允价值，是指按照市场价格确定的价值。

1. 一般收入的确认

(1) 销售货物收入，是指企业销售商品、产品、原材料、包装物、低值易耗品以及其他存货取得的收入。

(2) 劳务收入，是指企业从事建筑安装、修理修配、交通运输、仓储租赁、金融保险、邮电通信、咨询经纪、文化体育、科学研究、技术服务、教育培训、餐饮住宿、中介代理、卫生保健、社区服务、旅游、娱乐、加工以及其他劳务服务活动取得的收入。

(3) 财产转让收入，是指企业转让固定资产、生物资产、无形资产、股权、债权等财产取得的收入。

(4) 股息、红利等权益性投资收益，是指企业因权益性投资从被投资方取得的收入。股息、红利等权益性投资收益，除另有规定外，按照被投资方做出利润分配决定的日期确认收入的实现。

(5) 利息收入，是指企业将资金提供给他人使用但不构成权益性投资，或者因他人占用企业资金取得的收入，包括存款利息、贷款利息、债券利息、欠款利息等收入。利息收入，按照合同约定的债务人应付利息的日期确认收入的实现。

(6) 租金收入，是指企业提供固定资产、包装物或者其他有形财产使用权取得的收入。

租金收入，按照合同约定的承租人应付租金的日期确认收入的实现。

(7) 特许权使用费收入，是指企业提供专利权、非专利技术、商标权、著作权以及其他特许权的使用权而取得的收入。特许权使用费收入，按照合同约定的特许权使用人应付特许权使用费的日期确认收入的实现。

(8) 接受捐赠收入，是指企业接受的来自其他企业、组织或者个人无偿给予的货币性资产、非货币性资产。接受捐赠收入，按照实际收到的捐赠资产的日期确认收入的实现。

(9) 其他收入，是指企业取得的除以上收入外的其他收入，包括企业资产溢余收入、逾期未退包装物押金收入、确实无法偿付的应付款项、已做坏账损失处理后又收回的应收款项、债务重组收入、补贴收入、违约金收入、汇兑收益等。

2. 特殊收入的确认

(1) 以分期收款方式销售货物的，按照合同约定的收款日期确认收入的实现。

(2) 企业受托加工制造大型机械设备、船舶、飞机，以及从事建筑、安装、装配工程业务或者提供其他劳务等，持续时间超过12个月的，按照纳税年度内完工进度或者完成的工作量确认收入的实现。

(3) 采取产品分成方式取得收入的，按照企业分得产品的日期确认收入的实现，其收入额按照产品的公允价值确定。

(4) 企业发生非货币性资产交换，以及将货物、财产、劳务用于捐赠、偿债、赞助、集资、广告、样品、职工福利或者利润分配等用途的，应当视同销售货物、转让财产或者提供劳务，但国务院财政、税务主管部门另有规定的除外。

3. 不征税收入

(1) 财政拨款，是指各级人民政府对纳入预算管理的事业单位、社会团体等组织拨付的财政资金，但国务院和国务院财政、税务主管部门另有规定的除外。

(2) 依法收取并纳入财政管理的行政事业性收费、政府性基金，是指依照法律法规等有关规定，按照国务院规定程序批准，在实施社会公共管理，以及在向公民、法人或者其他组织提供特定公共服务的过程中，向特定对象收取并纳入财政管理的费用。政府性基金，是指企业依照法律、行政法规等有关规定，代政府收取的具有专项用途的财政资金。

(3) 国务院规定的其他不征税收入，是指企业取得的，由国务院财政、税务主管部门规定专项用途，并经国务院批准的财政性资金。

4. 免税收入

(1) 国债利息收入。企业因购买国债所得的利息收入，免征企业所得税。

(2) 符合条件的居民企业之间的股息、红利等权益性收益，是指居民企业直接投资于其他居民企业取得的投资收益。

(3) 在中国境内设立机构、场所的非居民企业，从居民企业取得与该机构、场所有实际联系的股息、红利等权益性投资收益。该收益不包括连续持有居民企业公开发行并上市流通的股票不足12个月取得的投资收益。

(4) 符合条件的非营利组织的收入。不包括非营利组织从事营利性活动取得的收入，但国务院财政、税务主管部门另有规定的除外。

二、扣除项目的一般规定

1. 税前扣除项目的原则

企业申报的扣除项目和金额要真实、合法。真实,是指能提供证明有关支出确属已经实际发生;合法,是指符合国家税法的规定,其他法规规定与税收法规规定不一致的,应以税收法规的规定为标准。除税收法规另有规定外,税前扣除一般应遵循以下原则:

● 权责发生制原则,是指企业费用应在发生的所属期扣除,而不是在实际支付时确认扣除。

● 配比原则,是指企业发生的费用应当与收入配比扣除。除特殊规定外,企业发生的费用不得提前或滞后申报扣除。

● 相关性原则,企业可扣除的费用从性质和根源上必须与取得应税收入直接相关。

● 确定性原则,即企业可扣除的费用不论何时支付,其金额必须是确定的。

● 合理性原则,符合生产经营活动常规,应当计入当期损益或者有关资产成本的必要和正常的支出。

2. 扣除项目的范围

企业所得税法规定,企业实际发生的与取得收入有关的、合理的支出,包括成本、费用、税金、损失及其他支出,准予在计算应纳税所得额时扣除。

(1) 成本,是指企业在生产经营活动中发生的销售成本、销货成本、业务支出,以及其他耗费。

(2) 费用,是指企业在每一个纳税年度为生产、经营商品和提供劳务等所发生的销售(经营)费用、管理费用和财务费用。已计入成本的有关费用除外。

(3) 税金,是指企业发生的除企业所得税和允许抵扣的增值税以外的企业缴纳的各项税金及其附加。

准予税前扣除的已纳税金主要有:企业按规定缴纳的消费税、营业税、城市维护建设税、关税、资源税、土地增值税、房产税、车船税、土地使用税、印花税、教育费附加等产品销售税金及附加。准许扣除的税金有两种方式:一是在发生当期扣除;二是在发生当期计入相关资产的成本,在以后各期分摊扣除。

(4) 损失,是指企业在生产经营活动中发生的固定资产和存货的盘亏、毁损、报废损失,转让财产损失,呆账损失,坏账损失,自然灾害等不可抗力因素造成的损失,以及其他损失。

企业发生的损失减除责任人赔偿和保险赔款后的余额,依照国务院财政、税务主管部门的规定扣除。

企业已经作为损失处理的资产,在以后纳税年度又全部收回或者部分收回时,应当计入当期收入。

(5) 扣除的其他支出,是指除成本、费用、税金、损失外,企业在生产经营活动中发生的与生产经营活动有关的、合理的支出。

企业发生的支出应当区分收益性支出和资本性支出。收益性支出在发生当期直接扣除;资本性支出应当分期扣除或者计入有关资产成本,不得在发生当期直接扣除。

企业的不征税收入用于支出所形成的费用或者财产,不得扣除或者计算对应的折旧、摊销扣除。

除企业所得税法和本条例另有规定外，企业实际发生的成本、费用、税金、损失和其他支出，不得重复扣除。

3. 不得扣除的项目

在计算应纳税所得额时，下列支出不得扣除：

(1) 向投资者支付的股息、红利等权益性投资收益款项。

(2) 企业所得税税款。

(3) 税收滞纳金，是指纳税人违反税收法规，被税务机关处以的滞纳金。

(4) 罚金、罚款和被没收财物的损失，是指纳税人违反国家有关法律、法规规定，被有关部门处以的罚款，以及被司法机关处以的罚金和被没收的财物。

(5) 超过规定标准的捐赠支出。

(6) 赞助支出，是指企业发生的与生产经营活动无关的各种非广告性质的支出。

(7) 未经核定的准备金支出，是指不符合国务院财政、税务主管部门规定的各项资产减值准备、风险准备等准备金支出。

(8) 企业之间支付的管理费、企业内营业机构之间支付的租金和特许权使用费，以及非银行企业内营业机构之间支付的利息，不得扣除。

(9) 与取得收入无关的其他支出。

4. 亏损弥补

亏损，是指企业依照企业所得税法和暂行条例的规定，将每一纳税年度的收入总额减除不征税收入、免税收入和各项扣除后小于零的数额。

企业某一纳税年度发生的亏损可以用下一年度的所得弥补，下一年度的所得不足以弥补的，可以逐年延续弥补，但最长不得超过5年。

企业在汇总计算缴纳企业所得税时，其境外营业机构的亏损不得抵减境内营业机构的盈利。

三、扣除项目的具体规定

在计算应纳税所得额时，下列项目可按照实际发生额或规定的标准扣除。

1. 工资、薪金支出

企业发生的合理的工资、薪金支出，准予据实扣除。工资、薪金支出是企业每一纳税年度支付给在本企业任职或与其有雇佣关系的员工的所有现金或非现金形式的劳动报酬，包括基本工资、奖金、津贴、补贴、年终加薪、加班工资，以及与任职或者受雇有关的其他支出。

2. 职工福利费、工会经费、职工教育经费

企业发生的职工福利费、工会经费、职工教育经费，按标准扣除；未超过标准的，按实际数扣除；超过标准的，只能按标准扣除。

- 企业发生的职工福利费支出，不超过工资薪金总额14%的部分，准予扣除。
- 企业拨缴的工会经费，不超过工资薪金总额2%的部分，准予扣除。
- 除国务院财政、税务主管部门另有规定外，企业发生的职工教育经费支出，不超过工资薪金总额2.5%的部分，准予扣除，超过部分准予结转以后纳税年度扣除。

3. 社会保险费

(1) 企业依照国务院有关主管部门或者省级人民政府规定的范围和标准为职工缴纳的

"五险一金",即基本养老保险费、基本医疗保险费、失业保险费、工伤保险费、生育保险费等基本社会保险费和住房公积金,准予扣除。

(2) 企业为投资者或者职工支付的补充养老保险费、补充医疗保险费,在国务院财政、税务主管部门规定的范围和标准内,准予扣除。企业依照国家有关规定为特殊工种职工支付的人身安全保险费和符合国务院财政、税务主管部门规定可以扣除的商业保险费,准予扣除。

(3) 企业参加财产保险,按照规定缴纳的保险费,准予扣除。企业为投资者或者职工支付的商业保险费,不得扣除。

4. 利息费用

企业在生产、经营活动中发生的利息费用,规定如下。

非金融企业向金融机构借款的利息支出、金融企业的各项存款利息支出和同业拆借利息支出、企业经批准发生的债券利息支出,可据实扣除。

非金融企业向非金融机构借款的利息支出,不超过按照金融企业同期同类贷款利率计算的数额的部分,可据实扣除,超过部分不许扣除。

金融机构,是指各类银行、保险公司及经中国人民银行批准从事金融业务的非银行金融机构,包括国家专业银行、区域性银行、股份制银行、外资银行、中外合资银行以及其他综合性银行;还包括全国性保险企业、区域性保险企业、股份制保险企业、中外合资保险企业以及其他专业性保险企业;城市、农村信用社,各类财务公司,以及其他从事信托投资、租赁等业务的专业和综合性非银行金融机构。

非金融机构,是指除上述金融机构以外的所有企业、事业单位以及社会团体等企业或组织。

5. 借款费用

企业在生产经营活动中发生的合理的、不需要资本化的借款费用,准予扣除。

企业为购置、建造固定资产、无形资产和经过12个月以上的建造才能达到预定可销售状态的存货发生的借款,在有关资产购置、建造期间发生的合理的借款费用,应予以资本化,作为资本性支出计入有关资产的成本;有关资产交付使用后发生的借款利息,可在发生当期扣除。

6. 汇兑损失

企业在货币交易中,以及纳税年度终了时,将人民币以外的货币性资产、负债按照期末即期人民币汇率中间价,折算为人民币时产生的汇兑损失,除已经计入有关资产成本以及与向所有者进行利润分配相关的部分外,准予扣除。

7. 业务招待费

企业发生的与其生产、经营业务有关的业务招待费支出,按照发生额的60%扣除,但最高不得超过当年销售(营业)收入的5‰。

8. 广告费和业务宣传费

企业发生的符合条件的广告费和业务宣传费支出,除国务院财政、税务主管部门另有规定外,不超过当年销售(营业)收入15%的部分,准予扣除;超过部分,准予结转以后纳税年度扣除。

企业申报扣除的广告费支出,必须符合下列条件:广告是通过工商部门批准的专门机构制作的;已实际支付费用,并已取得相应发票;通过一定的媒体传播。

9. 环境保护专项资金

企业依照法律、行政法规有关规定提取的，用于环境保护、生态恢复等方面的专项资金，准予扣除。上述专项资金提取后改变用途的，不得扣除。

10. 保险费

企业参加财产保险，按照规定缴纳的保险费，准予扣除。

11. 租赁费

企业根据生产经营需要租入固定资产支付的租赁费，按照以下方法扣除：

以经营租赁方式租入固定资产发生的租赁费支出，按照租赁期限均匀扣除。经营性租赁，是指所有权不转移的租赁。

以融资租赁方式租入固定资产发生的租赁费支出，按照规定构成融资租入固定资产价值的部分应当提取折旧费用，分期扣除。融资租赁，是指在实质上转移与一项资产所有权有关的全部风险和报酬的一种租赁。

12. 劳动保护费

企业发生的合理的劳动保护支出，准予扣除。

13. 公益性捐赠支出

公益性捐赠，是指企业通过公益性社会团体或者县级以上人民政府及其部门，用于《中华人民共和国公益事业捐赠法》内定的公益事业的捐赠。

企业发生的公益性捐赠支出，不超过年度利润总额12%的部分，准予扣除。年度利润总额，是指企业依照国家统一会计制度的规定计算的年度会计利润。

公益性社会团体，是指同时符合下列条件的基金会、慈善组织等社会团体：

- 依法登记，具有法人资格。
- 以发展公益事业为宗旨，且不以营利为目的。
- 全部资产及其增值为该法人所有。
- 收益和劳动结余主要用于符合该法人设立目的的事业。
- 终止后的剩余财产不归属任何个人或者营利组织。
- 不经营与其设立目的无关的业务。
- 有健全的财务会计制度。
- 捐赠者不以任何形式参与社会团体财产的分配。
- 国务院财政、税务主管部门会同国务院民政部门等登记管理部门规定的其他条件。

14. 有关资产的费用

企业转让各类固定资产发生的费用，允许扣除。企业按规定计算的固定资产折旧费、无形资产和递延资产的摊销费，准予扣除。

15. 总机构分摊的费用

非居民企业在中国境内设立的机构、场所，就其中国境外总机构发生的与该机构、场所生产经营有关的费用，能够提供总机构出具的费用汇集范围、定额、分配依据和方法等证明文件，并合理分摊的，准予扣除。

16. 资产损失

企业当期发生的固定资产和流动资产盘亏、毁损净损失，由其提供清查盘存资料，经主管税务机关审核后，准予扣除；企业因存货盘亏、毁损、报废等原因不得从销项税金中抵扣的进项税金，应视同企业财产损失，准予与存货损失一起在所得税前按规定扣除。

17. 其他项目

依照有关法律、行政法规和国家有关税法规定准予扣除的其他项目，如会员费、合理的会议费、差旅费、违约金、诉讼费等。

第四节 资产的税务处理

企业所得税相关法规规定了纳税人资产的税务处理，目的是通过对资产的分类，区别收益性支出和资本性支出，确定准予扣除的范围。与会计对资产的处理有相同之处，但是在目的、功能、效力等方面有所不同。

企业的各项资产，包括固定资产、生物资产、无形资产、长期待摊费用、投资资产、存货等，均以历史成本为计税基础。历史成本，是指企业取得该项资产时实际发生的支出。企业持有各项资产期间，资产增值或者减值，除国务院财政、税务主管部门规定可以确认损益外，不得调整该资产的计税基础。

一、固定资产的税务处理

固定资产，是指企业为生产产品、提供劳务、出租或者经营管理而持有的、使用期限超过 12 个月的非货币性资产，包括房屋、建筑物、机器、机械、运输工具，以及其他与生产经营活动有关的设备、器具、工具等。

1. 固定资产的计税基础

(1) 外购的固定资产，以购买价款和支付的相关税费以及直接归属于使该资产达到预定用途发生的其他支出为计税基础。

(2) 自行建造的固定资产，以竣工结算前发生的支出为计税基础。

(3) 融资租入的固定资产，以租赁合同约定的付款总额和承租人在签订租赁合同过程中发生的相关费用为计税基础，租赁合同未约定付款总额的，以该资产的公允价值和承租人在签订租赁合同过程中发生的相关费用为计税基础。

(4) 盘盈的固定资产，以同类固定资产的重置完全价值为计税基础。

(5) 通过捐赠、投资、非货币性资产交换、债务重组等方式取得的固定资产，以该资产的公允价值和支付的相关税费为计税基础。

(6) 改建的固定资产，除已足额提取折旧的固定资产和租入的固定资产以外的其他固定资产，以改建过程中发生的改建支出增加为计税基础。

2. 固定资产折旧的范围

在计算应纳税所得额时，企业按照规定计算的固定资产折旧，准予扣除。下列固定资产不得计算折旧扣除：

(1) 房屋、建筑物以外未投入使用的固定资产。

(2) 以经营租赁方式租入的固定资产。

(3) 以融资租赁方式租出的固定资产。

(4) 已提足折旧继续使用的固定资产。

(5) 与经营活动无关的固定资产。

(6) 单独估价作为固定资产入账的土地。

(7) 其他不得计提折旧扣除的固定资产。

3. 固定资产折旧的计提方法

企业应当自固定资产投入使用月份的次月起计提折旧;停止使用的固定资产,应当从停止使用月份的次月起停止计提折旧。

企业应当根据固定资产的性质和使用情况,合理确定固定资产的预计净残值。固定资产的预计净残值一经确定,不得变更。

固定资产按照直线法计算的折旧,准予扣除。

4. 固定资产折旧的计提年限

除国务院财政、税务主管部门另有规定外,固定资产计算折旧的最低年限如下:

(1) 房屋、建筑物,为20年。

(2) 飞机、火车、轮船、机器、机械和其他生产设备,为10年。

(3) 与生产经营活动有关的器具、工具、家具等,为5年。

(4) 飞机、火车、轮船以外的运输工具,为4年。

(5) 电子设备,为3年。

从事开采石油、天然气等矿产资源的企业,在开始商业性生产前发生的费用和有关固定资产的折耗、折旧方法,由国务院财政、税务主管部门另行规定。

二、生物资产的税务处理

生物资产,是指有生命的动物和植物。生物资产分为消耗性生物资产、生产性生物资产和公益性生物资产。消耗性生物资产,是指为出售而持有的、或在将来收获为农产品的生物资产,包括生长中的农田作物、蔬菜、用材林以及存栏待售的牲畜等。生产性生物资产,是指为产出农产品、提供劳务或出租等目的而持有的生物资产,包括经济林、薪炭林、产畜和役畜等。公益性生物资产,是指以防护、环境保护为主要目的的生物资产,包括防风固沙林、水土保持林和水源涵养林等。

1. 生物资产的计税基础

生产性生物资产按照以下方法确定计税基础:

(1) 外购的生产性生物资产,以购买价款和支付的相关税费为计税基础。

(2) 通过捐赠、投资、非货币性资产交换、债务重组等方式取得的生产性生物资产,以该资产的公允价值和支付的相关税费为计税基础。

2. 生物资产的折旧方法和折旧年限

生产性生物资产按照直线法计算的折旧,准予扣除。企业应当自生产性生物资产投入使用月份的次月起计算折旧;停止使用的生产性生物资产应当自停止使用月份的次月起停止计算折旧。

企业应当根据生产性生物资产的性质和使用情况,合理确定生产性生物资产的预计净残值。生产性生物资产的预计净残值一经确定,不得变更。

3. 生物资产的折旧年限

生产性生物资产计算折旧的最低年限如下:

(1) 林木类生产性生物资产，为10年。

(2) 畜类生产性生物资产，为3年。

三、无形资产的税务处理

无形资产，是指企业长期使用、但没有实物形态的资产，包括专利权、商标权、著作权、土地使用权、非专利技术、商誉等。

1. 无形资产的计税基础

无形资产按照以下方法确定计税基础：

(1) 外购的无形资产，以购买价款和支付的相关税费，以及直接归属于使该资产达到预定用途发生的其他支出为计税基础。

(2) 自行开发的无形资产，以开发过程中该资产符合资本化条件后至达到预定用途前发生的支出为计税基础。

(3) 通过捐赠、投资、非货币性资产交换、债务重组等方式取得的无形资产，以该资产的公允价值和支付的相关税费为计税基础。

2. 无形资产摊销的范围

在计算应纳税所得额时，企业按照规定计算的无形资产摊销费用，准予扣除。

下列无形资产不得计算摊销费用扣除：

(1) 自行开发的支出已在计算应纳税所得额时扣除的无形资产。

(2) 自创商誉。

(3) 与经营活动无关的无形资产。

(4) 其他不得计算摊销费用扣除的无形资产。

3. 无形资产的摊销方法及年限

无形资产的摊销采取直线法计算。

无形资产的摊销年限不得低于10年。作为投资或者受让的无形资产，有关法律规定或者合同约定了使用年限的，可以按照规定或者约定的使用年限分期摊销。外购商誉的支出，在企业整体转让或者清算时准予扣除。

四、长期待摊费用的税务处理

长期待摊费用，是指企业发生的应一个年度以上或几个年度进行摊销的费用。

在计算应纳税所得额时，企业发生的下列支出作为长期待摊费用，按照规定摊销的，准予扣除。

1. 已足额提取折旧的固定资产的改建支出

固定资产的改建支出，是指改变房屋或者建筑物结构、延长使用年限等发生的支出。已足额提取折旧的固定资产的改建支出，按照固定资产预计尚可使用年限分期摊销。

2. 租入固定资产的改建支出

租入固定资产的改建支出，按照合同约定的剩余租赁期限分期摊销。

改建的固定资产延长使用年限的，除已足额提取折旧的固定资产、租入固定资产的改建支出外，其他的固定资产发生改建支出，应当适当延长折旧年限。

3. 固定资产的大修理支出

企业的固定资产修理支出可在发生当期直接扣除。企业的固定资产改良支出，如果有关固定资产尚未提足折旧，可增加固定资产价值；如有关固定资产已提足折旧，可作为长期待摊费用，在规定的期间内平均摊销。

大修理支出，按照固定资产尚可使用年限分期摊销。

企业所得税法所指固定资产的大修理支出，是指同时符合下列条件的支出：

(1) 修理支出达到取得固定资产时的计税基础 50%以上。

(2) 修理后固定资产的使用年限延长 2 年以上。

4. 其他应当作为长期待摊费用的支出

其他应当作为长期待摊费用的支出，自支出发生月份的次月起，分期摊销，摊销年限不得低于 3 年。

五、存货的税务处理

存货，是指企业持有以备出售的产品或者商品、处在生产过程中的在产品、在生产或者提供劳务过程中耗用的材料和物料等。

1. 存货的计税基础

存货按照以下方法确定成本：

(1) 通过支付现金方式取得的存货，以购买价款和支付的相关税费为成本。

(2) 通过支付现金以外的方式取得的存货，以该存货的公允价值和支付的相关税费为成本。

(3) 生产性生物资产收获的农产品，以产出或者采收过程中发生的材料费、人工费和分摊的间接费用等必要支出为成本。

2. 存货的成本计算方法

企业使用或者销售的存货的成本计算方法，可以在先进先出法、加权平均法、个别计价法中选用一种。计价方法一经选用，不得随意变更。

六、投资资产的税务处理

投资资产，是指企业对外进行权益性投资和债权性投资而形成的资产。

1. 投资资产的成本

投资资产按以下方法确定投资成本：

(1) 通过支付现金方式取得的投资资产，以购买价款为成本。

(2) 通过支付现金以外的方式取得的投资资产，以该资产的公允价值和支付的相关税费为成本。

2. 投资资产成本的扣除方法

企业对外投资期间，投资资产的成本在计算应纳税所得额时不得扣除；企业在转让或者处置投资资产时，投资资产的成本准予扣除。

七、其他规定

1. 资产转让

企业转让以上资产，在计算企业应纳税所得额时，资产的净值允许扣除。

资产的净值，是指有关资产、财产的计税基础减除已经按照规定扣除的折旧、折耗、摊销、准备金等后的余额。

除国务院财政、税务主管部门另有规定外，企业在重组过程中，应当在交易发生时确认有关资产的转让所得或者损失，相关资产应当按照交易价格重新确定计税基础。

2. 税法规定与会计规定差异的处理

税法规定与会计规定差异的处理，是指企业在财务会计核算中与税法规定不一致的，应当依照税法规定予以调整。也就是说，企业在平时进行会计核算时，可以按会计制度的有关规定进行账务处理，但在申报纳税时，对税法规定和会计制度规定有差异的，要按税法规定进行纳税调整。

(1) 企业不能提供完整、准确的收入及成本、费用凭证，不能正确计算应纳税所得额的，由税务机关核定其应纳税所得额。

(2) 企业依法清算时，以其清算终了后的清算所得，为应纳税所得额，按规定缴纳企业所得税。清算所得，是指企业清算时的全部资产或者财产扣除各项清算费用、损失、负债、企业未分配利润、公益金和公积金后的余额，超过实缴资本的部分。

(3) 企业应纳税所得额是根据税收法规计算出来的，它在数额上与依据财务会计制度计算的利润总额往往不一致。税法规定：对企业按照有关财务会计规定计算的利润总额，要按照税法的规定进行必要调整后，才能作为应纳税所得额计算缴纳所得税。

第五节　税收优惠

税收优惠，是指国家运用税收政策，在税收法律、行政法规中规定对某一部分特定企业和课税对象给予减轻或免除税收负担的一种措施。税法规定的企业所得税的税收优惠方式包括免税、减税、加计扣除、加速折旧、减计收入、税额抵免等。

2008年开始实行的企业所得税法对原有内外资企业所得税优惠政策做出了重大的调整，统一了内外资企业所得税税收优惠政策，完善了企业所得税政策。

- 优惠从以区域性优惠为主转变为以产业性优惠为主，采取了多种方式对现行税收优惠政策进行了整合，重点向高科技、环保等产业倾斜；
- 对符合条件的小型微利企业实行20%的优惠税率，对国家需要重点扶持的高新技术企业实行15%的优惠税率，扩大对创业投资企业的税收优惠以及企业投资于环保、节能节水、安全生产等方面的税收优惠；
- 保留原税法对农、林、牧、渔业，基础设施投资的税收优惠政策；
- 对原税法中劳服企业、福利企业、资源综合利用企业的直接减免税政策采取替代性优惠政策；

● 增加企业从事环境保护项目的所得和符合条件的技术转让所得，可享受减免税优惠等方面的内容，充分体现了国家鼓励环境保护和技术进步的政策精神。

1. 免征与减征优惠

企业的下列所得，可以免征、减征企业所得税。企业如果从事国家限制和禁止发展的项目，不得享受企业所得税优惠。

(1) 从事农、林、牧、渔业项目的所得。企业从事农、林、牧、渔业项目的所得，包括免征和减征两部分。

第一，企业从事下列项目的所得，免征企业所得税：

● 蔬菜、谷物、薯类、油料、豆类、棉花、麻类、糖料、水果、坚果的种植。

● 农作物新品种的选育。

● 中药材的种植。

● 林木的培育和种植。

● 牲畜、家禽的饲养。

● 林产品的采集。

● 灌溉、农产品初加工、兽医、农技推广、农机作业和维修等农、林、牧、渔服务业项目。

● 远洋捕捞。

第二，企业从事下列项目的所得，减半征收企业所得税。

● 花卉、茶以及其他饮料作物和香料作物的种植。

● 海水养殖、内陆养殖。

(2) 从事国家重点扶持的公共基础设施项目投资经营所得。企业从事国家重点扶持的公共基础设施项目的投资经营所得，自项目取得第一笔生产经营收入所属纳税年度起，第一年至第三年免征企业所得税，第四年至第六年减半征收企业所得税。

国家重点扶持的公共基础设施项目，是指《公共基础设施项目企业所得税优惠目录》规定的港口码头、机场、铁路、公路、电力、水利等项目。

企业承包经营、承包建设和内部自建自用本条规定的项目，不得享受本条规定的企业所得税优惠。

(3) 从事符合条件的环境保护、节能节水项目的所得。环境保护、节能节水项目的所得，自项目取得第一笔生产经营收入所属纳税年度起，第一年至第三年免征企业所得税，第四年至第六年减半征收企业所得税。

符合条件的环境保护、节能节水项目，包括公共污水处理、公共垃圾处理、沼气综合开发利用、节能减排技术改造、海水淡化等。项目的具体条件和范围由国务院有关部门制定。

以上规定享受减免税优惠的项目，在减免税期限内转让的，受让方自受让之日起，可以在剩余期限内享受规定的减免税优惠；减免税期限届满后转让的，受让方不得就该项目重复享受减免税优惠。

(4) 符合条件的技术转让所得。企业所得税法所称符合条件的技术转让所得免征、减征企业所得税，是指一个纳税年度内，居民企业转让技术所有权所得不超过 500 万元的部分，免征企业所得税；超过 500 万元的部分，减半征收企业所得税。

2. 高新技术企业优惠

国家需要重点扶持的高新技术企业减按 15%的所得税税率征收企业所得税。国家需要重点扶持的高新技术企业，是指拥有核心自主知识产权，并同时符合下列条件的企业：

- 产品(服务)属于《国家重点支持的高新技术领域》规定的范围。
- 研究开发费用占销售收入的比例不低于规定比例。
- 高新技术产品(服务)收入占企业总收入的比例不低于规定比例。
- 科技人员占企业职工总数的比例不低于规定比例。
- 高新技术企业认定管理办法规定的其他条件。

《国家重点支持的高新技术领域》和高新技术企业认定管理办法由国务院科技、财政、税务主管部门会同国务院有关部门制定。

3. 小型微利企业优惠

小型微利企业减按20%的所得税税率征收企业所得税。小型微利企业的条件如下:

(1) 工业企业,年度应纳税所得额不超过30万元,从业人数不超过100人,资产总额不超过3 000万元。

(2) 其他企业,年度应纳税所得额不超过30万元,从业人数不超过80人,资产总额不超过1 000万元。

4. 创投企业优惠

创投企业从事国家需要重点扶持和鼓励的创业投资,可以按投资额的一定比例抵扣应纳税所得额。

创投企业优惠,是指创业投资企业采取股权投资方式投资于未上市的中小高新技术企业2年以上的,可以按照其投资额的70%在股权持有满2年的当年抵扣该创业投资企业的应纳税所得额,当年不足抵扣的,可以在以后纳税年度结转抵扣。

5. 民族自治地方的优惠

民族自治地方的自治机关对本民族自治地方的企业应缴纳的企业所得税中属于地方分享的部分,可以决定减征或者免征。自治州、自治县决定减征或者免征的,须报省、自治区、直辖市人民政府批准。

企业所得税法所称民族自治地方,是指依照《中华人民共和国民族区域自治法》的规定,实行民族区域自治的自治区、自治州、自治县。

对民族自治地方内国家限制和禁止行业的企业,不得减征或者免征企业所得税。

6. 非居民企业优惠

非居民企业减按10%的所得税税率征收企业所得税。非居民企业,是指在中国境内未设立机构、场所的,或者虽设立机构、场所,但取得的所得与其所设机构、场所没有实际联系的企业。该类非居民企业取得下列所得,免征企业所得税。

- 外国政府向中国政府提供贷款取得的利息所得。
- 国际金融组织向中国政府和居民企业提供优惠贷款取得的利息所得。
- 经国务院批准的其他所得。

7. 综合利用资源优惠

企业以《资源综合利用企业所得税优惠目录》规定的资源作为主要原材料,生产国家非限制和禁止并符合国家和行业相关标准的产品取得的收入,减按90%计入收入总额。

原材料占生产产品材料的比例不得低于《资源综合利用企业所得税优惠目录》规定的标准。

8. 加速折旧优惠

企业的固定资产由于技术进步等原因,确需加速折旧的,可以缩短折旧年限或者采取加速折旧的方法。可采用以上折旧方法的固定资产是指：

● 由于技术进步，产品更新换代较快的固定资产。

● 常年处于强震动、高腐蚀状态的固定资产。

采取缩短折旧年限方法的，最低折旧年限不得低于规定折旧年限的60%；采取加速折旧方法的，可以采取双倍余额递减法或者年数总和法。

9. 购置专用设备优惠

企业购置并实际使用《环境保护专用设备企业所得税优惠目录》、《节能节水专用设备企业所得税优惠目录》和《安全生产专用设备企业所得税优惠目录》规定的环境保护、节能节水、安全生产等专用设备的，该专用设备的投资额的10%，可以从企业当年的应纳税额中抵免；当年不足抵免的，可以在以后5个纳税年度结转抵免。

享受优惠的企业，应当实际购置并自身实际投入使用前款规定的专用设备；企业购置上述专用设备在5年内转让、出租的，应当停止享受企业所得税优惠，并补缴已经抵免的企业所得税税款。

企业同时从事适用不同企业所得税待遇的项目的，其优惠项目应当单独计算所得，并合理分摊企业的期间费用；没有单独计算的，不得享受企业所得税优惠。

10. 研究开发费优惠

研究开发费，是指企业为开发新技术、新产品、新工艺而发生的研究开发费用。未形成无形资产计入当期损益的，在按照规定据实扣除的基础上，按照研究开发费用的50%加计扣除；形成无形资产的，按照无形资产成本的150%摊销。

11. 残疾人员工资优惠

企业安置残疾人员的，在按照支付给残疾职工工资据实扣除的基础上，按照支付给残疾职工工资的100%加计扣除。残疾人员的范围适用《中华人民共和国残疾人保障法》的有关规定。企业安置国家鼓励安置的其他就业人员所支付的工资的加计扣除办法，由国务院另行规定。

12. 过渡政策

为了新、旧企业所得税法规的顺利衔接，新企业所得税法规做了明确的过渡规定：即企业所得税法公布前(2007年3月16日)已经批准设立(已经完成工商登记注册)的企业，依照当时的税收法律、行政法规规定，享受低税率优惠的，按照国务院规定，可以在企业所得税法施行后5年内，逐步过渡到新企业所得税法规定的税率；享受定期减免税优惠的，按照国务院规定，可以在企业所得税法施行后继续享受到期满为止，但因未获利而尚未享受优惠的，优惠期限从企业所得税法施行年度起计算。

(1) 低税率优惠过渡政策。自2008年1月1日起，原享受低税率优惠政策的企业，在新税法施行后5年内逐步过渡到法定税率。其中：享受企业所得税15%税率的企业，2008年按18%的税率执行；2009年按20%的税率执行；2010年按22%的税率执行；2011年按24%的税率执行；2012年按25%的税率执行。原执行24%税率的企业，2008年起按25%的税率执行。

(2) “两免三减半”、“五免五减半”过渡政策。自2008年1月1日起，原享受企业所得税“两免三减半”、“五免五减半”等定期减免税优惠的企业，新税法施行后继续按原税收法律、行政法规及相关文件规定的优惠办法及年限享受至期满为止。

但因未获利而尚未享受税收优惠的，其优惠期限从2008年度起计算。

第六节 应纳税额的计算

一、居民企业应纳税额的计算

居民企业应纳税额等于应纳税所得额乘以适用税率，基本计算公式为：

居民企业应纳税额＝应纳税所得额×适用税率－减免税额－抵免税额

应纳税所得额的计算一般有直接计算法和间接计算法两种方法。

(1) 在直接计算法下，居民企业每一纳税年度的收入总额减除不征税收入、免税收入、各项扣除以及允许弥补的以前年度亏损后的余额为应纳税所得额。计算公式与前述相同，即为：

应纳税所得额＝收入总额－不征税收入－免税收入－各项扣除金额－弥补亏损

(2) 在间接计算法下，在会计利润总额的基础上，加上或减去按照税法规定调整的项目金额后，即为应纳税所得额。计算公式为：

应纳税所得额＝会计利润总额±纳税调整项目金额

税收调整项目金额包括两方面的内容：一是企业的财务会计处理和税收规定不一致的，应予以调整的金额；二是企业按税法规定准予扣除的税收金额。

【例 9-1】 某企业为居民企业，2011 年经营业务如下：

(1) 取得销售收入 2 500 万元，发生销售成本 1 100 万元。

(2) 发生销售费用 670 万元(含广告费 450 万元)，管理费用 480 万元(含业务招待费 15 万元)，财务费用 60 万元。

(3) 销售税金 160 万元(含增值税 120 万元)。

(4) 营业外收入 70 万元，营业外支出 50 万元(含通过公益性社会团体向贫困山区捐款 30 万元，支付税收滞纳金 6 万元)。

(5) 计入成本、费用中的实发工资总额 150 万元，拨缴职工工会经费 3 万元，支出职工福利费和职工教育经费 29 万元。

要求：计算该企业 2011 年度实际应纳的企业所得税。

(1) 会计利润总额＝2 500＋70－1 100－670－480－60－40－50＝170(万元)

(2) 广告费和业务宣传费调增所得额＝450－2500×15％＝75(万元)

(3) 业务招待费调增所得额＝15－15×60％＝6(万元)

2 500×5‰＝125(万元)＞15×60％＝9(万元)

(4) 捐赠支出应调增所得额＝30－170×12％＝9.6(万元)

(5) “三费”应调增所得额＝3＋29－150×18.5％＝4.25(万元)

(6) 应纳税所得额＝170＋75＋6＋9.6＋6＋4.25＝270.85(万元)

(7) 2011 年应缴企业所得税＝270.85×25％＝67.71(万元)

二、非居民企业应纳税额的计算

对于在中国境内未设立机构、场所的，或者虽设立机构、场所，但取得的所得与其所设机构、场所没有实际联系的非居民企业的所得，按照下列方法计算应纳税所得额：

(1) 股息、红利等权益性投资收益和利息、租金、特许权使用费所得，以收入全额为应纳税所得额。

(2) 转让财产所得，以收入全额减除财产净值后的余额为应纳税所得额。

(3) 其他所得，参照前两项规定的方法计算应纳税所得额。

财产净值，是指财产的计税基础减除已经按照规定扣除的折旧、折耗、摊销、准备金等后的余额。

三、境外所得抵扣税额的计算

企业取得的下列所得已在境外缴纳的所得税税额，可以从其当期应纳税额中抵免，抵免限额为该项所得依照本法规定计算的应纳税额；超过抵免限额的部分，可以在以后5个年度内，用每年度抵免限额抵免当年应抵税额后的余额进行抵补：

- 居民企业来源于中国境外的应税所得。
- 非居民企业在中国境内设立机构、场所，取得发生在中国境外但与该机构、场所有实际联系的应税所得。

居民企业从其直接或者间接控制的外国企业分得的来源于中国境外的股息、红利等权益性投资收益，外国企业在境外实际缴纳的所得税税额中属于该项所得负担的部分，可以作为该居民企业的可抵免境外所得税税额，在企业所得税税法规定的抵免限额内抵免。

直接控制，是指居民企业直接持有外国企业20%以上股份。间接控制，是指居民企业以间接持股方式持有外国企业20%以上股份，具体认定办法由国务院财政、税务主管部门另行制定。

已在境外缴纳的所得税税额，是指企业来源于中国境外的所得，依照中国境外税收法律以及相关规定应当缴纳并已经实际缴纳的企业所得税性质的税款。

抵免限额，是指企业来源于中国境外的所得，依照企业所得税法和本条例的规定计算的应纳税额。除国务院财政、税务主管部门另有规定外，该抵免限额应当分国(地区)不分项计算，计算公式为：

抵免限额＝中国境内、境外所得依照企业所得税法和条例规定计算的应纳税总额
×来源于某国(地区)的应纳税所得额÷中国境内、境外应纳税所得总额

前述5个年度，是指从企业取得的来源于中国境外的所得，已经在中国境外缴纳的企业所得税性质的税额超过抵免限额的当年的次年起连续5个纳税年度。

【例9-2】 某企业2011年度境内应纳税所得额为200万元，适用25%的企业所得税税率。该企业分别在A、B两国设有分支机构，在A国的分支机构的应纳税所得额为80万元，在A国缴纳的企业所得税为16万元；在B国的分支机构的应纳税所得额为20万元，在B国缴纳的企业所得税为9万元。假设A、B两国计算应纳税所得额的规定和我国税法

一致。

要求:计算该企业汇总时在我国应缴纳的企业所得税税额。

【解析】 (1)该企业按我国税法计算的境内、境外所得的应纳税额。

应纳税额=(200+80+20)×25%=75(万元)

(2) A、B两国的扣除限额。

A国扣除限额=75×[80÷(200+80+20)]=20(万元)

B国扣除限额=75×[20÷(200+80+20)]=5(万元)

在A国缴纳的所得税为16万元,低于扣除限额20万元,可全额扣除。

在B国缴纳的所得税为8万元,高于扣除限额5万元,其超过扣除限额的部分3万元当年不能扣除。

(3) 汇总时在我国应缴纳的所得税=75-16-5=54(万元)

第七节 征收管理

一、纳税地点、纳税期限和纳税申报

1. 纳税地点

除税收法律、行政法规另有规定外,居民企业以企业登记注册地为纳税地点;但登记注册地在境外的,以实际管理机构所在地为纳税地点。企业注册登记地,是指企业依照国家有关规定登记注册的住所地。

居民企业在中国境内设立不具有法人资格的营业机构的,应当汇总计算并缴纳企业所得税。企业汇总计算并缴纳企业所得税时,应当统一核算应纳税所得额,具体办法由国务院财政、税务主管部门另行制定。

非居民企业在中国境内设立机构、场所的,应当就其所设机构、场所取得的来源于中国境内的所得,以及发生在中国境外,但与其所设机构、场所有实际联系的所得,以机构、场所所在地为纳税地点。非居民企业在中国境内设立两个或者两个以上机构、场所的,经税务机关审核批准,可以选择由其主要机构、场所汇总缴纳企业所得税。非居民企业经批准汇总缴纳企业所得税后,需要增设、合并、迁移、关闭机构和场所,或者停止机构和场所业务的,应当事先由负责汇总申报缴纳企业所得税的主要机构、场所向其所在地税务机关报告;需要变更汇总缴纳企业所得税的主要机构、场所的,依照前款规定办理。

非居民企业在中国境内未设立机构、场所的,或者虽设立机构、场所,但取得的所得与其所设机构、场所没有实际联系的所得,以扣缴义务人所在地为纳税地点。

除国务院另有规定外,企业之间不得合并缴纳企业所得税。

2. 纳税期限

企业所得税按年计征,分月或者分季预缴,年终汇算清缴,多退少补。

企业所得税的纳税年度,自公历每年1月1日起至12月31日止。企业在一个纳税年度的中间开业,或者由于合并、关闭等原因终止经营活动,使该纳税年度的实际经营期不足

12个月的，应当以其实际经营期为一个纳税年度。企业清算时，应当以清算期间作为一个纳税年度。

自年度终了之日起5个月内，向税务机关报送年度企业所得税纳税申报表，并汇算清缴，结清应缴应退税款。

企业在年度中间终止经营活动的，应当自实际经营终止之日起60日内，向税务机关办理当期企业所得税汇算清缴。

3. 纳税申报

按月或按季预缴的，应当自月份或者季度终了之日起15日内，向税务机关报送预缴企业所得税纳税申报表，预缴税款。

企业在报送企业所得税纳税申报表时，应当按照规定附送财务会计报告和其他有关资料。

企业应当在办理注销登记前，就其清算所得向税务机关申报并依法缴纳企业所得税。

依照企业所得税法缴纳的企业所得税，以人民币计算。所得以人民币以外的货币计算的，应当折合成人民币算并缴纳税款。

企业在纳税年度内无论盈利或者亏损，都应当依照企业所得税法第五十四条规定的期限，向税务机关报送预缴企业所得税纳税申报表、年度企业所得税纳税申报表、财务会计报告和税务机关规定应当报送的其他有关资料。

二、源泉扣缴

对非居民企业在中国境内未设立机构、场所的，或者虽设立机构、场所，但取得的所得与其所设机构、场所没有实际联系的所得，应缴纳的所得税实行源泉扣缴，以支付人为扣缴义务人。税款由扣缴义务人在每次支付或者到期应支付时，从支付或者到期应支付的款项中扣缴。

应当扣缴的所得税，扣缴义务人未依法扣缴或者无法履行扣缴义务的，由企业在所得发生地缴纳。企业未依法缴纳的，税务机关可以从该企业在中国境内其他收入项目的支付人应付的款项中，追缴该企业的应纳税款。

扣缴义务人每次代扣的税款，应当自代扣之日起7日内缴入国库，并向所在地的税务机关报送扣缴企业所得税报告表。

三、特别纳税调整

特别纳税调整，是指企业与其关联方之间的业务往来，不符合独立交易原则而减少企业或者其关联方应纳税收入或者所得额的，税务机关有权按照合理方法调整，包括对企业的转让定价、预约定价安排、成本分摊协议、受控外国企业、资本弱化以及一般反避税等特别纳税调整。

1. 独立交易原则

企业与其关联方共同开发、受让无形资产，或者共同提供、接受劳务发生的成本，在计算应纳税所得额时，应当按照独立交易原则进行分摊。

独立交易原则，是指没有关联关系的交易各方，按照公平成交价格和营业常规进行业务往来遵循的原则。

关联方，是指与企业有下列关联关系之一的企业、其他组织或者个人，具体指：

● 在资金、经营、购销等方面存在直接或者间接的控制关系。

● 直接或者间接地同为第三者控制。

● 在利益上具有相关联的其他关系。

2. 关联企业之间关联业务的税务处理

(1) 企业与其关联方共同开发、受让无形资产，或者共同提供、接受劳务发生的成本，在计算应纳税所得额时应当按照独立交易原则进行分摊。

(2) 企业与其关联方分摊成本时，应当按照成本与预期收益相配比的原则进行分摊，并在税务机关规定的期限内，按照税务机关的要求报送有关资料。

(3) 企业与其关联方分摊成本时违反以上规定的，其自行分摊的成本不得在计算应纳税所得额时扣除。

(4) 企业可以向税务机关提出与其关联方之间业务往来的定价原则和计算方法，税务机关与企业协商、确认后，达成预约定价安排。

预约定价安排，是指企业就其未来年度关联交易的定价原则和计算方法，向税务机关提出申请，与税务机关按照独立交易原则协商、确认后达成的协议。

(5) 企业向税务机关报送年度企业所得税纳税申报表时，应当就其与关联方之间的业务往来，附送年度关联业务往来报告表。

(6) 由居民企业，或者由居民企业和中国居民控制的设立在实际税负明显低于25%的税率水平的国家(地区)的企业，并非由于合理的经营需要而对利润不做分配或者减少分配的，上述利润中应归属于该居民企业的部分，应当计入该居民企业的当期收入。

控制包括：

● 居民企业或者中国居民直接或者间接地单一持有外国企业10%以上有表决权的股份，且由其共同持有该外国企业50%以上股份。

● 居民企业，或者居民企业和中国居民持股比例没有达到上一项规定的标准，但在股份、资金、经营、购销等方面对该外国企业构成实质控制。

实际税负明显偏低，是指实际税负明显低于企业所得税法规定的25%所得税税率的50%。

(7) 企业从其关联方接受的债权性投资与权益性投资的比例超过规定标准而发生的利息支出，不得在计算应纳税所得额时扣除。企业间接从关联方获得的债权性投资包括：

● 关联方通过无关联第三方提供的债权性投资。

● 无关联第三方提供的、由关联方担保，且负有连带责任的债权性投资。

● 其他间接从关联方获得的具有负债实质的债权性投资。

3. 调整方法

企业实施其他不具有合理商业目的的安排而减少其应纳税收入或者所得额的，税务机关有权按照合理方法调整。不具有合理商业目的，是指以减少、免除或者推迟缴纳税款为主要目的。对关联企业所得不实进行调整的合理方法有：

(1) 可比非受控价格法，是指按照没有关联关系的交易各方进行相同或者类似业务往来的价格进行定价的方法。

(2) 再销售价格法，是指按照从关联方购进商品再销售给没有关联关系的交易方的价格,减除相同或者类似业务的销售毛利进行定价的方法。

(3) 成本加成法,是指按照成本加合理的费用和利润进行定价的方法。

(4) 交易净利润法,是指按照没有关联关系的交易各方进行相同或者类似业务往来取得的净利润水平确定利润的方法。

(5) 利润分割法,是指将企业与其关联方的合并利润或者亏损,在各方之间采用合理标准进行分配的方法。

(6) 其他符合独立交易原则的方法。

4. 关联方交易中的税额核定

企业不提供与其关联方之间的业务往来资料,或者提供虚假、不完整资料,未能真实反映其关联业务往来情况的,税务机关有权依法核定其应纳税所得额。核定方法有:

(1) 参照同类或者类似企业的利润率水平核定。

(2) 按照企业成本加合理的费用和利润的方法核定。

(3) 按照关联企业集团整体利润的合理比例核定。

(4) 按照其他合理方法核定。

5. 特别纳税调整的追溯时间

企业与其关联方之间的业务往来,不符合独立交易原则,或者企业实施其他不具有合理商业目的安排的,税务机关有权在该业务发生的纳税年度起 10 年内,进行纳税调整。

6. 特别纳税调整中利息的加征

税务机关依照规定进行特别纳税调整后,除了应当补征税款外,并应当按照国务院规定加收利息。对补征的税款,自税款所属纳税年度的次年 6 月 1 日起至补缴税款之日止的期间,按日加收利息。

利息应当按照税款所属纳税年度中国人民银行公布的与补税期间同期的人民币贷款基准利率加 5 个百分点计算。

依照企业所得税法规定,企业在报送年度企业所得税纳税申报表时,附送了年度关联业务往来报告表的,可以只按规定的人民币贷款基准利率计算利息。

加收的利息不得在计算应纳税所得额时扣除。

阅读材料:新企业所得税法精神宣传提纲(节选)

来源:国家税务总局网站

一、新企业所得税法及其实施条例的制定背景

为进一步完善社会主义市场经济体制,适应经济社会发展新形势的要求,为各类企业创造公平竞争的税收环境,根据党的十六届三中全会关于"统一各类企业税收制度"的精神,2007 年 3 月 16 日,第十届全国人民代表大会第五次会议审议通过了《中华人民共和国企业所得税法》(以下简称"新企业所得税法"),同日,胡锦涛主席签署了中华人民共和国主席令第 63 号,自 2008 年 1 月 1 日起施行。

新企业所得税法第五十九条规定,国务院根据本法制定实施条例。为了保障新企业所得税法的顺利实施,财政部、国家税务总局、国务院法制办会同有关部门,根据新企业所得税法规定,认真总结实践经验,充分借鉴国际惯例,对需要在实施条例中明确的重要概念、重大税收政策以及征管问题作了深入研究论证,并在此基础上起草了《中华人民共和国企

业所得税法实施条例(草案)》,报送国务院审议。2007 年 11 月 28 日,国务院第 197 次常务会议审议并原则通过。12 月 6 日,温家宝总理签署国务院令第 512 号,正式发布《中华人民共和国企业所得税法实施条例》(以下简称"实施条例"),自 2008 年 1 月 1 日起与新企业所得税法同步实施。

二、新企业所得税法及其实施条例与原税法相比的重大变化

与外商投资企业和外国企业所得税法及其实施细则、企业所得税暂行条例相比,新企业所得税法及其实施条例的重大变化表现在以下方面:一是法律层次得到提升,改变了过去内资企业所得税以暂行条例(行政法规)形式立法的做法;二是制度体系更加完整,在完善所得税制基本要素的基础上,充实了反避税等内容;三是制度规定更加科学,借鉴国际通行的所得税处理办法和国际税制改革新经验,在纳税人分类及义务的判定、税率的设置、税前扣除的规范、优惠政策的调整、反避税规则的引入等方面,体现了国际惯例和前瞻性;四是更加符合我国的经济发展状况,根据我国经济社会发展的新要求,建立税收优惠政策新体系,实施务实的过渡优惠措施,服务我国经济社会发展。

三、新企业所得税法及其实施条例的主要内容

新企业所得税法实现了五个方面的统一,并规定了两个方面的过渡政策。具体是:统一税法并适用于所有内外资企业,统一并适当降低税率,统一并规范税前扣除范围和标准,统一并规范税收优惠政策,统一并规范税收征管要求。除了上述"五个统一"外,新企业所得税法规定了两类过渡优惠政策:一是对新税法公布前已经批准设立、享受企业所得税低税率和定期减免税优惠的老企业,给予过渡性照顾;二是对法律设置的发展对外经济合作和技术交流的特定地区内,以及国务院已规定执行上述地区特殊政策的地区内新设立的国家需要重点扶持的高新技术企业,给予过渡性税收优惠。同时,国家已确定的其他鼓励类企业,可以按照国务院规定享受减免税优惠政策。

为了保证新企业所得税法的可操作性,实施条例按照新企业所得税法的框架,对新企业所得税法的规定逐条逐项细化,明确了重要概念、重大政策以及征管问题。主要内容包括:一是明确了界定新企业所得税法的若干重要概念,如实际管理机构、公益性捐赠、非营利组织、不征税收入、免税收入等;二是进一步明确了企业所得税重大政策,具体包括:收入、扣除的具体范围和标准,资产的税务处理,境外所得税抵免的具体办法,优惠政策的具体项目范围、优惠方式和优惠管理办法等;三是进一步规范了企业所得税征收管理的程序性要求,具体包括特别纳税调整中的关联交易调整、预约定价、受控外国公司、资本弱化等措施的范围、标准和具体办法,纳税地点,预缴税和汇算清缴方法,纳税申报期限,货币折算等。

四、新企业所得税制度体系建设的总体设想

新企业所得税法及其实施条例出台后,对企业所得税的基本税制要素、重大政策问题以及主要的税收处理作了明确,但由于企业所得税涉及各行各业,与企业生产经营的方方面面密切相关,还无法做到对所有企业、所有经济交易事项的所得税处理逐一规定。比如,实施条例中仅规定了企业重组的所得税处理原则,没有对各种形式的企业重组的所得税处理予以具体明确;对居民企业汇总纳税的所得税管理也没有作具体规定。因此,针对企业

所得税制度的特点，结合我国二十多年的税收立法实践，新企业所得税法及其实施条例出台后，国务院财政、税务主管部门还将根据新企业所得税法及其实施条例的规定，针对一些具体的操作性问题，研究制定部门规章和具体操作的规范性文件，作为新企业所得税法及其实施条例的配套制度。通过这样的制度安排，形成企业所得税法律、行政法规和规章及其规范性文件的三个层次的制度框架，形成一个体系完备、符合国际惯例、便于操作的企业所得税制度体系。

思考题

1. 我国企业所得税是如何发展的？
2. 企业所得税有哪些特点？
3. 企业所得税的纳税义务人有哪几种？如何区分？
4. 企业所得税的不征税收入和免税收入有哪些？
5. 企业所得税不得税前扣除的项目有哪些？
6. 如何进行亏损弥补？
7. 企业所得税对不同资产如何规定折旧年限？
8. 境外所得抵扣税额如何计算？
9. 企业所得税的税收优惠有哪些种类？
10. 什么是特别纳税调整？如何调整？

第十章　个人所得税

本章学习要点：

★ 我国个人所得税的沿革

★ 我国现行个人所得税的模式和特点

★ 居民纳税义务人和非居民纳税义务人

★ 征税项目

★ 计税依据和应纳税额计算

★ 税收优惠

★ 征收管理

个人所得税是对个人取得的各项应税所得征收的一种税。现行个人所得税的基本规范，是1980年9月10日第五届全国人民代表大会第三次会议制定，根据2007年12月29日第十届全国人民代表大会常务委员会第三十一次会议决定第五次修正，自2008年3月1日起施行的《中华人民共和国个人所得税法》。

第一节　个人所得税概述

一、我国个人所得税的沿革

个人所得税是国家对本国公民、居住在本国境内的个人所得和境外个人来源于本国的所得征收的一种所得税。它最早于1799年在英国创立，目前世界上已有140多个国家开征了这一税种。在有些国家，个人所得税是主体税种，在财政收入中占较大比重。

在改革开放前一个相当长的时期里，我国对个人的所得是不征税的。党的十一届三中全会以后，我国实行对外开放政策，随着对外经济交往的不断扩大，来华工作、取得收入的外籍人员日益增多。为了维护我国的税收权益，遵循国际惯例，需相应制定对个人所得征税的法律和法规。1980年9月1日，第五届全国人民代表大会第三次会议通过并公布了《中华人民共和国个人所得税法》，统一适用于中国公民和在我国取得收入的外籍人员。该法律采用分项的征收制度，具有税率低、扣除额宽、征税面小、计算简便等特点。对在中国境内居住的个人的所得和不在中国境内居住但由个人从中国取得的所得都要征税。

1986年和1987年，国务院分别发布了《中华人民共和国城乡个体工商业户所得税暂行条例》和《中华人民共和国个人收入调节税暂行条例》。这样,我国对个人所得的征税制度就形成了个人所得税、城乡个体工商业户所得税和个人收入调节税等三税并存的格局。

我国社会主义市场经济体制改革的目标确定后,为了统一、规范和完善对个人所得的课税制度,第八届全国人民代表大会常务委员会在对原三部个人所得课税的法律、法规进行修改、合并的基础上,于1993年10月31日公布了修改后的《中华人民共和国个人所得税法》,自1994年1月1日起施行。该法规定,不分内、外,所有中国居民和有来源于中国所得的非居民,均应依法缴纳个人所得税。这样,就对三个个人所得课税的法律、法规进行了合并,建立了一部统一的,既适用于中、外籍纳税人,也适用于个体工商业户和其他人员的新的个人所得税法,基本建立起了现行个人所得税的法律框架。

此后,个人所得税制度不断有所调整,以适应不断变化的经济社会环境。

1999年8月30日,第九届全国人大常务委员会第十一次会议通过了《关于修改〈中华人民共和国个人所得税法〉的决定》,把个税法第四条第二款"储蓄存款利息"免征个人所得税项目删去,而开征了"个人储蓄存款利息所得税"。

2002年1月1日,个人所得税收入实行中央与地方按比例分享。

2005年10月27日,第十届全国人大常委会第十八次会议再次审议《中华人民共和国个人所得税法修正案(草案)》,会议表决通过全国人大常委会关于修改个人所得税法的决定,起征点定为1 600元,于2006年1月1日起施行。

2007年6月29日,第十届全国人民代表大会常务委员会第二十八次会议通过了《关于修改〈中华人民共和国个人所得税法〉的决定》,对个人所得税法进行了第四次修正。

2007年12月29日,第十届全国人大常委会第三十一次会议表决通过了《关于修改〈中华人民共和国个人所得税法〉的决定》,对个人所得税法进行了第五次修正,个人所得税免征额自2008年3月1日起由1 600元提高到2 000元。

2011年6月30日,第十一届全国人大常委会第二十一次会议表决通过了全国人大常委会关于修改个人所得税法的决定,个税免征额将从2 000元提高到3 500元,自2011年9月1日起施行。

二、我国现行个人所得税的特点

1. 实行分类征收

世界各国的个人所得税制大体可分为三种类型:分类所得税制、综合所得税制和混合所得税制。这三种税制各有所长,各国可根据本国具体情况选择运用。我国现行个人所得税采用的是分类所得税制,即将个人取得的各种所得划分为11类,分别适用不同的费用减除规定、不同的税率和不同的计税方法。实行分类课征制度,可以广泛采用源泉扣缴办法,加强源泉控管,简化纳税手续,方便征纳双方。同时,还可以对不同所得实行不同的征税方法,便于体现国家的政策。

2. 累进税率与比例税率并用

分类所得税制一般采用比例税率,综合所得税制通常采用累进税率。比例税率计算简便,便于实行源泉扣缴;累进税率可以合理调节收入分配,体现公平。我国现行的个人所得税根据各类个人所得的不同性质和特点,将这两种形式的税率综合运用于个人所得税制。其中,对工资、薪金所得,个体工商户的生产、经营所得,对企事业单位的承包、承租经营所得，采用累进税率，实行量能负担；对劳务报酬、稿酬等其他所得，采用比例税率，实行等比负担。

3. 费用扣除额统一固定

各国的个人所得税均有费用扣除的规定，只是扣除的方法及额度不尽相同。我国本着费用扣除统一、从简的原则，采用费用定额扣除和定率扣除两种方法。对工资、薪金所得，从2008年3月1日起，每月减除费用2 000元；对劳务报酬等所得，每次收入不超过4 000元的，减除800元，每次收入4 000元以上的，减除20%的费用。这样的标准减除费用，不论个人的家庭经济情况、实际支出情况，都是统一和固定的。

4. 计算简便

我国个人所得税的费用扣除采取总额扣除法，免去了对个人实际生活费用支出逐项计算的麻烦；各种所得项目实行分类计算，并且具有明确的费用扣除规定，费用扣除项目及方法易于掌握，计算比较简单，符合税制简便原则。

5. 采取源泉扣缴和申报纳税两种征纳方法

我国个人所得税法规定，对纳税人的应纳税额分别采取由支付单位源泉扣缴和纳税人自行申报两种方法。对凡是可以在应税所得的支付环节扣缴个人所得税的，均由扣缴义务人履行代扣代缴义务；对于没有扣缴义务人的，以及个人在两处以上取得工资、薪金所得的，由纳税人自行申报纳税。此外，对其他不便于扣缴税款的，亦规定由纳税人自行申报纳税。

第二节　纳税义务人

《中华人民共和国个人所得税法》第一条规定："在中国境内有住所，或者无住所而在境内居住满一年的个人，从中国境内和境外取得的所得，依照本法规定缴纳个人所得税。在中国境内无住所又不居住，或者无住所而在境内居住不满一年的个人，从中国境内取得的所得，依照本法规定缴纳个人所得税。"

我国税法依据住所和居住时间两个标准，将个人所得税的纳税人分为居民纳税人和非居民纳税人，包括中国公民、个体工商业户以及在中国有所得的外籍人员和我国香港、澳门、台湾的同胞。

一、居民纳税义务人

居民纳税义务人负有全面纳税义务，其所取得的应纳税所得，无论是来源于中国境内还是中国境外任何地方，都要在中国缴纳个人所得税。根据个人所得税法规定，居民纳税义务人，是指在中国境内有住所，或者无住所而在中国境内居住满1年的个人。

1. 在中国境内有住所的个人

在中国境内有住所的个人，是指因户籍、家庭、经济利益的关系，而在中国境内习惯性居住的个人。

习惯性居住，是判定纳税义务人属于居民还是非居民的一个法律意义上的标准。它是指个人因学习、工作、探亲等原因消除之后，没有理由在其他地方继续居留时所要回到的地方，而不是指实际居住或在某一个特定时期的居住地。

一个纳税人因学习、工作、探亲、旅游等原因，原来是在中国境外居住，但是在这些原因消除之后，如果必须回到中国境内居住的，则中国为该人的习惯性居住地。尽管该纳税义务人在一个纳税年度内，甚至连续几个纳税年度，都未在中国境内居住过 1 天，他仍然是中国居民纳税义务人，应就其来自全球的应纳税所得，向中国缴纳个人所得税。

现行税法中关于"中国境内"的概念是指中国大陆地区，目前还不包括中国的香港、澳门和台湾地区。习惯性居住地不在中国境内的个人，只有外籍人员、华侨或中国香港、澳门和台湾的同胞。

2. 在中国境内无住所而在境内居住满 1 年的个人

在境内居住满 1 年，是指在一个纳税年度(公历 1 月 1 日起至 12 月 31 日)内，在中国境内居住满 365 日。在计算居住天数时，对临时离境应视同在华居住，不扣减其在华居住的天数。临时离境，是指在一个纳税年度内，一次不超过 30 日或者多次累计不超过 90 日的离境。

二、非居民纳税义务人

非居民纳税义务人，是指不符合居民纳税义务人判定标准的纳税义务人。

非居民纳税义务人，是"在中国境内无住所又不居住，或者无住所而在境内居住不满 1 年的个人"。也就是说，非居民纳税义务人，是指习惯性居住地不在中国境内，而且不在中国居住；或者在一个纳税年度内，在中国境内居住不满 1 年的个人。

非居民纳税义务人承担有限纳税义务，仅就其来源于中国境内的所得，向中国缴纳个人所得税。

自 2000 年 1 月 1 日起，个人独资企业和合伙企业投资者也为个人所得税的纳税义务人。

三、所得来源的确定

所得的来源地和所得的支付地不是一个概念。居民纳税人与非居民纳税义务人纳税义务的区别，就是来源于境外的所得是否征税，与支付地无关。来源地判定的具体规定如下：

(1) 工资、薪金所得，以纳税人任职、受雇的公司、企业、事业单位、机关、团体、部队、学校等单位的所在地，作为所得来源地。

(2) 生产、经营所得，以生产、经营活动实现地，作为所得来源地。

(3) 劳务报酬所得，以纳税人实际提供劳务的地点，作为所得来源地。

(4) 不动产转让所得，以不动产坐落地为所得来源地；动产转让所得，以实现转让的地点为所得来源地。

(5) 财产租赁所得，以被租赁财产的使用地，作为所得来源地。

(6) 利息、股息、红利所得，以支付利息、股息、红利的企业、机构、组织的所在地，作为所得来源地。

(7) 特许权使用费所得,以特许权的使用地,作为所得来源地。

第三节 征税项目

作为征税对象的个人所得,有狭义和广义之分。狭义的个人所得,仅限于每年经常、反复发生的所得。广义的个人所得,是指个人在一定期间内,通过各种来源或方式所获得的一切利益,而不论这种利益是偶然的还是临时的,是货币、有价证券的还是实物的。目前,包括我国在内的世界各国所实行的个人所得税,大多以这种广义解释的个人所得概念为基础。

个人取得的各种所得可以分为毛所得和净所得、非劳动所得和劳动所得、经常所得和偶然所得、自由支配所得和非自由支配所得、交易所得和转移所得、应收所得和实现所得、名义所得和实际所得、积极所得和消极所得等。

我国实行的是分类课征的个人所得税,对个人取得的应税所得分成不同类别,适用不同的税收待遇。个人所得税法列举征税的应税所得有 11 项。

一、工资、薪金所得

工资、薪金所得,是指个人因任职或者受雇而取得的工资、薪金、奖金、年终加薪、劳动分红、津贴、补贴,以及与任职或者受雇有关的其他所得。

工资、薪金所得属于非独立个人劳动所得。非独立个人劳动,是指个人所从事的是由他人指定、安排并接受管理的劳动。受雇于公司、工厂、行政事业单位的人员为非独立劳动者。

"工资、薪金所得"的概念大于一般意义上的工资、薪金,还包括工资、薪金以外的奖金、年终加薪、劳动分红、津贴、补贴等。奖金,是指所有具有工资性质的奖金。年终加薪、劳动分红均按工资、薪金所得课税,津贴、补贴等有例外。根据我国目前个人收入的构成情况,规定对于一些不属于工资、薪金性质的补贴、津贴,或者不属于纳税人本人工资、薪金所得项目的收入,不予征税。这些项目包括:

- 独生子女补贴;
- 执行公务员工资制度,未纳入基本工资总额的补贴、津贴差额和家属成员的副食品补贴;
- 托儿补助费;
- 差旅费津贴、误餐补助。其中,误餐补助是指按照财政部规定,个人因公在城区、郊区工作,不能在工作单位就餐或返回就餐的,根据实际误餐顿数,按规定的标准领取的误餐费。单位以误餐补助名义发给职工的补助、津贴不能包括在内。

二、个体工商户的生产、经营所得

个体工商户的生产、经营所得,是指:

(1) 个体工商户从事工业、手工业、建筑业、交通运输业、商业、饮食业、服务业、修理业及其他行业取得的所得；

(2) 个人经政府有关部门批准，取得执照，从事办学、医疗、咨询以及其他有偿服务活动取得的所得；

(3) 上述个体工商户和个人取得的与生产、经营有关的各项应税所得；

(4) 其他个人从事个体工商业生产、经营取得的所得。

其中，前三项所得属于纯生产、经营所得，是个人直接从事工商各业生产、经营活动而取得的生产性、经营性所得以及有关的其他所得。第四项是独立劳动所得，是个人从事自己自由提供的，不受他人指定、安排和具体管理的劳动所得。

个体工商户和从事生产、经营的个人，取得与生产、经营活动无关的其他各项应税所得，应分别按照其他应税项目的有关规定，计算征收个人所得税。如取得银行存款的利息所得、对外投资取得的股息所得，应按"股息、利息、红利"税目的规定，单独计征个人所得税。

个人独资企业、合伙企业的个人投资者，以企业资金为本人、家庭成员及其相关人员支付与企业生产经营无关的消费性支出及购买汽车、住房等财产性支出，视为企业对个人投资者的利润分配，并入投资者个人的生产经营所得，依照"个体工商户的生产经营所得"项目计征个人所得税。

三、企事业单位的承包经营、承租经营所得

企事业单位的承包经营、承租经营所得，是指个人承包经营或承租经营以及转包、转租取得的所得。承包项目可分多种，如生产经营、采购、销售、建筑安装等各种承包。转包包括全部转包或部分转包。

个人对企事业单位承包、承租经营后，工商登记仍为企业的，不论其分配方式如何，均应先按照企业所得税的有关规定缴纳企业所得税，再按照下列情况缴纳个人所得税：

- 承包、承租人对企业经营成果不拥有所有权，仅按合同(协议)规定取得一定所得的，应按工资、薪金所得项目征收个人所得税。
- 承包、承租人按合同(协议)规定只向发包方、出租人缴纳一定的费用，缴纳承包、承租费后的企业经营成果归承包、承租人所有的，其取得的所得，按对企事业单位承包、承租经营所得项目征收个人所得税。

四、劳务报酬所得

劳务报酬所得，是指个人独立从事各种非雇佣的劳务所取得的所得。个人所得税法列举了29项劳务，包括：设计、装潢、安装、制图、化验、测试、医疗、法律、会计、咨询、讲学、新闻、广播、翻译、审稿、书画、雕刻、影视、录音、录像、演出、表演、广告、展览、技术服务、介绍服务、经纪服务、代办服务以及其他劳务。

如果个人经政府有关部门批准并取得营业执照，从事上述劳务活动取得收入，应按个体工商户的生产、经营所得项目计税。

工资、薪金所得和劳务报酬所得的区别在于：工资、薪金所得是属于非独立、受雇佣的

个人劳务活动，即在机关、团体、学校、部队、企业、事业单位及其他组织中任职、受雇而得到的报酬；而劳务报酬所得，则是个人独立、非雇佣地从事各种技艺，提供各项劳务取得的报酬。

五、稿酬所得

稿酬所得，是指个人因其作品以图书、报刊形式出版、发表而取得的所得。

稿酬所得从性质上来看，也属于劳务报酬。获得稿酬的劳动形式与劳务报酬所得中的翻译、审稿、书画劳务基本一致。将稿酬独立划归一个征税项目，而对不以图书、报刊形式出版、发表的翻译、审稿、书画所得，归为劳务报酬所得，是考虑了出版、发表作品的特殊性，并给予适当的优惠照顾。

应注意稿酬所得与劳务报酬所得、工资薪金所得的区别：

● 不以图书、报刊形式出版、发表的翻译、审稿、书画所得，属于劳务报酬所得；作品以图书、报刊形式出版、发表的所得，为稿酬所得。

● 因工作原因在本单位刊物出版发表作品取得的所得，为工资薪金所得；在外单位刊物出版发表作品取得的所得，为稿酬所得。

六、特许权使用费所得

特许权使用费所得，是指个人提供专利权、商标权、著作权、非专利技术以及其他特许权的使用权取得的所得。提供著作权的使用权取得的所得，不包括稿酬所得。

许多国家只将提供他人使用专利权取得的所得，列入特许权使用费，而将转让专利权所得列为资本利得税的征税对象。我国没有开征资本利得税，将个人提供和转让专利权取得的所得都列入特许权、使用权所得，征收个人所得税。

七、利息、股息、红利所得

利息、股息、红利所得，是指个人拥有债权、股权而取得的利息、股息、红利所得。利息，是指个人拥有债权而取得的利息，包括存款利息、贷款利息和各种债券的利息。个人取得的利息所得，除国债和国家发行的金融债券利息外，应当依法缴纳个人所得税。

除个人独资企业、合伙企业以外的其他企业的个人投资者，以企业资金为本人、家庭成员及其相关人员支付与企业生产经营无关的消费性支出及购买汽车、住房等财产性支出，视为企业对个人投资者的红利分配，依照“利息、股息、红利所得”项目计征个人所得税。企业的上述支出不允许在所得税前扣除。

纳税年度内个人投资者从其投资企业（个人独资企业、合伙企业除外）借款，在该纳税年度终了后既不归还又未用于企业生产经营的，其未归还的借款可视为企业对个人投资者的红利分配，依照“利息、股息、红利所得”项目计征个人所得税。

八、财产租赁所得

财产租赁所得，是指个人出租建筑物、土地使用权、机器设备、车船以及其他财产取得的所得。

个人取得的财产转租收入属于“财产租赁所得”的征税范围，由财产转租人缴纳个人所得税。在确认纳税义务人时，应以产权凭证为依据；对无产权凭证的，由主管税务机关根据实际情况确定。产权所有人死亡，在未办理产权继承手续期间，该财产出租而有租金收入的，以领取租金的个人为纳税义务人。

九、财产转让所得

财产转让所得，是指个人转让有价证券、股权、建筑物、土地使用权、机器设备、车船以及其他财产取得的所得。

我国对股票转让所得暂不征收个人所得税。

个人出售自有住房取得的所得，应按照“财产转让所得”项目征收个人所得税。对个人转让自用5年以上并且是家庭唯一生活用房取得的所得，免征个人所得税。

集体所有制企业在改制为股份合作制企业时，对职工个人以股份形式取得的拥有所有权的企业量化资产，暂缓征收个人所得税；待个人将股份转让时，就其转让收入额，减除个人取得该股份时实际支付的费用支出和合理转让费用后的余额，按“财产转让所得”项目计征个人所得税。

十、偶然所得

偶然所得，是指个人得奖、中奖、中彩以及其他偶然性质的所得。得奖，是指参加各种有奖竞赛活动，取得名次得到的奖金；中奖、中彩，是指参加各种有奖活动，如有奖销售、有奖储蓄，或者购买彩票，经过规定程序，抽中、摇中号码而取得的奖金。偶然所得应缴纳的个人所得税税款，由发奖单位或机构代扣代缴。

十一、经国务院财政部门确定征税的其他所得

除上述列举的各项个人应税所得外，其他确有必要征税的个人所得，由国务院财政部门确定。个人取得的所得，难以界定应纳税所得项目的，由主管税务机关确定。

第四节　税率

个人所得税的税率按所得项目不同，规定了超额累进税率和比例税率两种形式。

一、超额累进税率

1. 工资、薪金所得

工资、薪金所得，适用3%～45%的七级超额累进税率。

表10-1 工资、薪金所得个人所得税税率表

级数	全月应纳税所得额	全月不含税应纳税所得额	税率(%)	速算扣除数
1	不超过1 500元的部分	不超过1 455元的部分	3	0
2	超过1 500～4 500元的部分	超过1 455～4 155元的部分	10	105
3	超过4 500～9 000元的部分	超过4 155～7 755元的部分	20	555
4	超过9 000～35 000元的部分	超过7 755～27 255元的部分	25	1 005
5	超过35 000～55 000元的部分	超过27 255～41 255元的部分	30	2 755
6	超过55 000～80 000元的部分	超过41 255～57 505元的部分	35	5 505
7	超过80 000元的部分	超过57 505元的部分	45	13 505

全月应纳税所得额，是指依照税法的规定，以每月收入额减除费用3 500元后的余额或者减除附加减除费用后的余额。

2. 个体工商户的生产、经营所得和对企事业单位的承包经营、承租经营所得

个体工商户的生产、经营所得和对企事业单位的承包经营、承租经营所得，适用5%～35%的超额累进税率。

表10-2 个体工商户的生产、经营所得和对企事业单位的承包经营、承租经营所得个人所得税税率表

级数	全年应纳税所得额	税率(%)	速算扣除数
1	不超过15 000元的部分	5	0
2	超过15 000～30 000元的部分	10	750
3	超过30 000～60 000元的部分	20	3 750
4	超过60 000～100 000元的部分	30	9 750
5	超过100 000元的部分	35	14 750

全年应纳税所得额，个体工商户的生产、经营所得来源，是指以每一纳税年度的收入总额，减除成本、费用以及损失后的余额。

对企事业单位的承包经营、承租经营所得来源，是指以每一纳税年度的收入总额减除必要费用后的余额。

个人对企事业单位实行承包经营、承租经营取得所得，适用税率分为以下两种情况：

● 承包、承租人对企业经营成果不拥有所有权，仅是按合同(协议)规定取得一定所得的，其所得按“工资、薪金”所得项目征税，适用3%～45%的七级超额累进税率。

● 承包、承租人按合同(协议)的规定只向发包、出租方缴纳一定费用后，企业经营成果归其所有的，承包、承租人取得的所得，按对企事业单位的承包经营、承租经营所得项目，适用5%～35%的五级超额累进税率征税。

个人独资企业和合伙企业的生产经营所得，适用5%～35%的五级超额累进税率。

二、比例税率

除了适用超额累进税率的3个所得项目以外，其他8个所得项目，即稿酬所得，劳务报酬所得，特许权使用费所得，利息、股息、红利所得，财产租赁所得，财产转让所得，偶然所得和其他所得，适用20%的比例税率。

1. 稿酬所得

稿酬所得适用比例税率，税率为20%，并按应纳税额减征30%，故其实际税率为14%。

2. 劳务报酬所得

劳务报酬所得适用比例税率，税率为20%。

劳务报酬所得一次收入畸高的，实行加成征收办法。“劳务报酬所得一次收入畸高”，是指个人一次取得劳务报酬，其应纳税所得额超过20 000元。对应纳税所得额超过20 000至50 000元的部分，依照税法规定计算应纳税额后再按照应纳税额加征五成；超过50 000元的部分，加征十成。因此，劳务报酬所得实际上适用20%、30%、40%的三级超额累进税率。

表10-3　劳务报酬所得个人所得税税率表

级 数	每次应纳税所得额	税率(%)	速算扣除数(元)
1	不超过20 000元的部分	20	0
2	超过20 000～50 000元的部分	30	2 000
3	超过50 000元的部分	40	7 000

3. 利息、股息、红利所得

利息、股息、红利所得适用比例税率，税率为20%。

近几年，居民储蓄利息所得税税率有所调整。1999年11月1日起，恢复征收利息税，税率为20%。2007年8月15日起，居民储蓄利息税率由20%下调为5%。2008年10月9日起，暂免征收利息税。

相关链接：利息税的历次调整

利息税全称为“储蓄存款利息所得个人所得税”，主要指对个人在中国境内存储人民币、外币的利息所得征收的个人所得税。新中国成立以来，利息税曾几度征免，每一次的变革都与经济形势密切相关。

1950年，中国颁布了《利息所得税条例》，规定对存款利息征收所得税。但当时国家实施低工资制度，人们的收入差距也很小，征收利息税没有实质意义，因而在1959年中国人民银行调低利率后，国家随即停征存款利息所得税。

1980年通过的个人所得税法和1993年修订的个人所得税法，再次把利息税列为应税项目，但是针对当时个人储蓄存款数额较小，物资供应比较紧张的情况，随后对储蓄利息所得税做出免税的规定。

1997年亚洲金融危机的爆发,紧缩成为经济的主要特征。为此,中国人民银行从1996年5月1日起连续7次降低人民币存、贷款利率,但仍难以扭转储蓄存款余额增长的势头。为了调控经济、拉动内需、刺激消费,国家税务总局决定恢复征收利息税,自1999年11月1日施行,税率为20%。

起征7年之后的2006年,中国税收收入(不包括关税、耕地占用税和契税,未扣减出口退税)共入库37 636亿元,其中,利息税459亿元,占比不到1.2%。

2007年7月20日,国务院决定自8月15日起,将储蓄存款利息所得个人所得税的适用税率由现行的20%调减为5%。

2008年,国务院决定从2008年10月9日起暂免征收利息税。

第五节 计税依据和应纳税额计算

个人所得税的计税依据是应纳税所得额。计算个人应纳税所得额,需按不同应税项目分项计算。以某项应税项目的收入额减去税法规定的该项费用减除标准后的余额,为该项应纳税所得额。

世界各国在计征个人所得税时,一般都允许纳税人从个人的应税收入中扣除必要的费用,然后仅就扣除费用后的余额征税。这是因为个人在取得收入的过程中,需要有一定的成本和费用支出,由于各国的情况不同,扣除的项目和标准也不尽相同。

我国现行的个人所得税法,是根据所得的不同项目分别实行定额、定率和会计核算三种扣除办法。

- 定额扣除用于个人工资、薪金所得。
- 个体工商户的生产经营所得和对企事业单位的承包经营、承租经营所得,以及财产转让所得,涉及生产、经营及有关成本或费用的支出,采取会计核算办法扣除。
- 对劳务报酬所得、稿酬所得、特许权使用费所得、财产租赁所得,实行定额和定率两种扣除办法。
- 利息、股息、红利所得和偶然所得,不扣除任何费用。

一、工资、薪金所得应纳税额的计算

1. 一般规定

工资、薪金所得应纳税额的计算公式为:

应纳税额=应纳税所得额×适用税率−速算扣除数

工资、薪金所得,以每月收入额减除费用3 500元后的余额,为应纳税所得额。

企业和个人按照省级以上人民政府规定的比例提取并缴付的住房公积金、医疗保险金、基本养老保险金、失业保险金,不计入个人当期的工资、薪金收入,免予征收个人所得税。超过规定比例缴付的部分,计征个人所得税。

【例 10-1】 某纳税人 2012 年 1 月工资 5 900 元，当月按国家规定从工资中扣除的“三险一金”为 400 元。计算其当月应纳个人所得税税额。

【解析】 应纳税所得额＝5 900－400－3 500＝2 000(元)

应纳个人所得税额＝2 000×10%－105＝95(元)

现行税法对外籍人员和在境外工作的中国公民的工资、薪金所得增加了附加减除费用的照顾。适用范围内的人员每月工资、薪金所得在减除 3 500 元费用的基础上，再减除 1 300 元。附加减除费用适用的范围包括：

- 在中国境内的外商投资企业和外国企业中工作，取得工资、薪金所得的外籍人员。
- 应聘在中国境内的企业单位、社会团体、国家机关中工作，取得工资、薪金所得的外籍专家。
- 在中国境内有住所而在中国境外任职或者受雇取得工资、薪金所得的个人。
- 财政部确定的取得工资、薪金所得的其他人员。

华侨和香港、澳门、台湾同胞参照上述附加减除费用标准执行。

2. 个人取得全年一次性奖金

全年一次性奖金，是指行政机关、企事业单位等扣缴义务人，根据其全年经济效益和对雇员全年工作业绩的综合考核情况，向雇员发放的一次性奖金。一次性奖金也包括年终加薪、实行年薪制和绩效工资办法的单位根据考核情况兑现的年薪和绩效工资。

纳税人取得全年一次性奖金，单独作为 1 个月工资、薪金所得计算纳税。先将雇员当月内取得的全年一次性奖金除以 12 个月，按其商数确定适用税率和速算扣除数；再将雇员个人当月内取得的全年一次性奖金，按前面确定的适用税率和速算扣除数计算征税，计算公式如下：

应纳税额＝雇员当月取得全年一次性奖金×适用税率－速算扣除数

如果在发放年终一次性奖金的当月，雇员当月工资薪金所得低于税法规定的费用扣除额，应将全年一次性奖金减除“雇员当月工资薪金所得与费用扣除额的差额”后的余额，按上述办法确定全年一次性奖金的适用税率和速算扣除数。适用公式为：

应纳税额＝(雇员当月取得全年一次性奖金－雇员当月工资薪金所得与费用扣除额的差额)×适用税率－速算扣除数

在一个纳税年度内，对每一个纳税人，该计税办法只允许采用一次。

雇员取得除全年一次性奖金以外的其他各种名目奖金，如半年奖、季度奖、加班奖、先进奖、考勤奖等，一律与当月工资、薪金收入合并，按税法规定缴纳个人所得税。

【例 10-2】 某纳税人 2012 年 1 月月工资 3 000 元，当月一次性取得上年奖金 6 000 元，请计算其应纳个人所得税税额。

【解析】 判断适用税率和速算扣除数：

[6 000－(3 500－3 000)]÷12＝458.33(元)，税率为 3%

应纳个人所得税额＝(6 000－3 500＋3 000)×3%＝165(元)

3. 特定行业职工取得的工资、薪金所得

为了照顾采掘业、远洋运输业、远洋捕捞业因季节、产量等因素的影响，职工的工资、薪金收入呈现较大幅度波动的实际情况，对这三个特定行业的职工取得的工资、薪金所得，可按月预缴，年度终了后 30 日内，合计其全年工资、薪金所得，再按 12 个月平均，并计算实际应纳的税款，多退少补。公式为：

应纳所得税额＝[（全年工资、薪金收入÷12－费用扣除标准）×税率－速算扣除数]×12

【例 10－3】 某纳税义务人是煤矿采掘工人，2011 年度各月工资收入合计数为 54 000 元，已按月预缴个人所得税款共 240 元。请计算其应缴（或退）税款额。

【解析】 全年应纳个人所得税额＝[（54 000÷12－3 500）×3%]×12＝360（元）

按月预缴的税款共为 240 元，该纳税义务人应补缴 120 元。

4. 在外商投资企业、外国企业和外国驻华机构工作的中方人员取得的工资、薪金所得

在外商投资企业、外国企业和外国驻华机构工作的中方人员取得的工资、薪金收入，凡是由雇佣单位和派遣单位分别支付的，支付单位应按税法规定代扣代缴个人所得税。

征管办法是，雇佣单位和派遣单位分别支付工资、薪金的，采取由支付者中的一方减除费用的方法，即只由雇佣单位在支付工资、薪金时，按税法规定减除费用，计算扣缴个人所得税；派遣单位支付的工资、薪金不再减除费用，以支付金额直接确定适用税率，计算扣缴个人所得税。

纳税义务人应以每月全部工资、薪金收入减除规定费用后的余额为应纳税所得额。纳税义务人应持两处支付单位提供的原始明细工资、薪金单（书）和完税凭证原件，选择并固定到一地税务机关申报每月工资、薪金收入，汇算清缴其工资、薪金收入的个人所得税，多退少补（补的情况居多）。具体申报期限，由各省、自治区、直辖市税务机关确定。

对可以提供有效合同或有关凭证，能够证明其工资、薪金所得的一部分按照有关规定上缴派遣（介绍）单位的，可扣除其实际上缴的部分，按其余额计征个人所得税。

【例 10－4】 一位中国公民在外商投资企业任职，2012 年 5 月，该外商投资企业支付给他的薪金为 6 700 元，同月还收到派遣单位发给的工资 1 600 元。请问：该外商投资企业、派遣单位应如何扣缴个人所得税？该纳税人实际应缴的个人所得税为多少？

【解析】 外商投资企业应扣缴的个人所得税＝（6 700－3 500）×10%－105＝215（元）

派遣单位应扣缴的个人所得税＝1 600×10%－105＝55（元）

该纳税人实际应缴的个人所得税额＝（6 700＋1 600－3 500）×20%－555＝405（元）

该纳税人到税务机关申报纳税时，还应补缴 135 元（405－215－55）。

5. 个人因解除劳动合同取得的经济补偿金

企业依照国家有关法律规定宣告破产，企业职工从该破产企业取得的一次性安置费收入，免征个人所得税。

个人因与用人单位解除劳动关系而取得的一次性补偿收入（包括用人单位发放的经济补偿金、生活补助费和其他补助费用），其收入在当地上年职工平均工资 3 倍数额以内的部分，免征个人所得税；超过 3 倍数额部分的一次性补偿收入，可视为一次取得数月的工资、薪金收入，允许在一定期限内平均计算。方法为：以超过 3 倍数额部分的一次性补偿收入，除以个人在本企业的工作年限数（超过 12 年的按 12 年计算），以其商数作为个人的月工资、薪金收入，按照税法规定计算缴纳个人所得税。

个人领取一次性补偿收入时，按照国家和地方政府规定的比例实际缴纳的住房公积金、医疗保险费、基本养老保险费、失业保险费，可以在计征其一次性补偿收入的个人所得税时予以扣除。

个人在解除劳动合同后又再次任职、受雇的，已纳税的一次性补偿收入不再与再次任职、受雇的工资薪金所得合并计算补缴个人所得税。

6. 在中国境内无住所的个人取得的工资薪金所得

（1）关于工资、薪金所得来源地的确定。根据规定，属于来源于中国境内的工资、薪金所得，应为个人实际在中国境内工作期间取得的工资、薪金，即：个人实际在中国境内工作期间取得的工资、薪金，不论是由中国境内还是境外企业或个人雇主支付，均属来源于中国境内的所得；个人实际在中国境外工作期间取得的工资、薪金，不论是由中国境内还是境外企业或个人雇主支付，均属于来源于中国境外的所得。

（2）在中国境内无住所而在一个纳税年度中在中国境内连续或累计工作不超过 90 日，或在税收协定规定的期间在中国境内连续或累计居住不超过 183 日的个人，由中国境外雇主支付并且不是由该雇主的中国境内机构负担的工资、薪金，免于申报缴纳个人所得税。应仅就其实际在中国境内工作期间由中国境内企业或个人雇主支付，或者由中国境内机构负担的工资、薪金所得申报纳税。

自 2004 年 7 月 1 日起，在中国境内无住所而在一个纳税年度中在中国境内连续或累计居住不超过 90 日，或在税收协定规定的期间在中国境内连续或累计居住不超过 183 日的个人，负有纳税义务的，适用下述公式：

应纳税额＝（当月境内外工资、薪金应纳税所得额×适用税率－速算扣除数）
×（当月境内支付工资/当月境内外支付工资总额）
×（当月境内工作天数/当月天数）

（3）在中国境内无住所而在一个纳税年度中在中国境内连续或累计工作超过 90 日，或在税收协定规定的期间在中国境内连续或累计居住超过 183 日但不满 1 年的个人，其实际在中国境内工作期间取得的由中国境内企业或个人雇主支付和由境外企业或个人雇主支付的工资、薪金所得，均应申报缴纳个人所得税；其在中国境外工作期间取得的工资、薪金所得，除中国境内企业或高层管理人员，不予征收个人所得税。

自 2004 年 7 月 1 日起，在中国境内无住所而在一个纳税年度中在中国境内连续或累计居住超过 90 日，或在税收协定规定的期间在中国境内连续或累计居住超过 183 日但不满 1 年的个人，负有纳税义务的，适用下述公式：

应纳税额＝（当月境内外工资、薪金应纳税所得额×适用税率－速算扣除数）
×（当月境内工作天数/当月天数）

取得的工资、薪金所得是由境外雇主支付并且不是由中国境内机构负担的个人，事先可预定在一个纳税年度中连续或累计居住超过 90 日，或在税收协定规定的期间连续或累计居住超过 183 日的，其每月应纳的税款应按规定期限申报纳税；对事先不能预定在一个纳税年度或税收协定规定的有关期间连续或累计居住超过 90 日或 183 日的，可以待达到 90 日或 183 日后的次月 7 日内，就其以前月份应纳的税款一并申报缴纳。

（4）自 2004 年 7 月 1 日起，在中国境内无住所但在境内居住满 1 年而不超过 5 年的个人，其在中国境内工作期间取得的由中国境内企业或个人雇主支付和由中国境外企业或个人雇主支付的工资、薪金，均应申报缴纳个人所得税；其在临时离境工作期间的工资、薪金所得，仅就由中国境内企业或个人雇主支付的部分申报纳税。

在 1 个月内，既有在中国境内工作期间的工资、薪金所得，也有在临时离境期间由境内企业或个人雇主支付的工资、薪金所得的，应合并计算当月应纳税款，并按税法规定的期限申报缴纳。在中国境内无住所但在境内居住满1年而不超过5年的个人，负有纳税义务的，适用下述公式：

应纳税额=(当月境内外工资、薪金应纳税所得额×适用税率-速算扣除数)
×[1-(当月境外支付工资/当月境内外支付工资总额)
×(当月境外工作天数/当月天数)]

如果取得的是日工资、薪金，或者不满1个月的工资、薪金，以日工资、薪金乘以当月天数，换算成月工资、薪金后，按照上述公式计算其应纳税额。

(5) 中国境内企业董事、高层管理人员纳税义务。担任中国境内企业董事或高层管理职务的个人[指公司正、副(总)经理、各职能总师、总监及其他类似公司管理层的职务]，其取得的由该中国境内企业支付的董事费或工资、薪金，不适用前述规定，而应自其担任该中国境内企业董事或高层管理职务起，至其解除上述职务止的期间，不论其是否在中国境外履行职务，均应申报缴纳个人所得税；其取得的由中国境外支付的工资、薪金，应依照前述规定确定纳税义务。

(6) 不满1个月的工资、薪金所得应纳税款的计算。属于前述情况中的个人，仅就不满1个月期间的工资、薪金所得申报纳税的，按全月工资、薪金所得计算实际应纳税额。其计算公式如下：

应纳税额=(当月工资、薪金应纳税所得额×适用税率-速算扣除数)
×(当月实际在中国天数/当月天数)

取得的是日工资、薪金，以日工资、薪金乘以当月天数换算成月工资、薪金后，按上述公式计算应纳税额。

在中国境内无住所的个人，我国对其实施税收管辖权的范围，随着其居住时间的增长而扩大，从不足90天(协定期间183天)，到1年，再到5年，随时间段的增长，应税所得来源的范围不断扩大。

表10-4　在中国境内无住所的个人取得工资、薪金所得的纳税情况

居住时间	纳税人性质	来自境内的工薪、薪金所得		来自境外的工薪、薪金所得	
		境内支付	境外支付	境内支付	境外支付
不超过90/183天	非居民纳税人	纳税	免税	不纳税	不纳税
超过90/183天不超过1年		纳税	纳税	不纳税	不纳税
超过1年不超过5年	居民纳税人	纳税	纳税	纳税	免税
5年以上		纳税	纳税	纳税	纳税

7. 内部退养

企业减员增效和行政、事业单位、社会团体在机构改革过程中实行内部退养办法的人员取得收入，现行规定如下：

实行内部退养的个人在其办理内部退养手续后至法定离退休年龄之间从原任职单位取得的工资、薪金，不属于离退休工资，应按“工资、薪金所得”项目计征个人所得税。

个人在办理内部退养手续后从原任职单位取得的一次性收入，应按办理内部退养手续后至法定离退休年龄之间的所属月份进行平均，并与领取当月的“工资、薪金所得”合并后减除当月费用扣除标准，以余额为基数确定适用税率，再将当月工资、薪金加上取得的一次性收入，减去费用扣除标准，按适用税率计征个人所得税。

个人在办理内部退养手续后至法定离退休年龄之间重新就业取得的“工资、薪金所得”，应与其从原任职单位取得的同一月份的“工资、薪金所得”合并，并依法自行向主管税务机关申报缴纳个人所得税。

【例 10-5】 因单位减员增效，距离法定退休年龄尚有 20 个月的李某，于 2012 年 5 月办理了内部退养手续，当月领取工资 2 300 元和一次性补偿收入 30 000 元。计算李某当月应缴纳的个人所得税。

【解析】 一次补偿收入算至真正退休平均每月的金额＝30 000/20＝1 500 元；

1 500＋2 300－3 500＝300 元，找出适用税率 3%、速算扣除数 0，

当月应纳税额＝(30 000＋2 300－3 500)×3%＝864(元)

8. 其他规定

(1) 个人取得公务交通、通信补贴收入。个人因公务用车和通信制度改革而取得的公务用车、通信补贴收入，扣除一定标准的公务费用后，按照“工资、薪金”所得项目计征个人所得税。按月发放的，并入当月“工资、薪金所得”，计征个人所得税；不按月发放的，分解到所属月份并与该月份“工资、薪金所得”合并后，计征个人所得税。

公务费用扣除标准，由省级地方税务局根据纳税人公务交通、通信费用实际发生情况调查测算，报经省级人民政府批准后确定，并报国家税务总局备案。

(2) 失业保险费(金)。城镇企事业单位及其职工个人按照《失业保险条例》规定的比例，实际缴付的失业保险费，均不计入职工个人当期工资、薪金收入，免予征收个人所得税；超过《失业保险条例》规定的比例缴付失业保险费的，应将其超过规定比例缴付的部分计入职工个人当期的工资、薪金收入，依法计征个人所得税。

具备《失业保险条例》规定条件的失业人员，领取的失业保险金，免予征收个人所得税。

(3) 免税之外的保险金。企业为员工支付各项免税之外的保险金，应在企业向保险公司缴付时(即该保险落到被保险人的保险账户)并入员工当期的工资收入，按“工资、薪金所得”项目计征个人所得税，税款由企业负责代扣代缴。

(4) 补充养老保险退保。单位为职工个人购买商业性补充养老保险等，在办理投保手续时应作为个人所得税的“工资、薪金所得”项目，按税法规定缴纳个人所得税；因各种原因退保，个人未取得实际收入的，已缴纳的个人所得税应予以退回。

(5) 退休人员再任职。退休人员再任职取得的收入，在减除按个人所得税法规定的费用扣除标准后，按“工资、薪金所得”应税项目缴纳个人所得税。

二、个体工商户的生产、经营所得应纳税额的计算

1. 个体工商户的生产、经营所得应纳税额的计算

个体工商户的生产、经营所得应纳税额的计算公式为：

$$应纳税额＝应纳税所得额×适用税率－速算扣除数$$

个体工商户的生产、经营所得，以每一纳税年度的收入总额，减除成本、费用以及损失后的余额，为应纳税所得额。

应纳税所得额=全年收入总额-成本、费用以及损失

成本、费用,是指纳税义务人从事生产、经营所发生的各项直接支出和分配计入成本的间接费用,以及销售费用、管理费用、财务费用;损失,是指纳税义务人在生产、经营过程中发生的各项营业外支出。

自2008年3月1日起,个体工商户的费用扣除标准统一确定为24 000元/年,即2 000元/月。自2011年9月1日起,个体工商户的费用扣除标准统一确定为42 000元/年,即3 500元/月。从业人员的工资扣除标准,由各省、自治区、直辖市地方税务机关根据当地实际情况确定,并报国家税务总局备案。

个体工商户和从事生产、经营的个人,取得与生产、经营活动无关的各项应税所得,分别适用各应税项目的规定,计算征收个人所得税。

从事生产、经营的纳税义务人未提供完整、准确的纳税资料,不能正确计算应纳税所得额的,由主管税务机关核定其应纳税所得额。

2. 个人独资企业和合伙企业的投资者的生产、经营所得的应纳税额的计算

个人独资企业和合伙企业的投资者的生产经营所得,个人所得税有查账征收和核定征收两种办法。

采用查账征收的,个人独资企业和合伙企业的投资者的生产、经营所得应纳税额的计算公式为:

应纳税额=应纳税所得额×适用税率-速算扣除数

个人独资企业的投资者以全部生产、经营所得为应纳税所得额;合伙企业的投资者按照合伙企业的全部生产、经营所得和合伙协议约定的分配比例,确定应纳税所得额,合伙协议没有约定分配比例的,以全部生产、经营所得和合伙人数量平均计算每个投资者的应纳税所得额。

生产、经营所得,以每一纳税年度的收入总额,减除成本、费用以及损失后的余额,为应纳税所得额。生产经营所得,包括企业分配给投资者个人的所得和企业当年留存的利润。

应纳税所得额=全年收入总额-成本、费用以及损失

自2008年3月1日起,个人独资企业和合伙企业投资者的生产、经营所得依法计征个人所得税,个人独资企业和合伙企业投资者本人的费用扣除标准统一确定为24 000元/年,即2 000元/月。自2011年9月1日起,个人独资企业和合伙企业投资者本人的费用扣除标准统一确定为42 000元/年,即3 500元/月。投资者的工资不得在税前扣除。企业从业人员的工资支出按标准在税前扣除,具体标准由各省、自治区、直辖市地方税务局参照企业所得税计税工资标准确定。

投资者及其家庭发生的生活费用不允许在税前扣除。投资者及其家庭发生的生活费用与企业的生产、经营费用混合在一起,并且难以划分的,全部视为投资者个人及其家庭发生的生活费用,不允许在税前扣除。

企业生产、经营和投资者及其家庭生活共用的固定资产难以划分的,由主管税务机关根据企业的生产经营类型、规模等具体情况,核定准予在税前扣除的折旧费用的数额或比例。

投资者兴办的两个或两个以上企业,并且企业性质全部是独资的,年度终了后,汇算清

缴时，应汇总其投资兴办的所有企业的经营所得作为应纳税所得额，以此确定适用税率，计算出全年经营所得的应纳税额，再根据每个企业的经营所得占所有企业经营所得的比例，分别计算出每个企业的应纳税额和应补缴税额。计算公式如下：

$$\text{应纳税所得额}=\sum\text{各个企业的经营所得}$$

$$\text{应纳税额}=\text{应纳税所得额}\times\text{税率}-\text{速算扣除数}$$

$$\text{本企业应纳税额}=\text{应纳税额}\times\text{本企业的经营所得}\div\sum\text{各企业的经营所得}$$

$$\text{本企业应补缴的税额}=\text{本企业应纳税额}-\text{本企业预缴的税额}$$

核定征收的方式，包括定额征收、核定应税所得率征收以及其他合理的征收方式。

实行核定应税所得率征收方式的，应纳所得税额的计算公式如下：

$$\text{应纳所得税额}=\text{应纳税所得额}\times\text{适用税率}$$

$$\text{应纳税所得额}=\text{收入总额}\times\text{应税所得率}$$

或

$$=\text{成本费用支出额}\div(1-\text{应税所得率})\times\text{应税所得率}$$

表 10-5　个人所得税应税所得率表

行　业	应税所得率(%)
工业、交通运输业、商业	5～20
建筑业、房地产开发业	7～20
饮食服务业	7～25
娱乐业	20～40
其他行业	10～30

企业经营多业的，无论其经营项目是否单独核算，均应根据其主营项目确定其适用的应税所得率。

实行核定征税的投资者，不能享受个人所得税的优惠政策。

实行查账征税方式的个人独资企业和合伙企业改为核定征税方式后，在查账征税方式下认定的年度经营亏损未弥补完的部分，不得再继续弥补。

三、对企事业单位的承包经营、承租经营所得应纳税额的计算

对企事业单位的承包经营、承租经营所得，其个人所得税应纳税额的计算公式为：

$$\text{应纳税额}=\text{应纳税所得额}\times\text{适用税率}-\text{速算扣除数}$$

对企事业单位的承包经营、承租经营所得，以每一纳税年度的收入总额，减除必要费用后的余额，为应纳税所得额。每一纳税年度的收入总额，是指纳税义务人按照承包经营、承租经营合同规定分得的经营利润和工资、薪金性质的所得；减除必要费用，是指按月减除3 500元。

$$\text{应纳税所得额}=\text{纳税年度收入总额}-\text{必要费用}$$

在一个纳税年度中，承包经营或者承租经营期限不足1年的，以其实际经营期为纳税年度。

【例10-6】 2011年7月1日，张某与饭店签订承包合同经营饭店。2011年下半年，饭店实现承包经营利润10万元，上缴承包费4万元后，其余经营成果6万元归张某所有。计算张某2011年应纳个人所得税税额。

【解析】 年应纳税所得额＝承包经营利润－上缴费用－每月必要费用扣减合计

＝100 000－40 000－(3 500×6)＝39 000(元)

应纳个人所得税税额＝年应纳税所得额×适用税率－速算扣除数

＝39 000×20％－3 750＝4 050(元)

四、劳务报酬所得应纳税额的计算

1. 含税劳务报酬所得

劳务报酬所得，个人所得税应纳税额的计算公式为：

应纳税额＝应纳税所得额×适用税率

劳务报酬所得，每次收入不超过4 000元的，减除费用800元；4 000元以上的，减除20％的费用，余额为应纳税所得额。

收入不超过4 000元：应纳税所得额＝(每次收入额－800)

收入超过4 000元： 应纳税所得额＝每次收入额×(1－20％)

每次收入的应纳税所得额超过20 000元的，加成征收。

应纳税额＝应纳税所得额×适用税率－速算扣除数

表10-6 劳务报酬所得适用的速算扣除数表

级数	每次应纳税所得额	税率(％)	速算扣除数(元)
1	不超过20 000元的部分	20	0
2	超过20 000～50 000元的部分	30	2 000
3	超过50 000元的部分	40	7 000

个人兼职取得的收入应按照“劳务报酬所得”应税项目缴纳个人所得税

【例10-7】 某明星一次取得表演收入40 000元。请计算其应纳个人所得税税额。

【解析】 应纳个人所得税税额＝每次收入额×(1－20％)×适用税率－速算扣除数

＝40 000×(1－20％)×30％－2 000＝7 600(元)

2. 不含税劳务报酬所得

如果单位或个人为纳税人代付税款的，应当将单位或个人支付给纳税人的不含税支付额换算为应纳税所得额，然后按规定计算应代付的个人所得税款。

不含税收入额不超过3 360元的(即含税收入额不超过4 000元)：

应纳税所得额＝(不含税收入额－800)÷(1－税率)(指不含税级距所对应的税率)

应纳税额＝应纳税所得额×适用税率(指含税级距所对应的税率)

不含税收入额超过3 360元的(即含税收入额超过4 000元)：

应纳税所得额＝[(不含税收入额－速算扣除数)×(1－20%)]÷[1－税率×(1－20%)]
＝[(不含税收入额－速算扣除数)×(1－20%)]÷当级换算系数

或　应纳税额＝应纳税所得额×适用税率－速算扣除数

表 10-7　不含税劳务报酬收入适用税率表

级数	不含税劳务报酬收入额	税率(%)	速算扣除数(元)	换算系数(%)
1	未超过 3 360 元的部分	20	0	无
2	超过 3 360～21 000 元的部分	20	0	84
3	超过 21 000～49 500 元的部分	30	2 000	76
4	超过 49 500 元的部分	40	7 000	68

【例 10-8】 某公司向某律师支付劳务报酬，合同约定税后劳务报酬 5 万元，相关的个人所得税由公司代付。不考虑其他税收的情况下，计算公司应代付的个人所得税税额。

【解析】 代付个人所得税的应纳税所得额

＝[(50 000－7 000)×(1－20%)]÷68%＝50 588.24(元)

代付个人所得税税额＝50 588.24×40%－7 000＝13 235.30(元)

公司支出额(即个人含税劳务报酬所得)＝50 000＋13 235.30＝63 235.30(元)

含税收入计算的应纳税所得额＝63 235.30×(1－20%)＝50 588.24(元)

3. 劳务报酬所得“次”的规定

劳务报酬所得，稿酬所得，特许权使用费所得，利息、股息、红利所得，财产租赁所得，偶然所得和其他所得等七项所得，都是按次计算征税的。扣除费用依据每次应纳税所得额的大小，分别规定了定额和定率两种标准。同样的收入，多认定“一次”，就可以多扣除一次 800 元或者 20%，税额就因此减少。所以“次”的准确划分十分重要。

劳务报酬所得“次”的规定有：

只有一次性收入的，以取得该项收入为一次。例如，从事设计、安装、装潢、制图、化验、测试等劳务，往往是接受客户的委托，按照客户的要求，完成一次劳务后取得收入。因此，属于只有一次性的收入，以每次提供劳务取得的收入为一次。

属于同一事项连续取得收入的，以一个月内取得的收入为一次。例如，某歌手在 2009 年 2 月每天到某歌厅演唱一次，每次演出后付酬 200 元。在计算其劳务报酬所得时，应视为同一事项的连续性收入，以其一个月内取得的收入为一次，计征个人所得税，而不能以每天取得的收入为一次。

五、稿酬所得应纳税额的计算

稿酬所得应纳税额的计算公式为：

应纳税额＝应纳税所得额×适用税率×(1－30%)

稿酬所得，每次收入不超过 4 000 元的，减除费用 800 元；4 000 元以上的，减除 20%的费用，余额为应纳税所得额。

收入不超过 4 000 元：应纳税所得额＝每次收入额－800

收入超过 4 000 元：　应纳税所得额＝每次收入额×(1－20%)

【例 10-9】 某教师取得一次未扣除个人所得税的稿酬收入 20 000 元。请计算其应缴纳的个人所得税税额。

【解析】 应纳个人所得税税额＝应纳税所得额×适用税率×(1－30%)

＝20 000×(1－20%)×20%×(1－30%)＝2 240(元)

稿酬所得,以每次出版、发表取得的收入为一次。具体为：

(1) 同一作品再版取得的所得,应视作另一次稿酬所得,计征个人所得税。

(2) 同一作品先在报刊上连载,然后再出版;或先出版,再在报刊上连载的,应视为两次稿酬所得征税。即连载作为一次,出版作为另一次。

(3) 同一作品在报刊上连载取得收入的,以连载完成后取得的所有收入合并为一次,计征个人所得税。

(4) 同一作品在出版和发表时,以预付稿酬或分次支付稿酬等形式取得的稿酬收入,应合并计算为一次。

(5) 同一作品出版、发表后,因添加印数而追加稿酬的,应与以前出版、发表时取得的稿酬合并计算为一次,计征个人所得税。

六、特许权使用费所得应纳税额的计算

特许权使用费所得应纳税额的计算公式为：

应纳税额＝应纳税所得额×适用税率

特许权使用费所得,每次收入不超过 4 000 元的,减除费用 800 元;4 000 元以上的,减除 20%的费用,余额为应纳税所得额。

收入不超过 4 000 元：应纳税所得额＝每次收入额－800

收入超过 4 000 元： 应纳税所得额＝每次收入额×(1－20%)

特许权使用费所得,以某项使用权的一次转让所取得的收入为一次。如果某次转让取得的收入是分笔支付的,则应将各笔收入相加为一次的收入,计征个人所得税。

七、利息、股息、红利所得应纳税额的计算

利息、股息、红利所得应纳税额的计算公式为：

应纳税额＝应纳税所得额×适用税率

利息、股息、红利所得,以每次收入额为应纳税所得额,没有任何费用扣除。

应纳税所得额＝每次收入额

个人投资者从在上海证券交易所、深圳证券交易所挂牌交易的上市公司取得的股息、红利所得,自 2005 年 6 月 13 日起暂减按 50%计入个人应纳税所得额,依照现行税法规定计征个人所得税。

企业为股东购买车辆并将车辆所有权办到股东个人名下,其实质为企业对股东进行了红利性质的实物分配,应按照“利息、股息、红利所得”项目征收个人所得税。考虑到该股东个人名下的车辆同时也为企业经营使用的实际情况,允许合理减除部分所得;减除的具体

数额由主管税务机关根据车辆的实际使用情况合理确定。上述企业为个人股东购买的车辆，不属于企业的资产，不得在企业所得税前扣除折旧。

八、财产租赁所得应纳税额的计算

财产租赁所得应纳税额的计算公式为：

应纳税额＝应纳税所得额×适用税率

财产租赁所得以一个月内取得的收入为一次。

财产租赁所得，每次收入不超过 4 000 元的，减除费用 800 元；4 000 元以上的，减除 20％的费用，余额为应纳税所得额。

收入不超过 4 000 元：应纳税所得额＝每次收入额－800

收入超过 4 000 元：　应纳税所得额＝每次收入额×(1－20％)

纳税人在出租财产过程中缴纳的税金和教育费附加，可持完税(缴款)凭证，从其财产租赁收入中扣除。

能够提供有效、准确凭证，证明由纳税人负担的该出租财产实际开支的修缮费用，可以从出租财产收入中扣除。允许扣除的修缮费用，以每次 800 元为限。一次扣除不完的，准予在下一次继续扣除，直到扣完为止。

个人出租财产取得的财产租赁收入，在计算缴纳个人所得税时，应依次扣除以下费用：

(1) 财产租赁过程中缴纳的税费，包括营业税、房产税、城建税和教育费附加等；

(2) 由纳税人负担的该出租财产实际开支的修缮费用；

(3) 税法规定的费用扣除标准。

个人按市场价格出租的居民住房取得的所得，自 2001 年 1 月 1 日起暂减按 10％的税率征收个人所得税。

【例 10－10】 某人于 2012 年 4 月将其自有房屋出租给他人做经营场所，租期 2 个月。每月租金收入 2 000 元。5 月份发生漏雨修缮费 700 元，有维修部门的正式收据。假定无其他税费，计算租金收入应缴纳的个人所得税。

财产租赁收入以每月内取得的收入为一次，

4 月应纳税额＝(2 000－800)×20％＝240(元)

5 月应纳税额＝(2 000－700－800)×20％＝100(元)

九、财产转让所得应纳税额的计算

财产转让所得应纳税额的计算公式为：

应纳税额＝应纳税所得额×适用税率

财产转让所得，以转让财产的收入额减除财产原值和合理费用后的余额，为应纳税所得额。

应纳税所得额＝收入总额－财产原值－合理税费

财产原值，是指：

(1) 有价证券,为买入价以及买入时按照规定缴纳的有关费用。

(2) 建筑物,为建造费或者购进价格以及其他有关费用。

(3) 土地使用权,为取得土地使用权所支付的金额、开发土地的费用以及其他有关费用。

(4) 机器设备、车船,为购进价格、运输费、安装费以及其他有关费用。

(5) 其他财产,参照以上方法确定。

纳税义务人未提供完整、准确的财产原值凭证,不能正确计算财产原值的,由主管税务机关核定其财产原值。

合理费用,是指卖出财产时按照规定支付的有关费用。

十、偶然所得应纳税额的计算

偶然所得应纳税额的计算公式为:

应纳税额=应纳税所得额×适用税率

偶然所得,以每次收入为一次。以每次收入额为应纳税所得额,没有任何费用扣除。

应纳税所得额=每次收入额

十一、其他所得应纳税额的计算

其他所得应纳税额的计算公式为:

应纳税额=应纳税所得额×适用税率

其他所得,以每次收入为一次。以每次收入额为应纳税所得额,没有任何费用扣除。

应纳税所得额=每次收入额

个人为单位或他人提供担保获得报酬,按照"其他所得"项目缴纳个人所得税,税款由支付所得的单位或个人代扣代缴。

十二、应纳税额计算的特殊问题

1. 个人取得的应纳税所得,包括现金、实物和有价证券

所得为实物的,应当按照取得的凭证上所注明的价格计算应纳税所得额;无凭证的实物或者凭证上所注明的价格明显偏低的,由主管税务机关参照当地的市场价格核定应纳税所得额。

所得为有价证券的,由主管税务机关根据票面价格和市场价格核定应纳税所得额。

2. 公益、救济性捐赠

(1) 符合条件的捐赠可以在30%的限额内扣除。个人将其所得通过中国境内的社会团体、国家机关向教育和其他社会公益事业以及遭受严重自然灾害地区、贫困地区捐赠,捐赠额未超过纳税义务人申报的应纳税所得额30%的部分,可以从其应纳税所得额中扣除。

纳税人的捐赠支出在个人所得税前扣除,需满足以下条件:

● 首先，捐赠必须是公益、救济性质的。所谓公益、救济性捐赠，是指纳税人通过中国境内非营利的社会团体、国家机关，向教育、民政等公益事业和遭受自然灾害的地区、贫困地区的捐赠。

● 其次，通过的社会团体、国家机关必须是中国境内的。纳税人直接给受益人的捐赠不得扣除。

● 再次，个人将其所得通过中国境内的社会团体、国家机关，向其他社会公益事业以及遭受严重自然灾害的地区、贫困地区的捐赠，捐赠额不超过其应纳税所得额 30%且取得正式票据的部分，可以据实扣除。

以上扣除标准，纳税人实际捐赠额小于捐赠扣除限额的，按实际发生的捐赠额扣除；实际捐赠额大于或等于捐赠扣除限额时，按捐赠扣除限额扣除，超过部分不得扣除。

(2) 符合下列特定条件的捐赠可以全额扣除。

● 通过中国境内非营利的社会团体、国家机关，向公益性青少年活动场所(含新建)的捐赠；

● 通过中国境内非营利的社会团体、国家机关(含中国红十字会)，向红十字事业的捐赠；

● 通过中国境内非营利的社会团体、国家机关，向福利性、非营利性的老年服务机构的捐赠；

● 通过中国境内非营利的社会团体、国家机关，向农村义务教育的捐赠；

● 通过中国境内非营利的社会团体、国家机关，向教育事业的捐赠；

● 向中华健康快车基金会、孙冶方经济科学基金会、中华慈善总会、中国法律援助基金会、中华见义勇为基金会等社会团体的捐赠。

自 2006 年 1 月 1 日起，对个人通过中国老龄事业发展基金会、中国华文教育基金会、中国绿化基金会、中国妇女发展基金会、中国关心下一代健康体育基金会、中国生物多样性保护基金会、中国儿童少年基金会、中国光彩事业基金会、中国教育发展基金会及中国医药卫生事业发展基金会，用于公益救济性捐赠，准予在缴纳个人所得税前全额扣除。

【例 10－11】 某人参加商场的有奖销售，中奖所得共计价值 10 000 元。该人在领奖时告知商场，从中奖收入中拿出 2 000 元通过某基金会捐赠。假定该笔捐赠符合 30%限额扣除的条件，请计算商场代扣代缴个人所得税税款。

【解析】 2 000÷10 000＝20%，小于捐赠扣除比例 30%。因此，捐赠额可以全部从应纳税所得额中扣除。

应纳税所得额＝偶然所得－捐赠额＝10 000－2 000＝8 000(元)

商场代扣代缴税款(即应纳税额)＝应纳税所得额×适用税率＝8 000×20%

＝1 600(元)

3. 两个以上的纳税人共同取得同一项所得

两个或两个以上的纳税义务人共同取得同一项所得的(如共同写作一部著作而取得稿酬所得)，可以对每个人分得的收入分别减除费用，并计算各自应纳税款。

4. 境外所得的税额扣除

纳税人的境外所得，往往已在来源国家或者地区缴纳过个人所得税。为避免双重征税，我国在对纳税人的境外所得行使税收管辖权时，对该所得在境外已纳税额采取了分不同情况从应征税额中予以扣除的做法。

税法规定，“纳税义务人从中国境外取得的所得，准予其在应纳税额中扣除已在境外缴纳的个人所得税税额。但扣除额不得超过该纳税义务人境外所得依照我国税法规定计算的应纳税额”。

- 已在境外缴纳的个人所得税税额，是指纳税义务人从中国境外取得的所得，依照该所得来源国家或者地区的法律，应当缴纳并且实际已经缴纳的税额。
- 依照我国税法计算的应纳税额，是指纳税义务人从中国境外取得的所得，区别不同国家或者地区和不同应税项目，依照我国税法规定的费用减除标准和适用税率计算的应纳税额；同一国家或者地区内的不同应税项目，依照我国税法计算的应纳税额之和，为该国家或者地区的扣除限额。

纳税义务人在中国境外一个国家或者地区实际已经缴纳的个人所得税税额，低于依照上述规定计算出的该国家或者地区扣除限额的，应当在中国缴纳差额部分的税款；超过该国家或者地区扣除限额的，超过部分不得在本纳税年度的应纳税额中扣除，但是可以在以后纳税年度的该国家或者地区扣除限额的余额中补扣，补扣期限最长不得超过5年。

【例10-12】 某外籍来华人员已在中国境内连续居住超过5年。2012年3月，取得A国一家公司净支付的薪金所得20 800元（折合成人民币，下同），已被扣缴所得税3 100元。同月，还从B国取得净股息所得8 500元，已被扣缴所得税1 500元。经核查，境外完税凭证无误。计算境外所得在我国境内应补缴的个人所得税。

【解析】 该纳税人上述来源于两国的所得应分国计算抵免限额。

来自A国所得的抵免限额＝(20 800－4 800)×25%－1 005＝2 995(元)

来自B国所得的抵免限额＝8 500×20%＝1 700(元)

该纳税人在A国已被扣缴的所得税额超过抵免限额，不需要在中国补缴税款。

该纳税人在B国已被扣缴的所得税额不超过抵免限额，故来自B国所得的允许抵免额为1 200元，可全额抵扣，并需在中国补缴税款。

应补缴个人所得税＝1 700－1 200＝500(元)

第六节　税收优惠

一、免征个人所得税的项目

(1) 省级人民政府、国务院部委和中国人民解放军军以上单位，以及外国组织颁发的科学、教育、技术、文化、卫生、体育、环境保护等方面的奖金。

(2) 国债利息和国家发行的金融债券利息。

国债利息，是指个人持有中华人民共和国财政部发行的债券而取得的利息所得；国家发行的金融债券利息，是指个人持有经国务院批准发行的金融债券而取得的利息所得。

对个人取得的教育储蓄存款利息所得，以及国务院财政部门确定的其他专项储蓄存款或者储蓄性专项基金存款的利息所得，免征个人所得税。

(3) 按照国家统一规定发给的补贴、津贴。

按照国家统一规定发给的补贴、津贴，是指按照国务院规定发给的政府特殊津贴和国务院规定免纳个人所得税的补贴、津贴。如发给中国科学院资深院士和中国工程院资深院士的资深院士津贴，免予征收个人所得税。

(4) 福利费、抚恤金、救济金。

福利费，是指根据国家有关规定，从企事业单位、国家机关、社会团体提留的福利费或者工会经费中支付给个人的生活补助费；救济金，是指国家民政部门支付给个人的生活困难补助费。

(5) 保险赔款。

(6) 军人的转业费、复员费。

(7) 按照国家统一规定，发给干部、职工的安家费、退职费、退休工资、离休工资、离休生活补助费。

(8) 依照我国有关法律规定，应予免税的各国驻华使馆、领事馆的外交代表、领事官员和其他人员的所得。

(9) 中国政府参加的国际公约以及签订的协议中规定免税的所得。

(10) 发给见义勇为者的奖金。

对乡、镇(含乡、镇)以上人民政府或经县(含县)以上人民政府主管部门批准成立的有机构、有章程的见义勇为基金或者类似性质组织，奖励见义勇为者的奖金或奖品，经主管税务机关核准，免征个人所得税。

(11) 企业和个人按照省级以上人民政府规定的比例提取并缴付的住房公积金、医疗保险金、基本养老保险金、失业保险金，不计入个人当期的工资、薪金收入，免予征收个人所得税。超过规定比例缴付的部分，计征个人所得税。

个人领取原提存的住房公积金、医疗保险金、基本养老保险金时，免予征收个人所得税。

(12) 经国务院财政部门批准免税的所得。

二、减征个人所得税的项目

有下列情况之一的，经批准可以减征个人所得税。

(1) 残疾、孤老人员和烈属的所得。

(2) 因严重自然灾害造成重大损失的。

(3) 其他经国务院财政部门批准减税的。

三、暂免征收个人所得税的项目

(1) 外籍个人以非现金形式或实报实销形式取得的住房补贴、伙食补贴、搬迁费、洗衣费。

(2) 外籍个人按合理标准取得的境内外出差补贴。

(3) 外籍个人取得的探亲费、语言训练费、子女教育费等，经当地税务机关审核批准为合理的部分。可以享受免征个人所得税优惠的探亲费，仅限于外籍个人在我国的受雇地与其家庭所在地(包括配偶或父母居住地)之间搭乘交通工具，且每年不超过两次的费用。

(4) 个人举报、协查各种违法、犯罪行为而获得的奖金。

(5) 个人办理代扣代缴税款手续，按规定取得的扣缴手续费。

(6) 个人转让自用达 5 年以上，并且是唯一的家庭居住用房取得的所得。

(7) 达到离休、退休年龄，但确因工作需要，适当延长离休、退休年龄的高级专家(指享受国家发放的政府特殊津贴的专家、学者)，其在延长离休、退休期间的工资、薪金所得，视同退休工资、离休工资，免征个人所得税。

(8) 外籍个人从外商投资企业取得的股息、红利所得。

(9) 凡符合下列条件之一的外籍专家取得的工资、薪金所得，可免征个人所得税：

● 根据世界银行专项贷款协议，由世界银行直接派往我国工作的外国专家。

● 联合国组织直接派往我国工作的专家。

● 为联合国援助项目来华工作的专家。

● 援助国派往我国专为该国无偿援助项目工作的专家。

● 根据两国政府签订文化交流项目来华工作 2 年以内的文教专家，其工资、薪金所得由该国负担的。

● 根据我国大专院校国际交流项目来华工作 2 年以内的文教专家，其工资、薪金所得由该国负担的。

● 通过民间科研协定来华工作的专家，其工资、薪金所得由该国政府机构负担的。

(10) 股权分置改革中，非流通股股东通过对价方式向流通股股东支付的股份、现金等收入，暂免征收流通股股东应缴纳的个人所得税。

(11) 对被拆迁人按照国家有关城镇房屋拆迁管理办法规定的标准取得的拆迁补偿款，免征个人所得税。

(12) 个人取得单张有奖发票奖金所得不超过 800 元(含 800 元)的，暂免征收个人所得税；个人取得单张有奖发票奖金所得超过 800 元的，应全额按照个人所得税法规定的“偶然所得”项目征收个人所得税。

第七节　征收管理

个人所得税的纳税办法，有自行申报纳税和代扣代缴两种。

一、自行申报纳税

自行申报纳税，是由纳税人自行在税法规定的纳税期限内，向税务机关申报取得的应税所得项目和数额，如实填写个人所得税纳税申报表，并按照税法规定计算应纳税额，据此缴纳个人所得税的一种方法。

1. 自行申报纳税的纳税义务人

(1) 自 2006 年 1 月 1 日起，年所得 12 万元以上的；

(2) 从中国境内两处或者两处以上取得工资、薪金所得的；

(3) 从中国境外取得所得的；

(4) 取得应税所得，没有扣缴义务人的；

(5) 国务院规定的其他情形。

2. 自行申报纳税的申报期限

(1) 年所得12万元以上的纳税人，在纳税年度终了后3个月内向主管税务机关办理纳税申报。

(2) 个体工商户和个人独资、合伙企业投资者取得的生产、经营所得应纳的税款，分月预缴的，纳税人在每月终了后7日内办理纳税申报；分季预缴的，纳税人在每个季度终了后7日内办理纳税申报；纳税年度终了后，纳税人在3个月内进行汇算清缴。

(3) 纳税人年终一次性取得对企事业单位的承包经营、承租经营所得的，自取得所得之日起30日内办理纳税申报；在一个纳税年度内分次取得承包经营、承租经营所得的，在每次取得所得后的次月7日内申报预缴；纳税年度终了后3个月内汇算清缴。

(4) 从中国境外取得所得的纳税人，在纳税年度终了后30日内向中国境内主管税务机关办理纳税申报。

(5) 除以上规定的情形外，纳税人取得其他各项所得须申报纳税的，在取得所得的次月7日内向主管税务机关办理纳税申报。

3. 自行申报纳税的申报方式

纳税人可以采取数据电文、邮寄等方式申报，也可以直接到主管税务机关申报，或者采取符合主管税务机关规定的其他方式申报。纳税人采取邮寄方式申报的，以邮政部门挂号信函收据作为申报凭据，以寄出的邮戳日期为实际申报日期。

纳税人也可以委托有税务代理资质的中介机构或者他人代为办理纳税申报。

4. 自行申报纳税的申报地点

(1) 在中国境内有任职、受雇单位的，向任职、受雇单位所在地主管税务机关申报。

(2) 在中国境内有两处或者两处以上任职、受雇单位的，选择并固定向其中一处单位所在地主管税务机关申报。

(3) 在中国境内无任职、受雇单位，年所得项目中有个体工商户的生产、经营所得或者对企事业单位的承包经营、承租经营所得(以下统称生产、经营所得)的，向其中一处实际经营所在地主管税务机关申报。

(4) 在中国境内无任职、受雇单位，年所得项目中无生产、经营所得的，向户籍所在地主管税务机关申报。在中国境内有户籍，但户籍所在地与中国境内经常居住地不一致的，选择并固定向其中一地主管税务机关申报；在中国境内没有户籍的，向中国境内经常居住地主管税务机关申报。

(5) 从两处或者两处以上取得工资、薪金所得的，选择并固定向其中一处单位所在地主管税务机关申报。

(6) 从中国境外取得所得的，向中国境内户籍所在地主管税务机关申报。在中国境内有户籍，但户籍所在地与中国境内经常居住地不一致的，选择并固定向其中一地主管税务机关申报；在中国境内没有户籍的，向中国境内经常居住地主管税务机关申报。

(7) 个体工商户向实际经营所在地主管税务机关申报。

(8) 个人独资企业、合伙企业投资者兴办两个或两个以上企业的，区分不同情形确定纳税申报地点：

● 兴办的企业全部是个人独资性质的，分别向各企业的实际经营管理所在地主管税务机关申报；

● 兴办的企业中含有合伙性质的，向经常居住地主管税务机关申报；

● 兴办的企业中含有合伙性质，个人投资者经常居住地与其兴办企业的经营管理所在地不一致的，选择并固定向其参与兴办的某一合伙企业的经营管理所在地主管税务机关申报；

● 除以上情形外，纳税人应当向取得所得所在地主管税务机关申报。

纳税人不得随意变更纳税申报地点，因特殊情况变更纳税申报地点的，须报原主管税务机关备案。

二、代扣代缴纳税

代扣代缴，是指按照税法规定负有扣缴税款义务的单位或者个人，在向个人支付应纳税所得时，应计算应纳税额，从其所得中扣除并缴入国库，同时向税务机关报送扣缴个人所得税报告表。这种方法，有利于控制税源、防止漏税和逃税。

凡支付个人应纳税所得的企业（公司）、事业单位、机关、社团组织、军队、驻华机构、个体户等单位或者个人，为个人所得税的扣缴义务人。

扣缴义务人向个人支付应纳税所得（包括现金、实物和有价证券）时，不论纳税人是否属于本单位人员，均应代扣代缴其应纳的个人所得税税款。

扣缴义务人对纳税人的应扣未扣的税款，其应纳税款仍然由纳税人缴纳，扣缴义务人应承担应扣未扣税款50%以上至3倍的罚款。

扣缴义务人每月所扣的税款，应当在次月7日内缴入国库，并向主管税务机关报送“扣缴个人所得税报告表”，代扣代收税款凭证和包括每一纳税人姓名、单位、职务、收入、税款等内容的支付个人收入明细表，以及税务机关要求报送的其他有关资料。

阅读材料：个税起征点“落定”，收入差距调整任重道远

作者：张牡霞　上海证券报　2011年7月1日

在反复争论中，个税起征点上调到3 500元，这意味着，工资薪金的纳税人比例将由目前的28%下降到7.7%，一年可以减税1 440亿元。

十一届全国人大常委会第二十一次会议6月30日表决通过了个税法修正案，将个税起征点由现行的2 000元提高到3 500元，自9月1日起实施。

起征点上调至3 500元

3 500元！全国人大表决通过的个税法修正案的这一规定，让众多关注这一轮个税改革的人感到十分意外。

就在表决前一天，包括国家税务总局税科所所长刘佐、中国社科院财贸所所长高培勇在内的权威财税专家，都认为个税起征点会维持在一审稿确定的3 000元水平。

专家们认为，个税起征点不会提高到3 000元以上的原因就在于，起征点提高到3 000元，工薪阶层纳税比例就已经下降到了12%，如果提高到5 000元，比例将降到3%，不利于培养公民的纳税意识；作为直接税税种，个税收入占税收收入比重过低，仅为6%左右；在没有实现由分类制向综合制改革的情况下，单纯提高起征点难以有效调节收入差距。

同样在表决前一天，全国人大常务委员会委员陈佳贵也认为，由于委员们对二审稿争

议较大，不一定能通过二审。

起征点上调到3 500元，与强烈的民意不无关系。根据全国人大常委会法制工作委员会经济法室统计，在4月25日至5月31日全国人大网上征求意见期间，网上共有82 536人对3 000元起征点发表意见，其中赞成以3 000元作为起征点的12 313人，占15%；要求修改的39 675人，占48%；反对的28 985人，占35%；持其他意见的1 563人，占2%。网上大多数意见是将个税起征点提高到5 000元。

6月27日出炉的二审草案将个税起征点维持在3 000元的水平，又引来公众争议。据全国人大常委会法制工作委员会副主任李飞介绍，在二审分组讨论期间，也有一些委员提出，是不是能够再加大减轻税负的力度，在起征点也就是减除费用标准上再往前走一步。

结果，个税起征点最终又上调了500元。财政部财科所所长贾康认为，起征点提高到3 500元，是全国人大顺应公众意见的体现。

仅7.7%工薪阶层需纳税

从整个个税法修正案来看，不仅起征点上调，九级税率也被减少至七级，取消了15%和40%两档税率，第一级税率由5%下调到3%。级距也被进一步扩大，第一级税率对应范围由现行的不超过500元扩大到1 500元，10%税率对应的月应纳税所得额由现行的500元至2 000元扩大为1 500元至4 500元，45%对应的范围则由原来的10万元以上调整为8万元以上。由于本次对个税级次级距和税率都做了较大调整，因此减税力度也比较大。

财政部税政司副司长王建凡30日在全国人大新闻发布会上表示，调整后个税全年减收1 600亿左右，其中，提高起征点和调整工薪所得税税率级距带来的减收大约是1 440亿元，占2010年工薪所得个人所得税的46%。

"因为修正案是从9月1日实施，所以今年减税规模大概在530亿元左右。"王建凡说。

纳税人数也将大幅下降。据王建凡介绍，经过调整以后，工资阶层纳税比例由目前的约28%下降到约7.7%，纳税人数由约8 400万人减至约2 400万人。

与一审草案相比，无论是减税力度还是纳税人比例都有明显变化。按照一审草案，调整起征点和级次级距后，将减少1 090亿元税收，工薪阶层纳税人占比由目前的28%下降到12%。

对于个人来说，个税调整带来的减税效果也十分明显。据记者测算，通过表决的个税法修正案，使得应纳税所得额在8 000元到10 000元(扣除"三险一金"，下同)之间的工薪阶层，可以获得480元/月的减税，这部分人群为整个改革方案的最大受益者，按照"三险一金"占月收入比重20%左右计算，最受益人群的月收入水平为10 000到12 500元左右。

从一审草案的最高减税350元，到二审草案的最高减税380元，再到最终方案的480元，月入万元左右的人群受益程度不断提高。

起征点由3 000元上调到3 500元，也使得税负的增减临界点出现巨大变化。据记者测算，一审草案的税负增减临界点为每月应纳税所得1.9万元，二审草案是1.96万元，而最终方案则将临界点提高到3.86万元。

个税综合制改革仍待推进

尽管本次个税法修订后个税有了较大变化，但专家们认为，这仍然是对个税的"小步微调"，在"十二五"期间，需加快推出个税向综合与分类相结合的方向改革。

中国社科院财贸所所长高培勇指出，从1996年第一次提出个税要向综合与分类相结合的方向改革以来，已经过去了近16年的时间，个税几次修改仍然只是提高起征点，虽然本轮修改既提高了起征点，又调整了级次级距和税率，但也只是纠结状态下的妥协方案，是对个税的“小步微调”。

全国人大法律委27日在向全国人大常委会作个人所得税法修正案草案审议结果的报告时也表示，考虑到加快实施综合与分类相结合的个税税制这一改革目标已被列入“十二五”规划，全国人大法律委建议国务院及其有关部门要积极采取措施，尽快落实。

但王建凡表示，我国全面实施综合与分类相结合的个人所得税制的条件尚不具备。

“实行综合与分类相结合的税制，可以比较好地兼顾纳税人的综合收入水平和家庭负担等情况，但是对税收征管条件和社会配套管理能力的要求也比较高。”王建凡指出，推进个税向综合制改革，需要全面建立第三方涉税信息报告制度，还要建立纳税人单一账号制度，要推广个人非现金的结算，同时要建立和完善财产登记制度等。

需要指出的是，正是由于个税迟迟未能迈出综合制的一步，个税法的几次修订，都停留在对起征点的调整上，公众对起征点上调的关注度也最高。但实际上，仅提高起征点，难以起到调整收入差距的作用。

从本次个税修订方案的变化就可见一斑。在税率、级次、级距不变的情况下，个税起征点提高到3 000元，税负增减临界点是1.96万元，但仅仅提高到3 500元，临界点就上升到3.86万元，也就是说，这500元的起征点之差，让月收入在1.96万元到3.86万元的人也获得了减税，显然，这部分人并不能称之为中低收入阶层。

思考题

1. 我国个人所得税是如何发展的？
2. 我国现行个人所得税有哪些特点？
3. 区分居民纳税人和非居民纳税人的标准有哪些？
4. 如何确定所得的来源地和支付地？
5. 我国现行个人所得税扣除办法有哪几种？
6. 什么情况下对个人所得采取减征和加成征收？
7. 在中国境内无住所的个人取得工资薪金所得如何纳税？
8. 个人收入“次”是如何认定的？
9. 个人所得税有哪些税收优惠？
10. 自行申报纳税的纳税义务人有哪些？

第十一章 关 税

本章学习要点：

- ★ 关税的概念和特点
- ★ 行李和邮递物品进口税
- ★ 征税对象与纳税义务人
- ★ 进出口税则
- ★ 关税完税价格和税额计算
- ★ 税收优惠
- ★ 征收管理

关税是海关依法对进出境货物、物品征收的一种税。

现行的关税法律规范以全国人民代表大会于2000年7月修正颁布的《中华人民共和国海关法》为法律依据，以国务院于2003年11月发布的《中华人民共和国进出口关税条例》，以及由国务院关税税则委员会审定并报国务院批准，作为条例组成部分的《中华人民共和国海关进出口税则》和《中华人民共和国海关入境旅客行李物品和个人邮递物品征收进口税办法》为基本法规，由负责关税政策制定和征收管理的主管部门依据基本法规拟定的管理办法和实施细则为主要内容。

第一节 关税概述

一、关税的概念和特点

关税是海关依法对进出境货物、物品征收的一种税。所谓"境"，指关境，又称"海关境域"或"关税领域"，是国家海关法全面实施的领域。在通常情况下，一国的关境与其国境是一致的，包括国家全部的领土、领海、领空。但当某一国家在国境内设立了自由港、自由贸易区等，这些区域就进出口关税而言处在关境之外，这时，该国家的关境小于国境，如我国。根据《中华人民共和国香港特别行政区基本法》和《中华人民共和国澳门特别行政区基本法》，香港和澳门保持自由港地位，为我国单独的关税地区，即单独关境区。单独关境区是不适用该国海关法律、法规或实施单独海关管理制度的区域。当几个国家结成关税同盟，组成一个共同的关境，实施统一的关税法令和统一的对外税则，这些国家彼此之间货物进出国境不征收关税，只对来自或运往其他国家的货物进出共同关境征收关税，这些国家的关境大于国境，如欧洲联盟。

关税作为独特的税种，除了具有一般税收的特点以外，还具有以下特点：

1. 征收的对象是进出境的货物和物品

关税是对进出境的货品征税，并在境内和境外流通的货物，不进出关境的不征关税。

2. 关税是单一环节的价外税

关税的完税价格中不包括关税，即在征收关税时，是以实际成交价格为计税依据，关税不包括在内。海关在代为征收增值税、消费税时，其计税依据包括关税在内。

3. 对进出口贸易影响大

关税只对进出境的货物和物品征收。因此，关税税则的制定、税率的高低，会直接影响到国际贸易的开展。随着世界经济一体化的发展，世界各国的经济联系越来越密切，贸易关系不仅反映简单经济关系，而且成为一种政治关系。这样，关税政策、关税措施也往往和经济政策、外交政策紧密相关，具有涉外性。

"涉外性"使得关税对进出口贸易产生巨大的影响作用。对货物征收关税，势必会提高纳税人的经营成本，从而对商品出入境后的销售利润产生直接影响。纳税人要么提高商品的售价，维持赢利水平，但会导致销售额下降；要么维持商品售价不变，使商品销售额保持不变，但又会导致赢利水平的下降。对进出口的非贸易品征收关税，同样也会使纳税人携带行李物品或邮寄物品的经济负担加重。因此，关税税种的设置、税率的调整和征收办法的改变等，都会直接影响到国际贸易往来和商品流通。

二、行李和邮递物品进口税

行李和邮递物品进口税，简称行邮税，是海关对入境旅客的行李物品和个人邮递物品征收的进口税。由于其中包含了在进口环节征收的增值税、消费税，因而行邮税也是对个人非贸易性入境物品征收的进口关税和进口工商税收的总称。课税对象包括入境旅客、运输工具、服务人员携带的应税行李物品、个人邮递物品、馈赠物品以及以其他方式入境的个人物品等项物品，简称进口物品。

我国行邮税税目和税率经过了多次调整，现行行邮税税率分为50%、20%、10%三个档次。进口税采用从价计征，完税价格由海关参照该项物品的境外正常零售平均价格确定。完税价格乘以进口税税率，即为应纳的进口税税额。

第二节　征税对象与纳税义务人

一、征税对象

关税的征税对象是准许进出境的货物和物品。货物，是指贸易性商品；物品，是指入境旅客随身携带的行李物品、个人邮递物品、各种运输工具上的服务人员携带进口的自用物品、馈赠物品，以及以其他方式进境的个人物品。

二、纳税义务人

进口货物的收货人、出口货物的发货人、进出境物品的所有人，是关税的纳税义务人。进出口货物的收、发货人是依法取得对外贸易经营权，并进口或者出口货物的法人或者其他社会团体。进出境物品的所有人包括该物品的所有人和推定为所有人的人。

一般情况下，对于携带进境的物品，推定其携带人为所有人；对分离运输的行李，推定相应的进出境旅客为所有人；对以邮递方式进境的物品，推定其收件人为所有人；以邮递或其他运输方式出境的物品，推定其寄件人或托运人为所有人。

第三节　进出口税则

进出口税则是一国政府根据国家关税政策和经济政策，通过一定的立法程序制定公布实施的进出口货物和物品应税的关税税率表。《中华人民共和国海关进出口税则》是我国海关凭以征收关税的法律依据，也是我国关税政策的具体体现。

税率表作为税则主体，包括税则商品分类目录和税率栏两大部分。税则商品分类目录是把种类繁多的商品加以综合，按照其不同特点，分门别类简化成数量有限的商品类目。分别编号按序排列，称为税则号列，并逐号列出该号中应列入的商品名称。商品分类的原则即归类规则，包括归类总规则和各类、章、目的具体注释。税率栏是按商品分类目录逐项订出的税率栏目。

我国实施了以《商品名称及编码协调制度》(Harmonized Commodity Description and Coding System，简称 HS)为基础的进出口税则。《商品名称及编码协调制度》由海关合作理事会(Customs Co-Operation Council，简称 CCC；1994 年 1 月改名为世界海关组织——World Customs Organization，简称 WCO)组织编制，是一部科学、系统的国际贸易商品分类体系，是国际上多个商品分类目录协调的产物，适合于与国际贸易有关的多方面的需要，如海关、统计、贸易、运输、生产等，成为国际贸易商品分类的一种“标准语言”。

《商品名称及编码协调制度》将所有商品分为 21 类、97 章，章下再分为目和子目。编码前两位数代表“章”，前四位数代表“目”，第五、六位数代表“子目”。我国现行税则采用八位编码，前六位等效采用 HS 编码，第七、八位为我国根据中国进出口商品的实际情况，在 HS 基础上延伸的两位编码，也称增列税目。

一、税则归类

税则归类，就是按照税则的规定，将每项具体进出口商品按其特性在税则中找出其最适合的某一个税号，即“对号入座”，以便确定其适用的税率，计算关税税负。税则归类一般按以下步骤进行：

(1) 了解需要归类的具体进出口商品的构成、材料属性、成分组成、特性、用途和功能。

(2) 查找有关商品在税则中拟归的类、章及税号。对于原材料性质的货品，应首先考虑按其属性归类；对于制成品，应首先考虑按其用途归类。

(3) 将考虑采用的有关类、章及税号进行比较，筛选出最合适的税号。在比较、筛选时，首先看类、章的注释有无具体描述归类对象或其类似品，有具体描述的，按类、章的规定办理；其次是查阅《HS 注释》，确切地了解有关类、章及税号范围。

(4) 通过以上方法也难以确定的税则归类商品，可运用归类总规则的有关条款来确定其税号。如进口地海关无法解决的税则归类问题，应报海关总署明确。

二、税率及运用

1. 进口关税税率

在我国加入世界贸易组织之前，我国进口税则设有两栏税率，即普通税率和优惠税率。对原产于与我国未订有关税互惠协议的国家或者地区的进口货物，按照普通税率征税；对原产于与我国订有关税互惠协议的国家或者地区的进口货物，按照优惠税率征税。

我国加入世界贸易组织之后，自 2002 年 1 月 1 日起，我国进口税则设有最惠国税率、协定税率、特惠税率、普通税率、关税配额税率等税率。税率的适用根据货物的原产地确定。对进口货物在一定期限内可以实行暂定税率。暂定税率优先适用于优惠税率或最惠国税率，按普通税率征税的进口货物不适用暂定税率。适用最惠国税率、协定税率、特惠税率的国家或者地区名单，由国务院关税税则委员会决定。

我国对进口商品基本上都实行从价税，对部分产品实行从量税、复合税和滑准税。

复合税是对某种进口商品同时使用从价和从量计征的一种计征关税的方法。复合税既可发挥从量税抑制低价商品进口的特点，又可发挥从价税税负合理、稳定的特点。

滑准税是一种关税税率随进口商品价格由高到低而由低至高设置计征关税的方法，依据这种方法，进口商品价格越高，其进口关税税率越低；进口商品的价格越低，其进口关税税率越高。可保持滑准税商品的国内市场价格的相对稳定，尽可能减少国际市场价格波动的影响。

2. 出口关税税率

我国征收出口关税的商品非常少，税率也较低。国家仅对少数资源性产品及易于竞相杀价、盲目进口、需要规范出口秩序的半制成品征收出口关税。

3. 税率的运用

《中华人民共和国进出口关税条例》规定，进出口货物，应当依照税则规定的归类原则归入合适的税号，并按照适用的税率征税。其中：

(1) 进出口货物，应当按照纳税义务人申报进口或者出口之日实施的税率征税。

(2) 进口货物到达前，经海关核准先行申报的，应当按照装载此货物的运输工具申报进境之日实施的税率征税。

(3) 进出口货物的补税和退税，适用该进出口货物原申报进口或者出口之日所实施的税率，但下列情况除外：

● 按照特定减免税办法批准予以减免税的进口货物，后因情况改变经海关批准转让或出售或移作他用需予补税的，适用海关接受纳税人再次填写报关单申报办理纳税及有关手续之日实施的税率征税。

● 加工贸易进口料、件等属于保税性质的进口货物，如经批准转为内销，应按向海关申报转为内销之日实施的税率征税；如未经批准擅自转为内销的，则按海关查获日期所施行的税率征税。

● 暂时进口货物转为正式进口需予补税时，应按其申报正式进口之日实施的税率征税。

● 分期支付租金的租赁进口货物，分期付税时，适用海关接受纳税人再次填写报关单申报办理纳税及有关手续之日实施的税率征税。

● 溢卸、误卸货物事后确定需征税时，应按其原运输工具申报进口日期所实施的税率征税。如原进口日期无法查明的，可按确定补税当天实施的税率征税。

● 对由于税则归类的改变、完税价格的审定或其他工作差错而需补税的，应按原征税日期实施的税率征税。

● 对经批准缓税进口的货物以后交税时，不论是分期或一次交清税款，都应按货物原进口之日实施的税率征税。

● 查获的走私进口货物需补税时，应按查获日期实施的税率征税。

4. 原产地规则

我国进口税则税率的适用根据货物的原产地确定，对产自不同国家或地区的进口货物，适用不同的关税税率。我国原产地规定基本上采用了"全部产地生产标准"、"实质性加工标准"两种国际上通用的原产地标准。

(1) 全部产地生产标准，是指进口货物"完全在一个国家内生产或制造"，生产或制造国即为该货物的原产国。完全在一国生产或制造的进口货物包括：

● 在该国领土或领海内开采的矿产品；

● 在该国领土上收获或采集的植物产品；

● 在该国领土上出生或由该国饲养的活动物及从其所得的产品；

● 在该国领土上狩猎或捕捞所得的产品；

● 在该国的船只上卸下的海洋捕捞物，以及由该国船只在海上取得的其他产品；

● 在该国加工船加工前一项所列物品所得的产品；

● 在该国收集的只适用于作再加工制造的废碎料和废旧物品；

● 在该国完全使用以上七项所列产品加工成的制成品。

(2) 实质性加工标准，是适用于确定有两个或两个以上国家参与生产的产品的原产国的标准。其基本含义是：经过几个国家加工、制造的进口货物，以最后一个对货物进行经济上可视为实质性加工的国家作为有关货物的原产国。

"实质性加工"，是指产品加工后，在进出口税则中"四位数税号"一级的税则归类已经有了改变，或者加工增值部分所占新产品总值的比例已超过30%及以上的。

对机器、仪器、器材或车辆所用零件、部件、配件、备件及工具，如与主件同时进口且数量合理的，其原产地按主件的原产地确定；分别进口的，则按各自的原产地确定。

第四节　关税完税价格和税额计算

进出口货物的完税价格，由海关以该货物的成交价格为基础审查确定。成交价格不能确定时,完税价格由海关依法估定。我国加入世界贸易组织后,我国海关已全面实施《世界贸易组织估价协定》,依据 2002 年 1 月 1 日起实施的《中华人民共和国海关审定进出口货物完税价格办法》(以下简称《完税价格办法》),审定进出口货物的完税价格。

一、一般进口货物的完税价格

一般情况下,进口货物采用以成交价格为基础的完税价格。进口货物的完税价格包括货物的货价、货物运抵我国境内输入地点起卸前的运输及其相关费用、保险费。

1. 对进口货物成交价格的要求

(1) 买方对进口货物的处置或使用不受限制,但国内法律、行政法规规定的限制和对货物转售地域的限制,以及对货物价格无实质影响的限制除外。

有下列情形之一的,应当视为对买方处置或者使用进口货物进行了限制:

- 进口货物只能用于展示或者免费赠送的;
- 进口货物只能销售给指定第三方的;
- 进口货物加工为成品后只能销售给卖方或者指定第三方的;
- 其他经海关审查,认定买方对进口货物的处置或者使用受到限制的。

(2) 货物的价格不得受到使该货物成交价格无法确定的条件或因素的影响。

有下列情形之一的,应当视为进口货物的价格受到了使该货物成交价格无法确定的条件或者因素的影响:

- 进口货物的价格是以买方向卖方购买一定数量的其他货物为条件而确定的;
- 进口货物的价格是以买方向卖方销售其他货物为条件而确定的;
- 其他经海关审查,认定货物的价格受到使该货物成交价格无法确定的条件或者因素影响的。

(3) 卖方不得直接或间接获得因买方转售、处置或使用进口货物而产生的任何收益,除非能够按照《完税价格办法》有关规定做出调整。

(4) 买卖双方之间没有特殊关系,如果有特殊关系,应当符合《完税价格办法》的有关规定。

2. 成交价格的调整项目

以成交价格为基础审查确定进口货物的完税价格时,未包括在该货物实付、应付价格中的下列费用或者价值应当计入完税价格。

(1) 由买方负担的下列费用:

- 除购货佣金以外的佣金和经纪费;
- 与该货物视为一体的容器费用;
- 包装材料费用和包装劳务费用。

(2) 与进口货物的生产和向中华人民共和国境内销售有关的,由买方以免费或者以低于成本的方式提供,并可以按适当比例分摊的下列货物或者服务的价值:

- 进口货物包含的材料、部件、零件和类似货物;
- 在生产进口货物过程中使用的工具、模具和类似货物;
- 在生产进口货物过程中消耗的材料;
- 在境外进行的为生产进口货物所需的工程设计、技术研发、工艺及制图等相关服务。

(3) 买方需向卖方或者有关方直接或者间接支付的特许权使用费，但是符合下列情形之一的除外：

● 特许权使用费与该货物无关；

● 特许权使用费的支付不构成该货物向中华人民共和国境内销售的条件。

(4) 卖方直接或者间接从买方对该货物进口后销售、处置或者使用所得中获得的收益。

纳税义务人应当向海关提供上述费用或者价值的客观量化数据资料。纳税义务人不能提供的，海关与纳税义务人进行价格磋商后，按照《完税价格办法》规定的方法审查确定完税价格。

3. 不计入完税价格的费用

进口货物的价款中单独列明的下列税收、费用，不计入该货物的完税价格：

(1) 厂房、机械或者设备等货物进口后发生的建设、安装、装配、维修或者技术援助费用，但是保修费用除外；

(2) 进口货物运抵中华人民共和国境内输入地点起卸后发生的运输及其相关费用、保险费；

(3) 进口关税、进口环节海关代征税及其他国内税；

(4) 为在境内复制进口货物而支付的费用；

(5) 境内外技术培训及境外考察费用；

(6) 同时符合下列条件的利息费用不计入完税价格：利息费用是买方为购买进口货物而融资所产生的；有书面的融资协议的；利息费用单独列明的；纳税义务人可以证明有关利率不高于在融资的当时、当地，此类交易通常应当具有的利率水平，且没有融资安排的相同或者类似进口货物的价格与进口货物的实付、应付价格非常接近的。

4. 买卖双方之间有特殊关系的情况

买卖双方之间存在特殊关系，但是纳税义务人能证明其成交价格与同时或者大约同时发生的下列任何一款价格相近的，应当视为特殊关系，未对进口货物的成交价格产生影响：

● 向境内无特殊关系的买方出售的相同或类似货物的成交价格；

● 按照使用倒扣价格有关规定所确定的相同或类似货物的完税价格；

● 按照使用计算价格有关规定所确定的相同或类似货物的完税价格。

海关在使用上述价格进行比较时，应当考虑商业水平和进口数量的不同，以及买卖双方有无特殊关系造成的费用差异。

有下列情形之一的，应当认为买卖双方存在特殊关系：

● 买卖双方为同一家族成员的；

● 买卖双方互为商业上的高级职员或者董事的；

● 一方直接或者间接地受另一方控制的；

● 买卖双方都直接或者间接地受第三方控制的；

● 买卖双方共同直接或者间接地控制第三方的；

● 一方直接或者间接地拥有、控制或者持有对方5%以上(含5%)公开发行的有表决权的股票或者股份的；

● 一方是另一方的雇员、高级职员或者董事的；

● 买卖双方是同一合伙的成员的。

买卖双方在经营上相互有联系，一方是另一方的独家代理、独家经销或者独家受让人，如果符合前款的规定，也应当视为存在特殊关系。

5. 除成交价格估价方法以外的其他估价方法

进口货物的价格不符合成交价格条件或者成交价格不能确定的，海关应当依次以相同货物成交价格方法、类似货物成交价格方法、倒扣价格方法、计算价格方法及其他合理方法确定的价格为基础，估定完税价格。如果进口货物的收货人提出要求，并提供相关资料，经海关同意，可以选择倒扣价格方法和计算价格方法的适用次序。

（1）相同或类似货物成交价格方法。相同货物成交价格估价方法，是指海关以与进口货物同时或者大约同时向中华人民共和国境内销售的相同货物的成交价格为基础，审查确定进口货物的完税价格的估价方法。

类似货物成交价格估价方法，是指海关以与进口货物同时或者大约同时向中华人民共和国境内销售的类似货物的成交价格为基础，审查确定进口货物的完税价格的估价方法。

按照相同或者类似货物成交价格估价方法的规定审查确定进口货物的完税价格时，应当使用与该货物具有相同商业水平且进口数量基本一致的相同或者类似货物的成交价格。使用上述价格时，应当以客观量化的数据资料，对该货物与相同或者类似货物之间由于运输距离和运输方式不同而在成本和其他费用方面产生的差异进行调整。

在没有上述相同或者类似货物的成交价格的情况下，可以使用不同商业水平或者不同进口数量的相同或者类似货物的成交价格。使用上述价格时，应当以客观量化的数据资料，对因商业水平、进口数量、运输距离和运输方式不同，而在价格、成本和其他费用方面产生的差异做出调整。

以该方法估定完税价格时，应当首先使用同一生产商生产的相同或类似货物的成交价格，只有在没有这一成交价格的情况下，才可以使用同一生产国或地区生产的相同或类似货物的成交价格。如果有多个相同或类似货物的成交价格，应当以最低的成交价格为基础，估定进口货物的完税价格。

（2）倒扣价格估价方法。倒扣价格估价方法，是指海关以进口货物、相同或者类似进口货物在境内的销售价格为基础，扣除境内发生的有关费用后，审查确定进口货物完税价格的估价方法。该销售价格应当同时符合下列条件：

- 是在该货物进口的同时或者大约同时，将该货物、相同或者类似进口货物在境内销售的价格；
- 是按照货物进口时的状态销售的价格；
- 是在境内第一销售环节销售的价格；
- 是向境内无特殊关系方销售的价格；
- 按照该价格销售的货物合计销售总量最大。

以该方法估定完税价格时，下列各项应当扣除：

- 该货物的同等级或同种类货物，在境内销售时的利润和一般费用及通常支付的佣金。
- 货物运抵境内输入地点之后的运费、保险费、装卸费及其他相关费用。
- 进口关税、进口环节税和其他与进口或销售上述货物有关的国内税。

（3）计算价格方法。

计算价格估价方法，是指海关以下列各项的总和为基础，审查确定进口货物完税价格的估价方法：

- 生产该货物所使用的料件成本和加工费用；

● 向境内销售同等级或者同种类货物通常的利润和一般费用(包括直接费用和间接费用);

● 该货物运抵境内输入地点起卸前的运输及相关费用、保险费。

(4) 合理方法。

合理方法,是指当海关不能根据成交价格估价方法、相同货物成交价格估价方法、类似货物成交价格估价方法、倒扣价格估价方法和计算价格估价方法确定完税价格时,海关根据《完税价格办法》规定的原则,以客观量化的数据资料为基础,审查确定进口货物完税价格的估价方法。

海关在采用合理方法确定进口货物的完税价格时,不得使用以下价格:

● 境内生产的货物在境内的销售价格;

● 可供选择的价格中较高的价格;

● 货物在出口地市场的销售价格;

● 以本办法第二十四条规定之外的价值或者费用计算的相同或者类似货物的价格;

● 出口到第三国或者地区的货物的销售价格;

● 最低限价或者武断、虚构的价格。

二、特殊进口货物的完税价格

1. 加工贸易进口料件及其制成品

加工贸易进口料件或者其制成品应当征税的,海关按照以下规定审查确定完税价格:

(1) 进口时应当征税的进料加工进口料件,以该料件申报进口时的成交价格为基础,审查确定完税价格;

(2) 进料加工进口料件或者其制成品(包括残次品)内销时,海关以料件原进口成交价格为基础,审查确定完税价格。料件原进口成交价格不能确定的,海关以接受内销申报的同时或者大约同时进口的与料件相同或者类似的货物的进口成交价格为基础,审查确定完税价格;

(3) 来料加工进口料件或者其制成品(包括残次品)内销时,海关以接受内销申报的同时或者大约同时进口的与料件相同或者类似的货物的进口成交价格为基础,审查确定完税价格;

(4) 加工企业内销加工过程中产生的边角料或者副产品,以海关审查确定的内销价格作为完税价格。

2. 出口加工区内的加工企业内销的制成品、边角料或者副产品

(1) 出口加工区内的加工企业内销的制成品(包括残次品),海关以接受内销申报的同时或者大约同时进口的相同或者类似货物的进口成交价格为基础,审查确定完税价格。

(2) 出口加工区内的加工企业,在内销加工过程中产生的边角料或者副产品,以海关审查确定的内销价格作为完税价格。

3. 保税区内的加工企业内销的进口料件或者其制成品

(1) 保税区内的加工企业内销的进口料件或者其制成品(包括残次品),海关以接受内销申报的同时或者大约同时进口的相同或者类似货物的进口成交价格为基础,审查确定完税价格。

保税区内的加工企业内销的进料加工制成品中，如果含有从境内采购的料件，海关以制成品所含从境外购入的料件原进口成交价格为基础，审查确定完税价格。料件原进口成交价格不能确定的，海关以接受内销申报的同时或者大约同时进口的与料件相同或者类似货物的进口成交价格为基础，审查确定完税价格。

保税区内的加工企业内销的来料加工制成品中，如果含有从境内采购的料件，海关以接受内销申报的同时或者大约同时进口的与制成品所含从境外购入的料件相同或者类似货物的进口成交价格为基础，审查确定完税价格。

(2) 保税区内的加工企业内销加工过程中产生的边角料或者副产品，以海关审查确定的内销价格作为完税价格。

4. 保税区、出口加工区货物

从保税区或出口加工区销往区外、从保税仓库出库内销的进口货物(加工贸易进口料件及其制成品除外)，以海关审定的价格估定完税价格。

5. 运往境外修理的货物

运往境外修理的机械器具、运输工具或其他货物，出境时已向海关报明，并在海关规定期限内复运进境的，应当以海关审定的境外修理费和料件费为完税价格。

6. 运往境外加工的货物

运往境外加工的货物，出境时已向海关报明，并在海关规定期限内复运进境的，应当以海关审定的境外加工费和料件费，以及该货物复运进境的运输及其相关费用、保险费估定完税价格。

7. 暂时进境货物

对于经海关批准的暂时进境的货物，应当按照一般进口货物估价办法的规定，估定完税价格。

8. 租赁方式进口货物

租赁方式进口的货物中，以租金方式对外支付的租赁货物；在租赁期间以海关审定的租金作为完税价格；留购的租赁货物，以海关审定的留购价格作为完税价格；承租人申请一次性缴纳税款的，经海关同意，按照一般进口货物估价办法的规定估定完税价格。

9. 留购的进口货样

对于境内留购的进口货样、展览品和广告陈列品，以海关审定的留购价格作为完税价格。

10. 予以补税的减免税货物

减税或免税进口的货物需予补税时，应当以海关审定的该货物原进口时的价格，扣除折旧部分价值作为完税价格，计算公式为：

完税价格＝海关审定的该货物原进口时的价格×[1－申请补税时实际已使用的时间(月)÷(监管年限×12)]

11. 以其他方式进口的货物

以易货贸易、寄售、捐赠、赠送等其他方式进口的货物，应当按照一般进口货物估价办法的规定，估定完税价格。

三、出口货物的完税价格

1. 以成交价格为基础的完税价格

出口货物的完税价格，由海关以该货物向境外销售的成交价格为基础审查确定，并应包括货物运至我国境内输出地点装载前的运输及其相关费用、保险费，但其中包含的出口关税税额应当扣除。

出口货物的成交价格，是指该货物出口销售到我国境外时买方向卖方实付或应付的价格。出口货物的成交价格中含有支付给境外的佣金的，如果单独列明的，应当扣除。

2. 出口货物海关估价方法

出口货物的成交价格不能确定时，完税价格由海关依次使用下列方法估定：

(1) 同时或大约同时向同一国家或地区出口的相同货物的成交价格；

(2) 同时或大约同时向同一国家或地区出口的类似货物的成交价格；

(3) 根据境内生产相同或类似货物的成本、利润和一般费用、境内发生的运输及其相关费用、保险费计算所得的价格；

(4) 按照合理方法估定的价格。

四、进出口货物完税价格中的运输及相关费用、保险费的计算

1. 以一般陆运、空运、海运方式进口的货物

进口货物的运费，应当按照实际支付的费用计算。如果进口货物的运费无法确定的，海关应当按照该货物的实际运输成本或者该货物进口同期运输行业公布的运费率(额)计算运费。

运输工具作为进口货物，利用自身动力进境的，海关在审查确定完税价格时，不再另行计入运费。

进口货物的保险费，应当按照实际支付的费用计算。如果进口货物的保险费无法确定或者未实际发生，海关应当按照“货价加运费”两者总额的3‰计算保险费，其计算公式如下：

$$保险费=(货价+运费)\times 3‰$$

2. 以其他方式进口的货物

邮运进口的货物，应当以邮费作为运输及其相关费用、保险费。

以境外边境口岸价格条件成交的铁路或者公路运输进口货物，海关应当按照境外边境口岸价格的1%计算运输及其相关费用、保险费。

五、应纳税额的计算

1. 从价税应纳税额的计算

$$关税税额=应税进(出)口货物数量\times 单位完税价格\times 税率$$

2. **从量税应纳税额的计算**

关税税额＝应税进(出)口货物数量×单位货物税额

3. **复合税应纳税额的计算**

我国目前实行的复合税都是先计征从量税，再计征从价税。

关税税额＝应税进(出)口货物数量×单位货物税额＋应税进(出)口货物数量×单位完税价格×税率

4. **滑准税应纳税额的计算**

关税税额＝应税进(出)口货物数量×单位完税价格×滑准税税率

【例 11－1】 某位于市区的外贸公司 2012 年进口一批货物，到岸货价及运保费 120 000 欧元，另支付包装费 4 000 欧元、支付采购代理人佣金 1 000 欧元、港口到厂区公路的运费 2 000 元人民币，取得国际货物运输发票。当期欧元与人民币汇率 1：10，关税税率 20%。如果该公司当期以 250 万元人民币(不含增值税)销售，计算进口环节的各项税金。

【解析】 完税价格不包括购货佣金和进口货物运抵输入地点起卸后发生的运输及其相关费用、保险费。

关税完税价格＝(12＋0.4)×10＝124(万元)

应纳关税＝124×20%＝24.8(万元)

进口环节关税由海关负责征收。

应纳增值税＝(124＋24.8)×17%＝25.296(万元)

进口环节增值税由海关代征，进口环节不附征城建税。

第五节　税收优惠

关税减免是对某些纳税人和征税对象给予鼓励和照顾的一种特殊调节手段。关税减免分为法定减免税、特定减免税和临时减免税。

一、法定减免税

法定减免税是税法中明确列出的减税或免税。

(1) 关税税额在人民币 50 元以下的一票货物，可免征关税。

(2) 无商业价值的广告品和货样，可免征关税。

(3) 外国政府、国际组织无偿赠送的物资，可免征关税。

(4) 进出境运输工具装载的途中必需的燃料、物料和饮食用品，可予免税。

(5) 经海关核准暂时进境或者暂时出境，并在 6 个月内复运出境或者复运进境的货样、展览品、施工机械、工程车辆、工程船舶、供安装设备时使用的仪器和工具、电视或者电影摄制器械、盛装货物的容器以及剧团服装道具，在货物收发货人向海关缴纳相当于税款的保证金或者提供担保后，可予暂时免税。

(6) 为境外厂商加工、装配成品和为制造外销产品而进口的原材料、辅料、零件、部件、配套件和包装物料,海关按照实际加工出口的成品数量免征进口关税;或者对进口料、进口件先征进口关税,再按照实际加工出口的成品数量予以退税。

(7) 因故退还的中国出口货物,经海关审查属实,可予免征进口关税,但已征收的出口关税不予退还。

(8) 因故退还的境外进口货物,经海关审查属实,可予免征出口关税,但已征收的进口关税不予退还。

(9) 进口货物如有以下情形,经海关查明属实,可酌情减免进口关税:

- 在境外运输途中或者在起卸时,遭受损坏或者损失的;
- 起卸后海关放行前,因不可抗力遭受损坏或者损失的;
- 海关查验时已经破漏、损坏或者腐烂,经证明不是保管不慎造成的。

(10) 无代价抵偿货物,即进口货物在征税放行后,发现货物残损、短少或品质不良,而由国外承运人、发货人或保险公司免费补偿或更换的同类货物,可以免税;但有残损或质量问题的原进口货物如未退运国外,其进口的无代价抵偿货物应照章征税。

(11) 我国缔结或者参加的国际条约规定,减征、免征关税的货物、物品,按照规定予以减免关税。

(12) 法律规定减征、免征的其他货物。

二、特定减免税

特定减免税,也称政策性减免税。现行政策主要涉及:

(1) 科学研究机构和学校,不以营利为目的,在合理数量范围内进口国内不能生产的科学研究和教学用品,直接用于科学研究或者教学的,免征进口关税和进口环节增值税、消费税。

(2) 残疾人个人专用品,免征进口关税和进口环节增值、消费税。

(3) 境外自然人、法人或者其他组织等境外捐赠人,无偿向经国务院主管部门依法批准成立的,以人道救助和发展扶贫、慈善事业为宗旨的社会团体以及国务院有关部门和各省、自治区、直辖市人民政府捐赠的,直接用于扶贫、慈善事业的物资,免征进口关税和进口环节增值税。

(4) 加工装配和补偿贸易的进境料件不予征税,准许在境内保税加工为成品后返销出口;进口外商的不作价设备和作价设备,分别比照外商投资项目和国内投资项目的免税规定执行。

(5) 进料加工,专为加工出口商品而进口的料件,海关按实际加工复出口的数量,免征进口税;加工的成品出口,免征出口税,但内销料件及成品照章征税;对加工过程中产生的副产品、次品、边角料,海关根据其使用价值分析估价征税或者酌情减免税。

(6) 边民通过互市贸易进口的商品,每人每日价值在 8 000 元以下的,免征进口关税和进口环节增值税。

(7) 边境小额贸易企业通过指定边境口岸进口原产于毗邻国家的商品,除烟、酒、化妆品以及国家规定必须照章征税的其他商品外,进口关税和进口环节增值税减半征收。

(8) 进口供保税区使用的机器、设备、基建物资、生产用车辆,为加工出口产品进口的原材料、零部件、元器件、包装物料,供储存的转口货物,以及在保税区内加工运输出境的产品，免征进口关税和进口环节税；保税区内企业进口专为生产加工出口产品所需的原材料、零部件、包装物料以及转口货物，予以保税；从保税区运往境外的货物，免征出口关税。

(9) 从境外进入出口加工区内生产性的基础设施建设项目所需的机器、设备和建设生产厂房、仓储设施所需的基建物资，区内企业生产所需的机器、设备、模具及其维修用零配件，区内企业和行政管理机构自用的合理数量的办公用品，予以免征进口关税和进口环节税；区内企业为加工出口产品所需的原材料、零部件、元器件、包装物料及消耗性材料，予以保税；对加工区运往区外的货物，海关按照对进口货物的有关规定办理报关手续，并按照制成品征税；对从区外进入加工区的货物视同出口，可按规定办理出口退税。

三、临时减免税

临时减免税，是指以上法定和特定减免税以外的其他减免税，即由国务院根据《中华人民共和国海关法》对某个单位、某类商品、某个项目或某批进出口货物的特殊情况，给予特别照顾，一案一批，专文下达的减免税。一般有单位、品种、期限、金额或数量等限制，不能比照执行。

第六节　征收管理

一、关税缴纳

进口货物自运输工具申报进境之日起14日内，出口货物在货物运抵海关监管区后装货的24小时以前，应由进出口货物的纳税义务人向货物进(出)境地海关申报，海关根据税则归类和完税价格计算应缴纳的关税和进口环节代征税，并填发税款缴款书。

纳税义务人应当自海关填发税款缴款书之日起15日内，向指定银行缴纳税款。

关税纳税义务人因不可抗力或者在国家税收政策调整的情形下，不能按期缴纳税款的，经海关总署批准，可以延期缴纳税款，但最长不得超过6个月。

二、关税的滞纳金

纳税义务人未在关税缴纳期限内缴纳税款，即构成关税滞纳，将征收关税滞纳金。滞纳金自关税缴纳期限届满滞纳之日起，至纳税义务人缴纳关税之日止，按滞纳税款万分之五的比例按日征收，周末或法定节假日不予扣除。

三、关税退还、补征和追征

1. 关税退还

关税退还，是关税纳税义务人按海关核定的税额缴纳关税后，因某种原因的出现，海关将实际征收多于应当征收的税额(称为溢征关税)退还给原纳税义务人的一种行政行为。海关多征的税款,海关发现后应当立即退还。

按规定,有下列情形之一的,进出口货物的纳税义务人可以自缴纳税款之日起1年内,书面声明理由,连同原纳税收据向海关申请退税,并加算银行同期活期存款利息,逾期不予受理:

(1) 因海关误征,多纳税款的;

(2) 海关核准免验进口的货物,在完税后,发现有短卸情形,经海关审查认可的;

(3) 已征出口关税的货物,因故未将其运出口,申报退关,经海关查验属实的。

2. 关税补征和追征

补征和追征是海关在关税纳税义务人按海关核定的税额缴纳关税后,发现实际征收税额少于应当征收的税额(称为短征关税)时,责令纳税义务人补缴所差税款的一种行政行为。

由于纳税人违反海关规定造成短征关税的,称为追征。因纳税义务人违反规定而造成的少征或者漏征的税款,自纳税义务人应缴纳税款之日起3年以内可以追征,并从缴纳税款之日起按日加收少征或者漏征税款万分之五的滞纳金。

非因纳税人违反海关规定造成短征关税的,称为补征。进出境货物和物品放行后,海关发现少征或者漏征税款,应当自缴纳税款或者货物、物品放行之日起1年内,向纳税义务人补征。

阅读材料:WTO与我国关税改革,二十三年风雨兼程

作者:吴家煌　2004年第6期《WTO经济导刊》

1991年初,我结束常驻日内瓦代表团GATT参赞事务,从外经贸部调往海关总署关税司,负责执行关税政策,一方面为中央财政征税,另一方面调节进口以保护民族工业。当时,海关税收被认为是中央财政最稳定、最可靠的收入来源之一。

1991年,我国平均关税是38%,海关共征收关税189亿元,进口环节国内税(增值税和产品税)149亿元,分别占当年中央财政收入938亿元的19.2%和18.8%。

1992年我国"复关"谈判,要求与中国举行关税谈判的国家和集团有37个。它们要我们减让关税幅度之大,涉及商品之多,谈判态度之硬,超出我们的预料,也令国内产业和政府主管部门担忧。我国数亿农村劳动力,户均耕地只有欧盟的七十分之一,美国的七百分之一,失去了有效的关税和非关税保护,能不能抵挡发达国家的农产品?我国全民所有制下的工业,几十年来靠高关税保护,大幅度降税后,我们还能活下去吗?我深深感到关税谈判对我国产业和对中央财政带来的风险。

中央政府在内外压力下冷静分析了我国的关税制度。高关税是在新中国成立之初确定的,20世纪80年代中期调低过税率。在利用国际资源、开辟国际市场的形势下,税率仍然偏高。长年的高关税"既保护落后,又引发走私"。随着改革开放的深入,我国在税率方面没有适时进一步下调,却在减免税政策上再三扩大,财政海关税基(即应税进口额)只占进口总额的15%。1992年,名义关税水平是43.2%,而实际税负只有4%。中央在求实分析的基础上果断做出了三个相互关联的决策:第一,从1993年开始分阶段把高关税降下来,累计降税幅度相当于乌拉圭回合参加国关税谈判目标的两倍。第二,在1993年全面清理关税优惠政策,决定废除大部分减免税政策文件,包括经济特区自用物资的免税进口,使海关

税基从15%回升到30%以上。第三,授权"复关"谈判代表团在1994年下半年提交一揽子关税减让方案,如果按此减让,中国将变成发展中国家世界关税保护最低的国家之一。这个方案扭转了我国关税谈判的被动局面。

1995年世贸组织成立,我国"复关"谈判变为"入世"谈判。世贸组织主要成员国试图按照发达国家标准,逼迫我国接受许多产品部门的零关税:要求我国实施化工原料、中间体和成品的协调税率。这些要求有的被我们顶回去了,有的我们折中妥协了。我国先后与37个世贸组织成员签订了37个双方市场准入协定。每签一个协定,我们就朝贸易自由化的目标前进一步。我深知自由化步伐的含义。只要我国相关产业不被严重损害,贸易自由化将给财政带来收入,将给消费者带来现代生活丰富多彩的选择,包括汽车、家电、时装和美酒。

2001年,世贸组织多哈部长级会议通过了我国加入世贸组织的决定。次年,我国正式成为世贸成员,并开始履行关税义务。根据入世议定书的关税减让表,我国承诺把关税逐步降到10%以下,其中,农产品15.1%,工业品9.2%,并且对全部税目产品实行关税约束,不经谈判不得自行提高税率。2002年、2003年、2004年这三年,我国关税已分别下降到12%、11%和10.4%,被世贸组织公认为"严肃认真"地信守义务。

入世后,首先要确定我国将沿着贸易自由化道路继续走下去。要准备在多哈发展回合谈判中承诺继续减让关税;要在2004年夏天完成与东盟十国的自由贸易协定谈判,以便2005年起分阶段实施。其次要正视我国参与全球化的现实。跨国公司的供应链在不断延伸构筑,我国还在变成越来越多产品的世界"车间"、"加工厂",甚至是"制造中心"。在保留关税壁垒和逐步消除关税壁垒之间,我国政府自当选择后者。第三,要理性分析关税的财政作用。2003年关税水平降至11%,海关征收关税923亿元,增值税和消费税2 789亿元,分别占中央财政收入12 465亿元的7.4%和22.4%。与1992年相比,关税对中央财政的贡献从19.2%缩减为7.4%,而增值税和消费税的贡献则从18.8%上升为22.4%。发达国家关税的财政作用已提前减到很低的程度,譬如日本占1.7%,美国占1.8%,澳大利亚占3.5%。我国正在走它们已经走过的路,而且似乎已经看到贸易自由化之后关税财政作用的"替代物"——进口环节增值税和消费税。

思考题

1. 什么是行李和邮递物品进口税?
2. 什么是进出口税则?
3. 如何进行税则归类?
4. 我国的关税有哪几种税率?
5. 我国原产地规定采用了哪些标准?
6. 一般进口货物的完税价格如何确定?
7. 除成交价格估价方法以外的其他估价方法有哪几种?
8. 进出口货物完税价格中的运输及相关费用、保险费如何计算?
9. 关税法定减免税有哪些政策?
10. 关税的滞纳金如何计算?

第十二章 房地产税

本章学习要点：

★ 土地增值税的概念和特点
★ 土地增值税应纳税额的计算
★ 契税的概念和特点
★ 契税应纳税额的计算
★ 城镇土地使用税的概念和特点
★ 城镇土地使用税应纳税额的计算
★ 房产税的概念和特点
★ 房产税应纳税额的计算
★ 耕地占用税的概念和特点
★ 耕地占用税应纳税额的计算

房地产税收是有关房地产的税种设置及征税办法的总和。由于历史原因，我国对房屋和土地基本上是分别征税，所以，房地产税收，实际上就是房产税和土地税的总称。

房地产税收有广义和狭义两种理解。广义的房地产税收，是指房地产开发经营中涉及的税，包括耕地占用税、城镇土地使用税、房产税、土地增值税、契税、印花税、营业税、城市维护建设税、企业所得税、个人所得税等。狭义的房地产税收，是指以房地产为课税依据或者主要以房地产开发经营流转行为为计税依据的税，包括耕地占用税、城镇土地使用税、房产税、土地增值税和契税。

我国现行的房地产税收体系基本涵盖了土地取得、房地产开发、房地产流转、房地产保有四个环节，在调节经济和组织财政收入诸方面发挥了一定的积极作用。但大部分税种，如营业税、城市维护建设税、企业所得税、个人所得税、印花税、耕地占用税、土地增值税和契税，集中在房地产的开发、流转环节，而针对房地产保有期间设置的税种很少，只有城镇土地使用税和房产税。

第一节 土地增值税

土地增值税是对转让国有土地使用权、地上建筑物及其附着物，并取得收入的单位和个人，就其转让房地产所取得的增值额征收的一种税。

现行土地增值税的基本规范，是1993年12月13日国务院颁布，自1994年1月1日起施行的《中华人民共和国土地增值税暂行条例》。

一、土地增值税概述

1. 土地增值税的开征

对土地课税是一种古老的税收形式，也是各国普遍征收的一种财产税。有些国家和地区将土地单列出来征收，如土地税、地价税等；有些国家和地区鉴于土地与地面的房屋、建筑物及其他附着物的密不可分性，对土地、房屋及其他附着物一起征税，统称为房地产税、不动产税等。

对土地征税，依据征税的税基不同，大致可以分为财产性质的土地税和收益性质的土地税两类。财产性质的土地税，以土地的数量或价值为税基，或实行从量计税，或采取从价计税，前者如我国历史上曾开征的回赋和地亩税，后者如地价税等。这类土地税的历史十分悠久，属于原始的直接税或财产税。收益性质的土地税，实质是对土地收益或地租的征税。

中华人民共和国成立以来，先后开征过契税、城市房地产税、房产税、城镇土地使用税等税种，这些税种大多属于传统的土地税，有的还带有行为税的特点，调节房地产市场的力度很有限。国务院于1993年12月13日发布了《中华人民共和国土地增值税暂行条例》，财政部于1995年1月27日颁布了《中华人民共和国土地增值税暂行条例实施细则》，决定自1994年1月1日起在全国开征土地增值税，这是我国开征的第一个针对土地增值额或土地收益额征收的税种。开征土地增值税，目的是运用税收手段规范房地产市场秩序，合理调节土地增值收益分配，维护国家权益，促进房地产开发健康发展。具体有以下三个方面。

(1) 增强对房地产市场的调控。1993年前后，我国房地产开发和房地产市场的发展非常迅速，这对于合理配置土地资源，提高土地使用效益，改善城市设施和人民生活居住条件，以及带动相关产业的发展，都有积极作用。但是，也出现了房地产开发过热、房地产价格上涨过猛、土地资源浪费严重等问题，影响了国民经济的有序发展。在这种情况下，为了兴利抑弊，需要发挥税收的经济杠杆作用进行调控，以促进其健康发展。

(2) 减少房地产市场暴利。1993年前后，出现了房地产开发过热现象。从事房地产开发，甚至短期的土地买卖就可以获取暴利。土地收益主要来源于土地的增值收益，包括自然增值和投资增值。特别是土地的自然增值，随着经济的发展和土地资源的相对短缺，将会越来越大。土地资源属于国家所有，应当在土地增值收益的分配中取得较多份额。

征收土地增值税，通过对转让房地产的过高增值收益进行合理调节分配，一方面维护了国家权益，另一方面减少了房地产市场的暴利，抑制了房地产市场的投机现象。

(3) 规范国家参与土地增值收益的分配方式。1993年前后，我国涉及房地产交易市场的税收主要有：营业税、企业所得税、个人所得税、契税等。这些税对转让房地产收益可以起到一定的调节作用，但对土地增值所获得的过高收入却起不到特殊调节作用。在土地增值税未开征前，有些地区已通过征收土地增值费的办法，对土地过高收益进行调控，但各地办法不统一，收取标准差别也比较大。开征土地增值税，可以统一和规范国家参与土地增值收益的分配方式。

2. 土地增值税的特点

现行土地增值税的特点有：

(1) 对房地产转让的增值额征税。我国的土地增值税属于"土地转移增值税"的类型，将土地、房屋的转让增值合并征收。把增值额作为课税对象，与对价值或者收益课征的传统土地税有所不同。作为征税对象的增值额，是纳税人转让房地产的收入减除税法规定准予扣除项目金额后的余额。

(2) 采用扣除法和评估法计算增值额。土地增值税在计算方法上考虑了我国的实际情况，以纳税人转让房地产取得的收入，减除法定扣除项目金额后的余额作为计税依据。对旧房及建筑物的转让，以及对纳税人转让房地产申报不实、成交价格偏低的，采用评估价格法确定增值额，计征土地增值税。

(3) 采用超率累进税率。土地增值税的税率是以转让房地产的增值率高低为依据，按照累进原则设计的，实行分级计税。增值率高的，适用的税率高、多纳税；增值率低的，适用的税率低、少纳税。税收负担较为合理，体现了对土地增值收益差别调节的政策意图。

(4) 按次征收。土地增值税在房地产发生转让的环节，实行按次征收，每发生一次转让行为，就应根据每次取得的增值额征一次税。其纳税时间和缴纳方法，要根据房地产转让情况而定。

二、征税范围

根据《中华人民共和国土地增值税暂行条例》及其实施细则的规定，土地增值税的征税范围包括：

- 转让国有土地使用权。
- 地上的建筑物及其附着物连同国有土地使用权一并转让。

1. 界定土地增值税征税范围的标准

(1) 转让的是国有土地使用权。土地增值税，是指对转让国有土地使用权及其地上建筑物和附着物的行为征税。

我国法律规定，城市的土地属于国家所有。农村和城市郊区的土地除由法律规定属于国家所有的以外，属于集体所有。国家为了公共利益，可以依照法律规定对集体土地实行征用，依法被征用后的土地属于国家所有。

(2) 转让的是产权。土地增值税是对土地使用权、地上的建筑物及其附着物的产权转让征税。

土地增值税的征税范围不包括国有土地使用权出让所取得的收入。

土地增值税的征税范围不包括未转让土地使用权、房产产权的行为。没有发生房地产权属(指土地使用权和房产产权)的变更，如房地产的出租，不征收土地增值税。

(3) 取得收入。土地增值税的征税范围不包括房地产的权属虽转让但未取得收入的行为。如房地产的继承，尽管房地产的权属发生了变更，但权属人并没有取得收入，因此也不征收土地增值税。

2. 若干具体情况的判定

根据以上判定标准，我们可对以下若干具体情况是否属于土地增值税的征税范围进行判定。

(1) 以出售方式转让国有土地使用权、地上的建筑物及其附着物。这种情况因其同时符合上述三个标准，所以属于土地增值税的征税范围。这里又分为三种情况：

第一，出售国有土地使用权。它是指土地使用者通过出让方式，向政府缴纳了土地出让金，有偿受让土地使用权后，仅对土地进行通水、通电、通路和平整地面等土地开发，不进行房产开发，即所谓“将生地变熟地”，然后直接将空地出售出去。属于国有土地使用权的有偿转让，应纳入土地增值税的征税范围。

第二，房地产开发。取得国有土地使用权后进行房屋的开发建造，然后出售，虽然这种行为通常被称作卖房，但卖房的同时，土地使用权也随之发生转让。这种情况既发生了产权的转让，又取得了收入，应纳入土地增值税的征税范围。

第三，存量房地产的买卖。已经建成并已投入使用的房地产，其房屋所有人将房屋产权和土地使用权一并转让给其他单位和个人。这种行为按照国家有关的房地产法律和法规，应当到有关部门办理房产产权和土地使用权的转移变更手续，原土地使用权属于无偿划拨的，还应到土地管理部门补交土地出让金。这种情况既发生了产权的转让，又取得了收入，应纳入土地增值税的征税范围。

(2) 房地产的继承。房地产的继承，是指房产的原产权所有人、依照法律规定，取得土地使用权的土地使用人死亡以后，由其继承人依法承受死者房产产权和土地使用权的民事法律行为。这种行为虽然发生了房地产的权属变更，但作为房产产权、土地使用权的原所有人(即被继承人)，并没有因为权属的转让而取得任何收入。因此，房地产的继承不属于土地增值税的征税范围。

(3) 房地产的赠与。房地产的赠与，是指房产所有人、土地使用权所有人将自己所拥有的房地产无偿地交给其他人的民事法律行为。但这里的“赠与”仅指以下情况：

● 房产所有人、土地使用权所有人将房屋产权、土地使用权赠与直系亲属或承担直接赡养义务人的。

● 房产所有人、土地使用权所有人通过中国境内非营利的社会团体、国家机关，将房屋产权、土地使用权赠与教育、民政和其他社会福利、公益事业的。

社会团体，是指中国青少年发展基金会、希望工程基金会、宋庆龄基金会、减灾委员会、中国红十字会、中国残疾人联合会、全国老年基金会、老区促进会以及经民政部门批准成立的其他非营利的公益性组织。

房地产的赠与虽发生了房地产的权属变更，但作为房产所有人、土地使用权的所有人并没有因为权属的转让而取得任何收入。因此，房地产的赠与不属于土地增值税的征税范围。

(4) 房地产的出租。房地产的出租，是指房产的产权所有人、依照法律规定取得土地使用权的土地使用人，将房产、土地使用权租赁给承租人使用，由承租人向出租人支付租金的行为。房地产的出租，出租人虽取得了收入，但没有发生房产产权、土地使用权的转让，因此，不属于土地增值税的征税范围。

(5) 房地产的抵押。房地产的抵押，是指房地产的产权所有人、依法取得土地使用权的土地使用人作为债务人或第三人向债权人提供不动产作为清偿债务的担保而不转移权属的法律行为。这种情况由于房产的产权、土地使用权在抵押期间产权并没有发生权属的变更，房产的产权所有人、土地使用权人仍能对房地产行使占有、使用、收益等权利，房产的产权所有人、土地使用权人虽然在抵押期间取得了一定的抵押贷款，但实际上这些贷款在抵押期满后是要连本带利偿还给债权人的，因此，对房地产的抵押，在抵押期间不征收土地增值税。待抵押期满后，视该房地产是否转移占有而确定是否征收土地增值税。对于以房地产抵债而发生房地产权属转让的，应列入土地增值税的征税范围。

（6）房地产的交换。一方以房地产与另一方的房地产进行交换的行为，既发生了房产产权、土地使用权的转移，交换双方又取得了实物形态的收入，属于土地增值税的征税范围。

个人之间互换自有居住用房地产的，经当地税务机关核实，可以免征土地增值税。

（7）以房地产进行投资、联营。以房地产进行投资、联营的，投资、联营的一方以土地或者房地产作价入股进行投资或作为联营条件，将房地产转让到所投资、联营的企业中时，暂免征收土地增值税。对投资、联营企业将上述房地产再转让的，应征收土地增值税。

（8）合作建房。对于一方出地，另一方出资金，双方合作建房，建成后按比例分房自用的，暂免征收土地增值税；建成后转让的，应征收土地增值税。

（9）企业兼并转让房地产。在企业兼并中，对被兼并企业将房地产转让到兼并企业中的，暂免征收土地增值税。

（10）房地产的代建房行为。它是指房地产开发公司代客户进行房地产的开发，开发完成后向客户收取代建收入的行为。对于房地产开发公司而言，虽然取得了收入，但没有发生房地产权属的转移，其收入属于劳务收入性质，不属于土地增值税的征税范围。

三、纳税义务人和税率

1. 纳税义务人

土地增值税的纳税义务人为转让国有土地使用权、地上的建筑及其附着物并取得收入的单位和个人。单位包括各类企事业单位、国家机关和社会团体及其他组织。个人包括个体经营者。纳税人的规定主要是看是否发生了《中华人民共和国土地增值税暂行条例》规定的土地增值税应税行为，与纳税人的性质、身份无关。概括起来，主要有以下四个特点：不论法人与自然人，不论经济性质，不论内资企业与外资企业、中国公民与外籍个人，不论企事业单位、国家机关与社会团体。

2. 税率

土地增值税实行四级超率累进税率：

（1）增值额未超过扣除项目金额50％的部分，税率为30％。

（2）增值额超过扣除项目金额50％、未超过扣除项目金额100％的部分，税率为40％。

（3）增值额超过扣除项目金额100％、未超过扣除项目金额200％的部分，税率为50％。

（4）增值额超过扣除项目金额200％的部分，税率为60％。

表12－1　土地增值税四级超率累进税率表

极数	增值额与扣除项目金额的比率	税率(％)	速算扣除系数(％)
1	不超过50％的部分	30	0
2	超过50％～100％的部分	40	5
3	超过100％～200％的部分	50	15
4	超过200％的部分	60	35

四、应纳税额的计算

土地增值税的计税依据，是收入额减除国家规定的各项扣除项目金额后的余额。这个余额就是纳税人在转让房地产中获取的增值额。

纳税人转让房地产取得的应税收入，包括转让房地产的全部价款及有关的经济收益。从收入的形式来看，包括货币收入、实物收入和其他收入。

(一) 扣除项目的确定

在收入确定的情况下，确定扣除项目就可以计算增值额。税法准予纳税人从转让收入额中减除的扣除项目包括如下几项。

1. 取得土地使用权所支付的金额

取得土地使用权所支付的金额包括两方面的内容：

(1) 纳税人为取得土地使用权所支付的地价款。如果是以协议、招标、拍卖等出让方式取得土地使用权的，地价款为纳税人所支付的土地出让金；如果是以行政划拨方式取得土地使用权的，地价款为按照国家有关规定补交的土地出让金；如果是以转让方式取得土地使用权的，地价款为向原土地使用权人实际支付的地价款。

(2) 纳税人在取得土地使用权时按国家统一规定缴纳的有关费用。它系指纳税人在取得土地使用权的过程中为办理有关手续，按国家统一规定缴纳的有关登记、过户手续费。

2. 房地产开发成本

房地产开发成本，是指房地产开发项目实际发生的成本，包括土地征用及拆迁补偿费、前期工程费、建筑安装工程费、基础设施费、公共配套设施费、开发间接费用等。

(1) 土地征用及拆迁补偿费，包括土地征用费、耕地占用税、劳动力安置费及有关地上、地下附着物拆迁补偿的净支出、安置动迁用房支出等。

(2) 前期工程费，包括规划、设计、项目可行性研究和水文、地质、勘察、测绘、“三通一平”等支出。

(3) 建筑安装工程费，是指以出包方式支付给承包单位的建筑安装工程费，以自营方式发生的建筑安装工程费。

(4) 基础设施费，包括开发小区内道路、供水、供电、供气、排污、排洪、通讯、照明、环卫、绿化等工程发生的支出。

(5) 公共配套设施费，包括不能有偿转让的开发小区内公共配套设施发生的支出。

(6) 开发间接费用，是指直接组织、管理开发项目发生的费用，包括工资、职工福利费、折旧费、修理费、办公费、水电费、劳动保护费、周转房摊销等。

3. 房地产开发费用

房地产开发费用，是指与房地产开发项目有关的销售费用、管理费用和财务费用。根据现行财务会计制度的规定，这三项费用作为期间费用，直接计入当期损益，不按成本核算对象进行分摊。故作为土地增值税扣除项目的房地产开发费用，不按纳税人房地产开发项目实际发生的费用进行扣除，而按《中华人民共和国土地增值税暂行条例实施细则》的标准进行扣除。

土地增值税暂行条例实施细则规定，财务费用中的利息支出，凡能够按转让房地产项目计算分摊并提供金融机构证明的，允许据实扣除，但最高不能超过按商业银行同类同期贷款利率计算的金额。其他房地产开发费用，按取得土地使用权所支付的金额和房地产开发成本计算的金额之和，即上述1、2项合计数的5%以内计算扣除。不能按转让房地产项目计算分摊利息支出或不能提供金融机构证明的，房地产开发费用按上述1、2项合计数的10%以内计算扣除。计算扣除的具体比例，由各省、自治区、直辖市人民政府规定。

4. 与转让房地产有关的税金

与转让房地产有关的税金，是指在转让房地产时缴纳的营业税、城市维护建设税、印花税。因转让房地产缴纳的教育费附加，也可视同税金予以扣除。

房地产开发企业按照《施工、房地产开发企业财务制度》的有关规定，其在转让时缴纳的印花税因列入管理费用中，故在此不允许单独再扣除。其他纳税人缴纳的印花税允许在此扣除。

5. 其他扣除项目

从事房地产开发的纳税人可按取得土地使用权所支付的金额和房地产开发成本合计数的20%加计扣除。

6. 旧房及建筑物的评估价格

旧房及建筑物的评估价格，是指在转让已使用的房屋及建筑物时，由政府批准设立的房地产评估机构评定的重置成本价乘以成新度折扣率后的价格。评估价格须经当地税务机关确认。

转让旧房的，应按房屋及建筑物的评估价格、取得土地使用权所支付的地价款和按国家统一规定缴纳的有关费用，及在转让环节缴纳的税金作为扣除项目金额，计征土地增值税。对取得土地使用权时未支付地价款或不能提供已支付的地价款凭据的，在计征土地增值税时不允许扣除。

（二）应纳税额的计算

土地增值税按纳税人转让房地产所取得的增值额和规定的税率计算征收。

土地增值税的计算公式是：

$$\text{应纳税额} = \sum(\text{每级距的增值额} \times \text{适用税率})$$

还可以采用速算扣除法计算，即计算土地增值税税额，可按增值额乘以适用税率减去扣除项目金额乘以速算扣除系数的简便方法计算，具体公式如下：

$$\text{应纳税额} = \text{增值额} \times \text{适用税率} - \text{扣除项目金额} \times \text{速算扣除系数}$$

【例12-1】 某房地产企业出售房地产取得收入为250万元，其扣除项目金额为100万元，请计算其应纳土地增值税的税额。

【解析】 第一种方法：

增值额＝250－100＝150（万元）

增值额与扣除项目金额之比＝150÷100＝150%

增值额超过扣除项目金额200%，分别适用30%、40%、50%的税率。

分别计算各级次土地增值税税额。

(1) 增值额未超过扣除项目金额50%的部分，适用30%的税率。

这部分增值额＝100×50％＝50(万元)

这部分增值额应纳的土地增值税税额＝100×50％×30％＝15(万元)

(2) 增值额超过扣除项目金额50％，未超过扣除项目金额100％的部分，适用40％的税率。

这部分增值额＝100×(100％－50％)＝50(万元)

这部分增值额应纳的土地增值税税额＝50×40％＝20(万元)

(3) 增值额超过扣除项目金额100％，未超过扣除项目金额200％的部分，适用50％的税率。

这部分的增值额为：150－100×100％＝50(万元)

这部分增值额应纳的土地增值税税额为：50×50％＝25(万元)

应纳土地增值税＝15＋20＋25＝60(万元)

【解析】 第二种方法：速算扣除法

增值额＝250－100＝150(万元)

增值额与扣除项目金额之比＝150÷100＝150％

适用第三级的税率及速算扣除系数：

土地增值税税额＝增值额×50％－扣除项目金额×15％

应缴土地增值税＝150×50％－100×15％＝60(万元)

【例12-2】 某房地产开发公司销售其新建商品房一幢，取得销售收入1.4亿元，已知该公司支付与商品房相关的土地使用权费及开发成本合计为4 800万元，该公司没有按房地产项目计算分摊银行借款利息，该商品房所在地的省政府规定，计征土地增值税时房地产开发费用扣除比例为10％，销售商品房缴纳有关税金770万元。计算该公司销售商品房应缴纳的土地增值税。

【解析】 销售收入＝14 000(万元)

扣除项目(取得土地使用权所支出的金额)＋(房地产开发成本)＝4 800(万元)

由于没有按土地增值税的相关规定计算分摊利息：

扣除项目(房地产开发费用)＝[(取得土地使用权所支出的金额)＋(房地产开发成本)]×10％＝4 800×10％＝480(万元)

扣除项目(与转让有关的税金)＝770(万元)

由于是房地产开发企业，因此有扣除项目(其他扣除项目)

扣除项目(其他扣除项目)＝[(取得土地使用权所支出的金额)＋(房地产开发成本)]×20％＝960(万元)

扣除项目合计＝4 800＋480＋770＋960＝7 010(万元)

土地增值额＝14 000－7 010＝6 990(万元)

增值额与扣除项目比例＝6 990/7 010＝99.71％＜100％

应缴土地增值税＝6 990×40％－7 010×5％＝2 445.50(万元)

(三) 税收优惠

1. 建造普通标准住宅的税收优惠

纳税人建造普通标准住宅出售，增值额未超过扣除项目金额20％的，免征土地增值税；增值额超过扣除项目金额20％的，应就其全部增值额按规定计税。

普通标准住宅，是指按所在地一般民用住宅标准建造的居住用住宅。高级公寓、别墅、度假村等不属于普通标准住宅。普通标准住宅与其他住宅的具体划分界限，2005 年 5 月 31 日以前由各省、自治区、直辖市人民政府规定。2005 年 6 月 1 日起，普通标准住宅应同时满足：住宅小区建筑容积率在 1.0 以上，单套建筑面积在 120 平方米以下，实际成交价格低于同级别土地上住房平均交易价格 1.2 倍以下。各省、自治区、直辖市可根据实际情况，制定本地区享受优惠政策普通住房的具体标准。

纳税人既建普通标准住宅又搞其他房地产开发的，应分别核算增值额。不分别核算增值额或不能准确核算增值额的，其建造的普通标准住宅不能适用这一免税规定。

2. 国家征用收回的房地产的税收优惠

因国家建设需要，依法征用、收回的房地产，免征土地增值税。

因国家建设需要，依法征用、收回的房地产，指因城市实施规划、国家建设的需要而被政府批准征用的房产或收回的土地使用权。因城市实施规划、国家建设的需要而搬迁，由纳税人自行转让原房地产的，比照有关规定免征土地增值税。

3. 个人转让房地产的税收优惠

个人因工作调动或改善居住条件而转让原自用住房，经向税务机关申报核准，凡居住满 5 年或 5 年以上的，免予征收土地增值税；居住满 3 年未满 5 年的，减半征收土地增值税；居住未满 3 年的，按规定计征土地增值税。

相关链接：财政部：个人销售住房暂免征收土地增值税

2008 年 11 月 1 日起，对个人首次购买 90 平方米及以下普通住房的，契税税率暂统一下调到 1%；对个人销售或购买住房，暂免征收印花税；对个人销售住房，暂免征收土地增值税。地方政府可制定鼓励住房消费的收费减免政策。

2010 年 10 月 1 日起，对个人购买普通住房，且该住房属于家庭(成员范围包括购房人、配偶以及未成年子女，下同)唯一住房的，减半征收契税；对个人购买 90 平方米及以下普通住房，且该住房属于家庭唯一住房的，减按 1%税率征收契税。

五、征收管理

1. 纳税地点

土地增值税的纳税人应向房地产所在地主管税务机关办理纳税申报，并在税务机关核定的期限内缴纳土地增值税。

房地产所在地，是指房地产的坐落地。纳税人转让的房地产坐落在两个或两个以上地区的，应按房地产所在地分别申报纳税。

纳税人是法人的，当转让的房地产坐落地与其机构所在地或经营所在地一致时，则在办理税务登记的原管辖税务机关申报纳税即可；如果转让的房地产坐落地与其机构所在地或经营所在地不一致时，则应在房地产坐落地所管辖的税务机关申报纳税。

纳税人是自然人的，当转让的房地产坐落地与其居住所在地一致时，则在住所所在地税务机关申报纳税；当转让的房地产坐落地与其居住所在地不一致时，在办理过户手续所在地的税务机关申报纳税。

2. 纳税申报

土地增值税的纳税人应在转让房地产合同签订后的 7 日内,到房地产所在地主管税务机关办理纳税申报,并向税务机关提交房屋及建筑物产权、土地使用权证书,土地转让、房产买卖合同,房地产评估报告,及其他与转让房地产有关的资料。纳税人因经常发生房地产转让而难以在每次转让后申报的,经税务机关审核同意后,可以定期进行纳税申报,具体期限由税务机关根据情况确定。

纳税人预售房地产所取得的收入,当地税务机关规定预征土地增值税的,纳税人应当到主管税务机关办理纳税申报,并按规定比例预缴,待办理决算后,多退少补;凡当地税务机关规定不预征土地增值税的,也应在取得收入时先到税务机关办理登记或备案。

六、房地产开发企业土地增值税的预征和清算

房地产开发具有建设投资大、开发周期长、建设环节多、资金周转慢等特点。在房地产开发项目全部竣工决算前,往往无法准确计算收入和扣除项目,土地增值税征管难度大。

土地增值税暂行条例实施细则规定,“纳税人在项目全部竣工结算前转让房地产取得的收入,由于涉及成本确定或其他原因,而无法据以计算土地增值税的,可以预征土地增值税,待该项目全部竣工、办理结算后再进行清算,多退少补。具体办法由各省、自治区、直辖市地方税务局根据当地情况制定”。很多地方往往采用先按销售收入的一定比例(预征率在 1%左右)预征土地增值税,待项目竣工决算后再进行土地增值税清算的征管办法。

1. 土地增值税的清算单位

土地增值税以国家有关部门审批的房地产开发项目为单位进行清算,对于分期开发的项目,以分期项目为单位清算。

开发项目中同时包含普通住宅和非普通住宅的,应分别计算增值额。

2. 土地增值税的清算条件

(1) 符合下列情形之一的,纳税人应进行土地增值税的清算:

● 房地产开发项目全部竣工、完成销售的;

● 整体转让未竣工决算房地产开发项目的;

● 直接转让土地使用权的。

(2) 符合下列情形之一的,主管税务机关可要求纳税人进行土地增值税清算:

● 已竣工验收的房地产开发项目,已转让的房地产建筑面积占整个项目可售建筑面积的比例在 85%以上,或该比例虽未超过 85%,但剩余的可售建筑面积已经出租或自用的;

● 取得销售(预售)许可证满 3 年,仍未销售完毕的;

● 纳税人申请注销税务登记,但未办理土地增值税清算手续的;

● 省税务机关规定的其他情况。

3. 土地增值税的核定征收

房地产开发企业有下列情形之一的,税务机关可以参照与其开发规模和收入水平相近的当地企业的土地增值税税负情况,按不低于预征率的征收率核定征收土地增值税:

(1) 依照法律、行政法规的规定应当设置但未设置账簿的;

(2) 擅自销毁账簿或者拒不提供纳税资料的;

(3) 虽设置账簿,但账目混乱或者成本资料、收入凭证、费用凭证残缺不全,难以确定转让收入或扣除项目金额的;

(4) 符合土地增值税清算条件,未按照规定的期限办理清算手续,经税务机关责令限期清算,逾期仍不清算的;

(5) 申报的计税依据明显偏低,又无正当理由的。

4. 清算后再转让房地产的处理

在土地增值税清算时未转让的房地产,清算后销售或有偿转让的,纳税人应按规定进行土地增值税的纳税申报,扣除项目金额按清算时的单位建筑面积成本费用乘以销售或转让面积计算。

单位建筑面积成本费用=清算时的扣除项目总金额÷清算的总建筑面积

第二节 契税

契税是以所有权发生转移变动的不动产为征税对象,向产权承受人征收的一种财产税。

现行契税的基本规范,是1997年7月7日国务院发布,并于同年10月1日开始施行的《中华人民共和国契税暂行条例》。

一、契税概述

1. 我国契税沿革

契税是一个古老的税种,最早起源于东晋的"估税",至今已有1 600多年的历史。新中国成立以后颁布的第一个税收法规就是《中华人民共和国契税暂行条例》,该条例对旧中国的契税进行了改革,其基本内容是:凡土地、房屋之买卖、典当、赠与和交换,均应凭土地、房屋的产权证明,在当事人双方订立契约时由产权承受人缴纳契税。税率分两种:买卖、赠与税税率6%,典当税税率3%。对交换房屋双方价值相等的,免税;不相等的,就其超过价值部分按6%缴纳契税。

1954年,财政部对《中华人民共和国契税暂行条例》进行修改。修改的主要内容是:对公有制单位的买卖、典当、承受赠与和交换土地、房屋的行为,免征契税。社会主义"三大改造"完成后,国家禁止土地买卖和转让,征收土地契税自然停止。契税的征税范围只限于非公有制单位的房屋产权转移行为,契税收入甚微。"文化大革命"期间,有的地方明令停止办理契税征收业务。1978年新宪法公布后,逐步落实了房产政策。随着改革开放的不断深入,城乡房屋买卖又重新活跃起来。财政部于1981年和1990年对契税政策进行了一些补充和调整,契税征收工作全面恢复。

1997年7月7日,国务院重新颁布了《中华人民共和国契税暂行条例》,并于1997年10月1日起施行。

2. 现行契税的特点

(1) 属于财产转移税。

契税以发生转移的不动产，即土地和房屋为征税对象，具有财产转移课税性质。土地、房屋产权未发生转移的，不征契税。

(2) 纳税人是产权受让方。

一般税种都确定销售者为纳税人，即卖方纳税。契税则属于土地、房屋产权发生交易过程中的财产税，由承受人纳税，即买方纳税。对买方征税的主要目的，在于承认不动产转移生效，承受人纳税以后，便可拥有转移过来的不动产产权或使用权，法律保护纳税人的合法权益。

二、征税范围

契税的征税对象是境内转移的土地、房屋权属。具体包括以下六个方面。

1. 国有土地使用权出让

国有土地使用权出让，是指土地使用者向国家交付土地使用权出让费用，国家将国有土地使用权在一定年限内让与土地使用者的行为。

2. 土地使用权的转让

土地使用权的转让，是指土地使用者以出售、赠与、交换或者其他方式将土地使用权转移给其他单位和个人的行为。土地使用权的转让，不包括农村集体土地承包经营权的转移。

3. 房屋买卖

房屋买卖，即以货币为媒介，出卖者向购买者过渡房产所有权的交易行为。视同买卖房屋的情况有：

(1) 以房产抵债或实物交换房屋。经当地政府和有关部门批准，以房抵债和以实物交换房屋，均视同房屋买卖，应由产权承受人按房屋现值缴纳契税。

对已缴纳契税的购房单位和个人，在未办理房屋权属变更登记前退房的，退还已纳契税；在办理房屋权属变更登记后退房的，不予退还已纳契税。

(2) 以房产作投资或作股权转让。这种交易业务属房屋产权转移，应根据国家房地产管理的有关规定，办理房屋产权交易和产权变更登记手续，视同房屋买卖，由产权承受方按契税税率计算缴纳契税。

以自有房产作股投入本人独资经营企业，免纳契税。以自有的房产投入本人独资经营的企业，产权所有人和使用权使用人未发生变化的，不需办理房产变更手续，也不办理契税手续。

(3) 买房拆料或翻建新房，应照章征收契税。购买房产，不论其目的是取得该房产的建筑材料或是翻建新房，实际构成房屋买卖的，应首先办理房屋产权变更手续，并按买价缴纳契税。

(4) 以获奖方式承受土地、房屋权属。

4. 房屋赠与

房屋的赠与，是指房屋产权所有人将房屋无偿转让给他人所有。房屋的受赠人要按规定缴纳契税。

5. 房屋交换

房屋交换，是指房屋所有者之间互相交换房屋的行为。

6. 承受国有土地使用权支付的土地出让金

承受国有土地使用权所应支付的土地出让金，要计征契税，不得因减免土地出让金而减免契税。

三、纳税人和税率

1. 纳税义务人

契税的纳税义务人是境内转移土地、房屋权属，承受的单位和个人。境内，是指中华人民共和国实际税收行政管辖的范围。土地、房屋权属，是指土地使用权和房屋所有权。单位，是指企业单位、事业单位、国家机关、军事单位和社会团体以及其他组织。个人，是指个体经营者及其他个人，包括中国公民和外籍人员。

2. 税率

契税实行3%～5%的幅度税率。实行幅度税率是考虑到我国经济发展的不平衡，各地经济差别较大的实际情况。各省、自治区、直辖市人民政府可以在3%～5%的幅度税率规定范围内，按照本地区的实际情况决定。

四、计税依据

契税的计税依据为不动产的价格。由于土地、房屋权属转移方式不同，定价方法不同，因而具体计税依据视不同情况而决定。

(1) 国有土地使用权出让、土地使用权出售、房屋买卖，以成交价格为计税依据。成交价格，是指土地、房屋权属转移合同确定的价格，包括承受者应交付的货币、实物、无形资产或者其他经济利益。

(2) 土地使用权赠与、房屋赠与，由征收机关参照土地使用权出售、房屋买卖的市场价格核定。

(3) 土地使用权交换、房屋交换，为所交换的土地使用权、房屋的价格差额。也就是说，交换价格相等时，免征契税；交换价格不等时，由多交付的货币、实物、无形资产或者其他经济利益的一方缴纳契税。

(4) 以划拨方式取得土地使用权，经批准转让房地产时，由房地产转让者补缴契税。计税依据为补缴的土地使用权出让费用或者土地收益。

为了避免偷、逃税款，税法规定，成交价格明显低于市场价格并且无正当理由的，或者所交换土地使用权、房屋的价格的差额明显不合理并且无正当理由的，征收机关可以参照市场价格核定计税依据。

(5) 房屋附属设施征收契税的依据。采取分期付款方式购买房屋附属设施土地使用权、房屋所有权的，应按合同规定的总价款计征契税。

承受的房屋附属设施权属如为单独计价的，按照当地确定的适用税率征收契税；如与房屋统一计价的，适用与房屋相同的契税税率。

(6) 个人无偿赠与不动产行为(法定继承人除外)，应对受赠人全额征收契税。

五、应纳税额的计算

契税采用比例税率。当计税依据确定以后，应纳税额的计算比较简单。应纳税额的计算公式为：

应纳税额＝计税依据×税率

【例 12－3】 居民甲将一套住房出售给居民乙，成交价格为 80 万元。已知当地政府规定的契税税率为 3%，计算甲、乙应缴纳的契税。

【解析】 契税由产权受让方单方缴纳。甲不缴纳契税。

乙应缴纳契税＝80×3%＝2.4（万元）

【例 12－4】 某公司发生两笔互换房产业务，并已办理了相关手续。第一笔业务换出的房产价值 100 万元，换进的房产价值 150 万元；第二笔业务换出的房产价值 70 万元，换进的房产价值 50 万元。已知当地政府规定的契税税率为 3%，计算该公司应缴纳的契税。

【解析】 土地使用权交换、房屋交换，为所交换的土地使用权、房屋的价格差额。交换价格相等时，免征契税；交换价格不等时，由多交付的货币、实物、无形资产或者其他经济利益的一方缴纳契税。该公司第一笔业务需缴纳契税，第二笔业务不缴纳契税。

该公司应纳税额＝（150－100）×3%＝1.5（万元）

六、税收优惠

1. 契税减免的基本规定

（1）国家机关、事业单位、社会团体、军事单位承受土地、房屋用于办公、教学、医疗、科研和军事设施的，免征契税。

（2）城镇职工按规定第一次购买公有住房，免征契税。

（3）因不可抗力灭失住房而重新购买住房的，酌情减免。不可抗力，是指自然灾害、战争等不能预见、不可避免，并且不能克服的客观情况。

（4）土地、房屋被县级以上人民政府征用、占用后，重新承受土地、房屋权属的，由省级人民政府确定是否减免。

（5）承受荒山、荒沟、荒丘、荒滩土地使用权，并用于农、林、牧、渔业生产的，免征契税。

（6）经外交部确认，依照我国有关法律规定以及我国缔结或参加的双边和多边条约或协定，应当予以免税的外国驻华使馆、领事馆、联合国驻华机构及其外交代表、领事官员和其他外交人员承受土地、房屋权属。

2. 财政部规定的其他减征、免征契税的项目

（1）对拆迁居民因拆迁重新购置住房的，对购房成交价格中相当于拆迁补偿款的部分免征契税；成交价格超过拆迁补偿款的，对超过部分征收契税。

（2）根据《中华人民共和国契税暂行条例》及其实施细则的有关规定，对承受国有土地使用权所应支付的土地出让金，要计征契税。不得因减免土地出让金而减免契税。

（3）对国家石油储备基地第一期项目建设过程中涉及的契税，予以免征。

以上经批准减税、免税的纳税人，改变有关土地、房屋用途的，不再属于减免税的范围，应当补缴已经减免的税款。纳税义务发生时间为改变有关土地、房屋用途的当天。

符合减免税规定的纳税人，应在土地、房屋权属转移合同生效的10日内，向土地、房屋所在地的征收机关提出减免税申报。

(4) 对廉租住房经营管理单位购买住房作为廉租住房，经济适用住房经营管理单位回购经济适用住房继续作为经济适用住房房源的，免征契税。

(5) 对个人购买普通住房、经济适用住房，在法定税率基础上减半征收契税。

普通住房标准：住宅小区建筑容积率在1.0以上、单套建筑面积在120平方米以下、实际成交价格低于同级别土地上住房平均交易价格1.2倍以下。各省、自治区、直辖市根据本地区享受优惠政策普通住房的具体标准，允许单套建筑面积和价格标准适当浮动，但向上浮动的比例不得超过上述标准的20%。

2010年10月1日起，对个人购买普通住房，且该住房属于家庭(成员范围包括购房人、配偶以及未成年子女，下同)唯一住房的，减半征收契税。对个人购买90平方米及以下普通住房，且该住房属于家庭唯一住房的，减按1%税率征收契税。

七、征收管理

1. 纳税义务发生时间

契税的纳税义务发生时间是在纳税人签订土地、房屋权属转移合同的当天，或者在纳税人取得其他具有土地、房屋权属转移合同性质的凭证的当天。

2. 纳税期限

纳税人应当自纳税义务发生之日起10日内，向土地、房屋所在地的契税征收机关办理纳税申报，并在契税征收机关核定的期限内缴纳税款。

3. 纳税地点

契税在土地、房屋所在地的征收机关缴纳。

第三节 城镇土地使用税

城镇土地使用税是以城镇土地为征税对象，对拥有土地使用权的单位和个人征收的一种税。

现行城镇土地使用税的基本规范，是2006年12月31日修订，并于2007年1月1日开始施行的《中华人民共和国城镇土地使用税暂行条例》。

一、城镇土地使用税概述

城镇土地使用税是以开征范围的土地为征税对象，以实际占用的土地面积为计税标准，按规定税额对拥有土地使用权的单位和个人征收的一种税。城镇土地使用税是国家为了合理利用城镇土地，调节土地级差收入，提高土地使用效益，加强土地管理而制定的一种财产税。

1. 我国城镇土地使用税沿革

土地是人类赖以生存、从事生产活动必不可少的物质条件。我国人多地少，珍惜土地、节约用地是一项基本国策。早在新中国成立初期，就开征了地产税。1951年8月，政务院颁布的《城市房地产税暂行条例》规定，在城市中征收房产税和地产税，称之为城市房地产税。1973年简化税制时，把对国内企业征收的房地产税并入工商税。

长期以来，我国对非农业土地基本是实行行政划拨、无偿使用的办法。实践证明，这种做法不利于合理和节约使用土地。为了控制乱占滥用耕地，国务院于1987年4月1日发布了《中华人民共和国耕地占用税暂行条例》，用经济手段加强对耕地的管理，但城镇非农业土地使用中的浪费现象依然严重存在。1988年9月27日，国务院发布了《中华人民共和国城镇土地使用税暂行条例》，并于当年11月1日起施行。

开征城镇土地使用税，有利于通过经济手段，加强对土地的管理，变土地的无偿使用为有偿使用，促进合理、节约使用土地，提高土地的使用效益；有利于适当调节不同地区、不同地段之间的土地级差收入，促进企业加强经济核算，理顺国家与土地使用者之间的分配关系。

为了进一步合理利用城镇土地，调节土地的级差收入，提高土地使用效率，加强城镇土地管理，2006年12月31日，国务院颁布、修订的《中华人民共和国城镇土地使用税暂行条例》，提高了城镇土地使用税税额标准，将征税范围扩大到外商投资企业和外国企业，自2007年1月1日起施行。修订后的条例，对统一税制、公平税负、拓宽税基和增加地方财政收入起到了积极作用。

2. 现行城镇土地使用税的特点

(1) 是一种准财产税。土地是一种财产，对土地课税属于财产税。但是，我国城镇土地的所有权归国家，单位和个人对占用的土地只有使用权而无所有权。因此，现行的城镇土地使用税实质上是对占用土地资源或行为的课税，属于准财产税，而非严格意义上的财产税。

(2) 以税收形式获取国有财产收益。我国的土地归国家所有，单位和个人只有占用权或使用权，而无所有权。国家既可以凭借财产权力对土地使用人获取的收益进行分配，又可以凭借政治权力对土地使用者进行征税。开征城镇土地使用税，实质上是运用国家政治权力，将纳税人获取的本应属于国家的土地收益集中到国家手中。

(3) 征税范围限于城镇。现行城镇土地使用税征税范围限定在城市、县城、建制镇、工矿区，坐落在农村地区的房地产不属于城镇土地使用税的征税范围。城镇土地使用税在筹集地方财政资金、调节土地使用和收益分配方面发挥了积极作用。

(4) 实行差别幅度税额。开征城镇土地使用税的主要目的之一，是调节土地的级差收入，而级差收入的产生主要取决于土地的位置。占有土地位置优越的纳税人，可以节约运输和流通费用，扩大销售和经营规模，取得额外经济收益。为了有利于体现国家政策，城镇土地使用税实行差别幅度税额。不同城镇适用不同税额，对同一城镇的不同地段，根据市政建设状况和经济繁荣程度也确定不等的负担水平。

二、纳税人、征税范围和税率

1. 征税范围

城镇土地使用税的征税范围，包括在城市、县城、建制镇和工矿区内的国家所有和集体所有的土地。

城市、县城、建制镇和工矿区的标准如下：

(1) 城市是指经国务院批准设立的市。

(2) 县城是指县人民政府所在地。

(3) 建制镇是指经省、自治区、直辖市人民政府批准设立的建制镇。

(4) 工矿区是指工商业比较发达，人口比较集中，符合国务院规定的建制镇标准，但尚未设立建制镇的大中型工矿企业所在地，工矿区须经省、自治区、直辖市人民政府批准。

城镇土地使用税的征税范围中，城市的土地包括市区和郊区的土地，县城的土地则是指县人民政府所在地的城镇的土地，建制镇的土地是指镇人民政府所在地的土地。

建立在城市、县城、建制镇和工矿区以外的工矿企业，则不需缴纳城镇土地使用税。

2. 纳税义务人

在城市、县城、建制镇、工矿区范围内使用土地的单位和个人，为城镇土地使用税的纳税人。

单位，包括国有企业、集体企业、私营企业、股份制企业、外商投资企业、外国企业以及其他企业和事业单位、社会团体、国家机关、军队以及其他单位；所称个人，包括个体工商户以及其他个人。

城镇土地使用税的纳税人通常包括以下几类：

(1) 拥有土地使用权的单位和个人。

(2) 拥有土地使用权的单位和个人不在土地所在地的，其土地的实际使用人和代管人为纳税人。

(3) 土地使用权未确定或权属纠纷未解决的，其实际使用人为纳税人。

(4) 土地使用权共有的，共有各方都是纳税人，由共有各方分别纳税。

几个人或几个单位共同拥有一块土地的使用权，这块土地的城镇土地使用税的纳税人应是对这块土地拥有使用权的每一个人或每一个单位，应以实际使用的土地面积占总面积的比例，分别计算缴纳土地使用税。

3. 税率

城镇土地使用税采用定额税率，即采用有幅度的差别税额，按大、中、小城市和县城、建制镇、工矿区分别规定每平方米土地使用税的年应纳税额。具体标准如下：

(1) 大城市 1.5 元～30 元；

(2) 中等城市 1.2 元～24 元；

(3) 小城市 0.9 元～18 元；

(4) 县城、建制镇、工矿区 0.6 元～12 元。

大、中、小城市以公安部门登记在册的非农业正式户口人数为依据，按照国务院颁布的《城市规划条例》中规定的标准划分。人口在 50 万以上者为大城市，人口在 20 万～50 万之间者为中等城市，人口在 20 万以下者为小城市。

表 12-2　城镇土地使用税税率表

级 别	人口(人)	每平方米税额(元)
大城市	50 万以上	1.5～30
中等城市	20 万～50 万	1.2～24
小城市	20 万以下	0.9～18
县城、建制镇、工矿区		0.6～12

各省、自治区、直辖市人民政府可根据市政建设情况和经济繁荣程度,在规定税额幅度内,确定所辖地区的适用税额幅度。经济落后地区,土地使用税的适用税额标准可适当降低,但降低额不得超过上述规定最低税额的30%。经济发达地区的适用税额标准可以适当提高,但须报财政部批准。

土地使用税规定幅度税额主要考虑到我国各地区存在着悬殊的土地级差收益,同一地区内不同地段的市政建设情况和经济繁荣程度也有较大的差别。把土地使用税税额定为幅度税额,拉开档次,而且每个幅度税额的差距规定了20倍。各地政府在划分本辖区不同地段的等级,确定适用税额时,有选择余地,便于具体划分和确定。幅度税额还可以调节不同地区、不同地段之间的土地级差收益,达到尽可能地平衡税负的目的。

三、应纳税额的计算

1. 计税依据

城镇土地使用税的计税依据是纳税人实际占用的土地面积,土地面积计量标准为每平方米,即税务机关根据纳税人实际占用的土地面积,按照规定的税额计算应纳税额,向纳税人征收土地使用税。

纳税人实际占用的土地面积按下列办法确定:

(1) 由省、自治区、直辖市人民政府确定的单位组织测定土地面积的,以测定的面积为准。

(2) 尚未组织测地,但纳税人持有政府部门核发的土地使用证书的,以证书确认的土地面积为准。

(3) 尚未核发土地使用证书的,应由纳税人申报土地面积,据以纳税,待核发土地使用证以后再作调整。

2. 应纳税额的计算

城镇土地使用税的应纳税额可以通过纳税人实际占用的土地面积乘以该土地所在地段的适用税额求得。其计算公式为:

全年应纳税额=实际占用应税土地面积(平方米)×适用税额

【例12-5】 设在城市的某生产企业使用土地面积为10 000平方米。经税务机关核定,该土地为应税土地,每平方米年税额为4元。请计算其全年应纳的土地使用税税额。

【解析】 年应纳土地使用税税额=10 000×4=40 000(元)

【例12-6】 某公司与政府机关共同使用一栋共有土地使用权的建筑物。该建筑物占用土地面积1 600平方米,总建筑面积8 000平方米(公司与机关的占用比例为3∶1),该公司所在市城镇土地使用税单位税额每平方米20元。计算该公司应纳城镇土地使用税。

【解析】 纳税单位与免税单位共同使用,共有土地使用权土地上的多层建筑,对纳税单位可按其占用的建筑面积占建筑总面积的比例计征城镇土地使用税。

该公司按实际占用土地面积计算城镇土地使用税。

$$年应纳土地使用税税额=\frac{1\ 600\times 3}{3+1}\times 20=24\ 000(元)$$

四、税收优惠

法定免缴土地使用税的优惠主要有：

(1) 国家机关、人民团体、军队自用的土地。这部分土地是指这些单位本身的办公用地和公务用地，如国家机关、人民团体的办公楼用地，军队的训练场用地等。

(2) 由国家财政部门拨付事业经费的单位自用的土地。这部分土地是指这些单位本身的业务用地，如学校的教学楼、操场、食堂等占用的土地。

(3) 宗教寺庙、公园、名胜古迹自用的土地。宗教寺庙自用的土地，是指举行宗教仪式等的用地和寺庙内的宗教人员生活用地。公园、名胜古迹自用的土地，是指供公众参观游览的用地及其管理单位的办公用地。

以上单位的生产、经营用地和其他用地，不属于免税范围，应按规定缴纳土地使用税，如公园、名胜古迹中附设的营业单位，如影剧院、饮食部、茶社、照相馆等使用的土地。

(4) 市政街道、广场、绿化地带等公共用地。

(5) 直接用于农、林、牧、渔业的生产用地。这部分土地是指直接从事种植养殖、饲养的专业用地，不包括农副产品加工场地和生活办公用地。

(6) 经批准开山填海整治的土地和改造的废弃土地，从使用的月份起免缴土地使用税5～10年。开山填海整治的土地，是指纳税人经有关部门批准后自行填海整治的土地，不包括纳税人通过出让、转让、划拨等方式取得的已填海整治的土地。具体免税期限由各省、自治区、直辖市地方税务局在《中华人民共和国城镇土地使用税暂行条例》规定的期限内自行确定。

(7) 对非营利性医疗机构、疾病控制机构和妇幼保健机构等卫生机构自用的土地，免征城镇土地使用税。

(8) 企业办的学校、医院、托儿所、幼儿园，其用地能与企业其他用地明确区分的，免征城镇土地使用税。

(9) 免税单位无偿使用纳税单位的土地，免征城镇土地使用税。纳税单位无偿使用免税单位的土地，纳税单位应照章缴纳城镇土地使用税。纳税单位与免税单位共同使用、共有使用权土地上的多层建筑，对纳税单位可按其占用的建筑面积占建筑总面积的比例计征城镇土地使用税。

(10) 对行使国家行政管理职能的中国人民银行总行(含国家外汇管理局)所属分支机构自用的土地，免征城镇土地使用税。

(11) 为了体现国家的产业政策，支持重点产业的发展，对石油、电力、煤炭等能源用地，民用港口、铁路等交通用地和水利设施用地，三线调整企业、盐业、采石场、邮电等一些特殊用地，划分了征免税界限和给予政策性减免税照顾。具体规定如下：

① 企业的铁路专用线、公路等用地，在厂区以外、与社会公用地段未加隔离的，暂免征收城镇土地使用税。

② 企业厂区以外的公共绿化用地和向社会开放的公园用地，暂免征收城镇土地使用税。

③ 火电厂厂区围墙外的灰场、输灰管、输油(气)管道、铁路专用线用地、水源用地以及热电厂供热管道用地，免征城镇土地使用税；厂区围墙外的其他用地，应照章征税。

供电部门的输电线路用地、变电站用地，免征城镇土地使用税。

④ 水利设施及其管护用地（如水库库区、大坝、堤防、灌渠、泵站等用地），免征土地使用税；其他用地，如生产、办公、生活用地，应照章征收城镇土地使用税。

兼有发电的水利设施用地征免城镇土地使用税的问题，比照电力行业征免土地使用税的有关规定办理。

⑤ 机场飞行区（包括跑道、滑行道、停机坪、安全带、夜航灯光区）用地，场内外通讯导航设施用地和飞行区四周排水防洪设施用地，免征城镇土地使用税。

机场道路，区分为场内、场外道路，场内道路用地免征城镇土地使用税。

⑥ 煤炭企业的矸石山、排土场用地，防排水沟用地，矿区办公、生活区以外的公路、铁路专用线及轻便道和输变电线路用地，炸药库库房外安全区用地，向社会开放的公园及公共绿化带用地，暂免征收城镇土地使用税。

煤炭企业的塌陷地、荒山，在利用之前，暂缓征收城镇土地使用税。

煤炭企业的报废矿井占地，经煤炭企业申请，当地税务机关审核，可以暂免征收城镇土地使用税。

⑦ 矿山的采矿场、排土场、尾矿库、炸药库的安全区、采区运矿及运岩公路、尾矿输送管道及回水系统用地，免征城镇土地使用税。

矿山企业采掘地下矿造成的塌陷地以及荒山占地，在利用之前，暂免征收城镇土地使用税。

⑧ 港口的码头（即泊位，包括岸边码头、伸入水中的浮码头、堤岸、堤坝、栈桥等）用地，免征城镇土地使用税。

港口的露天堆货场用地，原则上应征收城镇土地使用税，企业纳税确有困难的，可由省、自治区、直辖市地方税务局根据其实际情况给予定期减征或免征城镇土地使用税的照顾。

⑨ 盐场的盐滩、盐矿的矿井用地，暂免征收城镇土地使用税。

⑩ 建材行业的石灰厂、水泥厂、大理石厂、砂石厂等企业的采石场、排土场地，炸药库的安全区用地以及采区运岩公路，免征城镇土地使用税。

⑪ 林业系统所属林区的育林地、运材道、防火道、防火设施用地，免征城镇土地使用税。林业系统的森林公园、自然保护区，可以比照公园，免征土地使用税。

在城镇土地使用税征收范围内，利用林场土地兴建度假村等休闲娱乐场所的，其经营、办公和生活用地，应按规定征收城镇土地使用税。

⑫ 自 2007 年 1 月 1 日起，在城镇土地使用税征收范围内经营采摘、观光农业的单位和个人，其直接用于采摘、观光的种植、养殖、饲养的土地，根据《中华人民共和国城镇土地使用税暂行条例》第六条中“直接用于农、林、牧、渔业的生产用地”的规定，免征城镇土地使用税。

省、自治区、直辖市地方税务局确定减免土地使用税的优惠主要有：

(12) 个人所有的居住房屋及院落用地。

(13) 房产管理部门在房租调整改革前经租的居民住房用地。

(14) 免税单位职工家属的宿舍用地。

(15) 民政部门举办的安置残疾人占一定比例的福利工厂用地。

(16) 集体和个人办的各类学校、医院、托儿所、幼儿园用地。

(17) 基建项目在建期间使用的土地,原则上应照章征收城镇土地使用税。但有些基建项目,特别是国家产业政策扶持发展的大型基建项目,其占地面积大,建设周期长,在建期间又没有经营收入,为照顾其实际情况,纳税人纳税确有困难的,可由各省、自治区、直辖市地方税务局根据具体情况予以免征或减征土地使用税。

(18) 城镇内的集贸市场(农贸市场)用地,按规定应征收城镇土地使用税。为了促进集贸市场的发展及照顾各地的不同情况,各省、自治区、直辖市地方税务局可根据具体情况,自行确定对集贸市场用地征收或者免征城镇土地使用税。

(19) 房地产开发公司建造商品房的用地,原则上应按规定计征城镇土地使用税。但在商品房出售之前纳税确有困难的,其用地是否给予缓征或减征、免征照顾,可由各省、自治区、直辖市地方税务局根据从严的原则,结合具体情况确定。

(20) 原房管部门代管的私房,落实政策后,有些私房产权已归还给房主,但由于各种原因,房屋仍由原住户居住,并且住户仍是按照房管部门在房租调整改革之前确定的租金标准向房主缴纳租金。对这类房屋用地,房主缴纳土地使用税确有困难的,可由各省、自治区、直辖市地方税务局根据实际情况,给予定期减征或免征城镇土地使用税的照顾。

(21) 各类危险品仓库、厂房所需的防火、防爆、防毒等安全防范用地,可由各省、自治区、直辖市地方税务局确定,暂免征收城镇土地使用税。

(22) 企业搬迁后原场地不使用的、企业范围内的荒山等尚未利用的土地,免征城镇土地使用税。

(23) 经贸仓库、冷库均属于征税范围。对纳税确有困难的企业,可根据《中华人民共和国城镇土地使用税暂行条例》第七条的规定,向企业所在地的地方税务机关提出减免税申请,由省、自治区、直辖市地方税务局审核后,报国家税务总局批准,享受减免城镇土地使用税的照顾。

(24) 向居民供热并向居民收取采暖费的供热企业,暂免征收城镇土地使用税。"供热企业"包括专业供热企业、兼营供热企业、单位自供热及为小区居民供热的物业公司等,不包括从事热力生产但不直接向居民供热的企业。

关于免征城镇土地使用税的"生产占地",是指上述企业为居民供热所使用的土地。对既向居民供热,又向非居民供热的企业,可按向居民供热收取的收入占其总供热收入的比例划分,征免税界限;对于兼营供热的企业,可按向居民供热收取的收入占其生产经营总收入的比例划分,征免税界限。

五、征收管理

1. 纳税期限

城镇土地使用税实行按年计算、分期缴纳的征收方法,具体纳税期限由省、自治区、直辖市人民政府确定。

2. 纳税义务发生时间

(1) 纳税人购置新建商品房,自房屋交付使用之次月起,缴纳城镇土地使用税。

(2) 纳税人购置存量房,自办理房屋权属转移、变更登记手续,房地产权属登记机关签发房屋权属证书之次月起,缴纳城镇土地使用税。

(3) 纳税人出租、出借房产，自交付出租、出借房产之次月起，缴纳城镇土地使用税。

(4) 以出让或转让方式有偿取得土地使用权的，应由受让方从合同约定交付土地时间的次月起缴纳城镇土地使用税；合同未约定交付时间的，由受让方从合同签订的次月起缴纳城镇土地使用税。

(5) 纳税人新征用的耕地，自批准征用之日起满1年时开始缴纳土地使用税。

(6) 纳税人新征用的非耕地，自批准征用次月起缴纳土地使用税。

3. 纳税地点和征收机构

城镇土地使用税在土地所在地缴纳。

纳税人使用的土地不属于同一省、自治区、直辖市管辖的，由纳税人分别向土地所在地的税务机关缴纳土地使用税；在同一省、自治区、直辖市管辖范围内，纳税人跨地区使用的土地，其纳税地点由各省、自治区、直辖市地方税务局确定。

土地使用税由土地所在地的地方税务机关征收，其收入纳入地方财政预算管理。

第四节　房产税

房产税是以房产为征税对象，依据房产价格或房产租金收入，向房产所有人或经营人征收的一种税。

现行房产税的基本规范，是1986年9月15日国务院颁布，并于当年10月1日开始施行的《中华人民共和国房产税暂行条例》。

一、房产税概述

1. 我国房产税沿革

新中国成立后，政务院于1951年8月颁布了《城市房地产税暂行条例》，规定对城市中的房屋及占地合并征收房产税和地产税，称为城市房地产税。1973年简化税制，把对企业征收的这个税种并入了工商税。对房地产管理部门和个人的房屋，以及外资企业、中外合资、合作经营企业的房屋，继续保留征收房地产税。

我国实行改革开放以后，为了发挥税收的作用，1984年10月，国务院决定在推行第二步利改税和改革工商税制时，对国内企业单位恢复征收房产税。考虑到土地归国家所有，不允许买卖，原房地产税的名称与征收对象内涵已名不符实，故将城市房地产税分为房产税和城镇土地使用税。1986年9月15日，国务院正式发布了《中华人民共和国房产税暂行条例》，从当年10月1日开始施行。各省、自治区、直辖市政府根据条例规定，先后制定了施行细则。至此，房产税在全国范围内全面征收。

对房产征税的目的是运用税收杠杆，加强对房产的管理，提高房产的使用效率，控制固定资产投资规模和配合国家房产政策的调整，合理调节房产所有人和经营人的收入。此外，房产税税源稳定，易于控制管理，是地方财政收入的重要来源之一。

2. 现行房产税的特点

现行房产税是在原计划经济体制和财产所有结构的框架内恢复征收的，一方面它继承了过去房产税的传统做法,另一方面又考虑了我国新旧体制转换过程中的某些特殊情况。因此,具有自身的特点。

(1) 房产税是一种特殊财产税。按征税对象的范围不同,财产税可以分为一般财产税与特殊财产税。一般财产税也称"综合财产税",是对纳税人拥有的各类财产实行综合课征的税收。特殊财产税也称"单项财产税",是对纳税人拥有的土地、房屋、资本和其他财产分别课征的税收。房产税属于个别财产税,其征税对象只是房屋。

(2) 征税范围限于城镇的经营性房屋。房产税在城市、县城、建制镇和工矿区范围内征收,不涉及农村。农村的房屋,大部分是农民居住用房,为了不增加农民负担,对坐落在农村的房屋没有纳入征税范围。另外,对某些拥有房屋,但自身没有纳税能力的单位,如国家拨付行政经费、事业经费和国防经费的 单位自用的房产,税法也通过免税的方式将这类房屋排除在征税范围之外。

(3) 区别房屋的经营使用方式规定征税办法。拥有房屋的单位和个人,既可以将房屋用于经营自用,又可以把房屋用于出租。房产税根据纳税人经营形式不同,对前一类房屋按房产计税余值征收,对后一类房屋按租金收入计税,使征税办法符合纳税人的经营特点,便于平衡税收负担和征收管理。

二、纳税人、征税对象和税率

1. 征税对象

房产税的征税对象是房产。房产,是指有屋面和围护结构(有墙或两边有柱),能够遮风避雨,可供人们在其中生产、学习、工作、娱乐、居住或贮藏物资的场所。

房产税的征税范围为:城市、县城、建制镇和工矿区。

(1) 城市是指国务院批准设立的市。

(2) 县城是指县人民政府所在地的地区。

(3) 建制镇是指经省、自治区、直辖市人民政府批准设立的建制镇。

(4) 工矿区是指工商业比较发达、人口比较集中、符合国务院规定的建制镇标准,但尚未设立建制镇的大中型工矿企业所在地。开征房产税的工矿区须经省、自治区、直辖市人民政府批准。

房产税的征税范围不包括农村。

2. 纳税义务人

房产税以在征税范围内的房屋产权所有人为纳税人。

(1) 产权属国家所有的,由经营管理单位纳税;产权属集体和个人所有的,由集体单位和个人纳税。

(2) 产权出典的,由承典人纳税。所谓产权出典,是指产权所有人将房屋、生产资料等的产权,在一定期限内典当给他人使用,而取得资金的一种融资业务。这种业务大多发生于出典人急需用款,但又想保留产权赎回权的情况。承典人向出典人交付一定的典价之后,在质典期内即获抵押物品的支配权,并可转典。产权的典价一般要低于卖价。出典在规定期间内须归还典价的本金和利息,方可赎回出典房屋的产权。由于在房屋出典期间,产权所有人已无权支配房屋,因此,税法规定由对房屋具有支配权的承典人为纳税人。

(3) 产权所有人、承典人不在房屋所在地的,由房产代管人或者使用人纳税。

(4) 产权未确定及租典纠纷未解决的，亦由房产代管人或者使用人纳税。租典纠纷，是指产权所有人在房产出典和租赁关系上，与承典人、租赁人发生各种争议，特别是权利和义务的争议悬而未决的。对租典纠纷尚未解决的房产，规定由代管人或使用人为纳税人，主要目的在于加强征收管理，保证房产税及时入库。

(5) 无租使用其他房产。纳税单位和个人无租使用房产管理部门、免税单位及纳税单位的房产，应由使用人代为缴纳房产税。

3. 税率

我国现行房产税采用的是比例税率。房产税的计税依据分为从价计征和从租计征两种形式，所以房产税的税率也有两种：一种是按房产原值一次减除10%～30%后的余值计征的，税率为1.2%；另一种是按房产出租的租金收入计征的，税率为12%。

从2001年1月1日起，对个人居住用房出租仍用于居住的，其应缴纳的房产税暂减按4%的税率征收。

2008年3月1日起，对个人出租住房，不区分用途，按4%的税率征收房产税。对企事业单位、社会团体以及其他组织按市场价格向个人出租用于居住的住房，减按4%的税率征收房产税。

三、计税依据和应纳税额的计算

房产税的计税依据是房产的计税价值或房产的租金收入。按照房产计税价值征税的，称为从价计征；按照房产租金收入计征的，称为从租计征。

1. 从价计征的计税依据

《中华人民共和国房产税暂行条例》规定，从价计征的房产税的计税依据是房产的原值减除规定比例后的剩余价值，即房产余值。

房产税的计税依据通常是房产的价值。房产的价值有三种表现形式：一是房产的原值，即房屋的造价；二是房产的净值，即房屋的原值扣除折旧后的价值；三是房产的市价，即买卖房屋的市场价值。

选择不同的房产价值形式计税，其征税效果明显不同：

(1) 按房产原值计税，收入比较稳定，但不够合理。因为随着时间的推移，房产的价值会发生变化，或者增加，或者减少，税收负担往往难以与房产的获利水平相适应。

(2) 按房产净值计税，不仅计税复杂，而且也不科学。

(3) 按房产的市价计税较为合理，因为市价是房产的现实价值，同时还包含了房屋因土地开发利用而增加的价值。但是，按房产市价计税，也存在着房屋估价工作量大、市价标准难以确定等诸多问题。

基于上述考虑，在房产税税制设计时，决定对经营自用的房屋以房产计税余值作为计税依据，对出租的房屋按租金作为计税依据。这样，既可以将房屋的自然损耗因素和房屋后期的增值因素等综合考虑进去，同时也便于对不同房屋征税的分类管理。

2. 房产原值的确定

房产税依照房产原值一次减除10%～30%后的余值计算缴纳。各地扣除比例由当地省、自治区、直辖市人民政府确定。

(1) 房产原值，是指纳税人按照会计制度规定，在账簿"固定资产"科目中记载的房屋原价。因此,凡按会计制度规定在账簿中记载有房屋原价的,应以房屋原价按规定减除一定比例后作为房产余值计征房产税;没有记载房屋原价的,按照上述原则并参照同类房屋,按规定计征房产税。

(2) 房产原值应包括与房屋不可分割的各种附属设备或一般不单独计算价值的配套设施。主要有:暖气、卫生、通风、照明、煤气等设备;各种管线,如蒸汽、压缩空气、石油、给排水等管道及电力、电讯、电缆导线;电梯、升降机、过道、晒台等。属于房屋附属设备的水管、下水道、暖气管、煤气管等,应从最近的探视井或三通管起,计算原值;电灯网、照明线从进线盒连接管起,计算原值。

(3) 纳税人对原有房屋进行改建、扩建的,要相应增加房屋的原值。

(4) 房屋附属设备和配套设施的计税规定。从 2006 年 1 月 1 日起,对房屋附属设备和配套设施计征房产税按以下规定执行:

● 凡以房屋为载体,不可随意移动的附属设备和配套设施,如给排水、采暖、消防、中央空调、电气及智能化楼宇设备等,无论在会计核算中是否单独记账与核算,都应计入房产原值,计征房产税。

● 对于更换房屋附属设备和配套设施的,在将其价值计入房产原值时,可扣减原来相应设备和设施的价值;对附属设备和配套设施中易损坏、需要经常更换的零配件,更新后不再计入房产原值。

(5) 居民住宅区内业主共有的经营性房产,缴纳房产税。从 2007 年 1 月 1 日起,对居民住宅区内业主共有的经营性房产,由实际经营(包括自营和出租)的代管人或使用人缴纳房产税。其中自营的,依照房产原值减除 10%～30%后的余值计征,没有房产原值或不能将业主共有房产与其他房产的原值准确划分开的,由房产所在地地方税务机关参照同类房产核定房产原值;出租的,依照租金收入计征。

(6) 房地产开发企业建造的商品房,在出售前,不征收房产税;但对出售前房地产开发企业已使用或出租、出借的商品房,应按规定征收房产税。

3. 从租计征的计税依据

《中华人民共和国房产税暂行条例》规定,房产出租的,以房产租金收入为房产税的计税依据。

房产的租金收入,是房屋产权所有人出租房产使用权所得的报酬,包括货币收入和实物收入。

如果是以劳务或者其他形式为报酬抵付房租收入的,应根据当地同类房产的租金水平,确定一个标准租金额,从租计征。

投资联营的房产,在计征房产税时要予以区别对待:

● 以房产投资联营,投资者参与投资利润分红,共担风险的,按房产余值作为计税依据,计征房产税;

● 对以房产投资,收取固定收入,不承担联营风险的,实际是以联营名义取得房产租金,应根据房产税暂行条例的有关规定由出租方按租金收入计缴房产税。

融资租赁房屋的,由于租赁费包括购进房屋的价款、手续费、借款利息等,与一般房屋出租的租金内涵不同,且租赁期满后,当承租方偿还最后一笔租赁费时,房屋产权要转移到承租方。这实质上是一种变相的分期付款购买固定资产的形式,在计征房产税时应以房产余值计算征收。租赁期内房产税的纳税人,由当地税务机关根据实际情况确定。

4. 应纳税额的计算

房产税的计税依据有两种，与之相适应的应纳税额计算也分为两种：一是从价计征的计算，二是从租计征的计算。

(1) 从价计征的计算。从价计征是按房产的原值减除一定比例后的余值计征，其计算公式为：

$$应纳税额＝房产原值×(1－扣除比例)×1.2\%$$

【例 12-7】 某企业的经营用房原值为 2 000 万元，按照当地规定允许减除 30%后按余值计税，适用税率为 1.2%。请计算其年应纳房产税税额。

【解析】 应纳房产税税额＝2 000×(1－30%)×1.2%＝16.8(万元)

(2) 从租计征的计算。从租计征是按房产的租金收入计征，其计算公式为：

$$应纳税额＝租金收入×12\%$$

【例 12-8】 某公司出租房屋 3 间，月租金收入合计为 6 000 元，适用税率为 12%。请计算其应纳房产税税额。

【解析】 月应纳房产税税额＝6 000×12%＝720(元)

四、税收优惠

房产税的税收优惠政策主要有：

(1) 国家机关、人民团体、军队自用的房产，免征房产税。但上述免税单位的出租房产以及非自身业务使用的生产、营业用房，不属于免税范围。

人民团体，是指经国务院授权的政府部门批准设立或登记备案，并由国家拨付行政事业费的各种社会团体。

自用的房产，是指这些单位本身的办公用房和公务用房。

(2) 由国家财政部门拨付事业经费的单位，如学校、医疗卫生单位、托儿所、幼儿园、敬老院，以及文化、体育、艺术这些实行全额或差额预算管理的事业单位所有的，本身业务范围内使用的房产免征房产税。

为了鼓励事业单位经济自立，由国家财政部门拨付事业经费的单位，其经费来源实行自收自支后，从事业单位实行自收自支的年度起，免征房产税 3 年。事业单位自用的房产，是指这些单位本身的业务用房。

上述单位所属的附属工厂、商店、招待所等不属于单位公务、业务的用房，应照章纳税。

(3) 宗教寺庙、公园、名胜古迹自用的房产，免征房产税。

宗教寺庙自用的房产，是指举行宗教仪式等的房屋和宗教人员使用的生活用房屋。

公园、名胜古迹自用的房产，是指供公共参观游览的房屋及其管理单位的办公用房屋。

宗教寺庙、公园、名胜古迹中附设的营业单位，如影剧院、饮食部、茶室、照相馆等所使用的房产及出租的房产，不属于免税范围，应照章纳税。

(4) 个人所有非营业用的房产，免征房产税。

个人所有的非营业用房，主要是指居民住房，不分面积大小，一律免征房产税。

对个人拥有的营业用房或者出租的房产，不属于免税房产，应照章纳税。

(5) 对行使国家行政管理职能的中国人民银行总行(含国家外汇管理局)所属分支机构

自用的房产，免征房产税。

(6) 经财政部批准免税的其他房产。经财政部批准免税的其他房产主要有：

① 损坏不堪使用的房屋和危险房屋，经有关部门鉴定，在停止使用后，可免征房产税。

② 纳税人因房屋大修导致连续停用半年以上的，在房屋大修期间，免征房产税。

③ 在基建工地为基建工地服务的各种工棚、材料棚、休息棚和办公室、食堂、茶炉房、汽车房等临时性房屋，在施工期间，一律免征房产税。工程结束后，施工企业将这种临时性房屋交还或估价转让给基建单位的，应从基建单位接收的次月起，照章纳税。

④ 为鼓励利用地下人防设施，暂不征收房产税。

⑤ 从1988年1月1日起，对房管部门经租的居民住房，在房租调整改革之前收取租金偏低的，可暂缓征收房产税。对房管部门经租的其他非营业用房是否给予照顾，由各省、自治区、直辖市根据当地具体情况，按税收管理体制的规定办理。

⑥ 从原高校后勤管理部门剥离出来而成立的进行独立核算并有法人资格的高校后勤经济实体自用的房产，免征房产税。

⑦ 非营利性医疗机构、疾病控制机构和妇幼保健机构等卫生机构自用的房产，免征房产税。

⑧ 老年服务机构自用的房产。老年服务机构，是指专门为老年人提供生活照料、文化、护理、健身等多方面服务的福利性、非营利性的机构，主要包括：老年社会福利院、敬老院(养老院)、老年服务中心、老年公寓(含老年护理院、康复中心、托老所)等。

⑨ 从2001年1月1日起，对按政府规定价格出租的公有住房和廉租住房，包括企业和自收自支事业单位向职工出租的单位自有住房，房管部门向居民出租的公有住房，落实私房政策中带户发还产权，并以政府规定租金标准向居民出租的私有住房等，暂免征收房产税。

⑩ 邮政部门坐落在城市、县城、建制镇、工矿区范围内的房产，应当依法征收房产税；对坐落在城市、县城、建制镇、工矿区范围以外的尚在县邮政局内核算的房产，在单位财务账中划分清楚的，从2001年1月1日起不再征收房产税。

⑪ 向居民供热并向居民收取采暖费的供热企业，暂免征收房产税。供热企业包括专业供热企业、兼营供热企业、单位自供热及为小区居民供热的物业公司等，不包括从事热力生产但不直接向居民供热的企业。

免征房产税的生产用房，是指上述企业为居民供热所使用的厂房。对既向居民供热，又向非居民供热的企业，可按向居民供热收取的收入占其总供热收入的比例划分，征免税界限；对于兼营供热的企业，可按向居民供热收取的收入占其生产经营总收入的比例划分，征免税界限。

五、征收管理

1. 纳税义务发生时间

(1) 纳税人将原有房产用于生产经营，从生产经营之月起缴纳房产税。

(2) 纳税人自行新建房屋用于生产经营，从建成之次月起缴纳房产税。

(3) 纳税人委托施工企业建设的房屋，从办理验收手续之次月起缴纳房产税。

(4) 纳税人购置新建商品房，自房屋交付使用之次月起缴纳房产税。

(5) 纳税人购置存量房，自办理房屋权属转移、变更登记手续，房地产权属登记机关签发房屋权属证书之次月起，缴纳房产税。

(6) 纳税人出租、出借房产，自交付出租、出借房产之次月起，缴纳房产税。

(7) 房地产开发企业自用、出租、出借本企业建造的商品房，自房屋使用或交付之次月起，缴纳房产税。

2. 纳税期限

房产税实行按年计算、分期缴纳的征收方法，具体纳税期限由省、自治区、直辖市人民政府确定。

3. 纳税地点

房产税在房产所在地缴纳。房产不在同一地方的纳税人，应按房产的坐落地点分别向房产所在地的税务机关纳税。

第五节 耕地占用税

耕地占用税是中国对占用耕地建房或从事非农业建设的单位或个人所征收的一种税收。现行耕地占用税的基本规范是2007年12月1日国务院发布，2008年1月1日开始施行的《中华人民共和国耕地占用税暂行条例》。

一、耕地占用税概述

耕地占用税是国家对占用耕地建房或者从事其他非农业建设的单位和个人，依据实际占用耕地面积、按照规定税额一次性征收的一种税。

国务院于1987年公布的《中华人民共和国耕地占用税暂行条例》实施以来，对保护耕地、促进合理利用土地资源起到了积极的作用。但随着经济的发展，该条例已越来越不适应新形势的需要，保护耕地的作用日益弱化。

我国人多地少，是一个耕地资源相对匮乏的国家。改革开放30多年来，我国经济以较高速度发展，建设项目快速上马，城镇规模迅速扩大，伴随而来的是耕地资源的大幅度减少和粮食生产的严峻危机。当前国家实施了最严格的耕地保护制度，包括通过提高耕地占用税税额标准，来减少占用耕地，充分利用城市现有土地。

为适应社会经济的发展，建立健全地方税收体制，公平税负，充分发挥耕地占用税对土地利用的调节作用，我国于2008年1月1日开始施行修订后的《中华人民共和国耕地占用税暂行条例》。比之于已废止的旧条例，新条例有四个方面的重大调整：

(1) 提高了税额标准，将现行条例规定的税额标准的上下限都提高4倍左右，要求各地的具体适用税额由省、自治区、直辖市人民政府依照新条例的规定，根据本地区情况核定。同时，为重点保护基本农田，新条例规定，占用基本农田的，适用税额还应当在上述适用税额的基础上再提高50%。

(2) 统一了内、外资企业耕地占用税税收负担，规定外资企业占用耕地同样须缴纳耕地占用税(老条例规定外资企业不适用)。

(3) 从严规定了减免税项目，取消了对铁路线路、飞机场跑道、停机坪、炸药库占地免税的规定。按旧条例和有关政策规定，对铁路线路、公路线路、飞机场跑道、航道等基础交通设施建设占地，有的免税，有的执行规定的低档税额，有的按所在地适用税额征税。同为基础交通设施建设占地，税收负担不同。为严格控制减免税，公平税负，新条例取消了有关铁路线路、飞机场跑道、停机坪、炸药库占地免税的规定。新条例规定：铁路线路、公路线路、飞机场跑道、停机坪、港口、航道占用耕地，减按每平方米 2 元的税额征收耕地占用税。根据实际需要，财政部、国家税务总局商国务院有关部门并报国务院批准后，可以对上述规定的情形免征或者减征耕地占用税。

(4) 加强了征收管理，明确了耕地占用税的征收管理适用《中华人民共和国税收征收管理法》。

耕地占用税属行为税范畴，具有特定性、一次性、限制性和开发性等不同于其他税收的特点。开征耕地占用税是为了合理利用土地资源，加强土地管理，保护农用耕地。其作用主要表现在，利用经济手段限制乱占滥用耕地，促进农业生产的稳定发展；补偿占用耕地所造成的农业生产力的损失，为大规模的农业综合开发提供必要的资金来源。

二、纳税人和税额标准

1. 纳税人和征税对象

占用耕地建房或者从事非农业建设的单位或者个人，为耕地占用税的纳税人。

建房，包括建设建筑物和构筑物。

单位，包括国有企业、集体企业、私营企业、股份制企业、外商投资企业、外国企业以及其他企业和事业单位、社会团体、国家机关、部队及其他单位；个人，包括个体工商户以及其他个人。未经批准占用耕地的，纳税人为实际用地人。

耕地，是指用于种植农作物的土地。

占用园地、林地、牧草地、农田水利用地、养殖水面以及渔业水域滩涂等其他农用地建房或者从事非农业建设的，征收耕地占用税；建设直接为农业生产服务的生产设施占用上述农用地的，不征收耕地占用税。

农田水利占用耕地的，不征收耕地占用税。

2. 税额标准

耕地占用税以县为单位实行地区差别定额税率，按各地区人均占有耕地面积的多少和经济发展情况，规定高低不同的耕地占用税适用税率。一般来讲，经济发达、人口稠密、人均耕地较少、土地位置较好、非农业建设占用耕地问题突出的地区，耕地占用税定额税率就高一些；反之，经济发展水平相对较低。人口较少、人均耕地较多的地区，耕地占用税定额税率就低一些。

耕地占用税暂行条例规定的税额分四个档次：

(1) 人均耕地不超过 1 亩的地区(以县级行政区域为单位，下同)，单位税额为每平方米 10～50 元；

(2) 人均耕地超过 1 亩但不超过 2 亩的地区，单位税额为每平方米 8～40 元；

(3) 人均耕地超过 2 亩但不超过 3 亩的地区，单位税额为每平方米 6～30 元；

(4) 人均耕地超过 3 亩的地区，单位税额为每平方米 5～25 元。

国务院财政、税务主管部门根据人均耕地面积和经济发展情况确定各省、自治区、直辖市的平均税额。

各地适用税额，由省、自治区、直辖市人民政府在规定的税额幅度内，根据本地区情况核定。各省、自治区、直辖市人民政府核定的适用税额的平均水平，不得低于规定的平均税额。

经济特区、经济技术开发区和经济发达且人均耕地特别少的地区，适用税额可以适当提高，但是提高的部分最高不得超过当地适用税额的50%。

占用基本农田的，适用税额应当在当地适用税额的基础上提高50%。

三、税收优惠

1. 免税

免征耕地占用税的情况有：

(1) 军事设施占用耕地；

(2) 学校、幼儿园、养老院、医院占用耕地。

免税的学校，包括县级以上人民政府教育行政部门批准成立的大学、中学、小学、学历性职业教育学校以及特殊教育学校。学校内经营性场所和教职工住房占用耕地的，按照当地适用税额缴纳耕地占用税。

免税的幼儿园，限于县级人民政府教育行政部门登记注册或者备案的幼儿园内专门用于幼儿保育、教育的场所。

免税的养老院，限于经批准设立的养老院内专门为老年人提供生活照顾的场所。

免税的医院，限于县级以上人民政府卫生行政部门批准设立的医院内专门用于提供医护服务的场所及其配套设施。医院内职工住房占用耕地的，按照当地适用税额缴纳耕地占用税。

2. 减税

(1) 铁路线路、公路线路、飞机场跑道、停机坪、港口、航道占用耕地，减按每平方米2元的税额征收耕地占用税。

根据实际需要，国务院财政、税务主管部门商国务院有关部门并报国务院批准后，可以对前款规定的情形免征或者减征耕地占用税。

(2) 农村居民占用耕地新建住宅，按照当地适用税额减半征收耕地占用税。

农村烈士家属、残疾军人、鳏寡孤独老人以及革命老根据地、少数民族聚居区和边远贫困山区生活困难的农村居民，在规定用地标准以内新建住宅缴纳耕地占用税确有困难的，经所在地乡(镇)人民政府审核，报经县级人民政府批准后，可以免征或者减征耕地占用税。

依照规定免征或者减征耕地占用税后，纳税人改变原占地用途，不再属于免征或者减征耕地占用税情形的，应当按照当地适用税额，补缴耕地占用税。

纳税人临时占用耕地，应当依照本条例的规定缴纳耕地占用税。纳税人在批准临时占用耕地的期限内恢复所占用耕地原状的，全额退还已经缴纳的耕地占用税。

四、征收管理

经批准占用耕地的，耕地占用税纳税义务发生时间为纳税人收到土地管理部门办理占用农用地手续通知的当天。

未经批准占用耕地的，耕地占用税纳税义务发生时间为纳税人实际占用耕地的当天。

纳税人占用耕地或其他农用地，应当在耕地或其他农用地所在地申报纳税。

土地管理部门在通知单位或者个人办理占用耕地手续时，应当同时通知耕地所在地同级地方税务机关。获准占用耕地的单位或者个人应当自收到土地管理部门的通知之日起30日内缴纳耕地占用税。土地管理部门凭耕地占用税完税凭证或者免税凭证和其他有关文件发放建设用地批准书。

阅读材料：房产税第二季：京穗进入试点阵容

来源：《华夏时报》 作者：陈岩鹏 2012年05月12日

《华夏时报》记者独家获悉，房产税最快将于今年晚些时候扩大试点，第二批试点城市包括北京和广州。

“上海、重庆都经历了一年多的试点，其他地方也可以试点了，既有别人的经验，目前条件也已具备，况且房产税是一个长效机制，早晚都要推进的。”5月8日，一位参与房产税调研、接近财政部的社科院专家向本报记者透露。

其实，早在今年全国两会期间，财政部部长谢旭人就明确表示，财政税务部门正在研究推进房产税改革方案，拟适当扩大试点范围。

究竟何时扩围，哪些城市会在列？随后的两个月内，市场从未停止过猜测，也再未见更为确切的报道。而此时，距离首批试点城市上海和重庆开征房产税已经过去了一年多。

“房产税是一种长效机制，早晚都要向全国范围推广，国家财税部门应该准备得差不多了，但打算试点的城市还要表态，北京说已经做好了准备。”5月10日，中国房地产研究会副会长顾云昌接受本报记者采访时表示。

记者近日致电北京市财政局询问相关情况，得到的答复是“还没有接到通知”。北京市住房和城乡建设委员会则回应称：北京尚无试点房产税的安排。

全国工商联合会房地产商会会长聂梅生对本报记者分析，究竟哪个城市有可能成为试点，并不是地方政府自己能决定的，从上海、重庆这两个城市试点的情况看，地方政府、财政部、中央三方的意见需要一致，才可能被列入试点，“北京最终是否会纳入及何时纳入扩大试点范围，还需要根据国家的统一部署和安排确定”。

但据专家透露的较为确切的消息显示，北京和广州已经进入房产税第二批试点城市大名单中，而且计划将于今年下半年实行。

这并非空穴来风。

5月9日，住建部政策研究中心主任秦虹在深圳召开的一个报告会上透露，国务院已经明确今年要扩大房产税试点，但她没有透露具体城市的名单和方案。

在此之前，财政部财政科学研究所所长贾康则更明确地表示，监管层对房产税改革的认同度在提升，希望有更多城市加入房产税试点。继上海、重庆首推试点之后，房产税的推广范围将继续扩大，最有可能跟进的就是类似于广州这样的大城市。

除了时间点和范围尚待最后公布外，选择何种模式扩围也是争论的焦点。

顾云昌认为，应该以“上海模式”为主导，对“增量”征税，而不是家家户户都要缴纳房产税。相比较而言，“重庆模式”工作量太大，连小别墅都要征税，很多人心里受不了，“上海模式”执行难度就小一些。

据了解，自2011年1月底开始，上海对部分个人住房征收房产税。征收范围包括上海市居民家庭在上海市新购且属于该居民家庭第二套及以上的住房和非上海市居民家庭在当地新购的住房；上海市居民家庭人均建筑面积不超过60平方米的，其新购的住房暂免征收房产税；税基暂按应税住房市场交易价格的70%计算缴纳，适用税率暂定为0.6%；对住房每平方米市场交易价格低于当地上年度新建商品住房平均销售价格2倍(含2倍)的，税率暂减为0.4%。

有消息显示，财政部会同国税总局、住建部已经对重庆、上海两地进行个人住房征收房产税试点的效果展开评估，相关工作仍在进行当中。参与调研的人士也透露，第二批试点城市在房产税征收方案上参考“上海模式”的可能性较大。

本报记者获悉，第二批试点城市很可能主要针对的也是新增购房需求，即使涉及部分存量房，基本居住需求甚至是改善性居住需求也会得到足够的保护，所以只会对超出面积之外的部分进行征收。

不过，分歧依然存在，有业内人士认为，从目前北京的情况来看，未必适合推行上海那样的政策，倒是可以尝试重庆的方式，针对高档房来征收，比如，高端的公寓、别墅等。

“这两种模式不大一样，但是，房产税最开始应该向占有资源多、房价高的个人住房征收，再到向所有存量住宅征收保有税，这是一个渐进的过程，会逐渐被社会接受。同时，70年土地出让金一次收齐，“寅吃卯粮”的做法，也要逐渐被每年征收的房产税所代替，一进一退，避免重复收税。”聂梅生说。

思考题

1. 我国开征土地增值税有哪些目的?
2. 土地增值税和增值税有哪些区别?
3. 契税的征税目的是什么?
4. 房屋的赠与、交换、买卖如何缴纳契税?
5. 城镇土地使用税对什么课税? 采用的是什么税率?
6. 纳税人实际占用的土地面积如何确定?
7. 房屋附属设备和配套设施如何缴纳房产税?
8. 房产税有哪两种计算方法?
9. 耕地占用税制度有哪些重大调整?
10. 耕地占用税的税额标准是如何确定的?

第十三章 其他税种

本章学习要点：

★ 车船税纳税义务人和征税范围
★ 车船税税额的计算
★ 车辆购置税的纳税义务人和征税范围
★ 车辆购置税税额的计算
★ 印花税的概念和特点
★ 印花税税额的计算
★ 城市维护建设税纳税义务人和税率
★ 城市维护建设税税额的计算
★ 教育费附加
★ 资源税纳税义务人和征税范围
★ 资源税税额的计算
★ 烟叶税

第一节 车船税

车船税，是指在中华人民共和国境内的车辆、船舶的所有人或者管理人按照中华人民共和国车船税暂行条例应缴纳的一种税。

现行车船税的基本规范，是2011年2月25日，由第十一届全国人大常委会第十九次会议通过的，并于2012年1月1日起实施的《中华人民共和国车船税法》。

一、车船税概述

我国对车船征税的历史很悠久。明清时，曾对内河商船征收船钞。解放前，不少城市对车船征收牌照税。新中国成立后，中央人民政府政务院于1951年颁布了《中华人民共和国车船使用牌照税暂行条例》，对车船征收车船使用牌照税。1986年9月，国务院在实施工商税制改革时，又发布了《中华人民共和国车船使用税暂行条例》。该条例不适用于外商投资企业和外国企业及外籍个人，对外商投资企业和外国企业及外籍个人仍征收车船使用牌照税。

以上两个税种自开征以来，在组织地方财政收入、调节和促进经济发展方面发挥了积极作用。但内外两个税种，不符合简化税制的要求，也与WTO有关国民待遇等规则不相符合。改革车船使用税和车船使用牌照税主要基于这样几点考虑：一是外资企业适用1951年颁布的《中华人民共和国车船使用牌照税暂行条例》，而内资企业适用1986年发布的《中华人民共和国车船使用税暂行条例》，内外税制不统一，不符合简化税制与公平税负的要求。二是车船使用税和车船使用牌照税的征税范围不尽合理。对自行车等非机动车和拖拉机征税，而对行政事业单位的车辆不征税，显然有失公平的原则，也不能体现国家的惠农政策。三是税额标准几十年没有调整，明显偏低，收入规模太小，致使该税种的作用难以发挥。四是没有有效的控管手段，漏征漏管现象严重。

基于以上情况，根据我国目前车船拥有、使用和管理的现状以及发展趋势，在分析车船税制存在的问题和总结现行征管经验的基础上，本着简化税制、公平税负、拓宽税基、方便税收征管的原则，国务院将《中华人民共和国车船使用牌照税暂行条例》和《中华人民共和国车船使用税暂行条例》进行了合并修订，于2006年12月29日颁布了《中华人民共和国车船税暂行条例》，对各类企业、行政事业单位和个人统一征收车船税。

2007年1月1日开始实施的车船税与原车船使用税和车船使用牌照税相比，主要在以下方面进行了改革。

1. 统一了各类企业的车船税制

将车船使用税和车船使用牌照税合并为“车船税”，适用于各类纳税人，包括外商投资企业、外国企业和外籍人员，统一了内外资企业车船税制。

2. 由财产与行为税改为财产税

为了逐步建立适合我国国情的财产税制度，为地方财政提供较稳定的税收来源，并考虑到我国在机动车的使用环节已经征收养路费的情况，将过去在保有与使用环节征收的财产与行为税，改为在保有环节征收财产税，将纳税人由“拥有并且使用车船的单位和个人”改为“车辆、船舶的所有人或者管理人”。

3. 提高了税额标准

原来的车船使用牌照税和车船使用税的税额已有多年没有调整，为了使车船税的税额标准与经济发展水平相适应，并考虑目前对车船征税和收费情况，条例保持了原车船使用税税额幅度的下限，而将上限提高了1倍左右。

4. 调整了减免税范围

第一，取消部分免税规定。对港作车船、工程船等经营性车船，事业单位等财政拨付经费单位的车船，以及趸船、浮桥用船不再规定免税；取消了对纳税确有困难的由省级人民政府予以定期减免税的规定。

第二，增加部分免税的规定。将非机动车船、拖拉机、捕捞和养殖渔船增列为免税车船；授权省级人民政府可以根据当地实际情况，对城市、农村公共交通车船给予定期减税免税。

第三，保留部分免税的规定。保留对军队、武警专用的车船和公安、司法等部门的警用车船免税的规定；保留了对外交机构、国际组织及相关人员车船的免税规定。

5. 与有关法律法规相衔接，强化了税源控管的力度

对车船征税具有涉及面广、税源流动性强、纳税人多为个人等特点，而税务部门又缺少有效的监控手段。过去，没有有效的控管措施一直是制约车船税收征管质量提高的重要因素。2006年7月1日，国务院颁布的《机动车交通事故责任强制保险条例》开始施行。该条例规定，在我国道路上行驶的机动车的所有人或者管理人，都应当投保机动车交通事故责任强制保险。对未参加机动车交通事故责任强制保险的机动车，机动车管理部门不得予以登记，机动车安全技术检验机构不得予以检验。该险种具有强制性的特点，保险范围与车船税的征税范围相近，《中华人民共和国车船税暂行条例》将从事机动车交通事故责任强制保险业务的保险机构确定为机动车车船税的扣缴义务人，这就解决了长期以来困扰地方税务机关的车船税征收实施环节控管无法律依据的问题，为基层税务机关加强车船税的征管，实现源泉控管，堵塞机动车车船税的征管漏洞提供了有效手段。

2012 年开始实施的新的车船税法在征税范围、计税依据、税收优惠和征收管理等方面都做了一些修改和完善。同时，新的车船税法对节约能源、使用新能源的车船做出免征或者减征车船税的规定。

二、纳税义务人和征税范围

车船税，是指在中华人民共和国境内的车辆、船舶的所有人或者管理人按照中华人民共和国车船税暂行条例应缴纳的一种税。

车船税的纳税义务人，是指在中华人民共和国境内的车辆、船舶(以下简称“车船”)的所有人或者管理人，应当依照《中华人民共和国车船税法》的规定缴纳车船税。

车船税的征收范围，是指在中华人民共和国境内属于车船税法所附“车船税税目税额表”规定的车辆、船舶。所称车辆、船舶，是指：①依法应当在车船登记管理部门登记的机动车辆和船舶；②依法不需要在车船登记管理部门登记的在单位内部场所行驶或者作业的机动车辆和船舶。

三、税目和税率

车船税采用定额税率，即对征税的车船规定单位固定税额。

车船税确定税额总的原则是：非机动车船的税负轻于机动车船，人力车的税负轻于畜力车，小吨位船舶的税负轻于大船舶。

国务院财政部门、税务主管部门可以根据实际情况，在“车船税税目税额表”规定的税目范围和税额幅度内，划分子税目，并明确车辆的子税目税额幅度和船舶的具体适用税额。车辆的具体适用税额由省、自治区、直辖市人民政府在规定的子税目税额幅度内确定。

表 13-1　车船税税目税额表

税目		计税单位	年基准税额	备注
乘用车	1.0 升(含)以下的	辆	60～360 元	核定载客人数 9 人(含)以下
	1.0 升以上至 1.6 升(含)的		300～540 元	
	1.6 升以上至 2.0 升(含)的		360～660 元	
	2.0 升以上至 2.5 升(含)的		660～1 200 元	
	2.5 升以上至 3.0 升(含)的		1 200～2 400 元	
	3.0 升以上至 4.0 升(含)的		2 400～3 600 元	
	4.0 升以上的		3 600～5 400 元	

续表

税目		计税单位	年基准税额	备注
商用车	客车	辆	480～1 440 元	核定载客人数 9 人以上，包括电车
	货车	整备质量每吨	16～120 元	包括半挂牵引车、三轮汽车和低速载货汽车等
挂车		整备质量每吨	按照货车税额的 50%计算	
其他车辆	专用作业车	整备质量每吨	16～120 元	不包括拖拉机
	轮式专用机械车		16～120 元	
摩托车		辆	36～180 元	
船舶	机动船舶	净吨位每吨	3～6 元	拖船、非机动驳船分别按照机动船舶税额的 50%计算
	游艇	艇身长度每米	600～2 000 元	

机动船舶具体适用税额为：①净吨位不超过 200 吨的，每吨 3 元；②净吨位超过 200 吨但不超过 2 000 吨的，每吨 4 元；③净吨位超过 2 000 吨但不超过 10 000 吨的，每吨 5 元；④净吨位超过 10 000 吨的，每吨 6 元。拖船按照发动机功率每 1 千瓦折合净吨位 0.67 吨，计算征收车船税。

游艇具体适用税额为：①艇身长度不超过 10 米的，每米 600 元；②艇身长度超过 10 米但不超过 18 米的，每米 900 元；③艇身长度超过 18 米但不超过 30 米的，每米 1 300 元；④艇身长度超过 30 米的，每米 2 000 元；⑤辅助动力帆艇，每米 600 元。

车船税法和本条例所涉及的排气量、整备质量、核定载客人数、净吨位、千瓦、艇身长度，以车船登记管理部门核发的车船登记证书或者行驶证所载数据为准。

依法不需要办理登记的车船和依法应当登记而未办理登记，或者不能提供车船登记证书、行驶证的车船，以车船出厂合格证明或者进口凭证标注的技术参数、数据为准；不能提供车船出厂合格证明或者进口凭证的，由主管税务机关参照国家相关标准核定；没有国家相关标准的，参照同类车船核定。

四、应纳税额的计算

1. 计税依据

核定载客人数、自重、净吨位、马力等计税标准，以车船管理部门核发的车船登记证书或者行驶证书相应项目所载数额为准。纳税人未按照规定到车船管理部门办理登记手续的，计税标准以车船出厂合格证明或者进口凭证相应项目所载数额为准；不能提供车船出厂合格证明或者进口凭证的，由主管地方税务机关根据车船自身状况并参照同类车船核定。

车辆自重尾数在 0.5 吨以下(含 0.5 吨)的,按照 0.5 吨计算;超过 0.5 吨的,按照 1 吨计算。自重,是指机动车的整备质量。

船舶净吨位尾数在 0.5 吨以下(含 0.5 吨)的不予计算,超过 0.5 吨的按照 1 吨计算。1 吨以下的小型车船,一律按照 1 吨计算。

2. 应纳税额的计算

购置的新车船,购置当年的应纳税额自纳税义务发生的当月起按月计算。计算公式为:

应纳税额=年应纳税额÷12×应纳税月份数

【例 13-1】 某运输公司拥有载货汽车 5 辆(货车自重全部为 5 吨),乘人大客车 10 辆,小客车 10 辆。计算该公司每年应纳车船税。(该地区规定:载货汽车每吨年税额 100 元,乘人大客车每辆年税额 600 元,小客车每辆年税额 500 元)

【解析】 载货汽车应纳税额=5×5×100=2 500(元)

乘人汽车应纳税额=10×600+10×500=11 000(元)

年应纳车船税额=2 500+11 000=13 500(元)

【例 13-2】 某单位一辆载货汽车自重吨位为 10.2 吨,该地区载货汽车每吨税额为 100 元,计算这辆载货汽车每年应纳车船税。

【解析】 车辆自重尾数在 0.5 吨以下(含 0.5 吨),按 0.5 吨计算。

年应纳车船税额=10.5×100=1 050(元)

3. 税收优惠

下列车船免征车船税:①捕捞、养殖渔船;②军队、武装警察部队专用的车船;③警用车船;④依照法律规定应当予以免税的外国驻华使领馆、国际组织驻华代表机构及其有关人员的车船。

对节约能源、使用新能源的车船,可以减征或者免征车船税;对受严重自然灾害影响,纳税困难以及有其他特殊原因确需减税、免税的,可以减征或者免征车船税。具体办法由国务院规定,并报全国人民代表大会常务委员会备案。

省、自治区、直辖市人民政府根据当地实际情况,可以对公共交通车船,农村居民拥有并主要在农村地区使用的摩托车、三轮汽车和低速载货汽车,定期减征或者免征车船税。

五、征收管理

1. 纳税期限

车船税纳税义务发生时间为取得车船所有权或者管理权的当月。

纳税人未按照规定到车船管理部门办理应税车船登记手续的,以车船购置发票所载开具时间的当月作为车船税的纳税义务发生时间。对未办理车船登记手续且无法提供车船购置发票的,由主管地方税务机关核定纳税义务发生时间。

车船税按年申报缴纳。纳税年度,自公历 1 月 1 日—12 月 31 日。具体申报纳税期限由省、自治区、直辖市人民政府确定。

车船的所有人或者管理人未缴纳车船税的,使用人应当代为缴纳车船税。

2. 纳税地点

车船税由地方税务机关负责征收。

车船税的纳税地点为车船的登记地或者车船税扣缴义务人所在地。依法不需要办理登记的车船,车船税的纳税地点为车船的所有人或者管理人所在地。

3. 代收代缴

从事机动车交通事故责任强制保险业务的保险机构,为机动车车船税的扣缴义务人,应当依法代收代缴车船税。机动车车船税的扣缴义务人依法代收代缴车船税时,纳税人不得拒绝。

扣缴义务人代收代缴机动车车船税的,纳税人应当在购买机动车交通事故责任强制保险的同时缴纳车船税。在购买机动车交通事故责任强制保险时缴纳车船税的,不再向地方税务机关申报纳税。

纳税人在购买机动车交通事故责任强制保险时,应当向扣缴义务人提供地方税务机关出具的本年度车船税的完税凭证或者减免税证明。不能提供完税凭证或者减免税证明的,应当在购买保险时,按照当地的车船税税额标准计算缴纳车船税。

4. 退税

在一个纳税年度内,已完税的车船被盗抢、报废、灭失的,纳税人可以凭有关管理机关出具的证明和完税证明,向纳税所在地的主管地方税务机关申请退还被盗抢、报废、灭失月份起至该纳税年度终了期间的税款。

已办理退税的被盗抢车船失而复得的,纳税人应当从公安机关出具相关证明的当月起计算缴纳车船税。

第二节　车辆购置税

车辆购置税是以在中国境内购置规定的车辆为课税对象征收的一种税。

现行车辆购置税的基本规范,是 2000 年 10 月 22 日国务院颁布并于 2001 年 1 月 1 日起实施的《中华人民共和国车辆购置税暂行条例》。

一、车辆购置税概述

车辆购置税,是以在中国境内购置规定的车辆为课税对象,在特定的环节向车辆购置者征收的一种财产税。车辆购置税于 2001 年 1 月 1 日开始在我国实施,是在原交通部门收取的车辆购置附加费的基础上,通过“费改税”方式演变而来的一个新的税种。

1. 开征车辆购置税取代车辆购置附加费的原因

(1) 车辆购置附加费是 1985 年经国务院批准,在全国范围内普遍强制征收的专项用于国家公路建设的政府性基金,已成为交通基础设施建设的重要资金来源,具有明显的税收特性。将车辆购置附加费改为车辆购置税,要求纳税人依法缴纳税款,有利于理顺政府分配关系,提高财政收入占 GDP 的比重,增强政府的宏观调控能力。

(2) 从国际通行的做法看,发达的市场经济国家普遍通过税收筹集交通基础设施建设资金,而极少采用收费的方式。原因在于:税收行为比收费行为规范,收支要纳入预算,实行规范化财政管理,接受社会各界监督。开征车辆购置税取代原有的车辆购置附加费,有利于交通基础设施建设资金的依法足额筹集，确保资金专款专用，从而促进交通基础设施建设事业的健康发展。

2. 车辆购置税的特点

车辆购置税基本保留了原车辆购置附加费的特点，并具有税收的特点，具体有：

(1) 对特定财产征税。车辆购置税以购置的特定车辆为课税对象，而不是对所有的财产或消费财产征税，范围窄，是一种特种财产税。

(2) 单环节课征。车辆购置税实行一次性课征制，它不是在生产、经营和消费的每个环节道道征收，而是在消费领域的特定环节一次征收。

(3) 具有特定目的。车辆购置税是中央税，专门用于交通建设，可作为中央财政的经常性预算科目，由中央财政根据国家交通建设投资计划，统筹安排。

(4) 价外征收。征收车辆购置税的商品价格中不含车辆购置税税额，车辆购置税是附加在价格之外的，且税收的缴纳者即为最终的税收负担者，税负没有转嫁性。

二、纳税义务人、征税范围和税率

车辆购置税的纳税义务人，是指在中华人民共和国境内购置应税车辆的单位和个人。

这一表述界定了车辆购置税的应税行为、征税区域和纳税人范围等内容，即确定车辆购置税的纳税人要符合以下三个条件，只有同时符合这三个条件的单位或个人，才构成车辆购置税的纳税人。

(1) 发生了购置车辆的行为(即所谓的应税行为)；

(2) 这种行为发生在中国境内(即所谓的征税区域)；

(3) 所购置的车辆属于条例规定征税的车辆。

1. 车辆购置税应税行为

具体来讲，应税行为包括以下几种情况：

(1) 购买使用行为，包括购买使用国产应税车辆和购买使用进口应税车辆。

(2) 进口使用行为，是指直接进口使用应税车辆。

(3) 受赠使用行为。受赠是指接受他人馈赠。作为受赠人在接受使用(包括接受免税车辆)后，就发生了应税行为，就要承担纳税义务。

(4) 自产自用行为。自产自用，是指纳税人将自己生产的应税车辆作为最终消费品用于自己消费使用，其消费行为已构成了应税行为。

(5) 获奖使用行为，包括从各种奖励形式中取得并使用应税车辆的行为。

(6) 其他使用行为，是指除上述以外其他方式取得并使用应税车辆的行为，如通过拍卖、抵债、罚没等方式取得并自用的应税车辆。

2. 车辆购置税征税区域

我国车辆购置税的适用区域在“中华人民共和国境内”，只要在中华人民共和国境内发生了车辆购置税的应税行为，都要征收车辆购置税。

“中华人民共和国境内”，是指应税车辆的购置或使用地在中华人民共和国境内。购置应税车辆的行为发生地在“中华人民共和国境内”的，都属于车辆购置税的征税区域。应税车辆的购置地与应税行为的发生地是一致的。

3. **车辆购置税的征税对象**

车辆购置税以列举产品(商品)为征税对象。

车辆购置税的征收范围包括汽车、摩托车、电车、挂车、农用运输车。具体范围按“车辆购置税征收范围表”执行。

表 13-2 车辆购置税征收范围表

应税车辆	具体范围	注 释
汽车	各类汽车	
摩托车	轻便摩托车	最高设计时速不大于 50km/h,发动机汽缸总排量不大于 $50cm^3$ 的两个或者三个车轮的机动车
	两轮摩托车	最高设计车速大于 50km/h,或者发动机汽缸总排量大于 $50cm^3$ 的两个车轮的机动车
	三轮摩托车	最高设计车速大于 50km/h,或者发动机汽缸总排量大于 $50cm^3$,空车重量不大于 400kg 的三个车轮的机动车
电车	无轨电车	以电能为动力,由专用输电电缆线供电的轮式公共车辆
	有轨电车	以电能为动力,在轨道上行驶的公共车辆
挂车	全挂车	无动力设备,独立承载,由牵引车辆牵引行驶的车辆
	半挂车	无动力设备,与牵引车辆共同承载,由牵引车辆牵引行驶的车辆
农用运输车	三轮农用运输车	柴油发动机,功率不大于运输车 7.4kW,载重量不大于 500kg,最高车速不大于 40km/h 的三个车轮的机动车
	四轮农用运输车	柴油发动机,功率不大于运输车 28kW,载重量不大于 1 500kg,最高车速不大于 50km/h 的四个车轮的机动车

4. **税率**

我国车辆购置税实行统一比例税率,税率为 10%。

三、计税依据和应纳税额的计算

1. **计税依据**

车辆购置税以应税车辆为征税对象,应税车辆的价格是车辆购置税的计税依据。但由于应税车辆购置的来源不同,应税行为的发生不同,计税价格的组成也就不一样。因此,车辆购置税计税依据的构成也就不同。

(1) 购买自用应税车辆。纳税人购买自用的应税车辆以计税价格为计税依据,包括纳税人购买应税车辆而支付给销售者的全部价款和价外费用,不包括增值税税款。

购买自用的应税车辆,包括购买自用的国产应税车辆和购买自用的进口应税车辆,如从国内汽车市场、汽车贸易公司购买自用的进口应税车辆等。

纳税人购买自用的应税车辆是按不含增值税的计税价格征收车辆购置税的,当纳税人购车发票的价格未扣除增值税税款,或者因不得开具机动车辆销售统一发票(或开具其他普通票据)而发生价款与增值税税款合并收取的,在确定车辆购置税计税依据时,应将其换算为不含增值税的销售价格。其换算公式为：

计税价格＝含增值税的销售价格÷(1＋增值税税率或征收率)

或者：　不含税价＝(全部价款＋价外费用)÷(1＋增值税税率或征收率)

(2) 进口自用应税车辆。纳税人进口自用的应税车辆以组成计税价格为计税依据。计税价格的计算公式为：

计税价格＝关税完税价格＋关税＋消费税

或者：　组成计税价格＝(关税完税价格＋关税)÷(1－消费税税率)

进口自用的应税车辆，是指纳税人直接从境外进口或委托代理进口自用的应税车辆，即非贸易方式进口自用的应税车辆。

(3) 其他自用应税车辆。按现行政策规定，纳税人自产、受赠、获奖和以其他方式取得并自用的应税车辆的计税价格，按购置该型号车辆的价格确认，不能取得购置价格的，由主管税务机关参照国家税务总局规定的相同类型应税车辆的最低计税价格核定。

(4) 以最低计税价格为计税依据的确定。纳税人购买自用或者进口自用应税车辆，申报的计税价格低于同类型应税车辆的最低计税价格，又无正当理由的，按照最低计税价格征收车辆购置税。申报的计税价格低于同类型应税车辆的最低计税价格，又无正当理由的，是指纳税人申报的车辆计税价格低于出厂价格或进口自用车辆的计税价格。

最低计税价格，是指国家税务总局依据车辆生产企业提供的车辆价格信息，并参照市场平均交易价格核定的车辆购置税计税价格。

2. 应纳税额的计算

车辆购置税实行从价定率的办法计算应纳税额。应纳税额的计算公式为：

应纳税额＝计税价格×税率

由于应税车辆购置来源、应税行为发生以及计税价格组成的不同，因此，车辆购置税应纳税额的计算方法也有区别。

【例 13-3】 2012 年 3 月，张某从某经销商处购买一辆轿车供自己使用，支付含增值税车价款 96 000 元，另支付代收临时牌照费 150 元，支付购买工具和零配件价款 1 255 元，车辆装饰费 2 250 元。支付的各项价费款均由该经销商开具机动车销售统一发票和有关票据。计算车辆购置税应纳税额。

【解析】 随购买车辆支付的工具和零部件价款应作为购车价款的一部分，并入计税价格中征收车辆购置税。支付的车辆装饰费，应作价外费用并入计税价格中计税。

代收款项应区别征税：使用代收单位票据收取的款项，应视作代收单位价外收费，购买者支付的价、费款，应并入计税价格中一并征税；使用委托方票据收取，受托方只履行代收义务，收取代收手续费的款项应按其他税收政策规定征税。

车辆购置税计税价格＝(96 000＋150＋1 255＋2 250)÷(1＋17%)＝85 175.21(元)

车辆购置税应纳税额＝85 175.21×10%＝8 517.52(元)

3. 税收优惠

车辆购置税减免税的具体规定主要有：

(1) 外国驻华使馆、领事馆和国际组织驻华机构及其外交人员的自用车辆免税。

(2) 中国人民解放军和中国人民武装警察部队列入军队武器装备订货计划的车辆

免税。

(3) 设有固定装置的非运输车辆免税。

(4) 防汛部门和森林消防等部门购置的由指定厂家生产的指定型号的,用于指挥、检查、调度、报汛(警)、联络的专用车辆。

(5) 有国务院规定予以免税或者减税的其他情形的,按照规定免税或者减税。

四、征收管理

车辆购置税的征收管理,按2006年1月1日开始施行的《车辆购置税征收管理办法》的有关规定执行。

1. 纳税申报

车辆购置税实行一车一申报制度,包括征税车辆纳税申报、减免税申报、已使用未完税车辆纳税申报。

2. 纳税环节

车辆购置税是对应税车辆的购置行为课征,征税环节选择在最终消费环节。纳税人应当在向公安机关等车辆管理机构办理车辆登记注册手续前,缴纳车辆购置税。

车辆购置税选择单一环节,实行一次课征制度。购置已征车辆购置税的车辆,不再征收车辆购置税。但减税、免税条件消失的车辆,即减税、免税车辆因转让、改制后改变了原减、免税前提条件的,就不再属于免税、减税范围,应按规定缴纳车辆购置税。

3. 纳税地点

纳税人购置应税车辆,应当向车辆登记注册地的主管税务机关申报纳税;购置不需办理车辆登记注册手续的应税车辆,应当向纳税人所在地的主管税务机关申报纳税。车辆登记注册地是指车辆的上牌落籍地或落户地。

从目前车辆上牌管理的情况看,由于应税车辆的登记注册是实行分级、分类办理的,因此,应税车辆登记注册地的确定应视不同情况而定。军队、武警(包括部分军办企业)的车辆牌照,分别由军队、武警车辆管理部门(军队车辆监理站)办理,其登记注册地为军队、武警车管部门所在地;部分农用运输车辆(如小四轮农用运输车等)的牌照,在地、市或县农业机械局的车辆管理部门办理,其登记注册地为地、市或县农机车管部门所在地;摩托车牌照,在县(市)公安车辆管理部门办理,其登记注册地为县(市)公安车管部门所在地;上述以外的各种应税车辆牌照,由县(市)公安车辆管理部门报地、市或地、市以上公安车辆管理部门办理,其登记注册地为地、市或地、市以上公安车管部门所在地。

4. 纳税期限

纳税人购买自用的应税车辆,自购买之日起60日内申报纳税;进口自用的应税车辆,应当自进口之日起60日内申报纳税;自产、受赠、获奖和以其他方式取得并自用的应税车辆,应当自取得之日起60日内申报纳税。

购买之日,是指纳税人购车发票上注明的销售日期。进口之日,是指纳税人报关进口的当天。

车辆购置税税款于纳税人办理纳税申报时一次缴清。

5. 缴款方法的选择

车辆购置税缴纳税款的方法主要有以下几种:

(1) 自报核缴,即由纳税人自行计算应纳税额、自行填写纳税申报表的有关资料,向主管税务机关申报,经税务机关审核后开具完税凭证,由纳税人持完税凭证向当地金库或金库经收处缴纳税款。

(2) 集中征收缴纳,包括两种情况:一是由纳税人集中向税务机关统一申报纳税。适用于实行集中购置应税车辆的军队、武警系统的缴纳和经批准实行代理制经销商的缴纳。二是由税务机关集中报缴税款,即在纳税人向实行集中征收的主管税务机关申报缴纳税款,税务机关开具完税凭证后,由税务机关填写汇总缴款书,将税款集中缴入金库或金库经收处。适用于税源分散、税额较少,税务部门实行集中征收管理地区的缴纳。

(3) 代征、代扣、代收,即扣缴义务人按税法规定代扣代缴、代收代缴税款,税务机关委托征收单位代征税款的征收方式。适用于税务机关委托征收或纳税人依法受托征收税款。目前,税务机关委托交通部门稽征机构代征车辆购置税,就属于这种征收方式。

6. 退税

纳税人已经缴纳车辆购置税,但在办理车辆登记注册手续前,因下列原因需要办理退还车辆购置税的,由纳税人申请,征收机构审查后办理退还车辆购置税手续:

(1) 因质量原因,车辆被退回生产企业或者经销商的,凭经销商的退货证明办理退税手续。自纳税人办理纳税申报之日起,按已缴税款每满1年扣减10%计算退税额。未满1年的,按已缴税款额退税。

(2) 应当办理车辆登记注册的车辆,公安机关车辆管理机构不予办理车辆登记注册的,凭公安机关车辆管理机构出具的证明办理退税手续,退还全部已缴税款。

第三节　印花税

印花税,是对经济活动和经济交往中书立、使用、领受具有法律效力的凭证的单位和个人征收的一种税。

现行印花税的基本规范是1988年8月6日国务院发布并于同年10月1日实施的《中华人民共和国印花税暂行条例》。

一、印花税概述

1. 印花税的由来

印花税是一个很古老的税种,人们比较熟悉,但它的起源却鲜为人知。从税史学理论上讲,任何一种税种的"出台",都离不开当时的政治与经济的需要。印花税的产生也是如此,其间还有不少趣闻。

公元1624年,荷兰政府发生经济危机,财政困难。当时执掌政权的统治者摩里斯(Maurs)为了解决财政上的需要,拟提出要用增加税收的办法来解决支出的困难,但又怕人民反对,便要求政府的大臣们出谋献策。众大臣议来议去,就是想不出两全其美的妙法来。于是,荷兰的统治阶级就采用公开招标办法,以重赏来寻求新税设计方案,谋求敛财之妙策。印花税,就是从千万个应征者设计的方案中精选出来的"杰作"。可见,印花税的产生较之其他税种，更具有传奇色彩。

印花税的设计者可谓独具匠心。他观察到人们在日常生活中使用契约、借贷凭证之类的单据很多，连绵不断，所以，一旦征税，税源将很大；而且，人们还有一个心理，认为凭证单据上由政府盖个印，就成为合法凭证，在诉讼时可以有法律保障，因而对缴纳印花税也乐于接受。正是这样，印花税被经济学家誉为税负轻微、税源畅旺、手续简便、成本低廉的"良税"。

自1624年世界上第一次在荷兰出现印花税后，由于印花税"取微用宏"，简便易行，欧美各国竞相效法。丹麦在1660年、法国在1665年、美国在1671年、奥地利在1686年、英国在1694年先后开征了印花税。它在不长的时间内，就成为世界上普遍采用的一个税种，在国际上盛行。

2. 印花税的特点

印花税不论是在性质上，还是在征税方法方面，都具有不同于其他税种的特点：

(1) 兼有凭证税和行为税的性质。印花税是对单位和个人书立、领受的应税凭证征收的一种税，具有凭证税性质；另一方面，任何一种应税经济凭证反映的都是某种特定的经济行为。因此，对凭证征税，实质上是对经济行为的课税。

(2) 征税范围广泛。印花税的征税对象包括了经济活动和经济交往中的各种应税凭证，凡书立和领受这些凭证的单位和个人都要缴纳印花税，其征税范围是极其广泛的。我国印花税的应税凭证共有5大类、13个税目，涉及经济活动的各个方面。随着市场经济的发展和经济法制的逐步健全，依法书立经济凭证的现象将会愈来愈普遍。印花税的征收面将更加广阔。

(3) 税率低、税负轻。印花税与其他税种相比较，税率要低得多，其税负较轻。我国印花税按比例税率征税的，最高税率为1‰，最低税率为0．05‰；按定额税率征税的，每件5元。印花税具有广集资金、积少成多的财政效应。

(4) 由纳税人自行完成纳税义务。大部分税种的纳税办法，先由纳税人申报纳税，再由税务机关审核确定其应纳税额，然后由纳税人办理缴纳税款手续。而印花税与其他税种不同，实行"三自"的纳税办法。

自行计算：纳税人在书立、使用、领受应税凭证，发生纳税义务的同时，先根据凭证所载计税金额和应适用的税目税率，自行计算其应纳税额。

自行购买：再由纳税人自行购买印花税票，并一次足额粘贴在凭证上。

自行注销：最后由纳税人按《中华人民共和国印花税暂行条例》的规定，对已粘贴的印花税票自行盖戳注销或者划销。至此，纳税人的纳税义务才算履行完毕。

3. 印花税票

印花税票是在凭证上直接印有固定金额，专门用于征收印花税税款，并必须粘贴在应纳税凭证上的一种有价证券。印花税票由国家税务总局统一印制。我国自2001年起，每两年对印花税票进行一次改版。印花税票是缴纳印花税的完税凭证，由国家税务总局负责监制，按其票面金额可分为1角、2角、5角、1元、2元、5元、10元、50元和100元9种。

印花税票不同于其他税收票证，它必须由纳税人向税务机关购买，纳税人购买印花税票的金额，并不一定就是其应纳印花税金额，只有纳税人将购买的印花税票按应纳税额一次足额粘贴在应纳税凭证上，并由纳税人在每一枚税票的骑缝处盖戳注销或画销时，才表明纳税人已足额完税，这时，粘贴在应纳税凭证上的印花税票才起完税证明作用。对于税务机关来说，印花税票一经销售，其销售款即为征收的印花税税款。

二、纳税义务人和征税范围

条例列举的应纳税凭证有五类：①购销、加工承揽、建设工程承包、财产租赁、货物运输、仓储保管、借款、财产保险、技术合同或者具有合同性质的凭证；②产权转移书据；③营业账簿；④权利、许可证照；⑤经财政部确定征税的其他凭证。

在中华人民共和国境内书立、领受印花税条例所列举凭证的单位和个人，都是印花税的纳税义务人，应当按规定缴纳印花税。由两方或两方以上当事人共同书立的，当事人各方都是印花税的纳税人。

按照书立、使用、领受应税凭证的不同，可以具体分为立合同人、立据人、立账簿人、领受人和使用人等。

(1) 立合同人，指合同的当事人。所谓当事人，是指对凭证有直接权利义务关系的单位和个人，但不包括合同的担保人、证人、鉴定人。当事人的代理人有代理纳税的义务，与纳税人负有同等的税收法律义务和责任。

(2) 产权转移书据的立据人。

(3) 营业账簿的立账簿人。

(4) 权利、许可证照的领受人。

(5) 在国外书立、领受，但在国内使用的应税凭证的使用人。

(6) 各类电子应税凭证的签订人，即以电子形式签订各类应税凭证的当事人。

三、税目

印花税的税目，是指印花税法明确规定的应当纳税的项目，它具体划定了印花税的征税范围。印花税共有5类13个税目，其中包括10类经济合同是：

(1) 购销合同，包括供应、预购、采购、购销结合及协作、调剂、补偿、贸易等合同；包括出版单位与发行单位之间订立的图书、报纸、期刊和音像制品的应税凭证，例如，订购单、订数单等；包括发电厂与电网之间、电网与电网之间（国家电网公司系统、南方电网公司系统内部各级电网互供电量除外）签订的购售电合同。但是，电网与用户之间签订的供用电合同不属于印花税列举征税的凭证，不征收印花税。

(2) 加工承揽合同，包括加工、定做、修缮、修理、印刷、广告、测绘、测试等合同。

(3) 建设工程勘察设计合同，包括勘察、设计合同。

(4) 建筑安装工程承包合同，包括建筑、安装工程承包合同。承包合同包括总承包合同、分包合同和转包合同。

(5) 财产租赁合同，包括租赁房屋、船舶、飞机、机动车辆、机械、器具、设备等合同，还包括企业、个人出租门店、柜台等签订的合同。

(6) 货物运输合同，包括民用航空、铁路运输、海上运输、公路运输和联运合同，以及作为合同使用的单据。

(7) 仓储保管合同，包括仓储、保管合同，以及作为合同使用的仓单、栈单等。

(8) 借款合同，银行及其他金融组织与借款人（不包括银行同业拆借）所签订的合同，以及只填开借据并作为合同使用、取得银行借款的借据。

融资租赁合同,银行及其他金融机构经营的融资租赁业务,是一种以融物方式达到融资目的的业务,实际上是分期偿还的固定资金借款,因此,融资租赁合同也属于借款合同。

(9) 财产保险合同,包括财产、责任、保证、信用保险合同,以及作为合同使用的单据。财产保险合同,分为企业财产保险、机动车辆保险、货物运输保险、家庭财产保险和农牧业保险五大类。"家庭财产两全保险"属于家庭财产保险性质,其合同在财产保险合同之列,应照章纳税。

(10) 技术合同,包括技术开发、转让、咨询、服务等合同,以及作为合同使用的单据。

技术转让合同,包括专利申请权转让、专利实施许可和非专利技术转让。

技术咨询合同,是当事人就有关项目的分析、论证、预测和调查订立的技术合同。但一般的法律、会计、审计等方面的咨询不属于技术咨询,其所立合同不贴印花。

技术服务合同,是当事人一方委托另一方就解决有关特定技术问题,如为改进产品结构、改良工艺流程、提高产品质量、降低产品成本、保护资源环境、实现安全操作、提高经济效益等提出实施方案,进行实施指导所订立的技术合同,包括技术服务合同、技术培训合同和技术中介合同。但不包括以常规手段或者为生产经营目的进行一般加工、修理、修缮、广告、印刷、测绘、标准化测试,以及勘察、设计等所书立的合同。

技术培训合同,是当事人一方委托另一方对指定的专业技术人员进行特定项目的技术指导和专业训练所订立的技术合同。而对各种职业培训、文化学习、职工业余教育等订立的合同,不属于技术培训合同,不贴印花。

印花税的13个税目,除了10类经济合同以外,还包括:

(11) 产权转移书据,包括财产所有权和版权、商标专用权、专利权、专有技术使用权等转移书据和土地使用权出让合同、土地使用权转让合同、商品房销售合同等权利转移合同。

所称产权转移书据,是指单位和个人产权的买卖、继承、赠与、交换、分割等所立的书据。"财产所有权"转换书据的征税范围,是指经政府管理机关登记注册的动产、不动产的所有权转移所立的书据,以及企业股权转让所立的书据,并包括个人无偿赠送不动产所签订的"个人无偿赠与不动产登记表"。当纳税人完税后,税务机关(或其他征收机关)应在纳税人印花税完税凭证上加盖"个人无偿赠与"印章。

(12) 营业账簿,是指单位或者个人记载生产经营活动的财务会计核算账簿。营业账簿按其反映内容的不同,可分为记载资金的账簿和其他账簿。

记载资金的账簿,是指反映生产经营单位资本金数额增减变化的账簿。其他账簿,是指除上述账簿以外的有关其他生产经营活动内容的账簿,包括日记账簿和各明细分类账簿。

(13) 权利、许可证照,包括政府部门发给的房屋产权证、工商营业执照、商标注册证、专利证、土地使用证。

四、税率

印花税的税率比较低,有两种形式:比例税率和定额税率。

1. 比例税率

在印花税的13个税目中,各类合同以及具有合同性质的凭证、产权转移书据、营业账簿中记载资金的账簿，适用比例税率。

印花税的比例税率分为4个档次，分别是0.5‰、3‰、5‰、1‰。

(1) 适用0.5‰税率的为"借款合同"。

(2) 适用3‰税率的为"购销合同"、"建筑安装工程承包合同"、"技术合同"。

(3) 适用5‰税率的是"加工承揽合同"、"建筑工程勘察设计合同"、"货物运输合同"、"产权转移书据"、"营业账簿"税目中记载资金的账簿。

(4) 适用1‰税率的为"财产租赁合同"、"仓储保管合同"、"财产保险合同"、"股权转让书据"。

2. 定额税率

在印花税的13个税目中，"权利、许可证照"和"营业账簿"税目中的其他账簿，适用定额税率，均为按件贴花，税额为5元。

印花税税目税率见表13-3。

表13-3 印花税税目税率表

税目	范围	税率	纳税人	说明
1. 购销合同	供应、预购、采购、购销结合及协作、调剂、补偿、易货等合同	按购销金额3‰贴花	立合同人	
2. 加工承揽合同	加工、定做、修缮、修理、印刷、广告、测绘、测试等合同	按加工或承揽收入5‰贴花	立合同人	
3. 建设工程勘察设计合同	勘察、设计合同	按收取费用5‰贴花	立合同人	
4. 建筑安装工程承包合同	建筑、安装工程承包合同	按承包金额3‰贴花	立合同人	
5. 财产租赁合同	租赁房屋、船舶、飞机、机动车辆、机械、器具、设备等合同	按租赁金额1‰贴花，税额不足1元按1元贴花	立合同人	
6. 货物运输合同	民用航空运输、铁路运输、海上运输、内河运输、公路运输和联运合同	按运输收取的费用5‰贴花	立合同人	单据作为合同使用的，按合同贴花
7. 仓储保管合同	仓储、保管合同	按仓储收取的保管费用1‰贴花	立合同人	仓单或栈单作为合同使用的，按合同贴花
8. 借款合同	银行及其他金融组织和借款人(不包括银行同业拆借)所签订的借欿合同	按借款金额0.5‰贴花	立合同人	单据作为合同使用的按合同贴花
9. 财产保险合同	财产、责任、保证、信用等保险合同	按收取的保险费收入的1‰贴花	立合同人	单据作为合同使用的，按合同贴花

续表

税目	范围	税率	纳税人	说明
10. 技术合同	技术开发、转让、咨询、服务等合同	按所记载金额 3‰贴花	立合同人	
11. 产权转移书据	财产所有权和版权、商标专用权、专利权、专有技术使用权等转移书据、土地使用权出让合同、土地使用权转让合同、商品房销售合同	按所记载金额 5‰贴花	立据人	
12. 营业账簿	生产、经营用账册	记载资金的账簿。按实收资本和资本公积的合计金额 5‰贴花,其他账簿按件贴花 5 元	立账簿人	
13. 权利、许可证照	政府部门发给的房屋产权证、工商营业执照、商标注册证、专利证、土地使用证	按件贴花 5 元	领受人	

五、计税依据的一般规定

采用按件定额计征的,印花税的计税依据为应税凭证的数量。

采用比例税率计征的,印花税的计税依据为各种应税凭证上所记载的计税金额。

(1) 购销合同的计税依据为合同记载的购销金额。

(2) 加工承揽合同的计税依据是加工或承揽收入的金额。具体规定:

① 由受托方提供原材料的加工、定做合同,在合同中分别记载加工费金额和原材料金额的,应分别按“加工承揽合同”、“购销合同”计税;若合同中未分别记载,应就全部金额依照加工承揽合同计税贴花。

② 由委托方提供主要材料或原料,受托方只提供辅助材料的加工合同,无论加工费和辅助材料金额是否分别记载,均以辅助材料与加工费的合计数,依照加工承揽合同计税贴花。对委托方提供的主要材料或原料金额,不计税贴花。

(3) 建设工程勘察设计合同的计税依据为收取的费用。

(4) 建筑安装工程承包合同的计税依据为承包金额。

(5) 财产租赁合同的计税依据为租赁金额;经计算,税额不足 1 元的,按 1 元贴花。

(6) 货物运输合同的计税依据为取得的运输费金额(即运费收入),不包括所运货物的金额、装卸费和保险费等。

(7) 仓储保管合同的计税依据为收取的仓储保管费用。

(8) 借款合同的计税依据为借款金额。针对实际借贷活动中不同的借款形式,税法规定了不同的计税方法:

① 以填开借据方式取得银行借款。凡一项信贷业务既签订借款合同,又一次或分次填

开借据的，只就借款合同按所载借款金额计税贴花；凡只填开借据并作为合同使用的，应按照借据所载借款金额计税，在借据上贴花。

② 流动资金周转性借款合同。借贷双方签订的流动资金周转性借款合同，一般按年（期）签订，规定最高限额，借款人在规定的期限和最高限额内随借随还。为此，在签订流动资金周转借款合同时，应按合同规定的最高借款限额计税贴花。以后，只要在限额内随借随还，不再签新合同的，就不另贴印花。

③ 抵押贷款合同。借款方以财产作抵押，与贷款方签订的抵押借款合同，属于资金信贷业务，借贷双方应按"借款合同"计税贴花。因借款方无力偿还借款而将抵押财产转移给贷款方的，应就双方书立的产权转移书据，按"产权转移书据"计税贴花。

④ 融资租赁合同。银行及其金融机构经营的融资租赁业务，是一种以融物方式达到融资目的的业务，实际上是分期偿还的固定资金借款。因此，对融资租赁合同，可根据合同所载的租金总额暂按"借款合同"计税贴花。

⑤ 借款合同中既有应税金额又有免税金额。有些借款合同，借款总额中既有应免税的金额，也有应纳税的金额。对这类"混合"借款合同，凡合同中能划分免税金额与应税金额的，只就应税金额计税贴花；不能划分清楚的，应按借款总金额计税贴花。

⑥ 借款方与银团"多头"签订借款合同。在有的信贷业务中，贷方是由若干银行组成的银团，银团各方均承担一定的贷款数额，借款合同由借款方与银团各方共同书立，各执一份合同正本。对这类借款合同，借款方与贷款银团各方应分别在所执合同正本上按各自的借贷金额计税贴花。

⑦ 基建贷款中，先签订分合同，后签订总合同。有些基本建设贷款，先按年度用款计划分年签订借款分合同，在最后一年按总概算签订借款总合同，总合同的借款金额中包括各分合同的借款金额。对这类基建借款合同，应按分合同分别贴花；最后签订的总合同，只就借款总额扣除分合同借款金额后的余额计税贴花。

(9) 财产保险合同的计税依据为支付(收取)的保险费，不包括所保财产的金额。

(10) 技术合同的计税依据为合同所载的价款、报酬或使用费。

为了鼓励技术研究开发，对技术开发合同，只就合同所载的报酬金额计税，研究开发经费不作为计税依据。

单对合同约定按研究开发经费一定比例作为报酬的，应按一定比例的报酬金额贴花。

(11) 产权转移书据的计税依据为所载金额。

(12) 营业账簿税目中记载资金的账簿的计税依据为"实收资本"与"资本公积"两项的合计金额。

实收资本，包括现金、实物、无形资产和材料物资。现金，按实际收到或存入纳税人开户银行的金额确定。实物，指房屋、机器等，按评估确认的价值或者合同、协议约定的价格确定。无形资产和材料物资，按评估确认的价值确定。

资本公积，包括接受捐赠、法定财产重估增值、资本折算差额、资本溢价等。如果是实物捐赠，则按同类资产的市场价格或有关凭据确定。

其他账簿的计税依据为应税凭证件数。

(13) 权利、许可证照的计税依据为应税凭证件数。

六、计税依据的特殊规定

(1) 应税合同在签订时纳税义务即已产生，不论合同是否兑现或是否按期兑现，均应贴花。对已履行并贴花的合同，所载金额与合同履行后实际结算金额不一致的，只要双方未修改合同金额，一般不再办理完税手续。

(2) 同一凭证载有两个或两个以上经济事项而适用不同税目税率，如分别记载金额的，应分别计算应纳税额，相加后按合计税额贴花；如未分别记载金额的，按税率高的计税贴花。

(3) 按金额比例贴花的应税凭证，未标明金额的，应按照凭证所载数量及国家牌价计算金额；没有国家牌价的，按市场价格计算金额，然后按规定税率计算应纳税额。

(4) 有些合同在签订时无法确定计税金额，可在签订时先按定额5元贴花，以后结算时再按实际金额计税，补贴印花。

(5) 应税凭证所载金额为外国货币的，应按照凭证书立当日国家外汇管理局公布的外汇牌价折合成人民币，然后计算应纳税额。

(6) 应纳税额不足1角的，免纳印花税；1角以上的，其税额尾数不满5分的不计，满5分的按1角计算。

(7) 采用以货换货方式进行商品交易签订的合同，应按合同所载的购、销合计金额计税贴花。合同未列明金额的，应按合同所载购、销数量，依照国家牌价或者市场价格计算应纳税额。

(8) 施工单位将自己承包的建设项目，分包或者转包给其他施工单位所签订的分包合同或者转包合同，应按新的分包合同或转包合同所载金额计算应纳税额。

(9) 国内各种形式的货物联运，在起运地统一结算全程运费的，应以全程运费作为计税依据，由起运地运费结算，双方缴纳印花税；分程结算运费的，应以分程的运费作为计税依据，分别由办理运费结算的各方缴纳印花税。

国际货运，由我国运输企业运输的，我国运输企业所持的一份运费结算凭证，按本程运费计算应纳税额；托运方所持的一份运费结算凭证，按全程运费计算应纳税额。由外国运输企业运输进出口货物的，外国运输企业所持的一份运费结算凭证免纳印花税；托运方所持的一份运费结算凭证应缴纳印花税。国际货运运费结算凭证在国外办理的，应在凭证转回我国境内时按规定缴纳印花税。

(10) 有经营收入的事业单位使用的账簿

属于由国家财政拨付事业经费，实行差额预算管理的单位，其记载经营业务的账簿，按其他账簿定额贴花，不记载经营业务的账簿不贴花；

属于经费来源实行自收自支的单位，其营业账簿，应对记载资金的账簿和其他账簿分别计算应纳税额。

(11) 跨地区经营的分支机构使用的营业账簿，应由各分支机构于其所在地计算贴花。

上级单位核拨资金的分支机构，其记载资金的账簿按核拨的账面资金额计税贴花，其他账簿按定额贴花；

上级单位不核拨资金的分支机构，只就其他账簿按件定额贴花。

为避免对同一资金重复计税贴花，上级单位记载资金的账簿，按扣除拨给下属机构资金数额后的其余部分计税贴花。

七、应纳税额的计算

按比例税率计算的，其计算公式为：

应纳税额＝应税凭证计税金额×适用比例税率

按定额税率计算的，其计算公式为：

应纳税额＝应税凭证件数×适用定额税率

【例 13－4】 某企业 2008 年 4 月开业，领受房产权证、工商营业执照、土地使用证各一件，其他经济业务如下：

（1）与其他企业订立转移专用技术使用权书据一件，所载金额 60 万元；

（2）订立产品购销合同两件，所载金额为 180 万元；

（3）与某汽车运输公司签订了运输合同，约定运输费用为 5 万元，其中包含装卸费用 8 000 元。

（4）与某公司签订委托加工合同，由本单位提供 10 万元的原材料，并支付加工费 1.5 万元和受托方提供的辅料价值 7 万元。

（5）以融资租赁的方式租入一套机器设备，租赁期为 18 个月，每月租赁费用为 7 万元，租赁期满该企业取得该套机器设备。

（6）企业的营业账簿中，"实收资本"科目载有资金 600 万元，其他营业账簿 8 本。2011 年 12 月，该企业"实收资本"所载资金增加为 1 000 万元。

试计算该企业 2011 年 4 月份应纳印花税额和 12 月份应补缴印花税额。

【解析】（1）企业领受权利、许可证照按件贴花：

应纳税额＝3×5＝15（元）

（2）企业订立产权转移书据：

应纳税额＝600 000×0.5‰＝300（元）

（3）企业订立购销合同：

应纳税额＝1 800 000×0.3‰＝540（元）

（4）货物运输合同应按运输费用扣除装卸费金额的 0.5‰贴花：

应纳税额＝（50 000－8 000）×0.5‰＝21（元）

（5）委托加工合同应按加工费和辅助材料金额合计计算印花税税额：

应纳税额＝（70 000＋15 000）×0.5‰＝42.5（元）

（6）融资租赁合同属于借款合同，不属于财产租赁合同：

应纳税额＝70 000×18×0.05‰＝63（元）

（7）企业营业账簿中"实收资本"所载资金：

应纳税额＝6 000 000×0.5‰＝3 000（元）

（8）企业其他营业账册应纳税额：

应纳税额＝8×5＝40（元）

（9）2 月份企业应纳印花税税额：

应纳税额＝15＋300＋540＋21＋42.5＋63＋3 000＋40＝4 021.5（元）

(10) 12月份资金账簿应补缴税额为：

应补纳税额＝(10 000 000－6 000 000)×0.5‰＝2 000(元)

八、税收优惠

根据《中华人民共和国印花税暂行条例》及其实施细则和其他有关税法的规定，下列凭证免纳印花税：

(1) 已缴纳印花税的凭证副本或抄本。凭证副本或抄本属于备查性质，不是正式文本，对外不发生法律效力，所以对其不应再征收印花税。但副本或者抄本作为正本使用的，应另行贴花。

(2) 财产所有人将财产赠给政府、社会福利单位、学校所立的书据。社会福利单位，是指扶养孤老伤残的社会福利单位。

(3) 国家指定的收购部门与村民委员会、农民个人书立的农业产品收购合同。

(4) 无息、贴息贷款合同。

(5) 外国政府或国际金融组织向我国政府及国家金融机构提供优惠贷款所书立的合同。

(6) 房地产管理部门与个人订立的租房合同，凡房屋属用于生活居住的，暂免贴花。

(7) 军事货物运输、抢险救灾物资运输，以及新建铁路临管线运输等的特殊货运凭证。

(8) 对国家邮政局及所属各级邮政企业，从1999年1月1日起独立运营新设立的资金账簿，凡属在邮电管理局分营前已贴花的资金，免征印花税。1999年1月1日以后增加的资金，按规定贴花。

(9) 自2004年7月1日起，对经国务院和省级人民政府决定或批准进行的国有(含国有控股)企业改组改制而发生的上市公司国有股权无偿转让行为，暂不征收证券(股票)交易印花税。对不属于上述情况的上市公司国有股权无偿转让行为，仍应收证券(股票)交易印花税。

(10) 企业改制前签订但尚未履行完的各类应税合同，改制后需要变更执行主体的，对仅改变执行主体，其余条款未作变动且改制前已贴花的，不再贴花。

(11) 企业因改制签订的产权转移书据，免予贴花。

(12) 对投资者(包括个人和机构)买卖封闭式证券投资基金，免征印花税。

九、征收管理

1. 纳税方法

印花税的纳税方法较其他税种不同，是由纳税人根据税法规定，自行计算应纳税额，自行购买印花税票，自行贴花和画销，自行完成纳税义务。同时，对特殊情形采取特定的纳税贴花方法。

(1) 一般纳税方法。印花税通常由纳税人根据规定自行计算应纳税额，购买并一次贴足印花税票，完纳税款。纳税人向税务机关或指定的代售单位购买印花税票，就税务机关来说，印花税票一经售出，国家即取得印花税收入。但就纳税人来说，购买了印花税票，不等于履行了纳税义务。纳税人将印花税票粘贴在应税凭证上后，应即行注销，注销标记应与骑缝处相交。骑缝处,是指粘贴的印花税票与凭证之间的交接处。

(2) 简化纳税方法。为简化贴花手续,对那些应纳税额较大或者贴花次数频繁的,税法规定了以下三种简化的缴纳方法:以缴款书或完税凭证代替贴花的方法、按期汇总缴纳印花税的方法、代扣税款汇总缴纳的方法。

① 以缴款书或完税凭证代替贴花的方法。某些应税凭证,如资金账簿、大宗货物的购销合同、建筑工程承包合同等,如果一份凭证的应纳税额数量较大,超过500元,贴印花税票不方便的,可向当地税务机关申请填写缴款书或者完税凭证,将其中一联粘贴在凭证上或者由税务机关在凭证上加注完税标记,代替贴花。

② 按期汇总缴纳印花税的方法。同一种类应纳税凭证若需要频繁贴花的,纳税人可向当地税务机关申请按期汇总缴纳印花税。经税务机关核准发给许可证后,按税务机关确定的限期(最长不超过1个月)汇总计算纳税。应纳税凭证在加注税务机关指定的汇缴戳记、编号,并装订成册后,纳税人应将缴款书的一联粘附册后,盖章注销,保存备查。

③ 代扣税款汇总缴纳的方法。税务机关为了加强源泉控制管理,可以委托某些代理填开应税凭证的单位(如代办运输、联运的单位)对凭证的当事人应纳的印花税予以代扣,并按期汇总缴纳。

(3) 其他具体规定。贴花时应遵照以下规定办理纳税事宜:

- 在应纳税凭证书立或领受时即行贴花完税,不得延至凭证生效日期贴花。
- 印花税票应粘贴在应纳税凭证上,并由纳税人在每枚税票的骑缝处盖戳注销或画销,严禁揭下重用。
- 已经贴花的凭证,凡修改后所载金额增加的部分,应补贴印花。
- 对已贴花的各类应纳税凭证,纳税人须按规定期限保管,不得私自销毁,以备纳税检查。
- 凡多贴印花税票者,不得申请退税或者抵扣。
- 纳税人对凭证不能确定是否应当纳税的,应及时携带凭证,到当地税务机关鉴别。
- 纳税人同税务机关对凭证的性质发生争议的,应检附该凭证报请上一级税务机关核定。
- 纳税人对纳税凭证应妥善保存。凭证的保存期限,凡国家已有明确规定的,按规定办理;其他凭证均应在履行纳税义务完毕后保存10年。
- 代扣税款单位有义务对纳税人的以下纳税事项进行监督:应纳税凭证是否已粘贴印花、粘贴的印花是否足额、粘贴的印花是否按规定注销。对未完成以上纳税手续的,有关单位应督促纳税人当场履行纳税义务。

2. 纳税环节

印花税应当在书立或领受时贴花。具体是指在合同签订时、账簿启用时和证照领受时贴花。如果合同是在国外签订,并且不便在国外贴花的,应在将合同带入境时办理贴花纳税手续。

3. 纳税地点

印花税一般实行就地纳税。对于全国性商品物资订货会(包括展销会、交易会等)上所签订合同应纳的印花税,由纳税人回其所在地后及时办理贴花完税手续;对地方主办,不涉及省际关系的订货会、展销会上所签合同的印花税,其纳税地点由各省、自治区、直辖市人民政府自行确定。

4. 违章处罚

印花税的违章处理政策，在《中华人民共和国印花税暂行条例》发布以后出台了新的规定，与条例中的规定有所不同。现行规定如下：

印花税纳税人有下列行为之一的，由税务机关根据情节轻重予以处罚：

（1）在应纳税凭证上未贴或者少贴印花税票的，或者已粘贴在应税凭证上的印花税票未注销或者未画销的，由税务机关追缴其不缴或者少缴的税款、滞纳金，并处不缴或者少缴的税款50%以上、5倍以下的罚款。

（2）已贴用的印花税票揭下重用造成未缴或少缴印花税的，由税务机关追缴其不缴或者少缴的税款、滞纳金，并处不缴或者少缴的税款50%以上、5倍以下的罚款；构成犯罪的，依法追究刑事责任。

（3）伪造印花税票的，由税务机关责令改正，处以2 000元以上、1万元以下的罚款；情节严重的，处以1万元以上、5万元以下的罚款；构成犯罪的，依法追究刑事责任。

（4）按期汇总缴纳印花税的纳税人，超过税务机关核定的纳税期限，未缴或少缴印花税款的，由税务机关追缴其不缴或者少缴的税款、滞纳金，并处不缴或者少缴的税款50%以上、5倍以下的罚款；情节严重的，同时撤销其汇缴许可证；构成犯罪的，依法追究刑事责任。

（5）纳税人违反以下规定的，由税务机关责令限期改正，可处以2 000元以下的罚款；情节严重的，处以2 000元以上、1万元以下的罚款。

- 凡汇总缴纳印花税的凭证，应加注税务机关指定的汇缴戳记，编号并装订成册后，将已贴印花或者缴款书的一联粘附册后，盖章注销，保存备查。
- 纳税人对纳税凭证应妥善保存。凭证的保存期限，凡国家已有明确规定的，按规定办；没有明确规定的，其余凭证均应在履行完毕后保存1年。

第四节　城市维护建设税

城市维护建设税，简称城建税，是按增值税、消费税、营业税（简称“三税”）的税额为计税依据，专用于城市维护建设资金来源而设置的一个税种。

现行城市维护建设税的基本规范，是1985年2月8日国务院发布并于同年1月1日实施的《中华人民共和国城市维护建设税暂行条例》。

一、城市维护建设税概述

为了给城市维护建设提供可靠的资金来源，1985年2月，国务院发布了《中华人民共和国城市维护建设税暂行条例》，规定从1985年1月1日起开征城市维护建设税。该税自开征以来，在一定程度上缓解了城市建设资金的紧张状况，对加强城乡的维护建设和地方经济发展起到了一定作用。但随着我国改革开放的深化和经济的不断发展，城建税已不适应分税制财政体制的改革需要，需要进一步改革。鉴于新的城建税条例一时尚未出台，为了与新的税收制度相适应，从1994年1月1日起，暂按原税率和新颁布实施的增值税、消费税、营业税三税为依据计算征收。

城市维护建设税，属于特定目的税，是国家为加强城市的维护建设，扩大和稳定城市维护建设资金的来源而采取的一项税收措施。城市维护建设税是一种带有附加税性质的税种，与其他税种相比，它具有一定的特点，主要有：

(1) 计税依据不同于其他税种。城市维护建设税不是以流转额、收益额、财产数等计税，而是根据纳税人实际缴纳的增值税、营业税、消费税税额按规定的比例计征的，形同增值税、消费税、营业税的附加税。

(2) 具有特定目的。城建税税款专门用于城市的公用事业和公共设施的维护建设。

城建税为开发建设新兴城市，扩展、改造旧城市，发展城市公用事业，以及维护公共设施等提供了稳定的资金来源，使城市的维护建设随着经济的发展而不断发展，体现了对受益者课税，权利与义务相一致的原则。

(3) 适用税率是以纳税人所在地确定。按照纳税人所在地的确定税率征收，这样规定符合城市、县城和其他地区对城市维护和建设资金的不同需要。

(4) 征收管理事项不独立。城市维护建设税的征收管理、纳税环节、惩罚等事项比照“三税”的有关规定办理，其纳税时间、纳税地点和纳税环节同“三税”相一致。

二、纳税义务人、税率

1. 城建税的纳税义务人

城建税的纳税义务人，是指负有缴纳“三税”义务的单位和个人，包括国有企业、集体企业、私营企业、股份制企业、其他企业和行政单位、事业单位、军事单位、社会团体、其他单位，以及个体工商户及其他个人。

自2010年12月1日起，对外商投资企业、外国企业和外籍个人(以下简称“外资企业”)征收城建税。

海关对进口产品代征的增值税、消费税，不征收城建税。

2. 城建税的税率

城建税的税率，是指纳税人应缴纳的城建税税额与纳税人实际缴纳的“三税”税额之间的比率。城建税按纳税人所在地的不同，设置了三档地区差别比例税率，即：

- 纳税人所在地为市区的，税率为7%；
- 纳税人所在地为县城、镇的，税率为5%；
- 纳税人所在地不在市区、县城或镇的，税率为1%。

城建税的适用税率，应当按纳税人所在地的规定税率执行。下列两种情况，可按缴纳“三税”所在地的规定税率就地缴纳城建税：

(1) 由受托方代扣代缴、代收代缴“三税”的单位和个人，其代扣代缴、代收代缴的城建税按受托方所在地适用税率执行；

(2) 流动经营等无固定纳税地点的单位和个人，在经营地缴纳“三税”的，其城建税的缴纳按经营地适用税率执行。

三、计税依据和应纳税额的计算

1. 城建税的计税依据

城建税的计税依据，是指纳税人实际缴纳的"三税"税额。

城建税以"三税"税额为计税依据并同时征收，如果要免征或者减征"三税"，就要同时免征或者减征城建税。

出口产品退还增值税、消费税的，不退还已缴纳的城建税。

自 2005 年 1 月 1 日起，经国家税务总局正式审核批准的当期免抵的增值税税额应纳入城市维护建设税和教育费附加的计征范围，分别按规定的税（费）率征收城市维护建设税和教育费附加。

2. 应纳税额的计算

城建税纳税人应纳税额的多少是由纳税人实际缴纳的"三税"税额决定的，其计算公式为：

应纳税额＝纳税人实际缴纳的增值税、消费税、营业税税额×适用税率

【例 13－5】 某坐落在市区的企业 2009 年 4 月份实际缴纳增值税 50 000 元，缴纳消费税 20 000 元。计算该企业应纳的城建税税额。

【解析】 应纳城建税税额＝(实际缴纳的"三税")×适用税率
＝(50 000＋20 000)×7%＝4 900(元)

纳税人违反"三税"有关税法而加收的滞纳金和罚款，是税务机关对纳税人违法行为的经济制裁，不作为城建税的计税依据，但纳税人在被查补"三税"和被处以罚款时，应同时对其偷漏的城建税进行补税、征收滞纳金和罚款。

【例 13－6】 某城市税务分局对辖区内一家内资企业进行税务检查时，发现该企业故意少缴营业税 80 万元，遂按相关执法程序对该企业做出补缴营业税、城建税和教育费附加并加收滞纳金(滞纳时间 80 天)，并处以税款 0.5 倍罚款的处罚决定。该企业于当日接受了税务机关的处罚。请计算补缴的营业税、城建税及滞纳金、罚款数。

【解析】 补交的营业税和城建税＝80＋80×7%＝85.6(万元)，
罚款＝85.6×0.5＝42.8(万元)，
滞纳金按滞纳天数的 0.5‰征收，
两税滞纳金＝85.6×80×0.5‰＝3.424(万元)。

3. 税收优惠

城建税原则上不单独减免，但城建税具有附加税性质，当正税发生减免时，城建税相应发生税收减免。城建税的税收减免具体有以下几种情况：

(1) 城建税按减免后实际缴纳的"三税"税额计征，即随"三税"的减免而减免。

(2) 对于因减免税而需进行"三税"退库的，城建税也可同时退库。

(3) 对"三税"实行先征后返、先征后退、即征即退办法的，除另有规定外，对随"三税"附征的城市维护建设税和教育费附加，不予退(返)还。

四、征收管理

1. 纳税环节

城建税的纳税环节，就是纳税人缴纳“三税”的环节。纳税人发生“三税”的纳税义务，就是要在同样的环节，计算缴纳城建税。

2. 纳税地点

城建税以纳税人实际缴纳的增值税、消费税、营业税税额为计税依据，分别与“三税”同时缴纳。纳税人缴纳“三税”的地点，就是该纳税人缴纳城建税的地点。特殊情况有：

(1) 代扣代缴、代收代缴“三税”的单位和个人，同时也是城市维护建设税的代扣代缴、代收代缴义务人，其城建税的纳税地点在代扣代收地。

(2) 流动经营等无固定纳税地点的单位和个人，应随同“三税”在经营地按适用税率缴纳。

3. 纳税期限

城建税是由纳税人在缴纳“三税”时同时缴纳的，所以其纳税期限分别与“三税”的纳税期限一致。增值税、消费税、营业税纳税人的具体纳税期限，由主管税务机关根据纳税人应纳税额的多少分别核定；不能按照固定期限纳税的，可以按次纳税。

《中华人民共和国城市维护建设税暂行条例》是在 1994 年分税制前制定的，1994 年后，增值税、消费税由国家税务局征收管理，而城市维护建设税由地方税务局征收管理，因此，在缴税入库的时间上不一定完全一致。

五、教育费附加

1. 教育费附加概述

教育费附加是对缴纳增值税、消费税、营业税的单位和个人，就其实际缴纳的税额为计算依据征收的一种附加费。

教育费附加是为加快地方教育事业，扩大地方教育经费的资金而征收的一项专用基金。国务院于 1986 年 4 月 28 日颁布了《征收教育费附加的暂行规定》，决定从同年 7 月 1 日开始在全国范围内征收教育费附加。

2. 征收范围及计征依据

教育费附加对缴纳增值税、消费税、营业税的单位和个人征收，以其实际缴纳的增值税、消费税和营业税为计征依据，分别与增值税、消费税和营业税同时缴纳。

对海关进口的产品征收的增值税、消费税，不征收教育费附加。

由于减免增值税、消费税和营业税而发生退税的，可同时退还已征收的教育费附加。但对出口产品退还增值税、消费税的，不退还已征的教育费附加。

3. 教育费附加计征比率

教育费附加计征比率曾几经变化。1986 年开征时，规定为 1%；1990 年 5 月，《国务院关于修改〈征收教育费附加的暂行规定〉的决定》中规定为 2%；按照 1994 年 2 月 7 日《国务院关于教育费附加征收问题的紧急通知》的规定，现行教育费附加征收比率为 3%。

4. 教育费附加的计算

教育费附加的计算公式为：

应纳教育费附加＝实纳增值税、消费税、营业税×征收比率

【例 13－7】 某坐落在市区的企业 2009 年 4 月份实际缴纳增值税 50 000 元，缴纳消费税 20 000 元。计算该企业应缴纳的教育费附加。

【解析】 应纳教育费附加＝(实际缴纳的“三税”)×征收比率

＝(50 000＋20 000)×3%＝2 100(元)

第五节 资源税

资源税是以各种应税自然资源为课税对象，为了调节资源级差收入并体现国有资源有偿使用而征收的一种税。

现行资源税的基本规范，是 2011 年 9 月 30 日国务院颁布的《中华人民共和国资源税暂行条例》。

一、资源税概述

资源税在理论上可区分为对绝对矿租课征的一般资源税和对级差矿租课征的级差资源税，体现在税收政策上就叫做“普遍征收，级差调节”。

普遍征收，是指对在我国境内开发的一切应税资源产品征收资源税；级差调节，是指运用资源税对因资源贮存状况、开采条件、资源优劣、地理位置等客观存在的差别而产生的资源级差收入，通过实施差别税额标准进行调节。资源条件好的，税额高一些；资源条件差的，税额低一些。

1. 我国资源税沿革

我国开征资源税的问题，早在 1980 年第五届全国人大第三次会议上审议通过的当年国家预、决算报告中已经提出。党的十一届三中全会以后，随着中国经济体制改革的全面推行，企业无偿使用国家所有的自然资源、资金等弊端都逐渐暴露出来，如采矿方面出现了乱采乱挖、采富弃贫、采大弃小、采易弃难等破坏和浪费资源的问题。另外，中国地域辽阔，各地资源及开发条件存在很大差异，如对这种差异形成的级差收入不进行调节，就会直接形成企业利润分配之间的苦乐不均。

为了正确处理国家与企业之间的分配关系，促进合理开发并保护有限的自然资源，中国从 1984 年 10 月 1 日起，对开采矿产品的单位和个人开征资源税。当时只对原油、天然气、煤炭三种产品(后又加了一个铁矿石)征收，其他矿产品暂缓征收资源税。

1994 年税制改革时，首次对矿产资源全面征收资源税，并将盐产品纳入了资源税的征收范围，同时取消盐税，改为对盐的生产征收资源税。

2004 年起，陆续调整了煤炭、原油、天然气、锰矿石等部分资源品目的资源税税额标准。2006 年，财政部、国税总局又取消了对有色金属矿产资源税减征 30%的优惠政策，恢复全额

征收，并且调整了对铁矿石资源税的减征政策，暂按规定税额标准的60%征收，同时调高了岩金矿资源税税额标准，统一了全国钒矿石资源税的适用税额标准。

2007年2月1日，财政部、国税总局又上调了全国主焦煤资源税的计征标准，并对盐资源税税收政策进行了调整。

2007年8月1日起，我国开始上调铜、钨和铅锌矿石产品的资源税，三种矿石产品资源税税率涨幅达300%～1 600%不等。这是我国自1994年开征资源税以来最大幅度的一次调整。

2010年6月，我国资源税改革率先在新疆试点。2010年12月1日，资源税试点范围进一步扩大至重庆、四川、贵州等西部省区市。

2011年11月1日起，我国开始施行修改后的资源税暂行条例，这意味着我国酝酿数载的、以资源税税额从量计征改为从价计征为核心内容的资源税改革将从试点地向全国全面推开。

2. 现行的资源税的特点和作用

(1) 具有特定的征收范围和调节矿租收益的特殊作用。人力、物力、财力从广义上讲都是资源，但在理论上作为资源税的课税对象应限于自然资源，限于具有商品属性的国有自然资源，如矿藏、水源、森林、山岭、草原、滩涂等。考虑到我国资源开采的实际情况，现行资源税只对矿产品和盐征税，以发挥调节矿租收益的独特作用。

(2) 从量定额征税，税额有高有低。资源税按吨、立方米等自然单位确定应税产品的税额；不同的纳税人由于开采同一应税产品的资源条件(包括资源品位、储量、开采难易、选矿条件、地理位置等因素)存在差异，其单位税额也就高低不等，呈现出相应的差别。一般来讲，资源条件好、负担能力强的，单位税额相应就高一些；反之，税额相应就低一些。

资源税的这一特点使之与从价定率征收的税种区分开来，也与实行统一税率或税额的多数税种区分开来。从量定额征收方法简便易行，而且可以根据资源条件直接确定不同的税额，在一定时期内保持稳定，企业增利不增税，减利不减税。这样，既可以充分调节级差收入，又能促进企业加强经营管理，提高经济效益。

(3) 资源税具有受益税的特点。在中国，国家既是自然资源的所有者，又是政治权力的行使者。资源税实质上是国家凭借其政治权力和对自然资源的所有权这双重权力对开采者征收的一种税，是国家采用税收手段收取的自然资源所有权经济报酬。资源税一方面体现了有偿开发利用国有资源，另一方面也体现了税收的强制性、固定性等特征。

二、纳税义务人和征税范围

1. 纳税人

资源税的纳税义务人，是指在中华人民共和国领域及管辖海域开采应税资源的矿产品或者生产盐的单位和个人。

单位，是指国有企业、集体企业、私营企业、股份制企业、其他企业和行政单位、事业单位、军事单位、社会团体及其他单位；个人，是指个体经营者和其他个人；其他单位和其他个人包括外商投资企业、外国企业及外籍人员。

收购未税矿产品的单位为资源税的扣缴义务人。

收购未税矿产品的单位，是指独立矿山、联合企业和其他单位。独立矿山，是指只有采矿或只有采矿和选矿，独立核算、自负盈亏的单位，其生产的原矿和精矿主要用于对外销售。联合企业，是指采矿、选矿、冶炼（或加工）连续生产的企业或采矿、冶炼（或加工）连续生产的企业，其采矿单位，一般是该企业的二级或二级以下核算单位。其他单位也包括收购未税矿产品的个体户在内。

2. 征税范围

现行资源税只对列举的资源征税，未列举名称的其他非金属矿原矿和其他有色金属矿原矿，由省、自治区、直辖市人民政府决定征收或暂缓征收资源税，并报财政部和国家税务总局备案。

资源税的征税范围包括六大类矿产品和盐。

(1) 原油。开采的天然原油征税，人造石油不征税。

(2) 天然气。专门开采的天然气和与原油同时开采的天然气征税，煤矿生产的天然气暂不征税。

(3) 煤炭。原煤征税，洗煤、选煤和其他煤炭制品不征税。

(4) 其他非金属矿原矿。它是指原油、天然气、煤炭和井矿盐以外的非金属矿原矿，包括宝石、金刚石、玉石、膨润土、石墨、石英砂、萤石、重晶石、毒重石、蛭石、长石、氟石、滑石、白云石、硅灰石、凹凸棒石黏土、高岭石土、耐火黏土、云母、大理石、花岗石、石灰石、菱镁矿、天然碱、石膏、硅线石、工业用金刚石、石棉、硫铁矿、自然硫、磷铁矿等。

(5) 黑色金属矿原矿。它是指纳税人开采后自用、销售的，用于直接入炉冶炼或作为主产品先入选精矿，制造人工矿，再最终入炉冶炼的黑色金属矿石原矿，包括铁矿石、锰矿石和铬矿石。

(6) 有色金属矿原矿。它包括铜矿石、铅锌矿石、铝土矿石、钨矿石、锡矿石、锑矿石、铝矿石、镍矿石、黄金矿石、钒矿石（含石煤钒）等。

(7) 盐。固体盐，包括海盐原盐、湖盐原盐和井矿盐；液体盐（卤水），是指氯化钠含量达到一定浓度的溶液，是用于生产碱和其他产品的原料。

三、税目和税额

资源税采取从量定额的办法征收，实施“普遍征收，级差调节”的原则。

1. 税目、税额

资源税税目、税额包括七大类，在 7 个税目下面又设有若干个子目。现行资源税的税目及子目主要是根据资源税应税产品和纳税人开采资源的行业特点设置的。

表 13－4　资源税税目、税率表

税目		税率
一、原油		销售额的 5％～10％
二、天然气		销售额的 5％～10％
三、煤炭	焦煤	每吨 8～20 元
	其他煤炭	每吨 0.3～5 元
四、其他非金属矿原矿	普通非金属矿原矿	每吨或者每立方米 0.5～20 元
	贵重非金属矿原矿	每千克或者每克拉 0.5～20 元

续 表

税目		税率
五、黑色金属矿原矿		每吨 2～30 元
六、有色金属矿原矿	稀土矿	每吨 0.4～60 元
	其他有色金属矿原矿	每吨 0.4～30 元
七、盐	固体盐	每吨 10～60 元
	液体盐	每吨 2～10 元

纳税人在开采主矿产品的过程中伴采的其他应税矿产品，凡未单独规定适用税额的，一律按主矿产品或视同主矿产品税目征收资源税。

2. 扣缴义务人适用的税额

独立矿山、联合企业收购未税矿产品的单位，按照本单位应税产品税额标准，依据收购的数量代扣代缴资源税。

其他收购单位收购的未税矿产品，按税务机关核定的应税产品税额标准，依据收购的数量代扣代缴资源税。

四、应纳税额的计算

实行从价定率征收的，以销售额作为计税依据。销售额，是指为纳税人销售应税产品向购买方收取的全部价款和价外费用，但不包括收取的增值税销项税额。

实行从量定额征收的，以销售数量为计税依据。

1. 课税数量

确定资源税课税数量的基本办法有：

- 纳税人开采或者生产应税产品销售的，以销售数量为课税数量。
- 纳税人开采或者生产应税产品自用的，以自用(非生产用)数量为课税数量。

特殊情况有：

(1) 纳税人不能准确提供应税产品销售数量或移送使用数量的，以应税产品的产量或主管税务机关确定的折算比，换算成的数量为课税数量。

(2) 原油中的稠油、高凝油与稀油划分不清或不易划分的，一律按原油的数量课税。

(3) 对于连续加工前无法正确计算原煤移送使用量的煤炭，可按加工产品的综合回收率，将加工产品实际销量和自用量折算成原煤数量，以此作为课税数量。

(4) 金属和非金属矿产品原矿，因无法准确掌握纳税人移送使用原矿数量的，可将其精矿按选矿比折算成原矿数量，以此作为课税数量。其计算公式为：

$$选矿比=精矿数量\div耗用原矿数量$$

(5) 纳税人以自产的液体盐加工固体盐，按固体盐税额征税，以加工的固体盐数量为课税数量。纳税人以外购的液体盐加工成固体盐，其加工固体盐所耗用液体盐的已纳税额准予抵扣。

对于纳税人开采或者生产不同税目应税产品的，应当分别核算；不能准确提供不同税目应税产品的课税数量的，从高适用税额。

2. 应纳税额的计算

实行从价定率征收的，根据应税产品的销售额和规定的适用税率计算应纳税额，具体计算公式为：

应纳税额＝销售额×适用税率

根据应税产品的课税数量和规定的单位税额可以计算应纳税额，具体计算公式为：

应纳税额＝课税数量×单位税额

代扣代缴应纳税额＝收购未税矿产品的数量×适用的单位税额

【例 13－8】 某油田 2 月份销售原油，开具增值税专用发票取得不含税销售额为 30 万元，按“资源税税目税额明细表”的规定，其适用的税率为 8%。计算该油田本月应纳资源税税额。

【解析】 应纳税额＝销售额×适用税率＝30×8%＝2.4(万元)

【例 13－9】 某铜矿企业 2009 年 5 月共开采铜矿石原矿 80 000 吨，直接对外销售铜矿石原矿 40 000 吨，以部分铜矿石原矿入选精矿 9 000 吨，选矿比为 40%。铜矿石选用税额每吨 7 元。计算该企业当月应缴纳资源税。

【解析】 用精矿和选矿比推算原矿：即 9 000÷40%＝22 500(吨)

应纳资源税＝(40 000＋22 500)×7＝437 500(元)

3. 税收优惠

资源税贯彻普遍征收、级差调节的原则思想，因此，规定的减免税项目比较少。目前的优惠政策主要有：

(1) 开采原油过程中用于加热、修井的原油免税。

(2) 纳税人开采或者生产应税产品的过程中，因意外事故或者自然灾害等原因遭受重大损失的，由省、自治区、直辖市人民政府酌情决定减税或者免税。

(3) 自 2007 年 2 月 1 日起，北方海盐资源税暂减按每吨 15 元征收，南方海盐、湖盐、井矿盐资源税暂减按每吨 10 元征收，液体盐资源税暂减按每吨 2 元征收。

(4) 从 2007 年 1 月 1 日起，对地面抽采煤层气暂不征收资源税。煤层气是指贮存于煤层及其围岩中与煤炭资源伴生的非常规天然气，也称煤矿瓦斯。

(5) 国务院规定的其他减税、免税项目。纳税人的减税、免税项目，应当单独核算课税数量；未单独核算或者不能准确提供课税数量的，不予减税或者免税。

资源税规定仅对在中国境内开采或生产应税产品的单位和个人征收，进口的矿产品和盐不征收资源税。由于对进口应税产品不征收资源税，相应的，对出口应税产品也不免征或退还已纳资源税。

五、征收管理

1. 纳税义务发生时间

(1) 纳税人销售应税产品，其纳税义务发生时间为：纳税人采取分期收款结算方式的，其纳税义务发生时间，为销售合同规定的收款日期的当天。

纳税人采取预收货款结算方式的，其纳税义务发生时间，为发出应税产品的当天。

纳税人采取其他结算方式的，其纳税义务发生时间，为收讫销售款或者取得索取销售款凭据的当天。

(2) 纳税人自产自用应税产品的纳税义务发生时间,为移送使用应税产品的当天。

(3) 扣缴义务人代扣代缴税款的纳税义务发生时间,为支付首笔货款或者开具应支付货款凭据的当天。

2. 纳税期限

纳税期限是纳税人发生纳税义务后缴纳税款的期限。资源税的纳税期限为 1 日、3 日、5 日、10 日、15 日或者 1 个月。纳税人的纳税期限由主管税务机关根据实际情况具体核定。不能按固定期限计算纳税的,可以按次计算纳税。

纳税人以 1 个月为一期纳税的,自期满之日起 10 日内申报纳税;以 1 日、3 日、5 日、10 日或者 15 日为一期纳税的,自期满之日起 5 日内预缴税款,于次月 1 日起 10 日内申报纳税并结清上月税款。

3. 纳税地点

凡是缴纳资源税的纳税人,都应当向应税产品的开采或者生产所在地主管税务机关缴纳税款。

如果纳税人在本省、自治区、直辖市范围内开采或者生产应税产品,其纳税地点需要调整的,由所在地省、自治区、直辖市税务机关决定。

如果纳税人应纳的资源税属于跨省开采,其下属生产单位与核算单位不在同一省、自治区、直辖市的,对其开采的矿产品一律在开采地纳税,其应纳税款由独立核算、自负盈亏的单位,按照开采地的实际销售量(或者自用量)及适用的单位税额计算划拨。

扣缴义务人代扣代缴的资源税,也应当向收购地主管税务机关缴纳。

第六节　烟叶税

烟叶税是以纳税人收购烟叶的收购金额为计税依据征收的一种税。现行烟叶税的基本规范,是 2006 年 4 月 28 日国务院发布并开始施行的《中华人民共和国烟叶税暂行条例》。

一、烟叶税概述

烟叶税是以纳税人收购烟叶的收购金额为计税依据征收的一种税。烟叶作为一种特殊产品,国家历来对其实行专卖政策,与之相适应,对烟叶也一直征收较高的税收和实行比较严格的税收管理:1994 年税制改革以前对烟叶征收产品税和工商统一税;1994 年以后改为对烟叶征收烟叶特产农业税,与对卷烟等烟草制品征收的增值税、消费税一起,构成对烟叶和烟草制品的完整的税收调控体系;2006 年又停止征收烟叶特产农业税,以烟叶税替代,以使原有烟叶税收政策得以延续,并保持了烟草税制的规范和完整。

1. 保留烟叶税的原因

我国已进入工业反哺农业、城市支持农村的阶段,为实现深化农村税费改革,减轻农民负担,统筹城乡发展的现实要求,我国取消了农业税,包括取消了农业特产税,但同时决定保留对烟叶收购单位就其烟叶收购金额的征税。

为什么在农业税包括农业特产税取消的情况下,唯独要保留对烟叶的征税呢?主要有以下几个方面的原因:

(1) 烟叶税对烟叶收购单位征收。烟叶以外的农业特产税应税产品的税收主要是向农民征收,由农民负担;对烟叶征收的农业特产税,主要是向收购烟叶的烟草公司征收,由烟草公司负担。农村税费改革取消了包括农业特产税在内的农业税,主要是为了减轻农民负担,而对烟叶的征税不是由农民负担的。

(2) 烟叶税不会增加农民的负担。与农业特产税中其他应税产品不同,烟叶是由法定收购单位收购,收购价格由国家计划管制的一种特殊产品,对烟叶收购单位按照收购金额征税,税负不会向前转嫁到农民头上。原烟叶特产农业税是在烟叶收购环节由烟草收购公司缴纳的,改征烟叶税以后,纳税人、纳税环节、计税依据等都保持了原烟叶特产农业税的规定不变。

(3) 保持对烟叶征税的传统。过去我国在收购环节对烟叶收购单位征收产品税,1994年税制改革时将原烟叶产品税改为征收农业特产税。取消农业税后,把原烟叶农业特产税改为烟叶税,恢复了原来的税种性质,保持了对烟叶征税的传统。

由于烟叶产品和烟叶收购税收政策的这种特殊性、特定性,决定了在收购环节对烟叶的征税不宜随着农业特产税的取消而取消,而需要加以保留。这种保留,不是保留对农民的征税,而是保留对烟草收购单位的征税。

2. 烟叶税与原烟叶农业特产税比较

烟叶税是原烟叶特产农业税的替代税种。《中华人民共和国烟叶税暂行条例》基本保持了原烟叶农业特产税的做法。主要有:

(1) 课税范围、税率、纳税义务发生时间、纳税环节、纳税地点、纳税期限的规定与原烟叶农业特产税的规定基本相同。

(2) 对纳税人、计税依据进行了微调。

(3) 明确地方税务局是征收机关,征收管理依照《中华人民共和国税收征收管理法》执行。

(4) 取消了原烟叶农业特产税征收附加的规定,规定对烟叶收购方支付给烟叶销售方的价外补贴统一按收购价款的10%计入烟叶收购金额征税。

3. 烟叶税有助于稳定地方财政收入

烟叶税的诞生既是税制改革的结果,也是国家对烟草实行"寓禁于征"政策的延续。农村税费改革后,基层政府的财力受到了较大的削弱,特别是对经济发展相对落后的西部地区来说更是雪上加霜。在一些地方基层政府独享税种税源零散、收入少、征管难,还不能承担财政支出的情况下,烟叶税作为地方财政收入的重要来源需要保留。

(1) 烟叶税独立征收后,其性质由农业税变为商品税,烟叶收购中所开具的发票成为增值税抵扣的依据,使烟叶税与增值税的征收紧密相连,但它又延续了烟叶特产税的税收分配办法,其收入全部归地方政府。这不但起到了稳定地方财政收入的效果,也有利于充分调动地方政府发展特色经济的积极性。

(2) 烟叶种植主要分布在贫困的边远山区。据统计,全国510个烟叶种植县中,有185个县属国家扶贫开发重点县,其他有相当一部分属省级扶贫县,这些地区商品经济发展滞后,工业基础薄弱,且引资能力较差,传统的商品税难以发展成为地方支柱税种。

(3) 烟草制品的市场需求弹性较小,烟叶需求量能够长期保持稳定。烟叶税是增加地方政府财政收入的有效方式，既有助于缓解地方财政的压力，也有利于地方经济的健康发展。烟叶税的征收成本低，有利于税收的征管。

(4) 烟叶税的开征并没有明显增加地方税务局的行政成本，地方税务机关也没有因新税种的开征而另设机构。由于烟叶收购期、收购点都较为集中，地方税务机关也能够及时、准确地掌握税源情况，并组织人员进行征收。

二、主要征收制度

1. 纳税人

在中华人民共和国境内收购烟叶的单位为烟叶税的纳税人。

2. 征税对象

烟叶税的纳税对象是烟叶。烟叶，是指晾晒烟叶、烤烟叶。

3. 税率

烟叶税实行比例税率，税率为20%。

4. 计税依据及应纳税额的计算

烟叶税的计税依据是烟叶收购金额，其计算公式为：

收购金额＝收购价款×(1＋10%)

烟叶税的应纳税额按照纳税人收购烟叶的收购金额和规定的税率计算。其计算公式为：

应纳税额＝烟叶收购金额×税率

5. 征收机关及适用法规

烟叶税的征收机关是地方税务机关，烟叶税的征收管理依照《中华人民共和国税收征收管理法》执行。

6. 纳税义务发生时间及纳税申报

纳税人应当自纳税义务发生之日起30日内申报纳税。关于烟叶税的纳税申报时间，由各烟叶收购地主管税务机关在不迟于次月末的期限内，在不影响税款征收的情况下自主核定。

阅读材料：新资源税暂行条例全面施行影响几何？

来源：新华网

新华网北京2011年10月11日电(记者何雨欣、侯雪静、徐蕊)国务院10日公布了修改后的《中华人民共和国资源税暂行条例》，该条例将从2011年11月1日起全面施行，同时，《中华人民共和国对外合作开采海洋石油资源条例》和《中华人民共和国对外合作开采陆上石油资源条例》也一并修改施行。

资源税改革，在我国已经酝酿多年，修改后的资源税暂行条例的施行意味着这一在我国已试点一年多的改革将向全国推开，这将对我国的相关领域产生影响。

试点一年多范围扩大　改革将向全国推开

资源税，是以自然资源为征税对象的税种，其主要目的是调节资源级差收入，体现资源的有偿开采，促进资源的节约使用。我国资源税的征税范围包括原油、天然气、煤炭、黑色金属矿原矿、有色金属矿原矿、其他非金属矿原矿和盐7个税目。

自1994年《中华人民共和国资源税暂行条例》施行以来，我国资源税的征收办法一直是从量计征，也就是将资源的总量作为计税依据，但随着我国经济的发展，这种计税方法已经与经济发展和构建资源节约型社会的要求不适应。

2010年6月，我国资源税改革率先在新疆试点。2010年12月1日，资源税试点范围进一步扩大至重庆、四川、贵州等西部省区市。根据相关部门的介绍，资源税试点期间，稳步推行、运行良好。

根据国务院的决定，11月1日，修改后的资源税暂行条例即将施行，这也就意味着这场我国酝酿数载的、以资源税税额从量计征改为从价计征为核心内容的资源税改革将从试点地向全国全面推开。

石油天然气税额从价计征　遏制稀缺资源盲目开采

根据修改后的资源税暂行条例，石油、天然气的税额从以前的从量计征改为从价计征，税率为销售额的5%～10%，其他5项税目仍然是从量计征，但对焦煤和稀土矿等的资源税税额标准进行了一些调整。

"从量计征使得资源税税额标准不能随着产品价格的变化及时调整，不利于发挥税收对社会分配的调节作用，而从价计征资源税将更能发挥税收的级差调节作用，抑制资源浪费。"国家税务总局相关负责人说。

财政部财科所副所长刘尚希说，焦煤是煤炭资源中的稀缺性资源，稀土是重要的战略性资源，目前国际市场对这两种资源需求旺盛，但国内开采门槛较低，资源税改革就是要调整这两种资源的税额标准，以有效体现资源的稀缺性，遏制这些资源被盲目开采。

值得一提的是，一些业内人士指出，资源税改革后一些企业会将税负成本增加的压力向下游转嫁，将可能推高资源产品价格。对此，相关部门表示，由于受油气定价机制的制约，这项改革不会对油气产品价格产生影响。

改革将促进节能减排　有利于增加地方财政收入

在全球经济加快迈向"低碳"时代的大背景下，近年来，发达国家纷纷推出绿色财政、税收政策，以促进保护环境、合理开发资源。在这一趋势的指引下，我国资源税改革无疑将促进我国的节能减排。

中国社会科学院财贸所税收研究室主任张斌指出，资源税改革是完整的资源价格形成机制改革的组成部分，在一定程度上将限制对资源的过度使用，促进节能减排，符合国家目前倡导的低碳经济。

张斌指出，目前，地方财政收入主要来源于营业税、增值税和企业所得税，增值税和企业所得税两个税种是中央和地方共享税，资源税则完全是地方税种，资源税改革无疑将使地方财政收入提高。

"我国油、气等资源相对集中在经济欠发达的中西部地区，实行从价计征使资源税收入与产品价格挂钩，也有利于保障地方财政收入，统筹区域经济的协调发展。"税务总局的相关负责人介绍。

思 考 题

1. 车船税改革内容有哪些?
2. 机动车交通事故责任强制保险和车船税有什么关系?
3. 车辆购置"费改税"的原因有哪些?
4. 车辆购置税的计税依据如何确定?
5. 印花税有哪些特点? 什么是"三自"纳税?
6. 印花税的纳税办法有几种?
7. 城市维护建设税有哪些特点? 城市维护建设税的计税依据如何确定?
8. 资源税课税数量如何确定?
9. 资源税有哪些税目? 资源税改革有哪些内容?
10. 为什么在取消农业特产税时,唯独保留了烟叶税?